Bernd Peters | Klaus Schmid-Burgk
Das Leasinggeschäft

Das Leasinggeschäft

Sonderdruck aus dem Loseblattwerk
„Bankrecht und Bankpraxis"

Bernd Peters | Klaus Schmid-Burgk

Copyright 2016 by Bank-Verlag Medien GmbH
Postfach 45 02 09 · 50877 Köln

Das Werk einschließlich aller seiner Teile ist urheberrechtlich geschützt. Jede Verbreitung außerhalb der engen Grenzen des Urheberrechtsgesetzes ist ohne Zustimmung der Bank-Verlag Medien GmbH unzulässig und strafbar. Dies gilt insbesondere für die Vervielfältigung, Übersetzung, Mikroverfilmung sowie die Einspeicherung und Verarbeitung in elektronischen Systemen.

Bibliografische Information der Deutschen Nationalbibliothek
Die Deutsche Nationalbibliothek verzeichnet diese Publikation in der Deutschen Nationalbibliografie; detaillierte bibliografische Daten sind im Internet über http://dnb.ddb.de abrufbar.

Druck: PRINT GROUP Sp. z o.o., Szczecin

Art.-Nr. 22.484-1600
ISBN 978-3-86556-452-8

Vorwort

Leasing ist nach wie vor ein wichtiger Wirtschaftsfaktor. Die Verfasser beschäftigen sich insbesondere mit den rechtlichen und steuerlichen Fragen, die auch im Zuge der (Re-)Finanzierung des Leasinggebers eine Rolle spielen. Bereits bei der Ausgestaltung des Leasingvertrages erfolgt insofern eine ganz entscheidende Weichenstellung, gerade auch hinsichtlich der Möglichkeiten einer Refinanzierung des Leasinggebers, was leider oftmals nicht hinreichend berücksichtigt wird und bei der Umsetzung des Geschäftes dann zu Problemen führen kann.

Den Refinanzierer sehr frühzeitig in die Abstimmung des Leasingvertrages mit einzubeziehen, zahlt sich regelmäßig durch deutlich erleichterte Umsetzungen aus. In diesem Zusammenhang stellt das für Leasinggeschäfte mit Verbrauchern und Existenzgründern zu beachtende Verbraucherdarlehensrecht – das stetig, nicht zuletzt aufgrund erforderlicher Umsetzungen von diesbezüglichen EU-Richtlinien, „im Umbruch" ist – besondere Anforderungen. Die Erscheinungsformen, die Rechtsnatur des Leasings, Fragen der vertraglichen Ausgestaltung, der Zwangsvollstreckung sowie die Variante des regresslosen Verkaufes der Leasingforderungen durch den Leasinggeber an seinen Refinanzierer und die zu beachtenden insolvenzrechtlichen Gegebenheiten (z.B. für das Mobilienleasing die Regelung in § 108 Abs. 1 Satz 2 InsO) werden u.a. ebenfalls behandelt.

Das nunmehr bereits in vierter aktualisierter, erweiterter Auflage erscheinende Werk ist ein Sonderdruck aus „Bankrecht und Bankpraxis" und beschäftigt sich mit dem Leasinggeschäft in sechs Abschnitten. Die ersten fünf gliedern sich nach Leasinggegenständen auf: Mobilien-, Gebäude-, Schiffs-, Flugzeugleasing und erstmals wird gesondert auf das Leasing von Eisenbahnen eingegangen. Die vornehmlich interessierenden Leasing-Erlasse und Schreiben des Bundesministers der Finanzen sind im letzten, sechsten Abschnitt abgedruckt.

Mit Blick auf eine möglichst praxistaugliche Arbeitsunterstützung erfolgt eine Orientierung vornehmlich an der Rechtsprechung. Vertiefte Ausführungen finden sich bei Themenstellungen, für die entweder eine gefestigte Rechtsprechung fehlt, die Verfasser Fehlentwicklungen sehen oder befürchten.

Ein besonderes Anliegen der Verfasser ist, mit diesem Buch das wechselseitige Verständnis für Fragen bei der (Re-) Finanzierung von Leasingverträgen zu fördern.

Hamburg, November 2016

Die Verfasser

Vorwort

unbedruckt

Inhaltsverzeichnis

Mobilienleasing

A. Einführung   13/60

B. Erscheinungsformen und wirtschaftliche Bedeutung des Leasing   13/65

    I. Differenzierung nach Art des Leasingobjektes   13/66

    II. Differenzierung nach Parteien des Leasingvertrages   13/67

    III. Differenzierung nach der Funktion des Leasing   13/69
        1. Finanzierungsleasing   13/69
        2. Operatingleasing   13/72

    IV. Sale-and-lease-back-Verfahren   13/73

C. Rechtsnatur von Leasingverträgen   13/74

    I. Leasingregelungen   13/75
        1. Sach- und Preisgefahr   13/75
        2. Sachmängelhaftung   13/76

    II. Rechtliche Einordnung   13/77
        1. Geschäftsbesorgung   13/78
        2. Kauf, Miete, gemischter, gemischttypischer Vertrag, etc.   13/79

D. Vertragliche Ausgestaltung des Finanzierungsleasing und AGB-Recht (§§ 305 ff. BGB)   13/81

    I. Lieferungspflicht   13/83

    II. Gewährleistung   13/86

    III. Sach- und Preisgefahr   13/95

    IV. Anpassung der Leasingraten (Preisklausel)   13/97

    V. Kündigung   13/99

VI. Andienungsrecht/Abschlusszahlung — 13/99

E. Finanzierungsleasing und das Verbraucherdarlehensrecht — 13/107

I. Anwendbarkeit des Verbraucherdarlehensrechtes auf Leasingverträge/-geschäfte — 13/108
1. Finanzierungsleasing – Operatingleasing — 13/108
2. Vertragsübernahme — 13/115
3. Schuldbeitritt — 13/116
4. Bürgschaft — 13/118
5. Avale — 13/119

II. (Form-/Pflicht-) Vor-/Angaben — 13/120

III. Widerrufsrecht — 13/121

IV. Verbundene Geschäfte — 13/139
1. Widerrufsrecht und Verbundene Geschäfte — 13/140
2. Einwendungsdurchgriff — 13/141

V. Kündigung/Gesamtfälligstellung — 13/142

F. Zwangsvollstreckung — 13/143

I. Zwangsvollstreckung – Gläubiger des Leasingnehmers — 13/143

II. Zwangsvollstreckung – Gläubiger des Leasinggebers — 13/147

G. Insolvenz — 13/148

I. Rechtslage für Insolvenzanträge gestellt vor dem 1.1.1999 — 13/149
1. Konkurs – Leasinggeber — 13/149
   a) Überlassung des Leasinggutes vor Konkurseröffnung? — 13/150
   b) Betagte – befristete Forderungen – Änderung der sachenrechtlichen Zuordnung des Leasinggutes — 13/151
      aa) Leasingraten der Grundleasing-/-mietzeit — 13/152
      bb) Leasingraten einer sich automatisch anschließenden Verlängerungsphase — 13/153
      cc) Forderungen aus Kaufoptionen — 13/154
      dd) Forderungen aus Andienungsrechten — 13/155
      ee) Forderungen aus Verlängerungsoptionen — 13/156
      ff) Abschlusszahlungen/erhöhte Letztmieten — 13/157
2. Konkurs – Leasingnehmer — 13/158
3. Vergleich – Leasingnehmer — 13/159
4. Vergleich – Leasinggeber — 13/161

II. Rechtslage für Insolvenzanträge gestellt ab dem 1.1.1999 — 13/162
1. Insolvenz – Leasinggeber — 13/162
   a) Voraussetzungen des § 108 Abs. 1 Satz 2 InsO — 13/164
      aa) Sicherungsübertragung der Leasinggegenstände — 13/164
      bb) Zusammenhang zwischen Finanzierung und Sicherungsübertragung — 13/165

	b)	Weitere Erfordernisse für die Insolvenzfestigkeit der Abtretung von Leasingforderungen?	13/173
		aa) Überlassung des Leasinggegenstandes vor der Insolvenzeröffnung	13/174
		bb) Differenzierung zwischen den Leasingforderungen	13/175
	c)	Verwertungsrecht des Insolvenzverwalters	13/183
	2.	Insolvenz – Leasingnehmer	13/186

H. Regressloser Ankauf von Leasingforderungen 13/191

I. Begriffsbestimmung 13/191

II. Wesentliche Klauseln im Leasingvertrag 13/192

III. Anzukaufende Forderungen 13/193

IV. Sicherung 13/194
1. Veritätshaftung 13/194
2. Bonitätshaftung 13/195

V. Verbleibende Risiken/Fragestellungen 13/197
1. Fehlgeschlagene Sicherungsübereignung 13/197
2. Mängel des Leasing-/Kaufobjektes 13/200
3. Insolvenz des Leasingnehmers 13/205
4. Insolvenz des Leasinggebers 13/206
5. Versicherungs- und Steuerfragen 13/208

I. Besonderheiten beim Kfz- und Computer-Leasing 13/209

I. Kfz-Leasing 13/210
1. Vertragsarten 13/211
   a) Vertragstypus/Rechtsnatur 13/212
   b) Kfz-Leasing mit Restwertgarantie bzw. Mehrerlösbeteiligung 13/214
   c) Kfz-Leasing mit Kilometerabrechnung 13/216
   d) Weitere Modelle/Kombinationen 13/218
2. Besonderheiten 13/219
   a) Sach- und Preisgefahr 13/219
   b) Zulassungsbescheinigung Teil II/Fahrzeugbrief 13/220
3. Versicherungspflicht 13/221
4. Der Unfall mit dem Leasingfahrzeug 13/222
   a) Totalschaden 13/222
      aa) Ansprüche des Leasinggebers 13/222
      bb) Ansprüche des Leasingnehmers 13/226
   b) Teilschaden 13/227
5. Diebstahl des Leasingfahrzeuges 13/228
6. Beendigung des Vertrages 13/229
   a) Kündigung 13/229
      aa) Ausgleichsanspruch beim Vertrag mit Mehrerlösbeteiligung 13/230
      bb) Ausgleichsanspruch beim Vertrag mit Kilometerabrechnung 13/232
   b) Rückgabe/Verwertung 13/233
7. Refinanzierung 13/236

II. Computer-Leasing 13/237

Factoring und Leasing

        1. Allgemeines   13/237
        2. Einordnung der Software   13/238
        3. Quellcode   13/240
           a) Hinterlegung bei einem Dritten als Treuhänder   13/241
           b) Aufschiebend bedingte Übertragung   13/242
           c) Lösungsansätze   13/243
               aa) Erste Variante: 13/243
               bb) Zweite Variante: 13/244
        4. Rückabwicklung von Computer-Verträgen   13/245
        5. Refinanzierung   13/246

J. Leasing und KWG   **13/248**

K. Steuerrechtliche Interessenbewertung   **13/249**

    I. **Einkommen- und Körperschaftsteuer**   **13/251**

    II. **Gewerbesteuer**   **13/252**

    III. **Umsatzsteuer**   **13/253**

Gebäudeleasing

A. Grundlagen   **13/254**

    I. **Einleitung**   **13/254**

    II. **Struktur**   **13/256**
        1. Laufzeit des Leasingvertrages   13/256
        2. Leasinggeber   13/257
        3. Refinanzierung   13/258

    III. **Die Rechtsnatur des Immobilienleasingvertrages**   **13/265**

    IV. **Steuerliche Erwägungen**   **13/266**
        1. Die Immobilienerlasse   13/266
        2. Grunderwerbsteuer   13/268
        3. Umsatzsteuer   13/269

    V. **Die Anwendbarkeit der Regelungen für Allgemeine Geschäftsbedingungen**   **13/270**

    VI. **Das Leasingobjekt**   **13/272**

    VII. **Form des Leasingvertrages**   **13/274**

B. Vertragsklauseln   **13/277**

    I. **Mietanpassungsklauseln**   **13/277**

II.	Gerichtsstand	13/279
III.	Lieferungspflicht	13/280
IV.	Gewährleistung	13/281
V.	Gefahrtragungsklauseln	13/284
VI.	Untervermietung	13/285

Flugzeugleasing

A. **Grundlagen** — 13/286

    I. Einleitung — 13/287

    II. Struktur — 13/288
- 1. Leasinggeber — 13/289
- 2. Vertragssprache — 13/291
- 3. Refinanzierung — 13/292

    III. Leasingobjekt — 13/294

    IV. Die Anwendbarkeit der Sonderregelungen für AGB — 13/297

    V. Steuerrechtliche Erwägungen — 13/298a

B. **Vertragsklauseln** — 13/299

    I. Gewährleistungsausschluss — 13/299

    II. Rücklieferung — 13/300

    III. Versicherungen — 13/302

    IV. Halter — 13/305

    V. Rechtswahlklausel — 13/307

Schiffsleasing

A. **Grundlagen** — 13/309

    I. Einleitung — 13/309

II.	**Struktur**	**13/310**
	1. Leasinggeber	13/310
	2. Vertragssprache	13/312
	3. Refinanzierung	13/313
III.	**Leasingobjekt**	**13/314**
IV.	**Die Anwendbarkeit der Sonderregelungen für AGB**	**13/315**

B. Vertragsklauseln — **13/316**

I.	**Versicherung**	**13/317**
II.	**Risiken aus der Eigentümerstellung**	**13/319**
III.	**Regelungen zur Rückgabe des Schiffes**	**13/320**

Eisenbahnleasing

A. Grundlagen — **13/322**

I.	**Einleitung**	**13/322**
II.	**Struktur**	**13/324**
	1. Laufzeit	13/325
	2. Leasinggeber	13/326
	3. Refinanzierung	13/327
III.	**Leasingobjekt**	**13/328**

B. Vertragsklauseln — **13/329**

I.	**Versicherung**	**13/329**
II.	**Gewährleistung**	**13/330**
III.	**Sonstige Regelungen**	**13/331**

Leasing-Erlasse/Schreiben des Bundesministers der Finanzen — **13/332**

– Vollamortisations-Erlaß vom 19. April 1971	13/332
– Teilamortisations-Erlaß vom 22. Dezember 1975	13/333
– Vollamortisations-Erlaß vom 21. März 1972	13/334

- Erweiterte Kürzung nach § 9 Nr. 1 Satz 2 GewStG,
  Schreiben vom 30. Dezember 1980   13/335
- Teilamortisations-Erlaß vom 23. Dezember 1991   13/336
- Forfaitierung/Behandlung in der Bilanz und bei der Gewerbesteuer,
  Schreiben vom 9. Januar 1996   13/337
- Zur Ermittlung des Kaufpreises, der vom Leasingnehmer bei Ausübung
  einer Kaufoption zu entrichten ist, Schreiben vom 16. April 1996   13/338
- Zur Frage, welche Auswirkungen eine Änderung der amtlichen
  AfA-Tabelle auf die Zurechnung des Leasinggegenstandes hat,
  Schreiben vom 13. Mai 1998   13/339
- Umsatzsteuer; Haftung bei Abtretung, Verpfändung oder Pfändung von
  Forderungen (§ 13 c UStG) sowie Haftung bei Änderung der
  Bemessungsgrundlage (§ 13 d UStG)   13/340
- Haftung bei Abtretung, Verpfändung oder Pfändung von Forderungen
  (§ 13 c UStG); Vereinnahmung abgetretener Forderungen durch
  den Abtretungsempfänger   13/341
- Umsatzsteuer; Umsatzsteuerliche Behandlung von Ausgleichsansprüchen
  nach Beendigung eines Leasingvertrages   13/342
- Inkrafttreten der Änderung im KWG betreffend die Einbeziehung von
  Leasing- und Factoringunternehmen in die Bankaufsicht   13/343
- Umsatzsteuerrechtliche Behandlung von Zahlungen der Hersteller/Händler
  an Autobanken und sonstige Finanzierungsinstitute im Rahmen von
  Finanzierungs- bzw. Leasinggeschäften sowie üblichen Konsumenten-
  kreditgeschäften;   13/344
- Umsatzsteuerrechtliche Behandlung von Ausgleichzahlungen
  bei Beendigung des Leasingverhältnisses   13/345
- Umsatzsteuer; Behandlung des Bestelleintritts in Leasingfällen;
  Änderung des Abschnitts 3.5 Umsatzsteuer-Anwendungserlass   13/346
- Umsatzsteuer; Behandlung des Bestelleintritts in Leasingfällen;
  Änderung des Abschnitts 3.5 Umsatzsteuer-Anwendungserlass   13/347

Factoring und Leasing

unbedruckt

Mobilienleasing[1]

[1] Literatur Mobilienleasing: *Assies*, Schuldrechtsreform – Das Aus für Leasinggeschäfte?, BKR 2002, 317; *Bärenz*, Von der Erlöschenstheorie zur Theorie der insolvenzrechtlichen Modifizierung – zur Dogmatik der neuen BGH-Rechtsprechung zu § 103 InsO, NZI 2006, 72; *Bankrechts-Handbuch*, 4. Aufl. 2011; *Beckmann*, Computerleasing, 1993; *Beckmann*, Auswirkungen des Schuldrechtsmodernisierungsgesetzes auf die Leasing-Branche, FLF 2002, 46; *Beckmann*, Finanzierungsleasinggeschäfte, 1996; *Berger*, Auf dem Weg zur Insolvenzfestigkeit von Lizenzen, ZInsO 2007, 114; *Berger*, Der BGH auf dem Weg zur Anerkennung der Insolvenzfestigkeit von Softwarelizenzen, NZI 2006, 380; *Berger*, Typus und Rechtsnatur des Herstellerleasing, 1988; *Berthold*, Gefahrentragung bei Finanzierungs-Leasing beweglicher Sachen nach deutschem und französischem Recht, Diss. Göttingen, 1975; *Bien*, Die Insolvenzfestigkeit von Leasingverträgen nach § 108 Abs. 1 Satz 2 InsO, ZIP 1998, 1017; *Bley/Mohrbutter*, Vergleichsordnung, 4. Aufl. 1979; *Blomeyer*, das Finanzierungsleasing unter dem Blickwinkel der Sachmängelhaftung und des Abzahlungsgesetzes, NJW 1978, 973; *Bömer*, „Hinterlegung" von Software, NJW 1998, 3321; *Borggräfe*, Die Zwangsvollstreckung in bewegliches Leasinggut – Finanzierung als Kreditgeschäft, 1976; *Brandt*, Softwarelizenzen in der Insolvenz, NZI 2001, 337; *Braun*, InsO, 6. Aufl. 2014; *Brink*, Forfaitierung und Factoring im Lichte der Schuldrechtsreform, WM 2003, 1355; *Brüggemeier/Reich*, Europäisierung des BGB durch große Schuldrechtsreform?, BB 2001, 213; *Bruchner/Ott/Wagner-Wieduwilt*, Verbraucherkreditgesetz, 2. Aufl. 1994; *Bülow*, Widerruf und Anwendung der Vorschriften über den Rücktritt, WM 2000, 2361; *Bülow*, Finanzierungsleasing als sonstige Finanzierungshilfe nach § 506 Absatz 1 BGB, WM 2014, 1413; *Bülow/Artz*, Verbraucherkreditrecht, 8. Aufl. 2014; *Buhl*, Finanzierungsleasing und wirtschaftliches Eigentum, BB 1992, 1755; *Bullinger/Hermes*, Insolvenzfestigkeit von Lizenzen im zweiten Anlauf einer Insolvenzreform?, NZI 2012, 492; *Canaris*, Finanzierungsleasing und Wandelung, NJW 1982, 305; *Canaris*, Grundprobleme des Finanzierungsleasing im Lichte des Verbraucherkreditgesetzes, ZIP 1993, 401; *Canaris*, Wandlungen des Schuldvertragsrechts. Tendenzen zu seiner „Materialisierung", AcP 200 (2000), 273; *Canaris*, Interessenlage, Grundprinzipien und Rechtsnatur des Finanzierungsleasing, AcP 190 (1990), 410; *Dauner-Lieb/Dötsch*, Ein „Kaufmann" als „Verbraucher"? – Zur Verbrauchereigenschaft der Personengesellschafters, DB 2003, 1666; *Dengler/Gruson/Spielberger*, Insolvenzfestigkeit von Lizenzen? Forschungsstandort Deutschland – so wohl kaum!, NZI 2006, 677; *Dörner*, Gewährleistung für Softwaremängel, Jura 1993, 578; *Dörner*, Schadensersatzprobleme beim Kraftfahrzeug-Leasing, VersR 1978, 834; *Dörrie*, Änderungen des Widerrufsrechtes und Neuregelungen über verbundene Geschäfte bei Verbraucherdarlehensverträgen, ZfIR 2002, 685; *Drescher*, Verbraucherkreditgesetz und Bankpraxis, 1994; *Ebenroth*, Inhaltliche Schranken in Leasing-Formularverträgen auf Grund des AGB-Gesetzes, DB 1978, 2109; *Ebinger*, Open Source-Software – eine Einführung, Der Syndikus 2002, 40; *Eckert*, Leasingraten-Masseschulden oder Konkursforderungen?, ZIP 1997, 2077; *Eckert*, Miete, Pacht und Leasing im neuen Insolvenzrecht, ZIP 1996, 897; *Eckert*, Leasingraten – Masseschulden oder Konkursforderungen?, ZIP 1997, 2077; *Ehricke*, Zur Entstehung des Anspruchs auf Mietzahlung in der Insolvenz des Vermieters, ZinsO 2008, 1058; *Eidenmüller*, Die Verjährung beim Rechtskauf, NJW 2002, 1625; *Fehl*, Leasing in der Insolvenz, DZWiR 1999, 89; *Fehl*, Leasingverträge in der Insolvenz – im geltendem und zukünftigem Insolvenzrecht, BB 1998, Supplement Leasing- und Finanz-Berater, S. 12; *Fischer*, Bürgschaft und Verbraucherkreditgesetz, ZIP 2000, 828; *Flume*, Das Rechtsverhältnis des Leasing in zivilrechtlicher und steuerrechtlicher Sicht – Teil 2, DB 1972, 53; *Franke*, Analoge Anwendung der Sachpfändungsvorschriften bei Computerprogrammen, MDR 1996, 236; *Frankfurter Kommentar* zur InsO, 8. Aufl. 2015; *Freitag*, Die Beendigung des Darlehensvertrages nach dem Schuldrechtsmodernisierungsgesetz, WM 2001, 2370; *Fuchs*, Das Fernabsatzgesetz im System des neuen Verbraucherschutzrechts, ZIP 2000, 1273; *Funk*, Die Sicherungsübereignung in Einzelzwangsvollstreckung und Insolvenz, Diss. Hamburg, 1996; *Gabele/Weber*, Kauf oder Leasing, 1985; *Ganter*, Rechtsprechung des BGH zum Kreditsicherungsrecht, WM 1998, 2081; *Ganter*, Patentlizenzen in der Insolvenz des Lizenzgebers, NZI 2011, 833; *Gaul*, Verwertungsbefugnis des Insolvenzverwalters bei Mobilien trotz Sicherungsübereignung und Eigentumsvorbehalt, ZinsO 2000, 256; *Gebler/Müller*, Finanzierungsleasing: Die Auswirkungen der Schuldrechtsreform und neuere Entwicklungen in der Vertragspraxis, ZBB 2002, 107; *Glos/Sester*, Aufsichtsrechtliche Erfassung der Leasing- und Factoringunternehmen, WM 2009, 1209; *Haberstumpf*, Das Software-Urhebervertragsrecht im Lichte der bevorstehenden Umsetzung der EG-Richtlinie über den Rechtsschutz von Computerprogrammen, GRUR Int. 1992, 715; *Häsemeyer*, Vorbehaltskauf und Finanzierungsleasing im geltenden und künftigen Insolvenzrecht, Festschrift Serick, 1992, S. 153; *Häsemeyer*, Insolvenzrecht, 4. Aufl. 2007; *Hagenmüller/Eckstein*, Leasing-Handbuch, 6. Aufl. 1992; *Harriehausen*, Die aktuellen Entwicklungen im Leasingrecht, NJW 2015, 1422; *Harriehausen*, Anmerkung zum BGH-Urteil vom 22.1.2014, VIII ZR 178/13, NJW 2014, 1521; *Heidelberger Kommentar* zur InsO, 7. Aufl. 2014; *Hölzle/Geßner*, Die Insolvenz des Leasinggebers – Zweifelsfragen bei der Besicherung des Refinanziers; ZIP 2009, 1641; *Hoffmann*, Immaterialgüterrechte in der Insolvenz, ZInsO 2003, 732; *Hoffmann*, Die Ermächtigung nach §§ 50, 51 VglO, ZIP 1983, 776; *Huber*, Die Abwicklung gegenseitiger Verträge nach der Insolvenzordnung, NZI 1998, 97; *Junker*, Die Entwicklung des Computerrechts in den Jahren 1991 und 1992, NJW 1993, 824; *Junker*, Die Entwicklung des Computerrechts in den Jahren 2000/2001, NJW 2002, 2992; *Kalt*, Die Vorausabtretung von Leasingraten und die Verfügung über den Leasinggegenstand beim Mobilien-Leasing im Lichte der Insolvenzordnung, BB 1996, Beilage Nr. 8; *Kamanabrou*, Die Umsetzung der Fernabsatzrichtlinie, WM 2000, 1417; *Kilger/K. Schmidt*, Insolvenzgesetze, 17. Aufl. 1997; *Klaas*, Die Risikoverteilung bei neueren Finanzierungsmethoden, NJW 1968, 1502; *Klasmeyer/Elsner/Ringsmeier*, Ausgewählte Probleme bei der Verwertung von Mobiliarsicherheiten, Kölner Schrift zur Insolvenzordnung, 2. Aufl. 2000, S. 1083; *Koch/Haag*, Die Rechtsnatur des Leasingvertrages, BB 1968, 93; *Koehler/Ludwig*, Die Behandlung von Lizenzen in der Insolvenz, NZI 2007, 59; *König*, Software (Computerprogramme) als Sache und deren Erwerb als Sachkauf, NJW 1993, 3121; *Körner/Weiken*, Wirtschaftlich Eigentum nach § 5 Abs. 1 EStG, BB 1992, 1033; *Kotthoff/Pauly*, Software als Kreditsicherheit, WM 2007, 2085; *v. Koppenfels*, Das Widerrufsrecht bei Verbrau-

cherverträgen im BGB – eine Untersuchung des § 355 Abs. 1 BGB-RegE, WM 2001, 1360; *Krause*, Leasing, NJW 1973, 691; *Krause*, Die zivilrechtlichen Grundlagen des Leasing-Verfahrens, Diss. Köln, 1967; *Kreft*, Die Wende in der Rechtsprechung zu § 17 KO, ZIP 1997, 865; *Krull*, Zur Behandlung von Finanzierungsleasingverträgen im künftigen Insolvenzverfahren, ZMR 1998, 746; *Kübler/Prütting/Bork*, InsO, Loseblatt, *Kulke*, Widerrufsrechte beim Sicherungsgeschäft, NJW 2006, 2223; *Kurstedt*, Finanz-Leasing und AGB-Gesetz – Zur Wirksamkeit der vertraglichen Bestimmungen für die ordentliche Beendigung des Finanzierungs-Leasing-Vertrages über bewegliche Güter, DB 1981, 2525; *Kurz*, Ist der Mehrheitsgesellschafter und Alleingeschäftsführer einer GmbH „Verbraucher"?, NJW 1997, 1828; *Lange*, Rechtsgeschäftliche Vertragsübernahme und Insolvenz, ZIP 1999, 1373; *Larenz/Canaris*, Schuldrecht besonderer Teil 2, 13. Aufl. 1994; *Lehmann*, Das neue Software-Vertragsrecht – Verkauf und Lizenzierung von Computerprogrammen, NJW 1993, 1822; *Lenger/Schmitz*, Insolvenzrechtliche Lösungsklauseln in AGB – quo vadis?!, NZI 2015, 396; *Lieb*, Das Leitbild des Finanzierungs-Leasing im Spannungsfeld von Vertragsfreiheit und Inhaltskontrolle, DB 1988, 946; *Lieb*, § 9 Verbraucherkreditgesetz und Finanzierungsleasing, WM 1991, 1533; *Lieb*, Zur Risikoverteilung bei Finanzierungsleasingverträgen, insbesondere mit Kaufleuten, WM 1992, Sonderbeilage Nr. 6; *Link*, Ankauf von Forderungen aus Leasingverträgen mit Kaufleuten durch Kreditinstitute, ZfgK 1985, 658; *Littmann*, Leasing in der Steuerbilanz, DStR 1970, 261; *Livonius*, § 108 Abs. 1 Satz 2 InsO und seine Anwendbarkeit bei Mietverträgen, ZInsO 1998, 111; *Lösekrug*, Zurechnung von Lieferantenzusagen im Leasingvertrag und Folgen der Sittenwidrigkeit des Kaufvertrages für den Leasingvertrag, WM 2014, 202; *Lwowski*, Erwerbsersatz durch Nutzungsverträge, Diss. Hamburg, 1967; *Lwowski*, Regressloser Ankauf von Leasingforderungen durch Banken, ZIP 1983, 900; *Lwowski/Peters*, Überblick und ausgewählte Themen zum Widerrufsrecht beim Verbraucherdarlehen (§ 495 BGB), Festschrift Nobbe, 2009, S. 369; *Lwowski/Peters/Münscher*, Verbraucherdarlehensrecht, 3. Aufl. 2008; *Marly*, Die Qualifizierung der Computerprogramme als Sache nach § 90 BGB, BB 1991, 432; *Marotzke*, Der Eigentumsvorbehalt im neuen Insolvenzrecht, JZ 1995, 803; *Marotzke*, Die dinglichen Sicherheiten im neuen Insolvenzrecht, ZZP 109 (1996), 429; *Marotzke*, Gegenseitige Verträge im neuen Insolvenzrecht, 2. Aufl. 1997; *Martinek*, Moderne Vertragstypen, Band. I, 1991 und Band III, 1993; *Martinek/Oechsler*, Die Unanwendbarkeit des Verbraucherkreditgesetzes auf Leasingverträge ohne Vollamortisationspflicht, ZIP 1993, 81; *Martinek/Stoffels/Wimmer-Leonhardt*, Leasinghandbuch, 2. Aufl. 2008; *Masuch*, Neue Muster für Widerrufsbelehrungen, NJW 2008, 1700; *Metzger*, Zur Zulässigkeit von CPU-Klauseln in Softwarelizenzverträgen, NJW 2003, 1994; *Meyer auf der Heyde*, Kurze Verjährung im Leasingvertrag nach § 558 BGB?, BB 1987, 498; *Michalski/Ruess*, Rechtsfolgen der Insolvenz des Leasinggebers bei im Wege des Factoring veräußerten Leasingforderungen, NZI 2000, 250; *Michalski/Schmitt*, Der Kfz-Leasingvertrag, 1995; *Mühl*, Der Abschluss von Finanzierungslesaingverträgen als aufsichtspflichtige Finanzdienstleistung, WM 2011, 870; *Müller-Hengstenberg*, Die Bedeutung des Kaufrechts für die Computersoftware, NJW 2000, 3545; *Müller-Sarnowski*, Privat-Autoleasing nach der Schuldrechtsreform, eine Bestandsaufnahme, DAR 2002, 485; *Müller-Sarnowski*, Der Nennbetrag i. S. v. § 12 Abs. 1 Nr. 1 VerbrKrG bei PKW-Privatleasingverträgen, BB 1994, 446; *Münchener Kommentar* zum BGB, Band 2 und Band 3, 6. Aufl. 2012; *Münchener Kommentar* zur InsO, 3. Aufl. 2013/2014; *Münscher*, Musterwiderrufsinformation für Verbraucherdarlehensverträge, BankPraktiker 2010, 366; *Münstermann/Hannes*, Verbraucherkreditgesetz, 1991; *A. Nordemann/J. B. Nordemann/Czychowski*, Die Entwicklung der Gesetzgebung und Rechtsprechung zum Urheberrecht in den Jahren 2000/2001, NJW 2002, 562; *Obermüller*, Insolvenzrecht in der Bankpraxis, 8. Aufl. 2011; *Obermüller/Livonius*, Auswirkungen der Insolvenzrechtsreform auf das Leasinggeschäft, DB 1995, 27; *Ollmann*, Die schwebende Unwirksamkeit des Verbraucherkreditvertrages, WM 1992, 2005; *Omlor*, Finanzierungsleasing unter der neuen Verbraucherkreditrichtlinie, NJW 2010, 2694; *Palandt*, BGB, 74. Aufl. 2015; *Papperitz*, Factoring, Forfaitierung und gewerbliche Dauerschulden, DStR 1993, 1841; *Paulus*, Software in Vollstreckung und Insolvenz, ZIP 1996, 2; *Peters*, Widerrufsbelehrungen und BGB-InfoV – Rechtsfort- oder –verbildung? –, WM 2014, 2145; *Peters*, Umsetzung der EU-Verbraucherkreditrichtlinie und das Leasinggeschäft, WM 2011, 865; *Peters*, GbR-Darlehensnehmer als Verbraucher?, BankPraktiker 2011, 344; *Peters*, Regressloser An-/Verkauf von Forderungen beim Mobilienleasing, WM 2009, 2294; *Peters*, Leasing und Verbraucherdarlehensrecht, WM 2006, 1183; *Peters*, Auswirkungen des BFH-Urteils vom 5.5.1999 XI R 6/98 auf die (Re-) Finanzierung der Mobilien-Leasinggeber im Weg des regresslosen Forderungsverkaufs?, DB 2002, 864; *Peters*, Refinanzierung beim Mobilienleasing und Insolvenz des Leasinggebers, ZIP 2000, 1759; *Peters*, Das Widerrufsrecht nach dem Verbraucherkreditgesetz, DZWir 1994, 353; *Peters*, Regressloser Ankauf von Leasingforderungen, WM 1993, 1661, 1701; *Peters*, Leasing und Verbraucherkreditgesetz, WM 1992, 1797; *Piekenbrock*, Zum Wert der Globalzession in der Insolvenz, WM 2007, 141; *Plathe*, Zur rechtlichen Beurteilung des Leasing-Geschäfts, BB 1970, 601; *Praktikerhandbuch Verbraucherdarlehen*, 2. Aufl. 2009; *Praxishandbuch Leasing*, 1998; *Pres*, Gestaltungsformen, urheberrechtlicher Sottwarelizenzverträge, CR 1994, 520; *Raeschke-Kessler/Christopeit*, Zur Unwirksamkeit insolvenzabhängiger Lösungsklauseln, WM 2013, 1592; *Reck*, Leasinggüter im Überschuldungsstatus im Rahmen einer strafrechtlichen Überprüfung, ZinsO 2004, 1236; *Redeker*, Wer ist Eigentümer von Goethes Werther?, NJW 1992, 1739 *Reiner/Kaune*, Die Gestaltung von Finanzierungsleasingverträgen nach der Schuldrechtsreform, WM 2002, 2314; *Reinicke/Tiedtke*, Zweifelsfragen bei der Anwendung des Verbraucherkreditgesetzes, ZIP 1992, 217; *Reinicke/Tiedtke*, Insolvenzrisiko beim Finanzierungsleasing – Zugleich eine Besprechung des Urteils des OLG Frankfurt am Main vom 17.9.1985, DB 1986, 575; *Reinking,-* Die Auswirkungen der Schuldrechtsreform auf das private Kraftfahrzeugleasing, DAR 2002, 145; *Reinking/Nissen*, Problemschwerpunkte im Verbraucherkreditgesetz, ZIP 1991, 634; *Reuter*, Führen Objektsicherheiten bei der Forfaitierung von Leasingforderungen im Zusammenhang mit Asset- und Projektfinanzierung zur Dauerschuld nach § 8 Nr. 1 GewStG?, BB 2003, 18; *Röthel/Heßeler*, Vertragsübernahme und Verbraucherschutz – Bewährungsprobe für ein junges Rechtsinstitut, WM 2008, 1001; *Runge/Bremser/Zöller*, Leasing, 1978; *Schmalenbach/Sester*, Fortschreibung der typischen Vertragsstruktur für Leasingtransaktionen nach der Schuldrechtsreform, WM 2002, 2184; *Schmidt*, Urheberrechte WM 2003, 461; *Schmid-Burgk*, Die Anwendung des Verbraucherkreditgesetzes auf Kreditsicherheiten, DB 1997, 513; *Schmid-Burgk*, Leasingraten-Masseschulden oder Konkursforderungen?, ZIP 1998, 1022; *Schmid-Burgk/Ditz*, Die Refinanzierung beim Leasing nach der Insolvenzrechtsreform, ZIP 1996, 1123; *Schmid-Burgk/Schölermann*, Probleme bei der Anwendung des neuen Verbraucherkreditgesetzes auf Leasingverträge, BB 1991, 566; *Schölermann/Schmid-Burgk*, Die Bestandshaftung des Verkäufers von Leasingforderungen, WM 1992, 933; *Scholz*, Verbraucherkreditverträge, 2. Aufl. 1992; *Scholz*, Zur Kündigung von Leasingverträgen mit Privatpersonen und „Existenzgründern" § 12 VerbrKrG, BB 1994, 805; *Scholz*, Anmerkungen zum Verbraucherkreditgesetz, MDR 1997, 191; *Schulze-Osterloh*, Sale-and-lease-back-Geschäfte – Zivilrechtliche Qualifikation und Ausweis in der Handelsbilanz, ZIP 2005, 1617; *Schulze-Schröder*, AGBG-widriges BGB?, NJW 2003, 3031; *Schwemer*, Leasing in der Insolvenz, ZMR 2000, 348; *Schwennicke/Auerbach*, KWG, 2. Aufl. 2013; *Seeger*, Zivilrechtliche und steuerrechtliche Behandlung von Finanzierungs-Leasing-Verträgen über bewegliche Sachen, Diss. Berlin, 1972; *Seibert*, Verbraucherkreditgesetz, 1991; *Seifert*, Refinanzierung von Leasingverträgen nach § 108 InsO, NZM 1998, 217; *Seifert*, Leasing in der

A. Einführung

13/60

Der **Begriff** „Leasing" wurde aus dem anglo-amerikanischen Rechtskreis übernommen und wird häufig mit „Miete" oder „Pacht" übersetzt. Einen entsprechenden einheitlichen Begriff für die Vielzahl recht verschiedener Geschäftsarten, die vom Leasing umfasst werden, zu finden, ist jedoch problematisch. Die Skala der **Vertragsgestaltungen** reicht von Geschäften, die eine zeitweise, jederzeit kündbare Nutzungsüberlassung von Sachen zum Inhalt haben, bis zu solchen, die letztlich die endgültige Übertragung von Eigentum an einer Sache und deren Finanzierung ermöglichen sollen. Eine zutreffende Übersetzung des Begriffes „Leasing" erscheint daher kaum möglich, will man nicht auf die allgemeine Formel ausweichen, dass es dabei grundsätzlich um die entgeltliche Gebrauchs- oder Nutzungsüberlassung geht. Da statt des Kaufes der interessierenden Güter hier die „Beschaffung" mittels Leasing erfolgt, lässt es sich am ehesten noch als **„Erwerbsersatz durch Nutzungsvertrag"**[1] umschreiben.

13/61

Der **Grundtyp des Leasingvertrages** ist in der Regel so gestaltet, dass der Leasinggeber dem Leasingnehmer eine Sache oder Sachgesamtheit gegen Entgelt zeitweise zur Nutzung überlässt. Man unterscheidet dabei die **Vollamortisations-** (1. Vertragsgeneration) und die **Teilamortisationsverträge** (2. Vertragsgeneration).

Bei den Vollamortisationsverträgen sind die Leasingraten so bemessen, dass sie während der regelmäßig unkündbaren Grundleasing-/-mietzeit den gesamten Aufwand des Leasinggebers einschließlich eines Gewinn- bzw. Risikozuschlages abdecken.

Im Falle von Teilamortisationsverträgen soll die gleichfalls angestrebte „Vollamortisation" nicht schon über die Zahlung der Leasingraten während der Grundleasing-/-mietzeit erreicht werden. Vielmehr hat der Leasingnehmer für die dann noch nicht abgedeckten Beträge einzustehen, und zwar vornehmlich für den Fall, dass der Leasinggeber die restlichen Beträge für die angestrebte Vollamortisation nicht durch eine Weiterverwertung des Leasing-Gegenstandes erlöst, z. B. durch Weiterverleasen oder Verkauf.[2] Bei dem diesbezüglichen Anspruch des Leasinggebers gegen den Leasingnehmer auf Restwertausgleich handelt es sich nach h. M. um einen vertraglichen Erfül-

---

neuen Insolvenzordnung, FLF 1995, 13; *Seifert*, Rechtsfragen beim Leasingvertrag, DB 1983, Beilage Nr. 1; *Sinz*, Leasing und Factoring im neuen Insolvenzverfahren, Kölner Schrift zur Insolvenzordnung, 2. Aufl. 2000, S. 593; *Skusa*, Anwendbarkeit der Verbraucherschutzvorschriften auf Leasing – und Mietkaufverträge, NJW 2011, 2993; *Slama*, Leasingspezifische Regelungen des Verbraucherkreditgesetzes, WM 1991, 569; *Smid*, Insolvenzordnung (InsO), 1999; *Sobotka*, Der neue Teilamortisationserlaß im Immobilien-Leasing, BB 1992, 827; *Staudinger*, BGB, Buch 2, Recht der Schuldverhältnisse §§ 491–512 (Verbraucherdarlehen) und Buch 2, Recht der Schuldverhältnisse §§ 346–361 (Rücktritt und Widerruf), Neubearbeitung 2012, *Struppek*, Aktuelle Abrechnungsmethoden für fristlos gekündigte Automobil-Leasingverträge, BB 1992, Beilage Nr. 9; *Tacke*, Leasing, 3. Aufl. 1999; *Tintelnot*, Die gegenseitigen Verträge im neuen Insolvenzverfahren, ZIP 1995, 616; *Tonner*, Leasing im Steuerrecht, 6. Aufl. 2014; *Uhlenbruck*, InsO, 13. Aufl. 2010; *Uhlenbruck/Sinz*, Die Forfaitierung von Leasingforderungen im Konkurs des Leasinggebers, WM 1989, 1113; *Vortmann*, Verbraucherkreditgesetz, 1991; *Voss*, Rechtsmängelhaftung bei der Überlassung von Software, CR 1994, 449; *Wackerbarth*, Zur Anwendung des Verbraucherkreditgesetzes auf die persönliche Mithaftung des GmbH-Gesellschafters, DB 1998, 1950; *Wagner*, Leasing als Geschäftsbesorgung?, BB 1969, 109; *Weber/Hölzel*, Das Schicksal der Softwarelizenz in der Lizenzkette bei Insolvenz des Lizenznehmers, NZI 2011, 432; *v. Westphalen*, Der Leasingvertrag, 7. Aufl. 2015; *v. Westphalen*, Finanzierungsleasing – Der richtlinienwidrige Ausnahmetatbestand von § 3 II Nr. 1 VerbrKrG, NJW 1993, 3225; *v. Westphalen*, Die Auswirkungen der Schuldrechtsreform auf die „Abtretungskonstruktion" beim Leasing, ZIP 2001, 2258; *v. Westphalen*, Auswirkungen der Schuldrechtsreform auf das Leasingrecht, ZIP 2006, 1653; *Westphalen*, Forfaitierungsverträge unter dem Gesichtspunkt des Schuldrechts-Modernisierungsgesetzes, WM 2001, 1837; *v. Westphalen*, Leitlinien und Tendenzen der BGH-Judikatur zum Leasingvertrag, DB 1982, Beilage Nr. 6; *v. Westphalen*, Das Schuldrechtsmodernisierungsgesetz und Leasing – Was ändert sich, was bleibt?, DB 2001, 1291; *v. Westphalen/Lwowski*, Leasing – insbesondere Fragen der regreßlosen Finanzierung, WM-Script, 1985; *v. Westphalen/Emmerich/v. Rottenburg*, Verbraucherkreditgesetz, 2. Aufl. 1996; *v. Wilmowsky*, Vermieter (Verpächter. Lizenzgeber) in Insolvenz, ZInsO 2011, 1473; *de With*, Zur Zweitfinanzierung von Leasingverträgen nach § 108 InsO, FLF 1998, 24; *Wolf/Eckert/Ball*, Handbuch des gewerblichen Miet-, Pacht- und Leasingrechts, 10. Aufl. 2009; *Zahn*, Das Sicherungseigentum der Bank in der Insolvenz der Leasinggesellschaft, ZIP 2007, 365; *Zahn*, Die Bürgschaft des Verbrauchers bei Haustürgeschäften und Kreditverträgen, ZIP 2006, 1069; *Zahn*, Der kaufrechtliche Nacherfüllungsanspruch – Ein Trojanisches Pferd im Leasingvertrag?, DB 2002, 985; *Zahn*, Die Leistung des Leasinggebers nach Übergabe wertlos?, DB 1998, 1701; *Zahn*, Der Leasingvertrag über Mobilien in der Insolvenz des Leasinggebers nach der Novellierung der InsO, DB 1996, 1393; *Zahn*, Leasingnehmer und refinanzierende Bank in der Insolvenz des Leasinggebers nach der Insolvenzordnung – Teil I, DB 1995, 1597 und Teil II, DB 1995, 1649; *Zahn*, Neues Recht des Leasingvertrages durch das Verbraucherkreditgesetz, DB 1991, 81; *Zahn*, Leasingvertrag und Widerrufsbelehrung nach dem Verbraucherkreditgesetz, DB 1991, 687.

[1] *Lwowski*, Erwerbsersatz durch Nutzungsverträge, Diss. Hamburg, 1967, S. 50 (97 ff.); ebenso *Klaas*, NJW 1968, 1502 (1506 f.).
[2] *Runge/Bremser/Zöller*, Leasing, 1978, S. 307; *Heyd* in v. Westphalen, Der Leasingvertrag, 7. Aufl. 2015, S. 55 ff.

lungsanspruch.[1] Teilamortisationsverträge haben also ebenfalls das Vollamortisationsprinzip zum Hintergrund.[2]

13/62 Die **Vorteile des Leasing-Systems** gegenüber einem Erwerb vom Eigentümer durch Kauf bzw. einer Nutzungsmöglichkeit durch Miete sowohl für den Leasingnehmer als auch für den Leasinggeber lassen sich – vorbehaltlich der Berücksichtigung der betriebswirtschaftlichen Gegebenheiten im jeweiligen Einzelfall – etwa in folgenden Punkten zusammenfassen:
- Der Leasingnehmer ist investitionsmäßig flexibler als ein Käufer, weil er die Nutzungsdauer und die Vergütung durch entsprechende Vertragsvereinbarungen seinen betrieblichen Erfordernissen anpassen kann.
- Eigen- und Fremdmittel werden für ertragreichere Verwendungen frei – geringere Belastung des Finanzierungsspielraumes.
- Steuerliche Vorteile: liquiditätsmäßige Entlastung – der Leasinggeber kann die AfA in Anspruch nehmen, für den Leasingnehmer sind die Leasingraten – bei erlasskonformen Verträgen – sofort abzugsfähige Betriebsausgaben.[3]

13/63 Damit das Leasinggut dem Leasinggeber als Eigentum zugerechnet wird, bedarf es regelmäßig zunächst einer Grundleasing-/-mietzeit von mindestens 40 % und höchstens 90 % der betriebsgewöhnlichen Nutzungsdauer des Leasinggutes.[4]

13/64 Für die **Beschaffung** des jeweiligen **Leasinggutes** benötigt der Leasinggeber regelmäßig eine **Refinanzierung**. Mit Blick auf die zu refinanzierenden Leasingverträge und die anzuschaffenden Leasinggüter kommt sowohl eine **Darlehensgewährung** an den Leasinggeber als auch ein **Kauf** der **Forderungen** des Leasinggebers gegen die Leasingnehmer **aus** den **Leasingverträgen** durch den Refinanzierer in Betracht.

Bei einer **Darlehensgewährung** stehen als Sicherheiten typischerweise die Forderungen aus den jeweiligen Leasingverträgen und die Leasinggüter zur Verfügung. Für den Refinanzierer ist dabei von ausschlaggebender Bedeutung, dass diese Sicherheiten ihm rechtswirksam verschafft werden und vor allem auch nicht im Fall der Insolvenz seines Kunden, des Leasinggebers, ihm vom Insolvenzverwalter „aus der Hand geschlagen" werden können, sondern als „insolvenzfest" einzuordnen sind.[5]

Ferner sind für die Besicherung der Refinanzierung des Leasinggeschäftes über die bei Sicherungsabtretungen und Sicherungsübereignungen üblicherweise zu beachtenden Aspekten hinaus, wie z. B. Bestimmbarkeit der Forderungen und Bestimmtheit des Sicherungsgutes,[6] ein paar Besonderheiten zu berücksichtigen, wie insbesondere beim Verbraucherleasing die Vorgaben des Verbraucherdarlehensrechtes, die Folgen bei Mängeln oder im Falle des Verlustes/Unterganges des Leasinggutes.[7]

Wird die Refinanzierung über einen **Forderungsverkauf** dargestellt, werden die vom Refinanzierer angekauften Leasingforderungen nicht als Sicherheit, sondern zwecks Erfüllung des diesbezüglichen Kaufvertrages an den Refinanzierer abgetreten. Die Sicherungsübereignung des Leasinggutes dient auch hier als Sicherheit.[8]

---

[1] BGH WM 1996, 1690 (1691 f.) mit Darstellung des Streitstandes; BGH WM 1997, 1904 (1906) m. Anm. *Jendrek* in WuB I J 2. – 2.97; BGH WM 2014, 1738 (1740 f.) m. Anm. *Omlor* in WuB I J 2. – 2.14.
[2] Zu den Erscheinungsformen des Leasing im Einzelnen vgl. Rn 13/65 ff.
[3] *Tacke*, Leasing, 3. Aufl. 1999, S. 6 ff.; *Krause*, NJW 1973, 691 (694); *Laumanns* in Hagenmüller/Eckstein, Leasing-Handbuch, 6. Aufl. 1992, S. 130 ff.; *Martinek*, Moderne Vertragstypen, Band I, 1991, S. 51; *Gabele/Weber*, Kauf oder Leasing, 1985, Rn 202 ff., 254; zu den Steueraspekten siehe auch Rn 13/249 ff.
[4] Im Einzelnen siehe die Ausführungen zu den Leasing-Erlassen der Finanzverwaltung unter Rn 13/249 ff.
[5] Siehe dazu Rn 13/148 ff.
[6] Dazu im Einzelnen siehe Rn 4/326 ff. und Rn 4/625 ff.
[7] Dazu im Einzelnen Rn 13/86 ff., 13/95 und 13/107 ff.
[8] Zum Forderungsankauf, der in der Regel regresslos erfolgt, im Einzelnen Rn 13/191 ff.

B. Erscheinungsformen und wirtschaftliche Bedeutung des Leasing 13/65

Zwar hat die Finanz- und Wirtschaftskrise auch in der deutschen Leasingbranche deutliche Spuren hinterlassen. So gingen z. B. die Gesamtleasinginvestitionen im Jahr 2009, die 42,6 Mrd. Euro ausmachten, im Vergleich zu 2008 (54,6 Mrd. Euro) um 22 % zurück. Gleichwohl ist die wirtschaftliche Bedeutung des Leasing in Deutschland eindrucksvoll. Die Gesamtleasinginvestitionen legten von 2013 auf 2014 um 6,1 % auf 50,2 Mrd. Euro zu, wovon 1,55 Mrd. Euro auf das Immobilien- und 48,65 Mrd. Euro auf das Mobilien-Leasing entfielen. Im Mobilien-Leasingbereich machte das Kfz-Leasing[1] den Löwenanteil in einem solchen Umfang aus, dass es auch bezogen auf das Gesamtleasingvolumen den größten Anteil hatte (71,8 %); von Bedeutung ist trotz eines erheblichen Rückganges gegenüber 2013 das Leasen von Computern[2] sowie Büroausstattungen.

Vergleicht man diese Zahlen mit der Entwicklung der Gesamtwirtschaftlichen Investitionen in Deutschland, die von rd. 334,6 Mrd. Euro im Jahr 2008 auf 287 Mrd. Euro im Jahr 2009 zurückgingen, was einem Rückgang von rd. 14,2 % entspricht, so zeigt sich, dass die Leasingbranche mit dem Minus von 22 % (s. o.) besonders hart von den damaligen wirtschaftlichen Problemen getroffen worden ist. Hinzu kamen noch ein paar Sondereffekte, wie die Unternehmenssteuerreform 2008.

Allerdings fiel die Wachstumsrate der Gesamtwirtschaftlichen Investitionen von 2013 auf 2014 mit 4,3 % geringer aus als das Plus auf dem Leasingsektor mit 6,1 %. Gleichwohl bleibt festzuhalten, dass die Gesamtwirtschaftlichen Investitionen in 2014 wieder die Höhe des Jahres 2008 erreicht haben, nicht aber so die Gesamtleasinginvestitionen, die in 2014 in der Höhe von rd. 4,4 Mrd. Euro hinter 2008 zurückblieben.

Der Anteil der Leasing-Investitionen im Jahr 2014 an den Gesamtwirtschaftlichen Investitionen macht beachtliche 15 % aus. Umgerechnet heißt das im Schnitt, dass jede sechste bis siebte Investition im Jahr 2014 ein Leasinggeschäft war.[3]

Angesichts der Vielfalt der Leasing-Vertragsgestaltungen[4] wird zunächst auf ein paar grundlegende Charakteristika und Kriterien eingegangen.

I. Differenzierung nach Art des Leasingobjektes 13/66

- Gegenstand des Leasing können z. B. Gebrauchsgüter mit längerer Lebensdauer (**Konsumgüterleasing**) oder Büro- und Ladeneinrichtungen sowie Maschinen jeder Art (**Investitionsgüterleasing**) sein. In beiden Bereichen haben das Kfz- und das Computer-Leasing[5] eine besondere Bedeutung erlangt.[6]
- Von besonderer Bedeutung ist ferner das Leasen von Gebäuden und Grundstücken (**Immobilienleasing**[7] – auch Plantleasing genannt) sowie **Flugzeug-, Schiffs- und Eisenbahnleasing**.[8] Die lange Lebensdauer, der häufig wirtschaftlich hohe Wert des Leasingobjektes und die damit verbundene lange Amortisationszeit führen zu speziellen Vertragsgestaltungen.

II. Differenzierung nach Parteien des Leasingvertrages 13/67

- Häufig wird zur Wahrnehmung der Finanzierungsfunktion ein darauf spezialisiertes, selbstständiges Unternehmen als Leasinggeber zwischen dem Hersteller bzw. Lieferanten und dem Kunden/

---

[1] Im Einzelnen dazu Rn 13/209 ff.
[2] Im Einzelnen dazu Rn 13/237 ff.
[3] Alle Zahlen ohne Wohnungsbau – die jeweils aktuellen Zahlen können der Website des Bundesverbandes deutscher Leasing-Unternehmen e. V. unter www.bdl-leasing-verband.de entnommen werden; u. a. ist auf dieser Website der Sonderdruck aus ifo-Schnelldienst 23/2014 des ifo-Institutes München abrufbar (Downloadcenter).
[4] Zur Rechtsnatur von Leasingverträgen und den unterschiedlichen Ausgestaltungen siehe z. B. *v. Westphalen* in v. Westphalen, Der Leasingvertrag, 7. Aufl. 2015, S. 1 ff.; *Martinek* in Martinek/Stoffels/Wimmer-Leonhardt, Leasinghandbuch, 2. Aufl. 2008, S. 21 ff.; sowie nachfolgend unter Rn 13/74 ff.
[5] Siehe dazu Rn 13/209 ff.
[6] *Martinek*, Moderne Vertragstypen, Band I, 1991, S. 61.
[7] Vgl. hierzu auch *Sobotka*, BB 1992, 827 f. – im Einzelnen dazu Rn 13/254 ff.
[8] Im Einzelnen dazu Rn 13/254 ff., Rn 13/286 ff., 13/309 ff. und 13/322 ff.

Leasingnehmer eingeschaltet. Man spricht insofern von **mittelbarem** oder auch **indirektem Leasing** mit einem **Dreiecksverhältnis** zwischen dem Leasinggeber, dem Leasingnehmer und dem Hersteller/Lieferanten. Der Leasinggeber erwirbt ein von dem Kunden in der Regel selbst beim Hersteller/Lieferanten ausgewähltes Objekt und verleast es dann dem Kunden/Leasingnehmer.

13/68 • Beim **unmittelbaren** oder auch **direkten Leasing** ist der Hersteller/Lieferant des Leasinggutes regelmäßig gleichzeitig der Leasinggeber (**Herstellerleasing**).[1] Der Leasingvertrag kommt also direkt zwischen dem Hersteller/Lieferanten und dem Kunden zustande. Es fehlt das ansonsten typische Dreiecksverhältnis (Leasinggeber – Leasingnehmer – Hersteller/Lieferant – s. o.). Diese Form des Leasing setzt einen finanzstarken Hersteller/Lieferanten voraus, der in der Lage ist, die Herstellungskosten entsprechend vorzufinanzieren und die Leasingverträge zu verwalten. Es handelt sich dabei meist um größere Firmen, z. B. Automobilkonzerne und Computerhersteller. Vorteilhaft für den Leasingnehmer ist in einer solchen Konstellation, dass der fachkundige Leasinggeber gleichzeitig auch Nebenleistungen – z. B. Einweisung und Service – anbieten kann.

13/69 ### III. Differenzierung nach der Funktion des Leasing

1. Finanzierungsleasing

Unter dem Begriff Leasing wird überwiegend das **Finanzierungsleasing**[2] verstanden. Der **Grundtyp** eines solchen Geschäftes liegt vor, wenn der Vertrag, der dem Leasingnehmer das Recht zur Nutzung der Sache gibt, über eine bei Vertragsabschluss festgelegte Zeit laufen soll, die zumindest einen erheblichen Teil der betriebsgewöhnlichen Nutzungsdauer der betroffenen Sache ausmacht – nach den Leasingerlassen regelmäßig mindestens 40 %, höchstens 90 %[3] – und z. B. bei einer durchschnittlichen Produktionsmaschine etwa drei bis sechs Jahre beträgt. Während dieser **Grundleasing-/-mietzeit** ist bei vertragsgemäßer Erfüllung eine ordentliche Kündigung – gleich von welcher Partei – ausgeschlossen.[4] Der Leasingnehmer ist vor allem verpflichtet, die vereinbarten Raten zu entrichten, die gleichbleibend hoch sein oder auch progressiv sowie degressiv gestaltet werden können.[5]

Ihre Höhe ist bei den **Vollamortisationsverträgen** derart bemessen, dass am Ende der Grundleasing-/-mietzeit der Kaufpreis, die Finanzierungskosten und ein Risiko- oder Gewinnzuschlag bezahlt sind und damit die „Vollamortisation" eingetreten ist.[6] Es handelt sich daher beim Finanzierungsleasing vornehmlich um eine **Finanzierungsentscheidung**,[7] selbst wenn der Leasingnehmer zu keinem Zeitpunkt Eigentümer des Leasingobjektes wird/werden kann. Dies gilt grundsätzlich auch für die **Teilamortisationsverträge**, bei denen regelmäßig neben den zu entrichtenden Leasingraten, die noch nicht zur „vollen" Amortisation ausreichen, weiter eine Zahlungspflicht zur Abdeckung des Restwertrisikos[8] hinzu kommt.[9]

Das tragende Merkmal des Finanzierungsleasing liegt in diesem **Vollamortisationsprinzip**. Begleitend kommen typischerweise noch weitere Merkmale hinzu.[10] Im Vordergrund steht aber letztlich das Finanzierungsinteresse.

13/70 Wesentlich für die Beurteilung ist ferner die **Abwicklung am Ende der Grundleasing-/-mietzeit bzw. der Vertragslaufzeit**. In der Praxis treten u. a. folgende Fallgestaltungen hinsichtlich der Behandlung des Leasingobjekts im Rahmen der Vertragsabwicklung/nach Vertragsablauf auf:

---

[1] Vgl. Palandt/*Weidenkaff*, BGB, 74. Aufl. 2015, Einf. vor § 535 Rn 42; *Berger*, Typus und Rechtsnatur des Herstellerleasing, 1988, S. 26 ff.; vgl. auch OLG Frankfurt/M. WM 1982, 723 (725) zur Frage der kapitalmäßigen Verflechtung zwischen dem Hersteller/Lieferanten und dem Leasinggeber (= „**verdecktes**" **Herstellerleasing**).
[2] Palandt/*Weidenkaff*, BGB, 74. Aufl. 2015, Einf. vor § 535 Rn 39.
[3] Vgl. Rn 13/332.
[4] Palandt/*Weidenkaff*, BGB, 74. Aufl. 2015, Einf. vor § 535 Rn 61.
[5] *Berthold*, Gefahrentragung beim Finanzierungs-Leasing beweglicher Sachen nach deutschem und französischem Recht, Diss. Göttingen, 1975, S. 7.
[6] Vgl. z. B. BGH WM 1979, 1040 (1042).
[7] *Berthold*, Gefahrentragung beim Finanzierungs-Leasing beweglicher Sachen nach deutschem und französischem Recht, Diss. Göttingen, 1975, S. 7.
[8] Der Restwertausgleichsanspruch ist regelmäßig als Erfüllungsanspruch anzusehen, der nicht der kurzen Verjährung gemäß § 548 BGB unterliegt: BGH WM 1996, 1690 (1691 f.) mit Darstellung des Streitstandes; BGH WM 1997, 1904 (1906) m. Anm. *Jendrek* in WuB I J 2. – 2.97; BGH WM 2014, 1738 (1740 f.) m. Anm. *Omlor* in WuB I J 2. – 2.14.
[9] Vgl. Ausführungen unter Rn 13/61 ff. und 13/104 f.
[10] Vgl. Rn 13/81.

- Der Leasingnehmer ist zur **Rückgabe der Sache nach Ablauf des Vertrages** verpflichtet, wobei die diesbezüglichen Einzelheiten vertraglich festgelegt werden.
- Der Leasingnehmer ist berechtigt, durch eine einseitige Erklärung gegenüber dem Leasinggeber den Vertrag – oftmals zu einer ermäßigten Folgeleasingrate/-miete – zu verlängern.[1] Man spricht in diesen Fällen von **Leasing mit Verlängerungsoption**.
- Mit Blick auf die spätere Verwertung des Leasinggegenstandes nach Ablauf der Grundleasing-/-mietzeit **garantiert** der Leasingnehmer einen **Restwert** und wird andererseits an einem etwaigen **Mehrerlös** zu einem vertraglich festgelegten Prozentsatz **beteiligt**. Bei den **Teilamortisationsverträgen** wird häufig sinngemäß vereinbart: Ist der Veräußerungserlös niedriger als die Differenz zwischen den Gesamtkosten des Leasinggebers und den in der Grundmietzeit entrichteten Leasingraten, so muss der Leasingnehmer eine Abschlusszahlung in Höhe der Differenz zwischen der Restamortisation und dem Veräußerungserlös leisten. Ist der Veräußerungserlös höher als die Restamortisation, so erhält der Leasinggeber 25 %, der Leasingnehmer 75 % des übersteigenden Teils.[2]
- Für die Handhabung nach Ablauf der Grundleasing-/-mietzeit kann vorgesehen werden, dass entweder **das Eigentum** an dem Leasingobjekt automatisch **auf den Leasingnehmer übergeht** oder dem Leasingnehmer das Recht eingeräumt wird, im Wege der Erklärung, er wolle das Eigentum an dem Leasingobjekt erwerben, den Eigentumsübergang herbeizuführen (**Kaufoption**).[3] Der „Kaufpreis" wird teilweise bereits im Leasingvertrag festgelegt. Bei einem vereinbarten automatischen Eigentumsübergang handelt es sich dann um **Mietkauf**.
- Der Leasinggeber hat ein **Andienungsrecht**, das den Leasingnehmer verpflichtet, auf Verlangen des Leasinggebers den Leasinggegenstand zu einem Preis zu kaufen, der bereits bei Abschluss des Leasingvertrages vereinbart wird. Der Leasingnehmer hat aber keinen Anspruch darauf, den Leasinggegenstand zu erwerben.[4]
- Ferner kommen Kombinationen von Kündigungsmöglichkeiten und daran gegebenenfalls anknüpfende Abschlusszahlungen vor, so dass der **Leasingnehmer** den **Leasingvertrag kündigen** kann, und zwar in der Regel frühestens nach Ablauf einer Grundleasing-/-mietzeit von 40 % der betriebsgewöhnlichen Nutzungsdauer. Kündigt der Leasingnehmer, so hat er eine **Abschlusszahlung** in Höhe der durch die Leasingraten nicht gedeckten Gesamtkosten des Leasinggebers – ohne den Gewinn für die Zeit nach der Kündigung – zu entrichten. Dabei sind von dem Bruttobetrag der restlichen Leasingraten als wesentlicher Teil der ersparten Vertragskosten vor allem die im Wege der Abzinsung auf den Zeitpunkt der Vertragsbeendigung zu ermittelnden, in den restlichen Raten enthaltenen Kreditkosten abzusetzen. Ist eine Vertragsklausel, die derartiges regelt, z. B. wegen fehlender Transparenz unwirksam, so ist es gleichwohl dem Finanzierungsleasingvertrag immanent, dass der Leasinggeber – wie vorstehend skizziert – gegen den Leasingnehmer einen dann konkret zu berechnenden Anspruch auf Ausgleich des nicht getilgten Teils der Gesamtkosten etc. (Vollamortisationsprinzip) hat.[5]

Eine AGB-Klausel, nach der nur 90 % des von dem Leasinggeber erzielten Veräußerungserlöses angerechnet wird, ist nach § 307 Abs. 1, Abs. 2 Nr. 1 BGB unwirksam, so dass der Veräußerungserlös dem Leasingnehmer zu 100 % zugute kommt.[6] Ist der anzurechnende Teil des Veräußerungserlöses zuzüglich der Leasingraten aus der Grundleasing-/-mietzeit niedriger als die Gesamtkosten etc. (Vollamortisation) des Leasinggebers, so muss der Leasingnehmer die Differenz zahlen. Ist der Verwertungserlös jedoch höher als die Differenz von Gesamtkosten etc. und Leasingraten, so behält der Leasinggeber ihn voll, es sei denn, die Vertragsparteien haben sich über eine Aufteilung eines etwaigen ‚Mehrerlöses‚ anderweitig geeinigt.

---

[1] *Berger*, Typus und Rechtsnatur des Hersteller-Leasing, 1988, S. 86.
[2] Vgl. *v. Westphalen* in v. Westphalen, Der Leasingvertrag, 7. Aufl. 2015, S. 33 f.
[3] *Lwowski*, Erwerbsersatz durch Nutzungsverträge, Diss. Hamburg, 1967, S. 53; *Berger*, Typus und Rechtsnatur des Hersteller-Leasing, 1988, S. 69, jeweils m. w. N.
[4] Vgl. *v. Westphalen* in v. Westphalen, Der Leasingvertrag, 7. Aufl. 2015, S. 29 f.; *Kurstedt*, DB 1981, 2525 (2529).
[5] BGH WM 2002, 1765 (1767 f.); BGH WM 1990, 1244, m. Anm. *Wiek* in WuB I J 2. – 13.90; BGH WM 1986, 673, m. Anm. *Emmerich* in WuB I J 2. – 7.86; BGH WM 1985, 860, m. Anm. *Stoppok* in WuB I J 2. – 9.85.
[6] BGH WM 2002, 1765 ff.; Palandt/*Weidenkaff*, BGB, 74. Aufl. 2015, Einf. vor § 535 Rn 70.

13/72 2. Operatingleasing

Beim **Operatingleasing** wird ein Leasingvertrag geschlossen, dessen Laufzeit nur einen Teil der üblichen Nutzungsdauer des Leasingobjektes abdeckt. Die Vertragsdauer ist in der Regel kurz oder unbestimmt mit erleichterter oder jederzeitiger Kündigungsmöglichkeit.[1] Diese Form des Leasing unterscheidet sich daher kaum von einer Miete und ist in der Regel nach Mietrecht zu beurteilen.[2] Operatingleasing ist vornehmlich interessant, wenn der Leasingnehmer eher nicht abschätzen kann, wie lange er den Gegenstand benötigt bzw. ob er ihn erwerben will, z. B. im Falle der Abdeckung vorübergehender betrieblicher Bedürfnisse – etwa zusätzlich benötigte Produktionsmittel zur Ausnutzung saisonaler Spitzen. Ein Finanzierungsinteresse steht regelmäßig nicht im Vordergrund, eher ein Absatzinteresse beim direkten Herstellerleasing.[3]

13/73 IV. Sale-and-lease-back-Verfahren

Eine Sonderform stellt das **Sale-and-lease-back-Verfahren** dar. Es ermöglicht einem Unternehmer, Kapital freizusetzen, das z. B. in Ausrüstungsgegenständen, Grundstücken, Anlagen und sonstigen Betriebsobjekten gebunden ist. Dazu verkauft er diese an eine Leasinggesellschaft, erhält den Kaufpreis und schließt gleichzeitig mit der Leasinggesellschaft einen Leasingvertrag, der ihm das Recht zur Nutzung gibt.[4] Das Sale-and-lease-back-Verfahren kann in verschiedener Weise – wie das Finanzierungsleasing – ausgestaltet werden. Als Besonderheit ist zu beachten, dass kein Dreiecksverhältnis vorliegt, sondern nur Vertragsverhältnisse zwischen zwei Parteien bestehen. Im Übrigen ist ein sale-and-lease-back-Vertrag nach ähnlichen Kriterien wie das Finanzierungsleasing zu beurteilen, da aus Sicht des Leasinggebers kaum Unterschiede vorliegen.[5]

Für die Konstellation, dass zwischen dem Verkäufer der (späteren) Leasingsache (= Leasingnehmer) und dem Erwerber (= Leasinggeber) ein Mietkaufvertrag abgeschlossen wird (automatischer Rückerwerb mit Zahlung der letzten Mietkaufrate), hat der BFH dem Verkäufer (Leasingnehmer) den Vorsteuerabzug (Umsatzsteuer über Nettokaufpreis zuzüglich der Leasinggebühren) aus der Rechnung des Leasinggebers versagt. Nach Ansicht des BFH stellt in diesem Fall nur der Erwerb der (Leasing-)Sache durch den (späteren) Leasingnehmer eine Lieferung an ihn dar, für die ein Vorsteuerabzug in Betracht kommt. Maßgebend für den BFH war die vergleichbare Interessenlage bei der Sicherungsübereignung von Gegenständen zur Sicherung einer Forderung, d. h. nach Lesart des BFH kam der zivilrechtlichen Eigentumsübertragung vom (späteren) Leasingnehmer an den (späteren) Leasinggeber nur eine Sicherungs- und Finanzierungsfunktion zu. Nach seiner Beurteilung verblieb die Verfügungsmacht über die Leasingsachen durchgehend beim Leasingnehmer und diente das Gesamtkonzept allein der Kaufpreisfinanzierung.[6]

---

[1] Palandt/*Weidenkaff*, BGB, 74. Aufl. 2015, Einf. vor § 535 Rn 40.
[2] *Berthold*, Gefahrentragung beim Finanzierungs-Leasing beweglicher Sachen nach deutschem und französischem Recht, Diss. Göttingen, 1975, S. 7; *Koch* in Münchener Kommentar z. BGB, 6. Aufl. 2012, Leasing Rn 5; Palandt/*Weidenkaff*, BGB, 74. Aufl. 2015, Einf. vor § 535 Rn 40.
[3] *Berthold*, Gefahrentragung beim Finanzierungs-Leasing beweglicher Sachen nach deutschem und französischem Recht, Diss. Göttingen, 1975, S. 7.
[4] *Hansen* in v. Westphalen, Der Leasingvertrag, 7. Aufl. 2015, S. 827 ff.
[5] BGH WM 1990, 103, m. Anm. *Emmerich* in WuB I J 2. – 4.90; *v. Westphalen* in v. Westphalen, Der Leasingvertrag, 7. Aufl. 2015, S. 85.
[6] BFH, Urteil vom 9.2.2006, V R 22/03; vgl. auch *Schulze-Osterloh*, ZIP 2005, 1617 ff.

C. Rechtsnatur von Leasingverträgen   13/74

Die Frage nach der **Rechtsnatur** des Leasing – vornehmlich der Finanzierungsleasingverträge – ist trotz weit gehender Parteiautonomie von Bedeutung. Von dieser Einordnung hängt u. a. ab, unter welchem Blickwinkel eine Überprüfung von Formularverträgen/Allgemeinen Geschäftsbedingungen nach den §§ 305 ff. BGB zu erfolgen hat.[1] Außerdem kommt ihr Bedeutung zu für die Frage der Anwendbarkeit der Verbraucherdarlehensregelungen (§§ 491 ff. BGB) und der steuer- und bilanzrechtlichen Behandlung. Leasingverträge werden in der Praxis auch als „Mietverträge" bezeichnet.[2] Zwecks Veranschaulichung der umstrittenen Einordnung des Leasing – insbesondere des Finanzierungsleasing – wird zunächst auf zwei Beispiele gebräuchlicher Leasingklauseln eingegangen.[3]

I. Leasingregelungen   13/75
1. Sach- und Preisgefahr

Im Gegensatz zu den gesetzlichen Regelungen für das Mietrecht im BGB (§§ 535 ff. BGB) sehen die Klauseln in den Leasingverträgen typischerweise die **Abwälzung der Sach- und Preisgefahr** bezüglich des Leasingobjektes auf den Leasingnehmer vor.[4] Gemäß den üblichen Leasingbedingungen wird der Leasingnehmer grundsätzlich nicht von der Pflicht zur Zahlung der Leasingraten entbunden, wenn das Leasingobjekt auf Grund eines Umstandes, den weder der Leasinggeber noch der Leasingnehmer zu vertreten hat, untergeht, verlorengeht, gestohlen oder in seinem Wert herabgesetzt wird.[5]

2. Sachmängelhaftung   13/76

Der Leasinggeber schließt ebenfalls regelmäßig seine eigene **Haftung für Sachmängel** aus.[6] Im Gegenzug sehen die Formularverträge vor, dass der Leasingnehmer die dem Leasinggeber aus dem Kaufvertrag mit dem Hersteller des Leasingobjektes zustehenden Gewährleistungsansprüche durch Abtretung erhält bzw. zur Geltendmachung dieser Rechte ermächtigt wird.[7]

II. Rechtliche Einordnung   13/77

Schon die exemplarische Schilderung der unterschiedlichen Ausgestaltungen der Finanzierungsleasingverträge im Gegensatz zum gesetzlichen Mietrecht veranschaulicht den Streit um die rechtliche Einordnung. So wird Finanzierungsleasing neben der Zuordnung zur Miete auch als Sachkauf,[8] Rechtskauf,[9] Geschäftsbesorgungsvertrag,[10] als gemischter[11] bzw. gemischt-typischer[12] Vertrag, als

---

[1] Vgl. BGH WM 1985, 638, m. Anm. *Konzen* in WuB I J 2. – 8.85.
[2] Siehe Rn 13/60.
[3] Im Einzelnen zur rechtlichen Beurteilung unter Berücksichtigung der §§ 305 ff. BGB siehe Rn 13/81 ff. und zur Anwendbarkeit und Umsetzung der Verbraucherdarlehensregelungen siehe Rn 13/107.
[4] Dazu im Einzelnen Rn 13/95 f.
[5] Beim **Kfz-Leasing** von Neufahrzeugen und Gebrauchtwagen von bis zum Ablauf des dritten auf die Erstzulassung folgenden Jahres hat der BGH sich dahingehend geäußert, dass für den Fall des völligen Verlustes oder einer nicht unerheblichen Beschädigung des Fahrzeugs ein kurzfristiges Kündigungs-/Lösungsrecht dem Leasingnehmer eingeräumt sein muss. Andernfalls sieht der BGH die Abwälzung der Sach- und Preisgefahr in den AGB des Kfz-Leasinggebers als nicht angemessen und insofern gemäß § 307 BGB als unwirksam an: BGH WM 2004, 1179 (1180); BGH WM 1998, 2148, m. Anm. *Jendrek* in WuB I J 2. – 1.99; BGH WM 1996, 1320 (1322), m. Anm. *Emmerich* in I J 2. – 5.96; BGH WM 1992, 233 (236), m. Anm. *Emmerich* in WuB I J 2. – 3.92; BGH WM 1987, 38, m. Anm. *Emmerich* in WuB I J 2. – 4.87; zur Frage der Übertragbarkeit dieser Rechtsprechung auch auf andere Leasinggüter vgl. z. B. *Koch* in Münchener Kommentar z. BGB, 6. Aufl. 2012, Leasing Rn 90 f. m. w. N.
[6] Dazu im Einzelnen unter Rn 13/86 ff.
[7] Vgl. z. B. BGH NJW 1977, 847 (848); BGH NJW 1982, 105 (106); BGH WM 1985, 602, m. Anm. *v. Westphalen* in WuB I J 2. – 5.85; BGH ZIP 1987, 240 (241); BGH WM 1988, 979 (982), m. Anm. *Emmerich* in WuB I J 2. – 9.88; BGH ZIP 1990, 175 (177); BGH WM 2006, 495 ff.; BGH WM 2014, 1050 (1051 f.); *Blomeyer*, NJW 1978, 973 f.
[8] *Littmann*, DStR 1970, 261 ff.
[9] *Plathe*, BB 1970, 601 (604 f.).
[10] *Koch/Haag*, BB 1968, 93 (95 f.).
[11] *Wagner*, BB 1969, 109 ff.
[12] Bei dem geschäftsbesorgungs- und darlehensvertragliche Züge dominieren: *Canaris*, AcP 190 (1990), 410 ff.; *Canaris*, NJW 1982, 305 ff.

Kreditvertrag[1] oder als Vertrag sui generis[2] klassifiziert. Da Leasingverträge in der Regel als Formularverträge bzw. unter Verwendung von Allgemeinen Geschäftsbedingungen abgeschlossen werden, kommt der Einordnung des Leasingvertrages unter einen oder mehrere Vertragstypen des BGB insbesondere Bedeutung für den anzulegenden Maßstab bezüglich der **Inhaltskontrolle** nach den §§ 307 bis 309 BGB zu.

13/78 1. Geschäftsbesorgung

Die Auffassung, es handele sich bei dem Finanzierungsleasingvertrag um einen Geschäftsbesorgungsvertrag im Sinne des § 675 Abs. 1 BGB, weil der Leasinggeber das Objekt für einen Kunden beschaffe und hierbei auch die Vertragsverhandlungen führe, wird zu Recht abgelehnt. Zum einen ist der Leasingnehmer in der Praxis zumeist maßgeblich an den Vertragsverhandlungen beteiligt.[3] Zum anderen steht für den Leasinggeber nicht das Interesse des Leasingnehmers im Vordergrund, sondern letztlich sein eigennütziges wirtschaftliches Interesse.

13/79 2. Kauf, Miete, gemischter, gemischttypischer Vertrag, etc.

Die Kategorisierung, wonach der Finanzierungsleasingvertrag generell als **gemischt-typischer Vertrag** einzuordnen sei, hat der BGH zutreffend abgelehnt; das „Handeln für fremde Rechnung" ist im Ergebnis mit der Grundstruktur des Leasing, nach der der Leasinggeber rechtlicher und auch wirtschaftlicher Eigentümer des Leasinggutes ist, schwerlich in Einklang zu bringen.[4] Nach der Rechtsprechung handelt es sich bei Finanzierungsleasingverträgen vielmehr grundsätzlich um **atypische Mietverträge**, die sich auf eine entgeltliche Gebrauchsüberlassung richten, allerdings versehen mit einer Finanzierungsfunktion des Leasinggebers, die eine strikte Anwendung der gesetzlichen Wertungen der §§ 535 ff. BGB nicht angezeigt sein lässt. In erster Linie findet daher zwar Mietrecht Anwendung, jedoch nicht, wenn es sich um die leasingtypische Ausgestaltung, z. B. der Sach- und Preisgefahr sowie der Gewährleistungs- oder auch der Kündigungsregeln, handelt.[5] Da der BGH bislang nicht angedeutet hat, dass er von seiner Einordnung (atypischer Mietvertrag) abgehen will, wird auf eine weitere Auseinandersetzung mit den verschiedenen Auffassungen in der Literatur an dieser Stelle verzichtet.

13/80

Der Sichtweise des BGH steht die Wertung des jetzigen § 506 Abs. 2 BGB (ähnlich auch schon § 1 Abs. 2 VerbrKrG a. F.) nicht entgegen, nach der Finanzierungsleasing als „entgeltliche Finanzierungshilfe" zu verstehen ist. § 506 Abs. 2 Nr. 1 bis 3 BGB regelt, auf welche Leasingverträge verbraucherdarlehensrechtliche Vorschriften entsprechend anzuwenden sind.[6] Mit der vorgesehenen entsprechenden Anwendung der in § 506 BGB benannten Vorschriften des Verbraucherdarlehensrechtes auf „entgeltliche Finanzierungshilfen", also auch auf entsprechende Leasingverträge, wird lediglich der Finanzierungsaspekt betont. Nicht in Frage gestellt ist damit der vorhandene mietrechtliche Einschlag des Finanzierungsleasing, denn diese Gesetzeskonzeption zieht keine Zuordnung des Finanzierungsleasing zu den Darlehensgeschäften nach sich.[7] Vielmehr hat der Gesetzgeber durch die Fassung des § 108 Abs. 1 Satz 2 InsO zu erkennen gegeben, dass er sich der Qualifizierung des Leasingvertrages durch die Rechtsprechung anschließt.[8]

---

[1] *Borggräfe*, Die Zwangsvollstreckung in bewegliches Leasinggut – Finanzierung als Kreditgeschäft, 1976, S. 50 ff.
[2] *Klaas*, NJW 1968, 1502 (1507); *Krause*, Die zivilrechtlichen Grundlagen des Leasing-Verfahrens, Diss. Köln, 1967, S. 86; *Martinek*, Moderne Vertragstypen, Band I, 1991, S. 90; *Lieb*, DB 1988, 946 (948 f.).
[3] *Seeger*, Zivilrechtliche und steuerrechtliche Behandlung von Finanzierungs-Leasing-Verträgen über bewegliche Sachen, Diss. Berlin, 1972, S. 11.
[4] BGH WM 1985, 1447, m. Anm. *Konzen* in WuB I J 2. – 3.86.
[5] BGH WM 1975, 1203; BGH WM 1977, 447; BGH WM 1982, 7, 152; BGH WM 1985, 1447, m. Anm. *Konzen* in WuB I J 2. – 8.85; BGH WM 1987, 1338, m. Anm. *Emmerich* in WuB I J 2. – 1.88; BGH WM 1990, 1620, m. Anm. *Emmerich* in WuB I J 2. – 15.90; BGH WM 1990, 103, m. Anm. *Emmerich* in WuB I J 2. – 4.90; BGH NJW 1996, 2860.
[6] Dazu im Einzelnen unter Rn 13/107 ff.
[7] Vgl. bereits zum damaligen Verbraucherkreditgesetz: *Peters* in Lwowski/Peters/Gößmann, Verbraucherkreditgesetz, 2. Aufl. 1994, S. 54 ff.; *Peters*, WM 1992, 1797 ff.; im Ergebnis ebenso: *v. Westphalen*, NJW 1993, 3225 ff.
[8] Vgl. dazu Rn 13/163.

Der Leasingvertrag ist gemäß der Rechtsprechung folglich grundsätzlich als atypischer Mietvertrag einzustufen. Je nach konkreter Ausgestaltung des Vertrages kommen aber auch Sonderformen, wie insbesondere Sach- bzw. Mietkauf und die Zuordnung als gemischt-typischer Vertrag, in Betracht.

13/81 **D. Vertragliche Ausgestaltung des Finanzierungsleasing und AGB-Recht (§§ 305 ff. BGB)**

Die rechtliche Qualifizierung eines Leasingvertrages hängt insbesondere von der konkreten Vertragsgestaltung ab.[1] **Finanzierungsleasingverträge** zeichnen sich in Abgrenzung zu anderen Leasingverträgen durch folgende **typischen Merkmale** aus:[2]
- Vereinbarung einer festen Grundleasing-/-mietzeit
- Übernahme der Vollamortisationspflicht seitens des Leasingnehmers
- Übernahme der Sach- und Preisgefahr durch den Leasingnehmer
- Ausschluss eigener Gewährleistungs- und Haftungsverpflichtungen des Leasinggebers gegenüber dem Leasingnehmer gegen Abtretung der dem Leasinggeber gegen den Lieferanten/Hersteller zustehenden Gewährleistungsansprüche an den Leasingnehmer
- Dreiecksverhältnis Lieferant/Hersteller, Leasingnehmer und Leasinggeber[3]

Ausgangspunkt für die rechtliche Beurteilung der einzelnen Vertragsklauseln eines Finanzierungsleasingvertrages ist, dass es sich bei diesen Leasingverträgen in der Regel um Formularverträge handelt und deshalb diese grundsätzlich an den §§ 305 ff. BGB zu messen sind. Im Geschäftsverkehr mit Nichtkaufleuten sind die Klauselverbote der §§ 308, 309 BGB sowie die Generalklausel, § 307 BGB, zu beachten, im kaufmännischen Geschäftsverkehr die Generalklausel des § 307 BGB (vgl. § 310 Abs. 1 BGB).[4]

13/82 Nachstehend sind typische Regelungen eines Mobilienleasingvertrages mit den Überlegungen und Anmerkungen des Rechtsausschusses des Bundesverbandes Deutscher Leasinggesellschaften e. V. (BDL) mit dessen freundlicher Genehmigung abgedruckt. Hiermit ist bezüglich der Ausgestaltung eines Leasingvertrages **weder eine Empfehlung noch irgendeine Gewähr** verbunden. Die **Texte dienen ausschließlich der Veranschaulichung.**

---

[1] Vgl. z. B. Rn 13/66 ff., Rn 13/82 ff.
[2] BGH WM 1987, 1338, m. Anm. *Emmerich* in WuB I J 2. – 1.88; BGH DB 1979, 2077; *Martinek*, Moderne Vertragstypen, Band I, 1991, S. 37; teilweise wird auch ein engeres Verständnis vertreten, wie z. B. von *Ebenroth*, DB 1978, 2109 f.
[3] Vgl. aber BGH WM 1986, 458, m. Anm. *Emmerich* in WuB I J 2. – 8.86.
[4] Im Einzelnen dazu *Stoffels* in Martinek/Stoffels/Wimmer-Leonhardt, Leasinghandbuch, 2. Aufl. 2008, S. 100 ff.; *v. Westphalen* in v. Westphalen, Der Leasingvertrag, 7. Aufl. 2015, S. 27 ff.

Überlegungen des Rechtsausschusses des BDL zu einigen typischen Klauseln eines Vollamortisations-Mobilien-Leasing-Vertrages[1] mit Hinweisen und Ergänzungen zu Standardsoftwareprogrammen und Software, die insbesondere zusammen mit Hardware verleast werden.[2] (Stand: 26.9.2014)

1. Angebotsbindungsfrist

Der Leasing-Nehmer ist an sein Vertragsangebot für einen Zeitraum von einem Monat nach Zugang beim Leasing-Geber gebunden. Über eine Annahme des Vertragsangebots wird der Leasing-Geber den Leasing-Nehmer unverzüglich unterrichten. Auf den Zugang der Annahmeerklärung des Leasing-Gebers verzichtet der Leasing-Nehmer.

2. Preisberechnung, Preisanpassung

2.1 Die Kalkulation der Leasing-Zahlungen (Sonderzahlung, einzelne Leasing-Raten, Schlusszahlung) beruht auf den Anschaffungskosten des Leasing-Objektes, dem zum Zeitpunkt des Abschlusses des Leasing-Vertrages gültigen Steuer- und Abgabenrecht, der einschlägigen Verwaltungshandhabung und der Geld- und Kapitalmarktlage.

2.2 Ändern sich die in Ziffer 2.1 genannten Grundlagen für die Kalkulation der Leasing-Zahlungen bis zur Übernahme des Leasing-Objektes, so werden die Leasing-Zahlungen entsprechend angepasst. Eine Änderung der Geld- und Kapitalmarktlage tritt ein, wenn sich der Referenzzinssatz (konkrete Nennung eines Referenzzinssatzes) um mehr als [. . .] Prozentpunkte ändert.

Anmerkung:
a) Anknüpfungszeitpunkt für die Anpassung der Leasing-Zahlungen kann – je nach individueller Regelung des Vertragsbeginns – statt der Übernahme des Leasing-Objekts auch die Abgabe der Übernahmeerklärung sein.
b) Der Referenzzinssatz muss von unabhängigen Stellen ermittelt werden und in öffentlich zugänglichen Medien abgebildet sein, dabei ist unter den Bezugsgrößen des Kapitalmarktes diejenige oder eine Kombination derjenigen auszuwählen, die dem konkreten Leasing-Geschäft möglichst nahe kommt (vgl. BGH Urt. vom 13.4.2010, XI ZR 197/09).
Dies könnte mit einer Formel für die Anpassung der Leasing-Zahlungen bei Zinsänderungen ergänzt werden.

2.3 Leasing-Nehmer und Leasing-Geber sind berechtigt, eine entsprechende Anpassung der Leasing-Zahlungen zu verlangen, wenn sich die bei Vertragsabschluss geltenden, den Leasing-Geber in seiner Funktion als Leasing-Geber oder in seiner Funktion als Eigentümer des Leasing-Objektes betreffenden Abgaben (Steuern, Gebühren, Beiträge) nach der Übernahme ändern. Dies gilt auch, wenn derartige Abgaben neu eingeführt werden.

3. Erwerb des Leasing-Objektes

3.1 Dem Leasing-Nehmer ist bekannt, dass der Leasing-Geber das Eigentum am Leasing-Objekt erst von einem vom Leasing-Nehmer ausgewählten Lieferanten erwerben muss. Soweit das Leasing-Objekt Softwareprodukte beinhaltet, wird der Leasing-Geber das zeitlich unbefristete Nutzungsrecht daran (nachfolgend auch „Eigentum" genannt) erwerben. Hat der Leasing-Nehmer das Leasing-Objekt schon bestellt oder steht er in Verhandlungen mit dem Lieferanten, so wird er den Leasing-Geber umfassend informieren und ihm sämtliche diesbezüglichen Unterlagen aushändigen.

---

[1] Die Überlegungen beziehen sich auf Leasingverträge über Leasing-Objekte mit Leasing-Nehmern, die weder Verbraucher noch Existenzgründer sind.
[2] Handelt es sich nicht um Standardsoftware, sondern z. B. um Individualsoftware oder um Software mit hohem Anpassungsaufwand, so sind die diesbezüglichen Spezifika gesondert zu formulieren.

Anmerkung:
Bei Erwerb lediglich zeitlich befristeter Nutzungsrechte an dem Softwareprodukt durch den Leasing-Geber muss eine andere Regelung gefunden werden.
3.2 Der Leasing-Nehmer ist einverstanden, dass der Leasing-Geber in einen bereits zwischen Leasing-Nehmer und Lieferanten bestehenden Beschaffungsvertrag eintritt.
Der Leasing-Geber wird jedoch auch ermächtigt, nach seiner Wahl den bereits zwischen dem Leasing-Nehmer und Lieferanten bestehenden Beschaffungsvertrag aufzuheben und mit dem Lieferanten einen neuen Beschaffungsvertrag über das Leasing-Objekt abzuschließen. Der neue Beschaffungsvertrag soll nur zu inhaltsgleichen oder für den Leasing-Nehmer günstigeren Bedingungen abgeschlossen werden.
Anmerkungen:
a) Diese Formulierung berücksichtigt nicht nur den in der Praxis überwiegenden Bestelleintritt, sondern sie umfasst zugleich die Beschaffung des Objekts durch Aufhebung des bereits bestehenden Beschaffungsvertrages und Neuabschluss eines Beschaffungsvertrages zwischen Lieferant und Leasing-Geber.
b) Wird durch die Bestellbedingungen des Leasing-Gebers die zuvor bestehende Rechtslage zu Lasten des Leasing-Nehmers verändert, ist die Zustimmung des Leasing-Nehmers erforderlich.
3.3 Der Leasing-Geber unterrichtet den Leasing-Nehmer über den Bestelleintritt bzw. die Bestellung und stellt ihm auf Verlangen eine Kopie des Bestelleintritts bzw. der Bestellung zur Verfügung. Macht der Leasing-Geber von der Ermächtigung gem. Ziff. 3.2, 2. Abs. Gebrauch, erhält der Leasing-Nehmer eine Kopie des neuen Beschaffungsvertrags.
3.4 Der Leasing-Vertrag wird unter der auflösenden Bedingung abgeschlossen, dass der Beschaffungsvertrag zwischen dem Lieferanten und dem Leasing-Geber aus vom Leasing-Geber nicht zu vertretenden Gründen nicht rechtswirksam zustande kommt.
Anmerkung:
Die hier gewählte Konstruktion mit der auflösenden Bedingung kann ersetzt werden durch Einräumung eines Rücktritts- oder Kündigungsrechts. Dieses Recht sollte dann allerdings beiden Parteien zustehen.
3.5 Alle Pflichten aus dem Beschaffungsvertrag, die über die Pflicht zur Zahlung des für das Leasing-Objekt geschuldeten Preises hinausgehen, übernimmt der Leasing-Nehmer mit schuldbefreiender Wirkung für den Leasing-Geber. Bei Softwareprodukten besteht insbesondere die Pflicht, die vereinbarten Nutzungsbedingungen für das Leasing-Objekt einzuhalten.
Anmerkung:
An dieser Stelle kann es bei der Überlassung von Sachgesamtheiten sinnvoll sein, eine Trennungsklausel mit folgendem Inhalt einzufügen:
„Mehrere selbstständig nutzungsfähige Teile des Leasing-Objekts/Trennungsklausel
Sofern das Leasing-Objekt aus mehreren selbstständig nutzungsfähigen Teilen oder Komponenten besteht, gelten die Bestimmungen dieses Vertrages für jedes Teil/jede Komponente isoliert. Die Vertragspartner werden sich folglich so stellen, als hätten sie so viele rechtlich selbstständige einzelne Leasing-Verträge abgeschlossen, als Teile/Komponenten aufgeführt sind."
Der Einsatz der Klausel kann empfehlenswert sein, wenn Leasinggegenstände im Rahmen eines Leasingvertrags von mehreren Lieferanten bezogen werden sollen.

4. Auslieferung und Übernahme

4.1 Die Auslieferung des Leasing-Objektes durch den Lieferanten erfolgt unmittelbar an den Leasing-Nehmer.
Anmerkung:
Insbesondere bei Software kann ein Steuerproblem bezüglich des Lieferzeitpunkts bestehen (wenn keine physische Lieferung) – Diskussionsergebnis dazu: Da ggf. mit Bestellung der Software die Lieferung der Software angenommen werden kann, sollte statt eines „nachträglichen" Bestelleintritts aus umsatzsteuerrechtlichen Gründen eine Sale and Lease Back Konstruktion bevorzugt werden.

4.2 Der Leasing-Nehmer ist verpflichtet, das Leasing-Objekt unverzüglich auf Mängel, Vollständigkeit und Übereinstimmung mit dem zwischen den Parteien des Beschaffungsvertrages Vereinbarten zu untersuchen und zu testen. Etwaige Beanstandungen sind spezifiziert dem Lieferanten und dem Leasing-Geber unverzüglich schriftlich anzuzeigen.

Bei einem Werkvertrag oder bei einer im Beschaffungsvertrag vereinbarten Abnahme ist der Leasing-Nehmer verpflichtet, die Abnahme des Leasing-Objektes für den Leasing-Geber gegenüber dem Lieferanten vorzunehmen.

Anmerkungen:
Nicht zuletzt mit Rücksicht auf seine Rechtsbeziehungen zum Lieferanten sollte der Leasing-Geber Wert auf eine Dokumentation der Übernahme/Abnahme legen.

4.3 Der Leasing-Nehmer hat das Leasing-Objekt zu übernehmen und dies dem Leasing-Geber unverzüglich schriftlich zu bestätigen, sofern sich keine Beanstandungen ergeben.

Anmerkung:
Nach der Rechtsprechung hat der Leasing-Geber keinen Anspruch auf Verwendung eines von ihm vorgelegten Formulars mit vorgegebenem Text einer Übernahmeerklärung.

Verweigert der Leasing-Nehmer pflichtwidrig die Übernahme des Leasing-Objekts, ist der Leasing-Geber nach fristloser Kündigung des Leasing-Vertrags berechtigt, eine pauschale Entschädigung in Höhe von 10 % der Netto-Anschaffungskosten für das Leasing-Objekt zu verlangen. Beiden Parteien bleibt es vorbehalten, den Eintritt eines höheren bzw. niedrigeren Schadens nachzuweisen.

Hinweis: Auf der Vertragsvorderseite ist der Beginn der Vertragslaufzeit aufzunehmen.

4.4 Nach Eingang der Übernahmeerklärung wird der Leasing-Geber an den Lieferanten den für das Leasing-Objekt geschuldeten Preis entrichten. Ist die Übernahmeerklärung unrichtig und dieser Fehler vom Leasing-Nehmer zu vertreten, ist der Leasing-Nehmer zum Schadensersatz verpflichtet.

Anmerkung:
Der Leasing-Nehmer sollte auch in einer vorformulierten Übernahmeerklärung ausdrücklich auf die Bedeutung und Folgen einer unrichtigen Übernahmeerklärung hingewiesen werden (die Übernahmeerklärung löst die Zahlung des Lieferpreises aus!).

4.5 Mit Zugang beim Leasing-Geber wird die Übernahmeerklärung zum wesentlichen Bestandteil des Leasing-Vertrages.

Anmerkung:
Diese Klausel ist im Zuge der Forfaitierung der Leasing-Forderung dann von Bedeutung, wenn der Leasing-Vertrag Bestandteil des Forderungskaufvertrages ist, weil sich vielfach die Konkretisierung des an den Forfaiteur zur Sicherung zu übereignenden Leasing-Objektes nicht aus der Leasing-Vertragsurkunde selbst, sondern nur aus der Übernahmeerklärung ergibt (bekanntlich muss die zu übereignende Sache konkret bezeichnet werden, eine bloße Konkretisierbarkeit genügt nicht).

4.6 Kosten und Gefahren der Lieferung des Leasing-Objektes und seiner Installation trägt im Verhältnis zum Leasing-Geber der Leasing-Nehmer.

Anmerkung:
Die Klausel soll gewährleisten, dass der Leasing-Geber mit derartigen Kosten nicht belastet wird. Sie regelt ausschließlich den Gefahreintritt im Verhältnis Leasing-Geber/Leasing-Nehmer und lässt Mängelansprüche unberührt. Ob und ggf. inwieweit durch den vom Leasing-Nehmer ausgehandelten Beschaffungsvertrag bzw. Abschluss eines neuen Beschaffungsvertrages durch den Leasing-Geber eventuell der Lieferant diese Nebenkosten zu tragen hat, ist eine andere Frage.

Bei Gefahreintritt vor der Übernahme des Leasing-Objektes können Leasing-Geber und Leasing-Nehmer in Fällen nicht nur unerheblicher Beschädigung oder des Unterganges vom Leasing-Vertrag zurücktreten. Der Leasing-Nehmer ist in diesen Fällen verpflichtet, dem Leasing-Geber im Zusammenhang mit der Beschaffung des Leasing-Objektes entstandene oder entstehende Kosten zu erstatten. Zum Ausgleich werden dem Leasing-Nehmer die Ansprüche des Leasing-Gebers gegenüber dem Lieferanten und sonstigen an der Lieferung beteiligten Dritten abgetreten (vgl. Ziffer 5.4).[1]

---

[1] Siehe aber BGH, Urteil vom 26.11.2008, VIII ZR 200/05.

5. Ansprüche und Rechte des Leasing-Nehmers bei Pflichtverletzungen und Mängeln des Leasing-Objektes, Abtretung von Ansprüchen und Rechten gegen Lieferanten und Dritte

5.1 Sollte das Leasing-Objekt nicht oder nicht fristgerecht geliefert werden oder sollte der Lieferant sonstige Pflichtverletzungen begangen haben, sind Rechte und Ansprüche des Leasing-Nehmers gegen den Leasing-Geber ausgeschlossen.

5.2 Weiterhin sind alle Ansprüche und Rechte des Leasing-Nehmers gegen den Leasing-Geber wegen der Beschaffenheit, Sach- und Rechtsmängeln des Leasing-Objektes oder wegen dessen mangelnder Verwendbarkeit zu jeder Zeit ausgeschlossen.

5.3 Vorgenannte Haftungsausschlüsse lassen eine etwaige Haftung des Leasing-Gebers nach Ziffer 13 unberührt.

5.4 Zum Ausgleich für die in Ziffer 5.1 und 5.2 sowie in 4.6 geregelten Haftungsausschlüsse tritt der Leasing-Geber dem Leasing-Nehmer seine Ansprüche und Rechte gegen den Lieferanten und sonstige an der Lieferung beteiligte Dritte wegen Pflichtverletzungen, insbesondere auf Nacherfüllungs-, Rücktritt-, Minderung und Schadenersatz inkl. evtl. selbstständiger Garantien Dritter ab. Ausgenommen von der Abtretung sind die Ansprüche des Leasing-Gebers auf Verschaffung des Eigentums, aus einer Rückabwicklung des Beschaffungsvertrages, Ansprüche auf Rückgewähr, insbesondere auch Ansprüche aus oder im Zusammenhang mit vom Leasing-Geber geleisteten Anzahlungen sowie auf Ersatz eines dem Leasing-Geber entstandenen Schadens.

Anmerkung:
Soweit der Leasing-Geber mit dem Lieferanten Rücktrittsrechte vereinbart hat, müssten diese ggf. ebenfalls von der Abtretung ausgenommen werden. Die mängelhaftungsrechtlichen Rücktrittsrechte müssen dem Leasing-Nehmer jedoch abgetreten bzw. dürfen nicht ausgenommen werden.

Der Leasing-Nehmer ist verpflichtet, die abgetretenen Rechte und Ansprüche unverzüglich auf seine Kosten – ggf. auch gerichtlich – geltend zu machen und durchzusetzen. Soweit Rechte und Ansprüche nicht abgetreten sind, wird er hiermit zur Geltendmachung dieser Rechte und Ansprüche im eigenen Namen und für eigene Rechnung mit der Maßgabe ermächtigt und verpflichtet, dass Zahlungen aus der Rückabwicklung, einer Minderung und auf einen Schaden des Leasing-Gebers ausschließlich an den Leasing-Geber zu leisten sind. Der Leasing-Geber ist über die Geltendmachung von Ansprüchen durch den Leasing-Nehmer fortlaufend zeitnah zu informieren.

Anmerkung:
Bei Leasing-Verträgen über gebrauchte Objekte stehen dem Leasing-Nehmer Mängelansprüche gegen den Lieferanten nur in dem im Beschaffungsvertrag in rechtswirksamer Weise geregelten Umfang zu. Ist danach die Haftung für Mängel bei gebrauchten Leasing-Objekten vom Lieferanten ausgeschlossen, ist ein ausdrücklicher Hinweis auf den auch dann bestehenden Ausschluss der Mängelhaftung des Leasing-Gebers aufzunehmen.

5.5 Sofern Lieferant und Leasing-Nehmer sich nach Auslieferung des Leasing-Objektes nicht über die Wirksamkeit eines vom Leasing-Nehmer erklärten Rücktritts, einer erklärten Minderung oder über das Bestehen eines Anspruchs auf Schadensersatz statt der Leistung einigen, kann der Leasing-Nehmer die Zahlung der Leasing-Raten wegen etwaiger Mängel erst dann – im Falle der Minderung anteilig – vorläufig verweigern, wenn er Klage gegen den Lieferanten auf Rückabwicklung des Beschaffungsvertrages, Schadensersatz statt der Leistung oder Minderung des Beschaffungspreises erhoben hat.

Nutzt der Leasing-Nehmer das Leasing-Objekt während der Durchsetzung der Ansprüche gegen den Lieferanten, ist er zur Fortzahlung der Leasing-Raten verpflichtet. Der Leasing-Nehmer kann verlangen, dass die Zahlung auf ein von ihm zu Gunsten des Leasing-Gebers eingerichtetes Treuhandkonto erfolgt. Statt der Fortzahlung kann der Leasing-Nehmer dem Leasing-Geber auch eine Bankbürgschaft eines in Deutschland zugelassenen Kreditinstitutes für die laufenden Leasing-Raten stellen. Nutzt der Leasing-Nehmer das Leasing-Objekt nicht, ist er bis zu einer abschließenden Klärung, ob die geltend gemachten Ansprüche gegen den Lieferanten bestehen, verpflichtet, das Leasing-Objekt auf eigene Kosten mit der Sorgfalt eines ordentlichen Kaufmannes zu verwahren.

Bei Nichterfüllung dieser Verpflichtungen des Leasing-Nehmers ist der Leasing-Geber unbeschadet sonstiger Rechte zur Sicherstellung des Leasing-Objektes befugt.
Anmerkung:
Für die Dauer einer etwaigen Sicherstellung des Leasing-Objektes besteht kein Anspruch auf Leasing-Raten, ungeachtet des Ausgangs des Prozesses.
Die gerichtliche Geltendmachung von einem Anspruch auf Nacherfüllung entbindet den Leasing-Nehmer hingegen nicht von der Verpflichtung zur Leistung der vereinbarten Zahlungen.
Anmerkung:
Die Klausel hat lediglich Klarstellungsfunktion. Sie soll unnötige Diskussionen mit dem Leasing-Nehmer vermeiden helfen.
5.6 Setzt der Leasing-Nehmer gegen den Lieferanten im Wege der Nacherfüllung einen Anspruch auf Lieferung eines neuen Leasing-Objektes durch, so ist der Leasing-Geber damit einverstanden, dass das bisherige Leasing-Objekt gegen ein gleichwertiges neues Leasing-Objekt ausgetauscht wird. Ziffer 5.8 gilt für das Austauschverhältnis entsprechend.
Der Leasing-Nehmer wird mit dem Lieferanten vereinbaren, dass dieser das Eigentum am neuen Leasing-Objekt unmittelbar auf den Leasing-Geber überträgt. Die Besitzverschaffung erfolgt durch Lieferung an den Leasing-Nehmer, er wird den Leasing-Geber vor Austausch des Leasing-Objektes unterrichten und ihm nach erfolgtem Austausch die Maschinennummer oder sonstige Unterscheidungskennzeichen des neuen Leasing-Objektes mitteilen. Für die Untersuchungspflicht und Beanstandungen des Leasing-Nehmers gilt Ziffer 4.2 Abs. 1 entsprechend.
Fällt eine Nutzungsentschädigung für das zurückzugebende Leasing-Objekt nicht an, wird der Leasing-Vertrag mit dem neuen Leasing Objekt zu unveränderten Bedingungen fortgesetzt.
Fällt eine Nutzungsentschädigung an, hat der Leasing-Nehmer dem Leasing-Geber eine von diesem gegenüber dem Lieferanten geschuldete Nutzungsentschädigung zu erstatten, und es gelten ergänzend die Regelungen der nachfolgenden Absätze.
Zum Ausgleich hierfür wird dem Leasingnehmer nach Beendigung des Leasing-Vertrages ein bei der Verwertung des Leasing-Objektes sich eventuell ergebender finanzieller Vorteil gutgebracht. Der Vorteil kann sich daraus ergeben, dass auf Grund der Nachlieferung eines neuen Leasing-Objektes ein Mehrerlös erzielt wird. Der Ausgleich ist auf die Höhe der gezahlten Nutzungsentschädigung beschränkt.
Anstatt eines evtl. anfallenden erhöhten Mehrerlöses kann der Leasing-Nehmer vom Leasing-Geber die Verlängerung der Laufzeit des Leasing-Vertrages um den Zeitraum verlangen, der demjenigen entspricht, für welchen der Leasing-Nehmer bis zur Nachlieferung des Leasing-Objektes tatsächlich Leasing-Raten in voller Höhe gezahlt hat. Für den Verlängerungszeitraum sind Leasing-Raten nicht zu zahlen. Im Übrigen gelten die Bestimmungen des Leasing-Vertrages im Verlängerungszeitraum unverändert fort. Ein entsprechendes Verlängerungsbegehren hat der Leasing-Nehmer gegenüber dem Leasing-Geber bis spätestens 4 Wochen vor Ablauf der ursprünglichen Laufzeit des Leasing-Vertrages schriftlich mitzuteilen.
Anmerkung:
Die Option des Leasing-Nehmers zur Laufzeitverlängerung nach Ziffer 5.6 Absatz 6 ist lediglich als eine besondere Form des in Ziffer 5.6 Absatz 5 bezeichneten allgemeinen Vorteilsausgleichs anzusehen, auf die ggf. verzichtet werden kann.
5.7 Hat der Leasing-Nehmer eine Minderung durchgesetzt, tritt eine Anpassung des Leasing-Vertrages dahingehend ein, dass sich alle nach dem Vertrag geschuldeten Leasing-Zahlungen entsprechend ermäßigen. Der Leasing-Geber wird dem Leasing-Nehmer zu viel gezahlte Beträge erstatten.
Hat der Leasing-Nehmer einen Rücktritt oder eine Rückabwicklung des Beschaffungsvertrages durchgesetzt, entfällt die Geschäftsgrundlage des Leasing-Vertrages.
5.8 Eine Rückgewähr des Leasing-Objektes an den Lieferanten oder Dritten führt der Leasing-Nehmer auf eigene Kosten und Gefahr nur Zug um Zug gegen Erfüllung der Zahlungsverpflichtung des Lieferanten/des Dritten gegenüber dem Leasing-Geber durch.

6. Gebrauch und Instandhaltung des Leasing-Objektes

6.1 Der Leasing-Nehmer hat das Leasing-Objekt schonend und pfleglich zu behandeln. Er darf das Leasing-Objekt nur unter sorgfältiger Beachtung der Gebrauchsanweisung sowie der Wartungs- und Pflegeempfehlungen des Lieferanten/Importeurs/Herstellers einsetzen. Der Leasing-Nehmer hat auf seine Kosten das Leasing-Objekt in einem ordnungsgemäßen, funktionsfähigen und verkehrssicheren Zustand zu erhalten, insbesondere die erforderlichen Ersatzteile zu beschaffen, die jeweils erforderlichen Reparaturen ausführen zu lassen und einen Wartungsvertrag abzuschließen, wenn dies auf Grund der Art des Leasing-Objektes erforderlich oder üblich ist. Soweit Softwareprodukte Gegenstand des Leasingvertrages sind und hierzu Pflegeverträge angeboten werden, hat der Leasingnehmer auf seine Kosten einen solchen Vertrag abzuschließen und für die Dauer des Leasingvertrages aufrecht zu erhalten. Leasing-Nehmer und Leasing-Geber sind sich darüber einig, dass die Nutzungsrechte an dem gepflegten Softwareprodukt allein dem Leasing-Geber zustehen, wobei der Leasing-Geber dem Leasing-Nehmer ein beschränktes Nutzungsrecht einräumt.

6.2 Der Leasing-Nehmer darf das Leasing-Objekt nur am vereinbarten Standort nutzen. Eine Änderung des Standortes bedarf der vorherigen schriftlichen Zustimmung des Leasing-Gebers. Der Leasing-Geber kann die Zustimmung verweigern, sofern die Änderung des Standorts seinem berechtigten Interesse widerspricht. Insbesondere widerspricht es dem berechtigten Interesse des Leasing-Gebers, wenn das Leasing-Objekt ins Ausland verbracht werden soll.

Hinweis: Für Fahrzeuge und andere Leasing-Objekte, die regelmäßig an verschiedenen Einsatzorten betrieben werden, sind spezielle Regelungen zu treffen.

6.3 Der Leasing-Nehmer darf das Leasing-Objekt ohne die vorherige schriftliche Zustimmung des Leasing-Gebers Dritten nicht zum Gebrauch überlassen, insbesondere nicht vermieten. Das Kündigungsrecht nach § 540 Abs. 1 Satz 2 BGB ist ausgeschlossen.

6.4 Der Leasing-Nehmer hat alle Gesetze und Vorschriften, die den Besitz und den Betrieb des Leasing-Objektes regeln, einzuhalten und insbesondere alle etwaigen Pflichten daraus zu erfüllen.

6.5 Der Leasing-Nehmer stellt den Leasing-Geber von allen Ansprüchen Dritter in Bezug auf das Leasing-Objekt frei. Dies gilt insbesondere auch für Ansprüche Dritter aus der Verletzung der in 6.1 bis 6.4 genannten Verpflichtungen.

Anmerkung:
Die Klausel könnte wie folgt ergänzt werden:
(...), bei Fahrzeugen auch für anfallende Autobahn- und/oder sonstige Straßennutzungsgebühren. Die Freistellungsverpflichtung des Leasing-Nehmers besteht auch gegenüber einem Dritten, dem das Leasing-Objekt im Zuge der Refinanzierung ggf. zur Sicherheit übereignet wurde.

6.6 Kommt der Leasing-Nehmer diesen Verpflichtungen gem. 6.1, 6.4 und 6.5 nicht nach, ist der Leasing-Geber berechtigt, diese Verpflichtungen auf Kosten des Leasing-Nehmers zu erfüllen. Ein Recht zur Kündigung des Leasing-Vertrages aus wichtigem Grunde bleibt unberührt.

Anmerkung:
Im Einzelfall sollte geprüft werden, ob eine Nachfristsetzung nach § 281 BGB erforderlich ist.

6.7 Änderungen und Einbauten am Leasing-Objekt, die dessen Funktionsfähigkeit und Werthaltigkeit wesentlich verändern oder beeinträchtigen, bedürfen der vorherigen schriftlichen Zustimmung des Leasing-Gebers. Der Leasing-Nehmer darf das Leasing-Objekt nicht zum wesentlichen Bestandteil einer anderen Sache machen.

6.8 Der Leasing-Nehmer hat das Leasing-Objekt von Rechten Dritter freizuhalten. Der Leasing-Nehmer wird den Leasing-Geber unverzüglich über Zwangsvollstreckungsmaßnahmen in das Leasing-Objekt oder das Grundstück, auf dem es sich befindet, unterrichten und ihm diesbezüglichen Unterlagen auszuhändigen. Dem Leasing-Geber entstehende Interventionskosten trägt der Leasing-Nehmer.

7. Versicherung/Abtretung von Schadensersatzansprüchen

7.1 Der Leasing-Nehmer wird für das Leasing-Objekt bei einem in der Bundesrepublik Deutschland zugelassenen Versicherer auf eigene Kosten eine Sachversicherung gegen Feuer, Einbruch sowie Diebstahl abschließen und bis zur vertragsgemäßen Rückgabe des Leasing-Objektes aufrechterhalten.

Für Fahrzeuge ist eine Vollkaskoversicherung mit einer Selbstbeteiligung von höchstens Euro . . . . . ., für Produktions- bzw. Baumaschinen eine Maschinenkaskoversicherung, bei entsprechenden Geräten eine Elektronikversicherung, für Software eine Software-/Datenträgerversicherung abzuschließen und bis zur vertragsgemäßen Rückgabe des Leasing-Objektes aufrecht zu erhalten.

Anmerkungen:
a) Die Regelungen sind entsprechend dem jeweiligen Leasing-Objekt anzupassen. Ggf. ist auch über Absicherungen weiterer Risiken nachzudenken, z. B. Elementarschäden, Terrorismus.
b) Zusätzlich zur Sachversicherung wird gelegentlich in AGB eine Formulierung aufgenommen, welche die Haftpflicht-/Betriebsunterbrechungsversicherung beinhaltet. Die Formulierung könnte z. B. wie folgt lauten: „Der Leasing-Nehmer trägt dafür Sorge, dass eine Haftpflichtversicherung/Betriebsunterbrechungsversicherung besteht."

7.2 Der Leasing-Nehmer hat innerhalb von 14 Tagen nach Inbesitznahme des Leasing-Objektes dem Leasing-Geber nachzuweisen, dass er die abzuschließenden Versicherungen beantragt hat und eine vorläufige Deckung vorliegt. Kommt der Leasing-Nehmer dieser Verpflichtung nicht nach, so ist der Leasing-Geber berechtigt, die nicht nachgewiesenen Versicherungen auf Kosten des Leasing-Nehmers abzuschließen.

7.3 Der Leasing-Nehmer tritt zur Sicherung der Ansprüche des Leasing-Gebers aus dem Leasing-Vertrag hiermit die Rechte und Ansprüche aus den Versicherungsverträgen sowie seine etwaigen Ansprüche gegen Schädiger und deren Versicherer an den Leasing-Geber ab, der die Abtretung annimmt. Der Leasing-Nehmer hat zu beantragen, dass der Versicherer einen einzelpolicierten Sicherungsschein auf den Leasing-Geber ausstellt und ihm diesen übersendet. Er hat alle erforderlichen Mitwirkungshandlungen gegenüber dem Versicherer zu erbringen und alle aus dem Versicherungsvertrag erwachsenden Obliegenheiten zu erfüllen.

7.4 Unabhängig von der Abtretung ist der Leasing-Nehmer widerruflich ermächtigt und verpflichtet, die abgetretenen Ansprüche gegen die Versicherer und die Schädiger auf eigene Kosten geltend zu machen und den Schadensfall abzuwickeln. Er muss dabei in jedem Fall Zahlung an den Leasing-Geber verlangen. Der Leasing-Geber ist unverzüglich über den Schadensfall und seine Abwicklung zu informieren.

7.5 Der Leasing-Geber wird erhaltene Entschädigungsleistungen dem Leasing-Nehmer zur Verfügung stellen, soweit diese zur Wiederherstellung/Ersetzung des Leasing-Objektes erforderlich sind oder in diesem Umfang auf die Zahlungspflicht des Leasing-Nehmers anrechnen.

8. Sach- und Preisgefahr

8.1 Der Leasing-Nehmer trägt für das Leasing-Objekt die Sach- und Preisgefahr, insbesondere alle Gefahren des zufälligen Unterganges, des Abhandenkommens, des Totalschadens, des Wegfalls der Gebrauchsfähigkeit, der Beschädigung sowie der sonstigen Verschlechterung, aus welchen Gründen auch immer, sofern diese Gründe nicht vom Leasing-Geber zu vertreten sind.

Der Eintritt derartiger Ereignisse entbindet den Leasing-Nehmer nicht von der Erfüllung seiner Verpflichtungen aus dem Leasing-Vertrag, insbesondere nicht von der Verpflichtung zur Zahlung der vereinbarten Leasing-Raten.

Der Leasing-Nehmer wird den Leasing-Geber über Ereignisse im Sinne der Ziffer 8.1 Abs.1 unverzüglich schriftlich unterrichten und auf Nachfrage dem Leasing-Geber damit im Zusammenhang stehende Unterlagen (Schadensprotokolle etc.) übergeben.

8.2 Bei Eintritt eines der vorgenannten Ereignisse hat der Leasing-Nehmer das Leasing-Objekt unverzüglich auf seine Kosten nach den Vorgaben des Herstellers instand zu setzen oder es durch ein gleichartiges und gleichwertiges Objekt zu ersetzen.

Im Falle des zufälligen Untergangs, des Abhandenkommens, des Totalschadens oder der erheblichen Beschädigung des Leasing-Objektes hat der Leasing-Nehmer alternativ das Recht, den Leasing-Vertrag gegen Ausgleichszahlung (Ziffer 8.4) außerordentlich zu kündigen.
Über die von ihm unverzüglich zu treffende Wahl wird der Leasing-Nehmer den Leasing-Geber ohne schuldhaftes Zögern schriftlich informieren.
8.3 Wählt der Leasing-Nehmer die Instandsetzung im Sinne der Ziffer 8.2, so hat er das Leasing-Objekt in einen vertragsgemäßen Zustand zu versetzen und dies dem Leasing-Geber unverzüglich nachzuweisen. Wählt er die Ersetzung im Sinne der Ziffer 8.2, so hat er dem Leasing-Geber das Eigentum am Ersatz-Leasing-Objekt zu verschaffen. Der Leasing-Vertrag gilt unverändert für das Ersatz-Leasing-Objekt. Für die Untersuchungspflicht und Beanstandungen des Leasing-Nehmers gilt Ziffer 4.2 Absatz 1 entsprechend.
8.4 Im Falle der Kündigung des Leasing-Vertrages nach Ziffer 8.2 hat der Leasing-Nehmer dem Leasing-Geber nach dessen Wahl entweder den Zeitwert des Leasing-Objektes in vertragsgemäßem Zustand zu ersetzen oder den Leasing-Geber wirtschaftlich so zu stellen, wie dieser bei ungestörtem Ablauf des Leasing-Vertrages zum Ende der vereinbarten Laufzeit gestanden hätte. Im letzten Fall hat der Leasing-Nehmer insbesondere alle ausstehenden Leasing-Zahlungen, den entgangenen Verwertungserlös sowie eine anfallende Vorfälligkeitsentschädigung an den Leasing-Geber zu zahlen. Als entgangener Verwertungserlös wird eine Entschädigung von 10 % der Netto-Anschaffungskosten für das Leasing-Objekt zugrunde gelegt. Beiden Parteien bleibt es vorbehalten, einen höheren bzw. niedrigeren Schaden nachzuweisen. Entsprechende Zahlungsverpflichtungen sind dabei stets um beim Leasing-Geber entstehende Zinsvorteile (Abzinsung), Entschädigungsleistungen Dritter, insbesondere von Versicherern und um einen eventuellen Verwertungserlös für das Leasing-Objekt, dieser gemindert um entstandene Verwertungskosten, im Wege der Saldierung zu kürzen.

Anmerkungen:
a) Nach der bisherigen Rechtsprechungs-Praxis ist eine „rechtssichere" abstrakte Abrechnung des Leasing-Vertrages kaum erreichbar, so dass es hier vielmehr auf eine konkrete Berechnung herausläuft.
b) In der Vergangenheit waren Anrechnungsklauseln von Verwertungserlösen von lediglich 90 % des Verwertungserlöses häufiger Vertragsgegenstand. Nach aktueller Rechtsprechung des BGH (BGH Urt. vom 26.6.2002, VIII ZR 147/01, NJW 2002, Heft 37, Seite 2713 ff.) verstößt eine entsprechende Klausel gegen § 307 Absatz 2 Nr. 1 BGB. Der Leasing-Geber darf im Falle der vorzeitigen Verwertung nicht besser stehen als im Falle der ordentlichen Vertragsbeendigung des Leasing-Vertrages.
c) Aus Ausgleichsansprüchen resultierende Zahlungen als Folge der Kündigung eines Leasing-Vertrages unterliegen nach dem BMF-Schreiben vom 22.5.2008 (IV B 8 – S 7100/07/10007) nicht der Umsatzsteuer. Im Falle von TA-Verträgen sind folgende Urteile bezüglich des Minderwertausgleichs zu beachten: BGH Urt. vom 18.5.2011, VIII ZR 260/10; BGH Urt. vom 14.3.2007, VIII ZR 68/06.

9. Kündigung[1]

9.1 Ordentliche Kündigung
Die ordentliche Kündigung des Leasing-Vertrages vor Ablauf der vereinbarten Leasing-Dauer ist ausgeschlossen.
Dies gilt auch für das Kündigungsrecht der Erben nach § 580 BGB.
Anmerkung:
Die Wirksamkeit des Ausschlusses des Kündigungsrechtes der Erben wurde bisher höchstrichterlich nicht in Frage gestellt.

---

[1] Entsprechend der Zielsetzung dieser Klauseln eines Vollamortisations-Leasing-Vertrages gegenüber Leasing-Nehmern, die weder Verbraucher noch Existenzgründer sind, finden im Folgenden die Kündigungsregelungen gem. §§ 491 ff. BGB [ehemals VKG – Verbraucherkreditgesetz] keine Berücksichtigung!

9.2 Außerordentliche Kündigung

Das Recht beider Vertragsparteien zur außerordentlichen Kündigung des Leasing-Vertrages bei Vorliegen eines wichtigen Grundes bleibt unberührt.
Der Leasing-Geber ist zur außerordentlichen Kündigung insbesondere berechtigt, wenn
a) der Leasing-Nehmer für zwei aufeinander folgende Termine mit der Entrichtung der einzelnen Leasing-Rate oder eines nicht unerheblichen Teils der einzelnen Leasing-Raten in Verzug ist;
b) der Leasing-Nehmer mit einem Betrag von mindestens zwei einzelnen Leasing-Zahlungen in Verzug ist;

Anmerkung:
Bei Leasing-Gesellschaften, die mit unterschiedlich hohen Leasing-Zahlungen arbeiten, empfiehlt sich die Konkretisierung des Betrages, da anderenfalls die kundenfreundlichste Auslegung zur Heranziehung der höchsten Leasing-Zahlungen führen würde. Denkbar wäre folgende Formulierung: Wenn die Höhe der laufenden Zahlungen erheblich abweicht, ist für die Ermittlung des Betrages von zwei rückständigen Zahlungen die durchschnittliche Rate heranzuziehen.

c) nachweisbar eine wesentliche Verschlechterung der Vermögenslage des Leasing-Nehmers eingetreten ist, aus der sich eine Gefährdung der Zahlungsfähigkeit des Leasing-Nehmers herleitet;

Anmerkung:
Im Anwendungsbereich der §§ 491 ff BGB ist zweifelhaft, ob diese Klausel wirksam vereinbart werden kann.

d) der Leasing-Nehmer trotz Abmahnung seine Vertragspflichten weiterhin erheblich verletzt oder Folgen von derartigen Vertragsverletzungen nicht unverzüglich beseitigt;
e) der Leasing-Nehmer seinen Auskunfts- und Informationspflichten nach Ziffer 14.2 oder seinen Offenlegungspflichten nach Ziffer 14.3 trotz Abmahnung nicht nachkommt;
f) der Leasing-Nehmer falsche Angaben über seine Vermögenslage gemacht hat, die geeignet sind, die wirtschaftlichen Interessen des Leasing-Gebers in erheblichem Umfang zu gefährden oder
g) vereinbarte Sicherheiten nicht gestellt werden oder wegfallen.

Anmerkungen:
Neben den vorstehend bezeichneten Kündigungsgründen, die nicht abschließend sind, können auch weitere Kündigungsgründe ausdrücklich geregelt werden, z. B. bei Verbringung des Leasing-Objektes außerhalb des EU-Wirtschaftsraums.
a) In die Klausel, die zur fristlosen Kündigung wegen Vertragsverstößen berechtigt, kann noch aufgenommen werden, dass ein Vertragsverstoß insbesondere dann vorliegt, wenn der Leasing-Nehmer gegen die Versicherungspflicht verstößt.
b) Festzuhalten ist, dass die Regelung unter 9.1 – Ausschluss der ordentlichen Kündigung – selbstverständlich nicht für den kündbaren Vertrag gilt.

9.3 Der Leasing-Geber ist im Wege des Schadensersatzes wirtschaftlich so zu stellen, wie er bei ungestörtem Ablauf des Leasing-Vertrages gestanden hätte (Ziffer 8.4 findet entsprechende Anwendung).

10. Rückgabe des Leasing-Objektes

10.1 Nach Beendigung des Leasing-Vertrages hat der Leasing-Nehmer auf eigene Kosten und Gefahr das Leasing-Objekt an den Sitz des Leasing-Gebers oder an eine vom Leasing-Geber zu benennende Anschrift in der Bundesrepublik Deutschland zu liefern oder auf Weisung des Leasing-Gebers kostenpflichtig zu entsorgen. Soweit Softwareprodukte Gegenstand des Leasing-Vertrags sind, sind diese in der neuesten beim Leasing-Nehmer vorhandenen Version – ggf. mit Quellcode – zurück zu geben. Zusammen mit den Softwareprodukten sind alle Zugriffs- und Sperrcodes, Sperreinrichtungen und, soweit überlassen, Datenträger/Speichermedien und Handbücher, Dokumentationen und eventuelle Authentizitätsnachweise für die Softwareprodukte zurück zu geben. Für eventuelle weitere beim Leasing-Nehmer vorhandene Kopien der Softwareprodukte besteht für den Leasing-Nehmer die Pflicht, eine vollständige Löschung vorzunehmen, welche er dem Leasing-Geber auf dessen Verlangen schriftlich zu bestätigen hat. Alle Daten, die nicht Gegenstand

des Leasingvertrags sind, insbesondere personenbezogene Daten sind datenschutzkonform zu löschen. Auf die gesetzlichen Verpflichtungen des Leasing-Nehmers zum Datenschutz wird hiermit hingewiesen.
Anmerkung:
Aktuelle Standards zur Löschung sind über die Bundesanstalt für Sicherheit in der Informationstechnik zu erhalten. www.bsi.bund.de
10.2 Der Zustand des Leasing-Objekts muss dem Auslieferungszustand unter Berücksichtigung des durch den vertragsgemäßen Gebrauch entstandenen normalen Verschleißes entsprechen.
Anmerkung:
Dieser Absatz dient nur der Klarstellung und kann ggf. entfallen.
Wurden mit Zustimmung des Leasing-Gebers Veränderungen an dem Leasing-Objekt vorgenommen, so kann der Leasing-Geber bei Vertragsende vom Leasing-Nehmer die Wiederherstellung des unveränderten Zustandes auf dessen Kosten verlangen. Macht der Leasing-Nehmer bzgl. der Veränderungen keinen Gebrauch von einem Wegnahmerecht, so geht das Eigentum an den veränderten Bestandteilen ohne Anspruch auf Entschädigung (auch für evtl. Wertsteigerungen) in das Eigentum des Leasing-Gebers über.
Anmerkung:
Das Leasingobjekt befindet sich im Eigentum des Leasing-Gebers. Es geht also darum, dass sich dessen Rechte auch auf die vom Leasing-Nehmer vorgenommenen Veränderungen erstrecken.
10.3 Für jeden Fall der Beendigung des Leasing-Vertrages tritt der Leasing-Nehmer hiermit wieder alle ihm gemäß Ziffer 5.4 abgetretenen Ansprüche, die von ihm im Zeitpunkt der Beendigung nicht bereits gerichtlich verfolgt werden, an den Leasing-Geber ab. Einen dem Leasing-Geber hieraus erwachsenden Vorteil wird dieser auf die Verpflichtungen des Leasing-Nehmers anrechnen.
Anmerkungen:
Diese Regelung ist besonders im Fahrzeug-Leasing nicht ausreichend. Im Allgemeinen sollten hier produktspezifische Konkretisierungen im Zusammenhang mit Rückgaberegelungen aufgenommen werden. Beispielsweise:
- *die Feststellung, ob das Leasing-Objekt sich im vertragsgemäßen Zustand befindet,*
- *des Weiteren die Festlegung des Zustandes durch Gutachter, wenn Leasing-Nehmer und Leasing-Geber sich über den Zustand des Leasing-Objektes nicht einig sind,*
- *die Feststellung des Marktwertes, sofern es sich um Restwertverträge handelt,*
- *die Herausgabe nicht nur des Fahrzeuges selbst, sondern auch aller Schlüssel und Dokumente.*

11. Verzugsschaden

Kommt der Leasing-Nehmer mit Zahlungen in Verzug, so hat er Verzugszinsen in Höhe von 9 Prozentpunkten über dem Basiszinssatz zu zahlen. Dem Leasing-Geber bleibt unbenommen, einen darüber hinausgehenden Schaden geltend zu machen.

12. Kosten, Steuern

Der Leasing-Nehmer übernimmt alle öffentlich-rechtlichen Kosten, Gebühren, Beiträge und Steuern in ihrer jeweils gültigen Höhe, die gegenwärtig und zukünftig auf Grund dieses Vertrages oder Besitzes und/oder Gebrauchs und/oder im Zusammenhang mit der Rückgabe des Leasing-Objektes anfallen. Der Leasing-Nehmer ist insbesondere verpflichtet, die gesetzliche Umsatzsteuer für alle umsatzsteuerpflichtigen Lieferungen und sonstigen Leistungen im Zusammenhang mit diesem Vertrag zu zahlen. Bei einer Änderung des Umsatzsteuerrechtes oder der Beurteilung der jeweiligen Rechtslage durch die Finanzverwaltung können alle Zahlungen und Beträge im Zusammenhang mit Ansprüchen oder Teilansprüchen einer der Vertragsparteien, auf die sich die Änderung auswirkt, entsprechend angepasst werden (z. B. nach einer Rückgabe des Leasing-Objektes).
Anmerkung:
Die Verpflichtung des Leasing-Nehmers zur Leistung der vereinbarten Zahlungen zuzüglich der jeweils gültigen Umsatzsteuer sollte auf der Vorderseite des Leasing-Vertrages geregelt werden.

Dies gilt auch für eventuelle Veränderungen der Leasing-Zahlungen durch Änderungen im Steuer- und Abgabenrecht.

13. Haftung des Leasing-Gebers

Hat der Leasing-Geber für einen Schaden des Leasing-Nehmers auf Grund eigenen Verschuldens oder Verschuldens seiner gesetzlichen Vertreter oder seiner Erfüllungsgehilfen einzustehen, ist die Haftung des Leasing-Gebers auf Fälle von Vorsatz und grober Fahrlässigkeit beschränkt; in Fällen der Verletzung von Leben, Körper oder Gesundheit sowie bei Verletzung wesentlicher Vertragspflichten wird auch für einfache Fahrlässigkeit gehaftet. Wesentliche Vertragspflichten sind solche, deren Erfüllung die ordnungsgemäße Durchführung des Leasing-Vertrages überhaupt erst ermöglicht und auf deren Einhaltung der Leasing-Nehmer regelmäßig vertraut und vertrauen darf oder die der Leasing-Geber dem Leasing-Nehmer nach dem Inhalt des Leasing-Vertrages gerade zu gewähren hat. Im Falle der Verletzung wesentlicher Vertragspflichten ist die Haftung dem Umfang nach auf den bei Vertragsabschluss vorhersehbaren Schaden beschränkt. Unberührt bleibt eine Haftung nach dem Produkthaftungsgesetz, bei Übernahme einer Garantie durch den Leasing-Geber für die Beschaffenheit einer Sache und bei arglistigem Verschweigen eines Mangels durch den Leasing-Geber.

14. Auskünfte, Besichtigung

14.1 Der Leasing-Nehmer hat einen Wechsel seines Sitzes sowie Veränderungen des gewöhnlichen Aufenthaltsortes unverzüglich anzuzeigen.
14.2 Der Leasing-Nehmer hat dem Leasing-Geber die zur Erfüllung seiner gesetzlichen Sorgfalts- und Informationspflichten (z. B. Identifizierungspflicht nach dem Geldwäschegesetz) notwendigen Informationen und Unterlagen zur Verfügung zu stellen und sich während der Vertragsdauer ergebende Änderungen (z. B. Änderung der Rechtsform, Änderung bei einem Vertretungsorgan) unverzüglich schriftlich mitzuteilen.
14.3 Der Leasing-Nehmer wird während der Vertragsdauer auf Verlangen des Leasing-Gebers jederzeit seine Vermögensverhältnisse offen legen und darüber hinaus seine den gesetzlichen Bestimmungen entsprechenden Jahresabschlüsse sowie Zwischenabschlüsse und ggf. Konzernabschlüsse unverzüglich nach ihrer Aufstellung, spätestens jedoch 9 Monate nach Abschluss des Wirtschaftsjahres, zur Verfügung stellen.
Anmerkung:
Mit dieser Formulierung wird dem Leasing-Geber ermöglicht, während der Vertragsdauer entsprechend § 18 Kreditwesengesetz die Bonität anhand zeitnaher Unterlagen zu überprüfen.
14.4 Der Leasing-Nehmer gestattet dem Leasing-Geber, das Leasing-Objekt jederzeit zu den üblichen Geschäftszeiten zu besichtigen und als sein Eigentum zu kennzeichnen.

15. Erfüllungsort, Gerichtsstand, anwendbares Recht

15.1 Erfüllungsort und Gerichtsstand sind der Sitz des Leasing-Gebers.
15.2 Dies gilt auch, sofern der Leasing-Nehmer nach Vertragsabschluss seinen Sitz oder gewöhnlichen Aufenthaltsort aus der Bundesrepublik Deutschland verlegt oder sein Sitz oder gewöhnlicher Aufenthaltsort bei Klageerhebung nicht bekannt ist.
15.3 Es gilt das Recht der Bundesrepublik Deutschland mit Ausnahme des Kollisionsrechts.

16. Aufrechnungsverbot, Abtretung

Anmerkung:
Zum Thema Aufrechnung und Abtretung können weitere Regelungen bei Bedarf aufgenommen werden z. B.:
16.1 Der Leasing-Nehmer darf nur mit unbestrittenen oder rechtskräftig festgestellten Forderungen aufrechnen. Zurückbehaltungsrechte wegen nicht aus diesem Vertrag begründeten Ansprüchen stehen dem Leasing-Nehmer nicht zu.

16.2 Der Leasing-Nehmer ist zur Abtretung der ihm gegen den Leasing-Geber zustehenden Rechte und Ansprüche nur mit schriftlicher Einwilligung des Leasing-Gebers berechtigt.

17. Datenschutzklausel

Der Leasing-Geber ist berechtigt, mit Beginn der Geschäftsbeziehung zum Leasing-Nehmer und zu einem Gesamtschuldner oder Bürgen Daten, die auch personenbezogen sein können, über die Beantragung (z. B. Leasing-Nehmer, Gesamtschuldner, Bürge, Leasing-Zahlungen, Laufzeit des Leasing-Vertrages, Beginn und Höhe der Leasing-Zahlungen) und die Durchführung des Leasing-Vertrages (z. B. vorzeitige Vertragsablösung, fristlose Kündigung, Klageerhebung, Zwangsvollstreckungsmaßnahmen) gemäß § 28 BDSG intern zu speichern, für die Bearbeitung des Leasing-Antrages/Leasing-Vertrages zu nutzen und zum Zwecke der Refinanzierung des Leasing-Vertrages an ein Refinanzierungsinstitut zu übermitteln.

Anmerkung:
Die Klausel muss gemäß Datenschutzgesetz im äußeren Erscheinungsbild deutlich hervorgehoben werden. Zusätzlich sind die Besonderheiten eventueller SCHUFA-Klauseln zu beachten.

(18. Schriftformklausel nach Bedarf ergänzen)
(19. Salvatorische Klausel nach Bedarf ergänzen)

Ergänzend zu den vorstehend wiedergegebenen Überlegungen und Anmerkungen des Rechtsausschusses des BDL wird in den folgenden Ausführungen auf einige weitere Gesichtspunkte eingegangen:

I. Lieferungspflicht 13/83

|| Siehe hierzu die Klauseln Nr. 4.6 und die diesbezüglichen Regelungen unter Nr. 5. in Rn 13/82.

Kern derartiger Klauseln ist es, dass sich der Leasinggeber von dem **Risiko der rechtzeitigen Lieferung** oder einer **Nichtlieferung** freizeichnet. Wurde zwischen dem Leasingnehmer und dem Leasinggeber eine feste Lieferzeit nicht vereinbart und hat der Leasingnehmer bei Nichtlieferung ein Rücktrittsrecht, dürften die Klauseln unbedenklich sein.[1] Die Vertragsgestaltung kann auch vorsehen, dass der Leasingvertrag erst wirksam wird, wenn der Lieferant das Leasinggut an den Leasingnehmer geliefert und dieser eine Abnahmebestätigung ausgestellt hat, mit der ebenfalls erst ab dann beginnenden Zahlungspflicht des Leasingnehmers.[2]

Demgegenüber ist eine Vereinbarung unzulässig, nach der der Leasingnehmer dem Leasinggeber bei Nichtlieferung der Leasingsache die entstandenen Kosten/Aufwendungen zu erstatten hat, gleichgültig, ob es um Vertriebs-, Verwaltungs- oder Refinanzierungsaufwendungen – z. B. **Nichtabnahmeentschädigung, Bereitstellungsprovision** – geht. Eine derartige Regelung ist mit wesentlichen Grundgedanken des Mietrechts unvereinbar und deshalb nach § 307 Abs. 2 Nr. 1 BGB unwirksam.[3]

Der **Lieferant** des Leasinggutes kann **Erfüllungsgehilfe des Leasinggebers** im Sinne von § 278 13/84 BGB sein. Dies ist der Fall, wenn der Lieferant mit „Wissen und Wollen" des Leasinggebers in dessen Pflichtenkreis gegenüber dem Leasingnehmer tätig wird, insbesondere, indem der Lieferant im Auftrag des Leasinggebers das Leasinggut dem Leasingnehmer zu übergeben hat.[4]

Führt der Lieferant mit Wissen und Wollen des Leasinggebers die Vertragsverhandlungen mit dem Leasingnehmer, so ist er ebenfalls insofern als Erfüllungsgehilfe anzusehen. Oftmals ist das davon begleitet, dass der Leasinggeber dem Lieferanten seine Vertragsformulare unter Offenlegung der Kalkulation der Leasingraten überlässt. Etwaige Aus-/Zusagen und Pflichtverletzungen des Lieferanten im Rahmen der Vertragsverhandlungen können dann dem Leasinggeber zugerechnet werden.[5] Eine generelle Freizeichnung von dieser Haftung für Dritte (Lieferanten) im Leasingvertrag ist unzulässig.[6]

Eine **vollständige Freizeichnung** vom **Risiko** der „**Nichtlieferung**" verstößt im kaufmännischen Be- 13/85 reich gegen § 307 Abs. 2 BGB, im nichtkaufmännischen Bereich gegen § 309 Nr. 8a) BGB.[7] Bedenklich ist es auch, wenn der Leasingnehmer die Leasingraten selbst dann entrichten muss, wenn das Leasinggut von dem Hersteller noch gar nicht geliefert worden ist. Zwar entspricht es dem Charakter des Leasing, dass der Leasinggeber nicht für die Sach- und Preisgefahr einzustehen hat (Rn 13/75); die Verpflichtung zur Zahlung der Leasingraten entsteht jedoch erst mit der Lieferung. Eine dennoch – vertraglich vereinbarte – erfolgte Zahlung muss als **Vorauszahlung** gewertet und später verrechnet werden. Das Austauschverhältnis zwischen der Verschaffung der Nutzungsmöglichkeit und der Zahlung der Leasingraten als zeitbezogenes Entgelt ist wesentlich und kann zumindest in Formularverträgen/Allgemeinen Geschäftsbedingungen nicht abbedungen werden.[8]

---

[1] Vgl. z. B. BGH WM 1987, 1131, m. Anm. *Emmerich* in WuB I J 2. – 9.87; *v. Westphalen/Lwowski*, Leasing – insbesondere Fragen der regreßlosen Finanzierung, WM-Script 1985, S. 14; *Ebenroth*, DB 1978, 2109 (2112).
[2] BGH WM 1987, 1131, m. Anm. *Emmerich* in WuB I J 2. – 9.87.
[3] BGH ZIP 1985, 1398 = WM 1985, 1447, m. Anm. *Konzen* in WuB I J 2. – 3.86; BGH ZIP 1990, 175 (177); siehe auch OLG Düsseldorf, Beschluss vom 23.11.2009, 24 U 60/09.
[4] BGH NJW 1988, 198 (199) = WM 1987, 1338, m. Anm. *Emmerich* in WuB I J 2. – 1.88; BGH WM 1988, 979 (983), m. Anm. *Emmerich* in WuB I J 2. – 9.88.
[5] Zu den Voraussetzungen einer solchen Zurechnung im Einzelnen: BGH WM 2011, 1764 (1765 f.); BGH WM 2011, 1760 (1761 ff.); BGH WM 1985, 906 (908 f.), m. Anm. *Stoppok* in WuB I J 2. – 10.85; BGH NJW-RR 2014, 622 ff.; *Lösekrug*, WM 2014, 202 ff.; *v. Westphalen/Lwowski*, Leasing – insbesondere Fragen der regreßlosen Finanzierung, WM-Script 1985, S. 12 ff.
[6] BGH WM 1985, 906 (909), m. Anm. *Stoppok* in WuB I J 2. – 10.85.
[7] BGH WM 1985, 906 (909), m. Anm. *Stoppok* in WuB I J 2. – 10.85; BGH NJW 2009, 575 ff.; vgl. auch BGH ZIP 1985, 1398 = WM 1985, 1447, m. Anm. *Konzen* in WuB I J 2. – 3.86; *Ebenroth*, DB 1978, 2109 (2112); *Seifert*, DB 1983, Beilage Nr. 1, S. 6.
[8] BGH WM 1985, 1447, m. Anm. *Konzen* in WuB I J 2. – 3.86 = DB 1985, 2553; *Flume*, DB 1972, 53 (55).

13/86 II. Gewährleistung

|| **Siehe hierzu die Klausel Nr. 5 in Rn 13/82.**

Mit einer solchen Regelung, die die Abtretung der kaufrechtlichen Gewährleistungsansprüche des Leasinggebers gegen den Lieferanten an den Leasingnehmer beinhaltet, schließt der Leasinggeber regelmäßig seine eigene **Gewährleistung für den Leasinggegenstand** aus. Stattdessen wird der Leasingnehmer auf die Ansprüche des Leasinggebers verwiesen, die ihm auf Grund des Kauf- oder Werklieferungsvertrages gegenüber dem jeweiligen Lieferanten zustehen.

In der für Finanzierungsleasingverträge typischen Freizeichnung des Leasinggebers von eigenen Gewährleistungsansprüchen durch **Abtretung** der **Gewährleistungsansprüche** gegen den Lieferanten zeigt sich besonders, dass beim Finanzierungsleasing der **Charakter als Finanzierungsgeschäft** im Vordergrund steht. Die Risikoverteilung ist auch interessengerecht, denn der Leasingnehmer sucht sich in der Regel den Leasinggegenstand und den Lieferanten selbst aus, und zwar oft bereits vor Einschaltung des Leasinggebers. Der Leasingnehmer verfügt regelmäßig außerdem über die größere Sachkenntnis bezüglich des Leasinggegenstandes. Er kann ebenfalls besser beurteilen, ob überhaupt ein Mangel vorliegt und welche Gewährleistungsansprüche geltend gemacht werden sollen.[1]

13/87
Die **Rügeobliegenheit gemäß § 377 HGB** trifft folgerichtig den Leasinggeber als Käufer des Leasingobjektes,[2] auch wenn die Sache direkt an den (nichtkaufmännischen) Leasingnehmer geliefert wird.[3] Allerdings kann sie im Leasingvertrag auf den Leasingnehmer übertragen werden.[4] Die **Abwälzung der Untersuchungspflicht** auf den Leasingnehmer entspricht ebenfalls der Interessenlage, da die Beachtung dieser Pflicht für die Aufrechterhaltung der Gewährleistungsansprüche, die regelmäßig auf den Leasingnehmer übergegangen sind, maßgeblich ist.

13/88
Festzuhalten ist, dass die durch die Schuldrechtsreform herbeigeführten systematischen und inhaltlichen Veränderungen der kaufrechtlichen Mängelgewährleistung nach ganz h. M. die Zulässigkeit der hier in Rede stehenden **leasingtypischen Abtretungskonstruktion** sowie die Fortschreibung der bisherigen **Rechtsprechung** zum **Wegfall der Geschäftsgrundlage** des Leasingvertrages bei Scheitern des Kaufvertrages im Ergebnis nicht in Frage stellen.[5] Insofern hat sich die Rechtslage durch die Regelung des Sachmangels in §§ 433 Abs. 1 Satz 2, 434 ff. BGB als Nichterfüllung und durch den statt der Wandelung vorgesehenen Rücktritt (§ 437 Nr. 2 BGB) sowie den Nacherfüllungsanspruch auf Lieferung einer mangelfreien Sache (§§ 437 Nr. 1, 439 Abs. 1 BGB) nicht grundsätzlich geändert. Auch die von § 313 Abs. 3 Satz 2 BGB verlangte Kündigung, die ja eigentlich ein (nur) für die Zukunft wirkender Rechtsbehelf ist, hat keine Abkehr von dieser Einordnung des Wegfalles des Leasingvertrages von Anfang an (ex tunc) mit sich gebracht.[6] Das geht schon aus der Gesetzesbegründung hervor, wonach „die bereits jetzt bestehende allgemeine Auffassung in das Gesetz übernommen" wird.[7] Weder ist hierin speziell das Finanzierungsleasing angesprochen bzw. ausgenommen worden, noch ist daraus zu entnehmen, dass an der bestehenden Rechtslage etwas geändert werden soll – vielmehr das Gegenteil ist der Fall.

Ist das Leasingobjekt mangelbehaftet, konnte **vor** der **Schuldrechtsreform** der Leasingvertrag infolge **Wandelung** des Kaufvertrages über das Leasingobjekt wegfallen, **nach** der **Schuldrechtsreform** auf Grund eines **Rücktrittes** vom Kaufvertrag.

Im Falle des wirksamen Wandelung bzw. des wirksamen Rücktrittes gemäß § 437 Nr. 2 BGB fehlt dem Leasingvertrag die Geschäftsgrundlage (vgl. § 313 BGB) von Anfang an, was zur Rückabwicklung führt.[8]

---

[1] BGH ZIP 1981, 1215 (1216) = WM 1981, 1219; *Hiddemann*, WM 1978, 834 (839).
[2] BGH WM 1990, 2000, m. Anm. *v. Westphalen* in WuB I J 2. – 2.91.
[3] BGH WM 1990, 510, m. Anm. *Ott* in WuB I J 2. – 8.90.
[4] OLG Köln NJW-CoR 2000, 48.
[5] Vgl. z. B. BGH, Urteil vom 16.6.2010, VIII ZR 317/09, S. 10 f.; BGH WM 2006, 495 = WuB I J 2. – 1.06 *H. Beckmann*; *Reiner/Kaune*, WM 2002, 2314; *Gebler/Müller*, ZBB 2002, 107; *Schmalenbach/Sester*, WM 2002, 2184; *Assies*, BKR 2002, 317; *Beckmann*, FLF 2002, 46; *Zahn*, DB 2002, 985 (986); *Reinking*, DAR 2002, 145 ff.; *Koch* in Münchener Kommentar z. BGB, 6. Aufl. 2012, Leasing Rn 101; Palandt/*Weidenkaff*, BGB, 74. Aufl. 2015, Einf. vor § 535 Rn 56; a. A. *v. Westphalen*, DB 2001, 1291 ff.; *ders.*, ZIP 2001, 2258 ff.; *ders.*, ZIP 2006, 1653 ff.
[6] Überblick dazu bei *Koch* in Münchener Kommentar z. BGB, 6. Aufl. 2012, Leasing Rn 109 ff. m. w. N.
[7] BT-Drucks. 14/6040.
[8] Aufgrund der Regelung des § 313 Abs. 3 Satz 1 BGB wird zum Teil eine Rücktrittserklärung gegenüber dem Leasinggeber verlangt, vgl. *Müller-Sarnowski*, DAR 2002, 485 (489); *Schmalenbach/Seester*, WM 2002, 2184 (2186).

Vertragliche Ausgestaltung des Finanzierungsleasing und AGB-Recht

Der Leasinggeber hat dann gegen den Leasingnehmer mit Blick auf die erfolgte Nutzung des Leasinggutes lediglich einen Anspruch auf **Nutzungsentschädigung** (unter Berücksichtigung eines eventuellen Mangels – § 346 Abs. 1 und 2 BGB).[1] Der Leasinggeber bzw. sein Refinanzierer würde in dem Fall keine Zahlungen auf die vertraglich vereinbarten Leasingraten mehr erhalten können.

Wichtig ist in diesem Zusammenhang, ab wann der Leasingnehmer seine **Zahlungen** der Leasingraten **einstellen** darf. Der Leasingnehmer muss die an ihn abgetretenen Mängelansprüche gegen den Lieferanten geltend machen. Nach herrschender und auch zutreffender Meinung kann der Leasingnehmer dem Leasinggeber den Wegfall der Geschäftsgrundlage auf Grund seiner Wandelung bzw. seines Rücktrittes in der Regel erst entgegenhalten und seine Zahlung der Leasingraten einstellen, wenn entweder der **Lieferant** sich mit der Wandelung bzw. Rückabwicklung **einverstanden** erklärt **oder** der Leasingnehmer die **Wandelungs-** bzw. **Rücktrittsklage** gegen den (bestreitenden) Lieferanten **erhoben** hat.[2]

13/89

Im Falle der **Insolvenz** des Lieferanten hat der Leasingnehmer die **Gewährleistungsansprüche** zur **Insolvenztabelle anzumelden** und bei Bestreiten des Insolvenzverwalters die **Klage** auf **Feststellung zur Tabelle** zu erheben.[3] Fällt der Leasingnehmer hinsichtlich seiner erfolgreichen Rückzahlungsklage mit seinem Kostenerstattungsanspruch aus, kann er vom Leasinggeber Erstattung dieser Kosten beanspruchen.[4]

Um dem Leasingnehmer **Zugriff auf** die **Gewährleistungsansprüche** gegen den Lieferanten zu verschaffen, kann im Leasingvertrag zum einen die schon vorerwähnte **Abtretung** der **Gewährleistungsansprüche** gegen den Lieferanten an den Leasingnehmer erfolgen oder zum anderen eine **Ermächtigung** im Sinne von § 185 BGB **zur Geltendmachung** der **Gewährleistungsansprüche** erteilt werden.

13/90

Von jeweils entscheidender Bedeutung für die Wirksamkeit der entsprechenden Klausel ist, dass dem Leasingnehmer deren Geltendmachung gegen den Lieferanten **ohne Einschränkung** zusteht.[5]

Da nahezu Einigkeit darüber herrscht, dass die im Finanzierungsleasingbereich übliche **Abtretungskonstruktion** nicht durch die Schuldrechtsreform obsolet geworden ist (s. o.), muss diese konsequentermaßen dann auch wirtschaftlich weiter Sinn machen. Anliegen und Zweck der Abtretungskonstruktion ist, die **Gewährleistungsauseinandersetzung** dem Leasingnehmer zu überlassen. Mithin muss es ihm obliegen, die entsprechende Auseinandersetzung mit dem Lieferanten zu führen und erforderlichenfalls Klage zu erheben.[6]

13/91

Die **Abtretungskonstruktion** kommt regelmäßig in der Praxis vor, weil sie die denkbaren vielfältigen sich stellenden Themen, wie z. B. das Problem der **Geltendmachung** von **Schadensersatz** durch den Leasingnehmer hinsichtlich der Frage, ob er seinen (Eigen-) Schaden oder nur den des Leasinggebers geltend machen kann, besser löst. Tritt der Leasinggeber die ihm gegen den Lieferanten zustehenden Ansprüche an den Leasingnehmer ab, so ist dieser berechtigt, seinen (Eigen-) Schaden gegenüber dem Lieferanten geltend zu machen. Der Leasinggeber kann damit korrespondierend seinen (Eigen-)Schaden nicht ersetzt verlangen,[7] auch nicht über die „Drittschadensliquidation".[8]

Da bei der **Abtretungskonstruktion** der Leasinggeber die ihm gegen den Lieferanten zustehenden Ansprüche abtritt, die üblicherweise in den **AGB des Lieferanten** geregelt werden, ist darauf zu achten, dass die AGB des Lieferanten in das Verhältnis zwischen dem Leasinggeber und dem Leasingnehmer mit einbezogen werden. Hierfür sind die Einbeziehungsvoraussetzungen des § 305 Abs. 2 und

---

[1] Z. B. *Koch* in Münchener Kommentar z. BGB, 6. Aufl. 2012, Leasing Rn 103; vgl. auf der Grundlage des vormaligen Bereicherungsmodells: BGH WM 1991, 954 (959), m. Anm. *Ullrich* in WuB I J 2. – 6.91; BGH WM 1985, 226, m. Anm. *Stoppok* in WuB I J 2. – 1.85; BGH WM 1985, 263, m. Anm. *Stoppok* in WuB I J 2. – 2.85.
[2] BGH NZI 2014, 177 (179); BGH WM 2010, 1561 (1563 f.); BGH NJW 1986, 1744 (1745 f.); *Koch* in Münchener Kommentar z. BGB, 6. Aufl. 2012, Leasing Rn 113 f. mit Überblick zum Streitstand und m. w. N.
[3] BGH NZI 2014, 177 (179); BGH WM 1994, 208 (210 f.).
[4] BGH NZI 2014, 177 (180).
[5] BGH ZIP 1981, 1215 (1217) = WM 1981, 1219; BGH ZIP 1987, 240 = WM 1987, 349, m. Anm. *Emmerich* in WuB I J 2. – 7.87; BGH WM 1988, 979 (982), m. Anm. *Emmerich* in WuB I J 2. – 9.88; BGH ZIP 1990, 175 (177) = WM 1990, 25, m. Anm. *v. Westphalen* in WuB I J 2. – 3.90; BGH WM 2006, 495 (497); *Koch* in Münchener Kommentar z. BGB, 6. Aufl. 2012, Leasing Rn 104.
[6] Zur Fragestellung beim Verbraucherleasing, ob der Zugang der Rücktrittserklärung beim Lieferanten diesbetreffend genügen könnte, siehe Rn 13/141.
[7] BGH NJW 1978, 2148 (2149) = WM 1978, 1159; BGH ZIP 1991, 1436 = WM 1991, 2036.
[8] Vgl. BGH NJW 1978, 2148= WM 1978, 1159; *v. Westphalen* in v. Westphalen, Der Leasingvertrag, 7. Aufl. 2015, S. 488 f.

3 BGB im nichtkaufmännischen Bereich (zum kaufmännischen Bereich vgl. § 310 Abs. 1 BGB) zu beachten.[1] Zudem haben die AGB des Lieferanten insoweit inhaltlich den Voraussetzungen der §§ 305 ff. BGB zu entsprechen. Erfüllen sie die Anforderungen nicht, so greifen gemäß § 306 Abs. 2 BGB die mietrechtlichen Gewährleistungsregelungen des BGB wieder zwischen dem Leasinggeber und dem Leasingnehmer ein.[2]

Unter diesen Maßgaben ist der **Ausschluss der mietrechtlichen Gewährleistung** im Finanzierungsleasing auch im **nichtkaufmännischen Bereich** wirksam.[3] Das Klauselverbot des § 309 BGB Nr. 8b) BGB, wonach eine Regelung in AGB, gemäß der sich die Gewährleistung des Verwenders allein auf die Einräumung von Ansprüchen gegen Dritte erstreckt, unwirksam ist, greift beim Finanzierungsleasing nicht ein.[4] Auch im Leasinggeschäft mit Privatkunden ist die Klausel deshalb an § 307 BGB zu messen. Da die Abtretung des Gewährleistungsanspruchs aber der Typizität von Finanzierungsleasingverträgen als Geschäften mit Finanzierungscharakter entspricht, ist eine unangemessene Benachteiligung nicht gegeben.[5]

Ist die **Abtretung** der **Gewährleistungsansprüche** nicht ohne Einschränkung unbedingt und vorbehaltlos erfolgt und daher diese Regelung **unwirksam**, kommt eine **Umdeutung** in eine rechtswirksame **Ermächtigung** des Leasingnehmers, die in Rede stehenden Ansprüche des Leasinggebers im eigenen Namen geltend zu machen, in Betracht.[6]

13/92 Um dem **Leasingnehmer** Zugriff auf die **Gewährleistungsansprüche gegen den Lieferanten** zu verschaffen, kann, wie schon angesprochen, im Leasingvertrag auch eine **Ermächtigung** im Sinne von § 185 BGB **zur Geltendmachung** dieser Ansprüche erteilt werden. Aufgrund der Ermächtigung kann der Leasingnehmer den Schaden des Leasinggebers gegenüber dem Lieferanten anmelden, nicht aber einen Eigenschaden. Ist ein solcher nicht zu liquidierender Eigenschaden des Leasingnehmers festzustellen, so liegt für diese Fallkonstellation eine Schwäche der **Ermächtigungskonstruktion** vor, die zu einer unangemessenen Benachteiligung des Leasingnehmers führen kann.[7]

Unangemessen, weil nicht ohne Einschränkung (s. o.), wäre es jedenfalls, wenn der Leasingnehmer nach Wahl des Leasinggebers verpflichtet ist, die Gewährleistungsansprüche gegen den Lieferanten entweder im eigenen Namen oder im Namen des Leasinggebers geltend zu machen. Schädlich ist es insbesondere, wenn der Leasinggeber sich zusätzlich vorbehält, diese Ermächtigung zu widerrufen und die Ansprüche selbst anzumelden.[8]

13/93 Problematisch sind zudem die Fälle, in denen der **Lieferant insolvent** wird und damit die Rückabwicklung des Vertrages, also die Rückzahlung des Kaufpreises, nicht erfolgreich durchgesetzt werden kann (zur Frage der Einstellung der Zahlung der Leasingraten gegenüber dem Leasinggeber siehe Rn 13/89). Eine **Abwälzung dieses Insolvenzrisikos** durch Formularklauseln ist nach der Rechtsprechung des BGH sowohl im nichtkaufmännischen als auch im kaufmännischen Bereich unwirksam.[9]

13/94 Nach Ablauf der Gewährleistung aus dem Kaufvertrag auftretende Schäden (**Spätschäden**) führen nach dem Mietrecht zur Möglichkeit der Minderung des Mietzinses oder – im schlimmsten Fall – zur Kündigung des Mietvertrages. Die Freizeichnung von mietrechtlichen Gewährleistungspflichten auch für die Zeit nach Ablauf der kaufrechtlichen Gewährleistung aus dem Kaufvertrag über das

---

[1] BGHZ 86, 135 (138) = WM 1983, 286; LG Frankfurt/M. NJW 1984, 1626; Palandt/*Grüneberg*, BGB, 74. Aufl. 2015, § 305 Rn 34.
[2] Vgl. z. B. BGH WM 2006, 495 (497 f.).
[3] BGH WM 1985, 638, m. Anm. *Konzen* in WuB I J 2. – 8.85; BGH WM 1985, 573, m. Anm. *Lwowski* in WuB I J 2. – 1.86; BGH WM 1985, 602, m. Anm. v. *Westphalen* in WuB I J 2. – 5.85; BGH WM 1985, 1447, m. Anm. *Konzen* in WuB I J 2. – 3.86; BGH WM 1987, 1338, m. Anm. *Emmerich* in WuB I J 2. – 1.88; BGH WM 1987, 38, m. Anm. *Emmerich* in WuB I J 2. – 4.87; auch für anfängliche Sachmängel: BGH WM 1992, 1165.
[4] BGHZ 94, 180 (186 ff.) = NJW 1985, 1547 = WM 1985, 638, m. Anm. *Konzen* in WuB I J 2. – 8.85; OLG Hamm WM 1980, 474 (477); Palandt-*Grüneberg*, BGB, 74. Aufl. 2015, § 309 Rn 60; *Koch* in Münchener Kommentar z. BGB, 6. Aufl. 2012, Leasing Rn 103.
[5] Vgl. z. B. BGH WM 1984, 1089 (1091) = NJW 1985, 129; BGHZ 94, 180 (191) = WM 1985, 638; BGH WM 2006, 495 ff.
[6] BGH WM 2003, 798 ff.; *Koch* in Münchener Kommentar z. BGB, 6. Aufl. 2012, Leasing Rn 102, 123 m. w. N.; a. A. v. *Westphalen* in v. Westphalen, Der Leasingvertrag, 7. Aufl. 2015, S. 484 f.
[7] *Koch* in Münchener Kommentar z. BGB, 6. Aufl. 2012, Leasing Rn 102 m. w. N.
[8] BGH ZIP 1987, 240 (242) = BGH WM 1987, 349, m. Anm. *Emmerich* in WuB I J 2. – 7.87; vgl. auch BGH ZIP 1990, 175 (176 f.) = WM 1990, 25, m. Anm. v. *Westphalen* in WuB I J 2. – 3.90.
[9] So ausdrücklich: BGH WM 1991, 954 (958), m. Anm. *Ullrich* in WuB I J 2. – 6.91; vgl. auch BGH WM 1990, 25, m. Anm. v. *Westphalen* in WuB I J 2. – 3.90; BGH WM 1985, 1447, m. Anm. *Konzen* in WuB I J 2. – 3.86; BGH WM 1984, 1089; a. A. noch OLG Frankfurt/M. WM 1986, 274 m. Anm. v. *Westphalen* in WuB IV B. § 9 AGBG 4.86 und OLG Frankfurt/M. WM 1986, 916; im Einzelnen dazu unter Rn 13/203.

Leasinggut ist als zulässig anzusehen (**Freizeichnung von Spätschäden**).[1] Der Leasingnehmer muss also bei Auftreten eines Mangels und Ablauf der kaufrechtlichen Gewährleistungszeit die Leasingraten zahlen. Vorsorglich sollten anlässlich des Ausschlusses der mietrechtlichen Gewährleistungsansprüche im Leasingvertrag die „Spätschäden" ausdrücklich erwähnt werden, um den Eindruck zu vermeiden, dass die mietrechtliche Gewährleistung nur während der Zeit der kaufrechtlichen Gewährleistung abweichend vom Gesetz geregelt sei.

III. Sach- und Preisgefahr   13/95
‖ Siehe hierzu die Klausel Nr. 8 in Rn 13/82.

Finanzierungsleasingverträge enthalten typischerweise Regelungen, die die **Sach- und Preisgefahr** dem Leasingnehmer nach Übergabe des nutzungsfähigen Leasinggutes an ihn auferlegen. Geht das Leasinggut dann z. B. zufällig unter, so soll er von dem Leasinggeber keinen Ersatz fordern können (Sachgefahr) und verpflichtet bleiben, die Leasingraten wie vorgesehen weiterzuzahlen (Preisgefahr). Das Risiko, dass die Leasingsache untergeht oder gebrauchsuntauglich wird, trägt demnach der Leasingnehmer.[2] Mit einer solchen Vereinbarung wird von der gesetzlichen Regelung im Mietrecht abgewichen (§§ 535, 536 BGB). Die diesbezügliche Abwälzung der Sach- und Preisgefahr auf den Leasingnehmer wird in der Rechtsprechung als typisch für einen Finanzierungsleasingvertrag angesehen und gebilligt.[3] Es wird darauf verwiesen, dass dieses Risiko durch den Leasingnehmer versicherbar ist und die ggfs. dem Leasinggeber ausgezahlte Versicherungssumme ihm zugute kommen muss.

Etwas anders ist es gemäß der BGH-Rechtsprechung[4] bei Kraftfahrzeugleasingverträgen[5] für Neufahrzeuge und für Gebrauchtwagen bis zum Ablauf des dritten auf die Erstzulassung folgenden Jahres. Der BGH billigt dem Leasingnehmer bei unverschuldetem Untergang – z. B. Diebstahl – oder unverschuldeter erheblicher Beschädigung des Kraftfahrzeuges dann ein kurzfristiges Kündigungs-/Lösungsrecht zu.[6] Macht der Leasingnehmer von diesem Kündigungsrecht Gebrauch, hat der Leasinggeber einen Ausgleichsanspruch. Danach ist der Leasinggeber so zu stellen, wie er wirtschaftlich bei ungestörter Abwicklung des Vertrages stünde, d. h. die ausstehenden Leasingraten und ein etwaiger Restwert wird insbesondere auf den Zeitpunkt der Kündigung abgezinst.[7]   13/96

IV. Anpassung der Leasingraten (Preisklausel)   13/97
‖ Siehe hierzu die Klausel Nr. 2 in Rn 13/82.

Gemäß einer derartigen Klausel wird eine Anpassung der Leasingraten vorgesehen, wenn sich während der Laufzeit des Vertrages **Änderungen von Steuern, öffentlichen Abgaben** oder **sonstige** aufgezählte **Kostenfaktoren** ergeben, die bei Abschluss des Vertrages zumindest der Höhe nach noch nicht in der Kalkulation berücksichtigt gewesen sind.

Preisklauseln in Leasingverträgen unterliegen nicht dem Verbotstatbestand von § 309 Nr. 1 BGB, weil es sich hier um **Dauerschuldverhältnisse** handelt. Vielmehr ist der Maßstab des § 307 BGB   13/98

---

[1] Im Hinblick auf die sog. Spätschaden ergibt sich durch die Schuldrechtsreform bis auf die geänderte Verjährungsfrist (2 Jahre – § 438 Abs. 1 Nr. 3 BGB) gleichfalls nichts Neues – vgl. z. B. *v. Westphalen* in v. Westphalen, Der Leasingvertrag, 7. Aufl. 2015, S. 547 ff. m. w. N.; aus der Zeit vor der Schuldrechtsreform: BGH WM 1985, 263, m. Anm. *Stoppok* in WuB I J 2. – 2.85; BGH WM 1977, 390.

[2] Diese Gefahrenlage wird üblicherweise mit einer entsprechenden Sachversicherung „entschärft".

[3] Z. B. Z. B. BGH NJW 2004, 1041 (1042 f.) = WM 2004, 1179 = WuB I J 2. – 3.04 *H. Gölz*; BGH WM 1987, 1338 (1340); m. Anm. *Emmerich* in WuB I J 2. – 1.88; BGH WM 1985, 602 (603), m. Anm. *v. Westphalen* in WuB I J 2. – 5.85; BGH WM 1986, 458, m. Anm. *Emmerich* in WuB I J 2. – 8.86; BGH WM 1977, 473; BGH WM 1975, 1203 (1204).

[4] BGH WM 2004, 1179 (1180); BGH WM 1998, 2148 = WuB I J 2. – 1.99 *Jendrek*; BGH WM 1996, 1320, 1322 = WuB I J 2. – 5.96 *Emmerich*; BGH WM 1992, 233 (236) = WuB I J 2. – 3.92 *Emmerich*; BGH WM 1987, 38 = WuB I J 2. – 4.87 *Emmerich*; dazu z. B. *Zahn* in v. Westphalen, Der Leasingvertrag, 7. Aufl. 2015, S. 761 ff.

[5] Zu Kfz-Leasing im Einzelnen siehe Rn 13/210 ff.

[6] Zur Frage der Übertragbarkeit dieser Rechtsprechung auch auf andere Leasinggüter vgl. z. B. *Koch* in Münchener Kommentar z. BGB, 6. Aufl. 2012, Leasing Rn 90 f., m. w. N.

[7] BGH WM 2006, 2378 ff. = NJW 2007, 290; *Zahn* in v. Westphalen, Der Leasingvertrag, 7. Aufl. 2015, S. 930, jeweils m. w. N.

anzulegen. Es bedarf danach einer Klauselgestaltung, die angemessen und hinreichend **transparent** ist.[1] Soweit die Preisklauseln diese Voraussetzungen nicht berücksichtigen, können sie nach § 307 Abs. 1 BGB unwirksam sein, unabhängig davon, ob die Anpassung der Leasingraten (wirtschaftlich) dadurch gerechtfertigt wird, dass sich die „Geldmarktverhältnisse" – zwischen Abschluss des Leasingvertrages und Lieferung des Leasinggutes – verändert haben oder sich zwischen Abschluss des Leasingvertrages und Abschluss des Kaufvertrages der Preis des Leasinggutes geändert hat. Sinnvoll erscheint ferner, eine **Limitierung nach oben** vorzusehen, bei deren Überschreiten dem Kunden ein **Vertragsauflösungsrecht** eingeräumt wird. Sowohl im kaufmännischen als auch im nichtkaufmännischen Geschäftsverkehr sind Anpassungsklauseln als unwirksam anzusehen, wenn sie dazu führen, dass der Leasinggeber einen zusätzlichen Gewinn erzielt.[2]

13/99 V. Kündigung

|| Siehe hierzu die Klausel Nr. 9 in Rn 13/82.

Kündigungen werden bei Leasingverträgen meist durch den **Zahlungsverzug** des Leasingnehmers ausgelöst. Für die Frage, ob der Leasinggeber bei Zahlungsverzug des Leasingnehmers nur die **rückständigen** oder **sämtliche** – also auch die noch ausstehenden, aber noch nicht fälligen künftigen – **Leasingraten verlangen** kann, ist zu unterscheiden: Zulässig ist eine Regelung im Leasingvertrag, nach der der Leasinggeber anstelle einer Kündigung bei Zahlungsverzug des Leasingnehmers berechtigt ist, das Leasingobjekt zur Sicherheit an sich zu nehmen, wenn das Nutzungsrecht bei Ausgleich der Rückstände dem Leasingnehmer wieder einzuräumen ist.[3]

13/100 Eine Klausel im **Leasingvertrag**, die vorsieht, dass der Leasinggeber den Leasingvertrag **bei Zahlungsverzug** zwar **nicht kündigt**, aber den Leasinggegenstand bis zur Zahlung aller Leasingraten als Sicherheit in unmittelbaren Besitz nehmen und bei fortbestehendem Vertrag alle Leasingraten – rückständige wie zukünftige – fällig stellen darf, verstößt gegen § 307 BGB.[4]

Ferner ist eine Klausel nach § 307 BGB unwirksam, gemäß der der Leasinggeber nach Ausübung des **fristlosen Kündigungsrechtes** das **Leasinggut zurücknehmen** und alle – d. h. rückständige und zukünftige – **Leasingraten zur Zahlung fällig stellen** kann.[5] Eine derartige Klausel ist auch dann nicht wirksam, wenn dem Leasingnehmer vertraglich das Recht eingeräumt wird, nach Zahlung aller Leasingraten die Leasingsache wieder nutzen zu dürfen. Eine solche Kumulierung von Rechten des Leasinggebers im Falle des Zahlungsverzugs würde den Leasingnehmer in unangemessener Weise benachteiligen.[6]

13/101 Unzulässig sind grundsätzlich **Verfallklauseln**, die die Fälligkeit aller Leasingraten – rückständige wie zukünftige – ohne Weiteres nach sich ziehen sollen.[7]

13/102 Kündigt der Leasinggeber den Vertrag fristlos, so erwächst ihm ein **Schadensersatzanspruch wegen Nichterfüllung** des Vertrages gegen den Leasingnehmer. Dieser Schaden umfasst den Betrag, der sich bei der sofortigen Zahlung aller Leasingraten ergibt, jedoch abgezinst auf den Zeitpunkt der Vertragsbeendigung, weil der Leasinggeber nach den §§ 249, 251 BGB nur so zu stellen ist, wie er stünde, wenn die Vertragsverletzung nicht eingetreten, also der Vertrag fortgeführt worden wäre.[8] Der Leasinggeber hat somit einen Anspruch auf Ersatz der von ihm aufgewendeten Kosten ein-

---

[1] BGH ZIP 1989, 1196, m. Anm. *Matusche/Beckmann*; BGH WM 1986, 1059; BGH WM 1986, 73; BGH WM 1984, 309 und 312; BGH WM 1983, 680; BGH NJW 1982, 331; OLG Hamm WM 1986, 1362, m. Anm. *v. Westphalen* in WuB I J 2. – 2.87; OLG Frankfurt/M. NJW 1986, 1355; Im Einzelnen dazu *v. Westphalen* in v. Westphalen, Der Leasingvertrag, 7. Aufl. 2015, S. 392 ff. m. w. N.
[2] BGH ZIP 1989, 1196; BGH WM 1986, 1059; BGH WM 1982, 9; BGH WM 1980, 1120.
[3] BGH WM 1978, 406 = BB 1978, 523.
[4] OLG Düsseldorf WM 1988, 744, m. Anm. *v. Westphalen* in WuB I J 2. – 7.88; OLG Stuttgart BB 1978, 122; OLG Hamm BB 1981, 1795; *Quittnat*, BB 1979, 1530 (1533); a. A. OLG Frankfurt/M. ZIP 1983, 705.
[5] BGHZ 71, 196 = BGH WM 1978, 570; BGH WM 1981, 1378 (1380); BGH WM 1982, 666; BGH WM 1985, 860, m. Anm. *Stoppok* in WuB I J 2. – 9.85.
[6] BGH WM 1982, 7 (9); BGH WM 1981, 1378 (1380).
[7] BGH WM 1985, 860; BGH WM 1986, 673, m. Anm. *Emmerich* in WuB I J 2. – 7.86; BGH WM 1990, 2043, m. Anm. *Wiek* in WuB I J 2. – 3.91.
[8] BGH WM 1990, 2043, m. Anm. *Wiek* in WuB I J 2. – 3.91; BGH WM 1990, 1244 (1247 f.), m. Anm. *Wiek* in WuB I J 2. – 13.90; BGH WM 1982, 7 (9).

schließlich eines anteiligen kalkulierten Gewinns,[1] den er bis zum Zeitpunkt einer nach dem Vertrag zulässigen Kündigung hätte beanspruchen können. Abzuziehen sind als wesentlicher Teil der ersparten Vertragskosten vor allem die in den restlichen Leasingraten enthaltenen Kreditkosten im Wege der Abzinsung auf den Zeitpunkt der Vertragsbeendigung.[2] Hat der Leasinggeber auf Grund der vorzeitigen Beendigung des Leasingvertrages eine Vorfälligkeitsentschädigung an den Finanzierer (z. B. an das refinanzierende Kreditinstitut) zu zahlen, so ist der Leasingnehmer zur Erstattung verpflichtet.[3] Weiterhin kann der Leasinggeber einen Anspruch auf Zahlung von Verzugszinsen geltend machen.[4]

Es verstößt nicht gegen § 307 BGB, wenn der Leasinggeber sich für den Fall von **Zwangsvollstreckungsmaßnahmen** in das Vermögen des Leasingnehmers bzw. in das Leasinggut das Recht zur **fristlosen Kündigung** des Leasingvertrages vorbehält, sofern es sich nicht um Maßnahmen von völlig untergeordneter Bedeutung handelt.[5]   13/103

Zu den speziellen Vorgaben des Verbraucherdarlehensrechtes im Einzelnen siehe Rn 13/142.

VI. Andienungsrecht/Abschlusszahlung   13/104

Leasingverträge geben dem Leasinggeber zum Teil ein **Andienungsrecht** oder räumen ihm im Falle einer Kündigung durch den Leasingnehmer den Anspruch auf eine **Abschlusszahlung** ein.

In Falle eines **Andienungsrechtes** verpflichtet sich der Leasingnehmer, den Leasinggegenstand auf ein entsprechendes Angebot des Leasinggebers nach Ablauf der Grundleasing-/-mietzeit zu kaufen.[6] Dabei wird eine Regelung über den **Kaufpreis** bereits bei Abschluss des Leasingvertrages von den Parteien getroffen. Der Leasingnehmer hat demgegenüber keine Option auf den Kauf des Leasingobjektes (Kaufoption als quasi „Gegenstück" zum Andienungsrecht), die er ausüben könnte.

Die Rechtswirksamkeit einer solchen Vereinbarung wird vereinzelt unter Hinweis darauf bestritten, dass es sich bei dem Andienungsrecht des Leasinggebers um eine einseitige Verpflichtungserklärung des Leasingnehmers zum Kauf handele.[7] Diese sei durch die Willenserklärung des Leasinggebers, den Leasinggegenstand zu verkaufen, bedingt. Der Leasinggeber behalte sich damit eine unangemessen lange Frist für die Annahme oder Ablehnung des Angebotes vor, so dass eine solche Klausel gemäß § 308 Nr. 1 BGB unwirksam sei.

Nach richtiger Auffassung[8] basiert auch dieses **Teilamortisationsmodell** jedoch auf der **Vollamortisationspflicht** des Leasingnehmers. Teil der Kalkulation des Leasinggebers ist hierbei der zu erzielende Erlös aus der Verwertung des Leasingobjektes nach Ablauf der vereinbarten Leasingzeit. Diesen **Restwert** schuldet der Leasingnehmer neben den fällig werdenden Leasingraten der Grundleasing-/-mietzeit. Den „Restwert" garantiert der Leasingnehmer dem Leasinggeber dahingehend, dass er den von vornherein vereinbarten Kaufpreis auf die Andienung hin zu zahlen hat (§ 311 Abs. 1 BGB). Praktisch bedeutsam ist das, wenn die Leasingsache nach Ablauf des Leasingvertrages einen geringeren Marktwert als den kalkulierten Restwert hat. Lebensnah betrachtet, wird dann der Leasinggeber von seinem Andienungsrecht auch Gebrauch machen. Eine derartige erlasskonforme Ausgestaltung[9] beinhaltet eine vertraglich vereinbarte Ausgleichszahlung, die die für Finanzierungsleasingverträge spezifische Entgeltleistung des Leasingnehmers garantiert. Auf Entgeltregelungen sind die §§ 307 ff. BGB und damit auch § 308 Nr. 1 BGB aber nicht anzuwenden.

---

[1] BGH WM 1990, 2043, m. Anm. *Wiek* in WuB I J 2. – 3.91; BGHZ 95, 39 (52 ff.) = WM 1985, 860, m. Anm. *Stoppok* in WuB I J 2. – 9.85; BGH WM 1986, 673, m. Anm. *Emmerich* in WuB I J 2. – 7.86.
[2] BGH WM 1985, 860; BGH WM 1986, 480; BGH WM 1986, 673, m. Anm. *Emmerich* in WuB I J 2. – 7.86.
[3] BGH WM 1990, 1244, m. Anm. *Wiek* in WuB I J 2. – 13.90; vgl. auch BGHZ 94, 195 (215) = WM 1985, 628, m. Anm. *Konzen* in WuB I J 2. – 6.85; AG Mannheim NJW 2004, 374.
[4] BGH ZIP 1982, 71 (74); siehe auch BGH WM 1991, 1983, m. Anm. *Bruchner* in WuB I E 2b. – 1.92; BGH WM 1992, 1355 (1359); beim Verbraucherleasing siehe §§ 506, 497, 288 Abs. 1 BGB – Verzugszins in Höhe von Basiszins + 5 Prozentpunkte.
[5] BGH WM 1984, 163 (164); BGH WM 1984, 1217 (1219).
[6] BGH ZIP 1984, 187.
[7] *Kurstedt*, DB 1981, 2525 (2529 f.).
[8] *v. Westphalen* in v. Westphalen, Der Leasingvertrag, 7. Aufl. 2015, S. 29 ff. u. a. mit Hinweis auf die gesetzliche Regel des § 506 Abs. 2 Satz 1 Nr. 2 BGB; *v. Westphalen*, DB 1982, Beilage Nr. 6, S. 9 ff.; vgl. auch BGHZ 71, 196 (202); BGHZ 94, 195 (203); BGH WM 1987, 627.
[9] Dazu siehe Rn 13/332 ff.

13/105 Beim **Teilamortisationsvertrag mit Abschlusszahlung** ist der Leasingnehmer nach Ablauf einer Grundleasing-/-mietzeit zur Kündigung berechtigt. Macht er von diesem Recht Gebrauch, so ist er zu einer Abschlusszahlung an den Leasinggeber verpflichtet. Die Höhe dieser Zahlung bemisst sich in der Regel nach der Dauer der bisherigen Leasingzeit (ggfs. in Abhängigkeit von dem Anschaffungswert des Leasinggutes).

Der BGH hat derartige Vertragsgestaltungen mit **abstrakten Berechnungsformeln** in der Regel wegen unangemessener Benachteiligung des Leasingnehmers für unwirksam erklärt.[1] Die Benachteiligung lag in diesen Fällen zum einen in der einseitig durch Allgemeine Geschäftsbedingungen eingeführten Erschwerung des Kündigungsrechts, weil der Leasingnehmer entgegen der im Mietrecht üblichen Ausgestaltung einer Kündigungsbefugnis trotz Vertragsbeendigung noch erhebliche Leistungen aufbringen musste, die den Leasingnehmer stärker belasten als eine konkrete Berechnung des Erfüllungsinteresses. Zum anderen waren die Regelungen nicht hinreichend durchschaubar (**Transparenzgebot** – siehe § 307 Abs. 1 Satz 2 BGB), denn der Leasingnehmer konnte nicht eindeutig ersehen, welche Ausfälle und Nachteile bzw. durch die Kündigung entstehende Vorteile in die Berechnung der Abschlusszahlung einbezogen worden waren.

Trotz der Unwirksamkeit der den Entscheidungen zugrundeliegenden Klauseln ist das Interesse des Leasinggebers bei kündbaren Leasingverträgen aber nicht mit den Zahlungen für die Grundleasing-/-mietzeit erledigt, sondern der Leasinggeber ist nach Auffassung des BGH[2] für die kalkulatorische Laufzeit des Leasingvertrages schutzwürdig. Dem Leasinggeber entsteht insofern ein leasingtypischer **Ausgleichsanspruch**, der sich am Erfüllungsinteresse einschließlich des kalkulierten Gewinns orientiert. Infolge der Unwirksamkeit der Vertragsklauseln ist der jeweilige Leasinggeber dann verpflichtet, eine **konkrete Berechnung** des geltend gemachten Erfüllungsanspruchs zu erstellen. Ausgangspunkt ist hierbei sein Vollamortisationsanspruch. Der Leasinggeber hat – bezogen auf den Zeitpunkt der Kündigung – eine klare Differenzierung zwischen den bis zu diesem Zeitpunkt entstandenen Aufwendungen und den nach diesem Zeitpunkt ersparten Aufwendungen vorzunehmen. Im Zweifelsfall ist der Leasinggeber dabei verpflichtet, seine Kalkulationen gegenüber dem Leasingnehmer offenzulegen.[3] Eine Vorfälligkeitsentschädigung, die aus seiner eigenen Finanzierung entsteht, darf er in die Kalkulation einfließen lassen.[4]

13/106 Sollte der **Leasingvertrag auf unbestimmte Zeit** geschlossen sein, endet er erst mit der Kündigung und nicht automatisch mit der Vollamortisation.[5] Die Festlegung der Kündigungsnotwendigkeit schränkt auch bei einer verlängerten Kündigungsfrist von sechs Monaten keine wesentlichen Rechte des Leasingnehmers ein.[6]

---

[1] BGH WM 1981, 1378; BGH WM 1982, 666; BGH WM 1985, 860; BGH WM 1986, 458, m. Anm. *Emmerich* in WuB I J 2. – 8.86; BGH WM 1986, 673, m. Anm. *Emmerich* in WuB I J 2. – 7.86, BGH WM 1990, 2043, m. Anm. *Wiek* in WuB I J 2. – 3.91.
[2] BGH WM 2002, 1765 (1767 f.); BGH WM 1982, 666; BGH WM 1985, 860; BGH WM 1986, 673; BGH WM 1990, 1244; BGH WM 1990, 2043.
[3] BGH WM 1986, 673, m. Anm. *Emmerich* in WuB I J 2. – 7.86.
[4] BGH WM 1990, 1244, m. Anm. *Wiek* in WuB I J 2. – 13.90.
[5] BGH WM 1989, 1694, m. Anm. *Weidenbach* in WuB I J 2. – 5.90 = NJW 1990, 247.
[6] BGH WM 1990, 23, m. Anm. *Gölz* in WuB I J 2. – 2.90.

E. Finanzierungsleasing und das Verbraucherdarlehensrecht

Besondere Anforderungen stellt das **Verbraucherdarlehensrecht** (§§ 491 ff. BGB) an das **Leasinggeschäft** und damit an die Leasinggeber/Leasingunternehmen sowie an deren Refinanzierer. Unabhängig davon, ob die Refinanzierung im Wege des regresslosen Forderungsankaufs oder durch Herauslegung von Darlehen gegen die Hereinnahme von Sicherheiten aus dem Leasinggeschäft erfolgt, wobei das Augenmerk insofern auf der Abtretung der Leasingforderungen und Übertragung/Übereignung der Leasinggüter liegt, bestimmt sich die Rechtsposition des Refinanzierenden im Wesentlichen nach der „Qualität" der Vertragsbeziehungen zwischen dem Leasinggeber und dem Leasingnehmer. Bei Nichtbeachtung der Vorgaben des Verbraucherdarlehensrechtes seitens des Leasinggebers kann das je nach Fehler bis hin zur Unwirksamkeit/Wegfall des Leasingvertrages führen, mit der Folge, dass weder dem Leasinggeber noch seinem Refinanzierer die erwarteten Rechte und Ansprüche aus dem Leasingvertrag zustehen.

Die **EU-Verbraucherkreditrichtlinien** 2008[1] und 2011[2] sind mit dem am 11.6.2010 in Kraft getretenen „Gesetz zur Umsetzung der Verbraucherkreditrichtlinie, des zivilrechtlichen Teils der Zahlungsdiensterichtlinie sowie zur Neuordnung der Vorschriften über das Widerrufs- und Rückgaberecht",[3] durch das am 30.7.2010 in Kraft getretene „Gesetz zur Einführung einer Musterwiderrufsinformation für Verbraucherdarlehensverträge, zur Änderung der Vorschriften über das Widerrufsrecht bei Verbraucherdarlehensverträgen und zur Änderung des Darlehensvermittlerrechts"[4] sowie durch das am 13.6.2014 in Kraft getretende „Gesetz zur Umsetzung der Verbraucherrechterichtlinie und zur Änderung des Gesetzes zur Regelung der Wohnungsvermittlung"[5] in das deutsche Recht transformiert worden. Von den dadurch herbeigeführten Änderungen im Verbraucherdarlehensrecht ist auch das Verbraucher-Leasinggeschäft betroffen.

Im Folgenden geht es zunächst darum, auf welche Leasingverträge/-geschäfte die Verbraucherdarlehensregelungen Anwendung finden. Sodann wird auf die verbraucherdarlehensspezifischen Besonderheiten für derartige Leasingverträge/-geschäfte eingegangen.

I. Anwendbarkeit des Verbraucherdarlehensrechtes auf Leasingverträge/-geschäfte

1. Finanzierungsleasing – Operatingleasing

Die **Verbrauchereigenschaften** sind in § 13 BGB in Abgrenzung zum **Unternehmerbegriff** gemäß § 14 BGB legaldefiniert. **Verbraucher** ist demnach jede natürliche Person, die ein Rechtsgeschäft zu Zwecken abschließt, die überwiegend weder ihrer gewerblichen noch ihrer selbstständigen beruflichen Tätigkeit zugerechnet werden können.[6] Wie jetzt auch der Gesetzeswortlaut widerspiegelt, ist bei ‚● ACHTUNG AN AB FUEHRUNGEN NICHT PAARIG ●Mischnutzungen', wie die Nutzung eines PKW sowohl zu privaten als auch zu selbstständigen beruflichen Zwecken, ausschlaggebend, welche Nutzung überwiegt (ex ante-Beurteilung).[7]

Hinsichtlich der Berechnung der Wertgrenze bei **Existenzgründern**, die nunmehr bei 75.000,– Euro liegt (§ 512 BGB – vormals waren das 50.000,– Euro nach § 507 BGB aF) ist zum einen umstritten, ob und wenn ja unter welchen Voraussetzungen mehrere mit dem Verbraucher geschlossene Verträge zusammenzurechnen sind sowie zum anderen, worin der Anschaffungs- bzw. Barzahlungspreis im Sinne von § 506 Abs. 4 Satz 2 BGB zu sehen ist. Eine Meinung, die u. a. das OLG Brandenburg vertritt, betrachtet jeden Leasingvertrag gesondert (keine wirtschaftliche Gesamtbetrachtung bei mehre-

---

[1] ABl. EU Nr. L 133, S. 66 ff.
[2] ABl. EU Nr. L 304, S. 64 ff.
[3] BGBl 2009 I, S. 2355 ff.
[4] BGBl. 2010 I, S. 977 ff.; dazu z. B. *Peters*, WM 2011, 865 ff.
[5] BGBl. 2013 I. S. 3642 ff.
[6] Täuscht der Verbraucher seinem Vertragspartner einen gewerblichen Zweck des Geschäftes vor, kann er sich nicht im Nachhinein auf Verbraucherschutzvorschriften berufen: BGH WM 2005, 1612 ff.
[7] Palandt/*Ellenberger*, BGB, 74. Aufl. 2015, § 13 Rn 4; OLG Celle NJW-RR 2004, 1645; OLG Naumburg WM 1998, 2158, m. Anm. *Drescher* in WuB I J 2. – 4.98; zum Anwendungsbereich des Verbraucherdarlehensrechtes im Einzelnen mit den Abgrenzungsproblemen, wie z. B. bei BGB-Gesellschaften (hierzu z. B. auch *Peters*, BankPraktiker 2011, 344 ff. m. w. N.), Existenzgründungen, etc. siehe Rn 3/379 ff. und vertiefend dazu *Münscher* in Bankrechts-Handbuch, 4. Aufl. 2011, § 81 Rn 6 ff.; *Jungmann* in Bankrechts-Handbuch, 4. Aufl. 2011, § 81a Rn 152 ff.

ren Leasingverträgen) und hält den Aufwand des Leasinggebers zur Anschaffung des Leasinggutes für maßgeblich.[1] Auf die diesbezügliche Entscheidung des OLG Brandenburg vom 31.8.2005, Az. 3 U 17/05[2] wird in der Gesetzesbegründung Bezug genommen und der anzugebende Anschaffungspreis mit dem dem Verbraucher zufließenden Liquiditätsvorteil, der spiegelbildlich alle freiwilligen Vermögensausgaben des Leasinggebers zum Erwerb des Leasingobjektes einschl. Umsatzsteuer umfasst, erläutert. Danach bleiben einkalkulierte Gewinnmargen des Leasinggebers außer Betracht.[3] Nach anderer Ansicht sind mehrere gleichzeitig oder im unmittelbaren zeitlichen Zusammenhang mit demselben Vertragspartner geschlossene, bei wirtschaftlicher Betrachtungsweise eine Einheit bildende Verträge zusammenzurechnen.[4] Ferner wird vertreten, dass bei einem vorsteuerabzugeberechtigten Leasingnehmer die Umsatzsteuer bei der Ermittlung des Anschaffungs- bzw. Barzahlungspreises nicht zu berücksichtigen ist.[5]

Will man diesbezügliche Risiken vermeiden, kann bis zu einer höchstrichterlichen Klärung insofern nur empfohlen werden, jeden Leasingvertrag einzeln zu betrachten und bei der Ermittlung des Anschaffungs-/Barzahlungspreises die Umsatzsteuer mit zu berücksichtigen.

13/109 Der für das Leasinggeschäft insbesondere interessierende **Anwendungsbereich** der **Verbraucherdarlehensregelungen** ist im § 506 BGB neu definiert worden.[6] Entgegen der vorherigen gesetzlichen Regelung (§§ 499 Abs. 2, 500 BGB a. F.)[7] sind **Finanzierungsleasingverträge** nicht mehr ausdrücklich im Gesetz genannt.[8]

§ 506 BGB befasst sich mit dem entgeltlichen Zahlungsaufschub und sonstigen entgeltlichen Finanzierungshilfen. Letztere werden genauer im ersten Satz des 2. Absatzes des § 506 BGB definiert. Die darin genannten Kriterien, wonach eine **entgeltliche Finanzierungshilfe** vorliegt, wenn
- der Verbraucher zum Erwerb des Gegenstandes verpflichtet ist
- der Unternehmer vom Verbraucher den Erwerb des Gegenstandes verlangen kann, oder
- der Verbraucher bei Beendigung des Vertrags für einen bestimmten Wert des Gegenstandes einzustehen hat

sollen insbesondere dazu dienen, Finanzierungsleasingverträge, auf die das Verbraucherdarlehensrecht Anwendung finden soll, von bloßen Gebrauchsüberlassungsverträgen, insbesondere Mietverträgen, die nicht hierunter fallen, abzugrenzen.[9]

Auf den ersten Blick scheint das auch handhabbar, denn die genannten Kriterien umschreiben typische Finanzierungsleasing-Gestaltungen, bei denen der Leasingnehmer zum Erwerb des Leasingobjektes verpflichtet ist, dem Leasinggeber ein Andienungsrecht zusteht oder der Leasingnehmer hinsichtlich des Wertes des Leasingobjektes einen (Mindest-)Restwert garantiert. Auf den zweiten Blick zeigt sich, dass diese gesetzliche Definition gerade für die vielfältigen Möglichkeiten der Gestaltung von Finanzierungsleasingverträgen allerdings Fragen aufwirft.

13/110 Durch die bisherigen Regelungen, die **Finanzierungsleasingverträge** ausdrücklich nannten (§§ 499 Abs. 2, 500 BGB a. F.),[10] war ein „Gleichlauf" zwischen der Rechtsprechung des BGH zu Finanzie-

---

[1] OLG Brandenburg NJW 2006, 159 f.; siehe auch OLG Brandenburg WM 1999, 2208 (2212); *Woitkewitsch* in v. Westphalen, Der Leasingvertrag, 7. Aufl. 2015, S. 749; Staudinger/*Kessal-Wulf*, BGB, Neubearbeitung 2012, § 512 Rn 4.
[2] OLG Brandenburg NJW 2006, 159.
[3] BT-Drucks. 16/11643, S. 93; siehe auch Palandt/*Weidenkaff*, BGB, 74. Aufl. 2015, § 506 Rn 8.
[4] *Schürnbrand* in Münchener Kommentar z. BGB, 6. Aufl. 2012, § 512 Rn 7 und 8; *Jungmann* in Bankrechts-Handbuch, 4. Aufl. 2011, § 81a Rn 153; *Bülow/Artz*, Verbraucherkreditrecht, 8. Aufl. 2014, § 512 Rn 15.
[5] So z. B. *Woitkewitsch* in v. Westphalen, Der Leasingvertrag, 7. Aufl. 2015, S. 749; in diesem Sinne wohl auch *Bülow/Artz*, Verbraucherkreditrecht, 8. Aufl. 2014, § 512 Rn 16 f., m. w. N.
[6] Dazu z. B. *Peters* WM 2011, 865 ff.; *Bülow* WM 2014, 1413 f.; *Omlur* NJW 2010, 2694 ff.; *Skusa* NJW 2011, 2993 ff.
[7] Im Einzelnen dazu z. B. *Münscher* in Lwowski/Peters/Münscher, Verbraucherdarlehensrecht, 3. Aufl. 2008, Rn 48 ff.; *Peters*, WM 2006, 1183 ff., jeweils m. w. N.
[8] Damit hat man sich teilweise in die Zeit der Geltung des Verbraucherkreditgesetzes „zurückbegeben". Damals wurden Finanzierungsleasingverträge im Anwendungsbereich, der sich auf „sonstige Finanzierungshilfen" bezog (§ 1 Abs. 2 VerbrKrG a. F.), ebenfalls nicht aufgeführt (dazu auch noch nachfolgend im Zusammenhang mit den sog. Kfz-Kilometerabrechnungsverträgen). Allerdings regelte § 3 Abs. 2 Nr. 1 VerbrKrG a. F., welche Vorschriften für Finanzierungsleasingverträge nicht gelten. Diese etwas „verunglückte" Gesetzessystematik zog entsprechende Diskussionen nach sich und führte zur Klarstellung gemäß den §§ 499 Abs. 2, 500 BGB a. F.
[9] BT-Drucks. 16/11643, S. 92; Palandt/*Weidenkaff*, BGB, 74. Aufl. 2015, § 506 Rn 5.
[10] Anders noch die vorherige Regelung im Verbraucherkreditgesetz, die unter § 1 Abs. 2 VerbrKrG a. F. Finanzierungsleasingverträge nicht ausdrücklich nannte, sondern von „sonstige Finanzierungshilfe" sprach. Einigkeit bestand schon damals, dass Finanzierungsleasingverträge als „sonstige Finanzierungshilfe" dem Verbraucherkreditgesetz unterfallen, wie auch die Ausnahmeregelung damals unter § 3 Abs. 2 Nr. 1 VerbrKrG a. F. zeigte – dazu z. B. *Peters* in Lwowski/Peters/Münscher, Verbraucherdarlehensrecht, 3. Aufl. 2008, Rn 48 ff.

rungsleasingverträgen und dem Anwendungsbereich der Verbraucherdarlehensvorschriften dokumentiert worden. Nach der Rechtsprechung des BGH sind Finanzierungsleasingverträge durch die vom Leasingnehmer zu erbringenden Leistungen für die volle Amortisation des vom Leasinggeber eingesetzten Kapitals unter gleichzeitiger Abdeckung eines Risiko- und Gewinnzuschlages gekennzeichnet. Dementsprechend ordnet der BGH sowohl die so genannten **Vollamortisationsverträge**, bei denen bereits die Zahlung der Leasingraten zur (Voll-)Amortisation führt, als auch die so genannten **Teilamortisationsverträge**, bei denen die beabsichtigte „Vollamortisation" nur zum Teil durch die Leasingratenzahlungen erreicht wird, als Finanzierungsleasingverträge ein. Bei den letztgenannten Teilamortisationsverträgen kommt auf dem Hintergrund des „Vollamortisationsprinzips" hinzu, dass der Leasingnehmer regelmäßig das sog. Restwertrisiko zu tragen hat.[1]

Das entspricht auch dem Verständnis des Gesetzgebers zum damaligen Verbraucherkreditgesetz. In den diesbezüglichen Gesetzesmaterialien wurde Finanzierungsleasing wie folgt umschrieben

> „... alle Leasingverträge, bei denen der Leasingnehmer für die Amortisation der vom Leasinggeber für die Anschaffung der Leasingsache gemachten Aufwendungen und Kosten einzustehen hat".[2]

Anders verhält es sich beim so genannten **Operating-Leasing**:[3] Die vom Leasingnehmer gemäß dem Operating-Leasingvertrag zu erbringenden Leistungen werden dann nicht mit Blick auf eine Vollamortisation des Leasinggebers kalkuliert. Vielmehr ist es in dem Fall Sache und Risiko des Leasinggebers, eine Weiterverwertung des Leasinggutes nach Beendigung des Operating-Leasingvertrages in eigener Regie durchzuführen, indem er es z. B. durch Abschluss von weiteren (Anschluss-) Leasingverträgen vermarktet oder das Leasingobjekt sodann verkauft. Miete und Operating-Leasing unterscheiden sich insofern nicht.[4]

13/111

In der jetzigen gesetzlichen Definition des 1. Satzes des 2. Absatzes von § 506 BGB taucht der Begriff „Finanzierungsleasing" nicht auf. Von daher stellt sich die Frage, ob die dort gesetzlich definierten Kriterien sämtliche Spielarten des Finanzierungsleasings erfassen oder nicht.

13/112

Nach dem Gesetzeswortlaut unterfallen die Finanzierungsleasingverträge als „entgeltliche Finanzierungshilfe" dem § 506 Abs. 2 Satz 1 BGB, bei denen der Verbraucher zum Erwerb des Gegenstandes verpflichtet ist bzw. der Unternehmer vom Verbraucher den Erwerb des Gegenstandes verlangen kann[5] oder der Verbraucher bei Beendigung des Vertrags für einen bestimmten Wert des Gegenstandes einzustehen hat.

Spiegelbildlich würden demnach Finanzierungsleasingverträge, deren Vollamortisation weder über ein Andienungsrecht des Leasinggebers bzw. eine Pflicht des Leasingnehmers zum Erwerb des Leasingobjektes noch über eine Einstandspflicht des Leasingnehmers für einen bestimmten Wert des Leasingobjektes herbeigeführt wird, nicht als dem entsprechende „entgeltliche Finanzierungshilfe" gelten. Da Vertragskonstellationen mit einer Erwerbspflicht des Verbrauchers im Sinne von § 506 Abs. 2 Satz 1 Nr. 1 und 2 BGB nicht bereits all die üblichen Finanzierungsleasinggestaltungen abdecken, ist maßgeblich, inwieweit § 506 Abs. 2 Satz 1 Nr. 3 BGB dies leistet.

Hierzu vermittelt die **Gesetzesbegründung** ein etwas **widersprüchliches Bild**:

Zum einen wird darin der Erwartung Ausdruck verliehen, dass

> „Finanzierungsleasingverträge in aller Regel unter § 506 Abs. 2 BGB fallen werden".[6]

Zum anderen sind die Erläuterungen zur gesetzlichen Regelung des § 506 Abs. 2 BGB eher nicht geeignet, diese Erwartung des Gesetzgebers entsprechend umzusetzen. Zu dem Wortlaut des § 506 Abs. 2 Satz 1 Nr. 3 BGB, der sich auf die Einstandspflicht des Verbrauchers für einen bestimmten Wert des (Leasing-) Gegenstandes bezieht, wird in der Gesetzesbegründung ausgeführt, dass

---

[1] BGH NJW 1986, 1746; BGH WM 1985, 860 (863); BGH WM 1979, 1040 (1042); BGHZ 95, 39 (52 ff.).
[2] BT-Drucks. 11/8274, S. 21.
[3] Dazu siehe Rn 13/72.
[4] Ott in Bruchner/Ott/Wagner-Wieduwilt, Verbraucherkreditgesetz, 2. Aufl. 1994, § 1 Rn 126 f. m. w. N.
[5] Gemäß der Gesetzesbegründung (BT-Drucks. 16/11643, S. 92) ist insbesondere davon das Andienungsrecht betroffen, aber auch der Fall, dass der Unternehmer während der Vertragslaufzeit vom Vertrag zurücktreten kann und dadurch eine vertragliche Kaufverpflichtung des Verbrauchers auslöst (unter Hinweis auf OLG Hamm, Urteil vom 3.8.2007, 12 U 158/06 = WM 2007, 2012).
[6] BT-Drucks. 16/11643, S. 93.

„ein bestimmter Wert ein solcher ist, der im Vertrag als feste Zahl vereinbart ist"

und

„es sachgerecht ist, die verbraucherschützenden Vorschriften auf solche Nutzungsverträge anzuwenden, bei deren Ende der Verbraucher einen im Vertrag festgesetzten Restwert garantiert".[1]

Insofern sind sowohl nach dem Gesetzeswortlaut als auch nach der Gesetzesbegründung Vertragsvarianten problematisch, bei denen im Leasingvertrag kein Restwert explizit ausgewiesen wird, für den der Leasingnehmer am Vertragsende dann einzustehen hat.

Es stellt sich die Frage, wie zum einen Vertragsklauseln, die keinen festen Wert ausweisen, für den der Verbraucher bei Beendigung des Vertrages einzustehen hat, sondern lediglich eine diesbezügliche Berechnungsformel enthalten und zum anderen darüber hinaus, wie unzureichende/unwirksame Vertragsklauseln in diesem Kontext einzuordnen sind.

Ist z. B. vorgesehen, dass bei vorzeitiger Beendigung des Leasingvertrages durch den Leasinggeber (insbesondere bei Kündigung wegen Zahlungsverzuges des Leasingnehmers) die Vollamortisation ggfs. über eine (Schadensersatz-) Zahlung des Leasingnehmers herbeigeführt werden soll, ist diese so zu kalkulieren, dass dadurch die nicht über die bisher gezahlten Leasingraten gedeckten Gesamtkosten des Leasinggebers (zuzüglich „Unternehmergewinn") – ohne den Gewinnanteil für die Zeit nach der vorzeitigen Beendigung – beglichen werden. Dabei sind von dem Bruttobetrag der restlichen Leasingraten als wesentlicher Teil der ersparten Vertragskosten vor allem die im Wege der Abzinsung auf den Zeitpunkt der Vertragsbeendigung zu ermittelnden, in den restlichen Raten enthaltenen Kreditkosten abzusetzen.

Ist eine Vertragsklausel, die Derartiges regelt, z. B. wegen fehlender Transparenz unwirksam,[2] so ist es gleichwohl dem Finanzierungsleasingvertrag immanent, dass der Leasinggeber gegen den Leasingnehmer einen dann konkret zu berechnenden Anspruch auf Ausgleich des nicht getilgten Teils der Gesamtkosten etc. (Stichwort: Vollamortisationsprinzip – s. o.) hat.[3]

Solche Konstellationen beinhalten mithin
– kein Andienungsrecht des Leasinggebers
– keine Erwerbspflicht des Leasingnehmers
– keine Einstandspflicht des Leasingnehmers für einen im Leasingvertrag geregelten festen Wert des Leasingobjektes
– und möglicherweise auch keine rechtswirksame Einstandspflicht für den gemäß einer Vertragsklausel zu errechnenden (Rest-) Wert.

Es geht vielmehr um die dem Finanzierungsleasing immanente, hinter dem jeweiligen Vertrag liegende kalkulatorische Vollamortisation des Leasinggebers, die im Wege z. B. der (Schadensersatz-) Zahlung für den Fall der vorzeitigen Vertragsbeendigung durch den Leasinggeber (s. o.) herbeigeführt werden soll.

Unzweifelhaft handelt es sich hier zwar um Finanzierungsleasing, was den §§ 499 Abs. 2, 500 BGB a. F. unterfallen wäre.

Gemäß dem Gesetzeswortlaut und den dazugehörigen Erläuterungen des Gesetzgebers dürften derartige Vertragsgestaltungen aber nicht unter § 506 Absatz 2 Satz 1 BGB fallen.[4]

Unterstellt man andererseits, dass der Gesetzgeber Finanzierungsleasingverträge, weit gehend – und ähnlich wie bisher – den Verbraucherdarlehensvorschriften unterwerfen wollte, wie zum Teil auch aus den Gesetzesmaterialien herauszulesen ist (s. o.) und nur die gesetzliche Umsetzung etwas „verunglückt" ist, erscheint nicht ausgeschlossen, dass die in § 506 Abs. 2 Satz 1 Nr. 3 BGB geregelte Einstandspflicht für einen bestimmten Wert des Leasingobjektes als im Sinne des vom Leasingnehmer zu tragenden „Restwertrisikos" unter dem Blickwinkel der Vollamortisation verstanden werden könnte.

---

[1] BT-Drucks. 16/11643, S. 92.
[2] Das ist ausweislich der einschlägigen Rechtsprechung bisher nicht selten der Fall ist (siehe z. B. die Nachweise in der nachstehenden Fußnote).
[3] BGH WM 2002, 1765 (1767 f.); BGH WM 1990, 1244, m. Anm. *Wiek* in WuB I J 2. – 13.90; BGH WM 1986, 673, m. Anm. *Emmerich* in WuB I J 2. – 7.86; BGH WM 1985, 860, m. Anm. *Stoppok* in WuB I J 2. – 9.85.
[4] Nach *Bülow*, WM 2014, 1413 f. sei § 506 Abs. 2 BGB keine abschließende Regelung, so dass anderweitige Finanzierungsleasingverträge, die nicht unter § 506 Abs. 2 BGB fallen, gleichwohl unter § 506 Abs. 1 BGB subsumiert werden könnten.

Besonders verhält es sich zudem mit den sog. **Kfz-Kilometerabrechnungsverträgen**.[1] Der Kfz-Kilometerabrechnungsvertrag weicht insoweit von den „üblichen" Voll- oder Teilamortisationsverträgen ab, als nicht der Leasingnehmer, sondern im Grundsatz der Leasinggeber das Restwertrisiko trägt. Im Leasingvertrag wird für die Vertragsdauer eine Kilometergesamtfahrleistung vereinbart, die u. a. die Basis für die Bemessung der Leasingrate darstellt, allerdings ohne kalkulatorisch eine Vollamortisation herbeizuführen. Bei Beendigung des Vertrages erfolgt für Mehr- oder Minderkilometer eine Ausgleichszahlung, die allerdings nicht eine „Restwertzahlung" zwecks Herbeiführung der Vollamortisation darstellt.[2] Da der Leasingnehmer mithin nicht für die vollständige Vollamortisation einzustehen hat, die der Leasinggeber bei seiner Investition im Blick hat, bedarf es insoweit der Einschätzung des Gebrauchtwagenmarktes bezogen auf den Zeitpunkt der anstehenden Verwertung des Leasingfahrzeugs. In dieser Hinsicht finden sich regelmäßig Absicherungen des Leasinggebers, z. B. durch Rückkaufvereinbarungen mit den Fahrzeughändlern/Herstellern.[3] Der BGH hat entgegen mehreren Literaturstimmen[4] die Kfz-Leasingverträge mit Kilometerabrechnung als Finanzierungsleasingverträge eingeordnet und nach damaliger Rechtslage dem Verbraucherdarlehensrecht unterstellt. Er begründet dies insbesondere damit, dass in der Regel keine Amortisationslücke bei Kilometerabrechnungsverträgen zu erwarten ist.[5] Diese Verträge werden so ausgestaltet, dass dem Leasinggeber lediglich das Risiko der Marktgängigkeit des Fahrzeugs bei Vertragsablauf und der richtigen internen Kalkulation des Restwertes verbleibt (für den ordnungsgemäßen Zustand des Fahrzeuges bei Rückgabe haftet der Leasingnehmer ja wiederum). Entscheidend ist, dass der Aufwand und die Kosten des Leasinggebers ganz überwiegend oder zumindest ein so wesentlicher Teil hiervon durch die Zahlungen des Leasingnehmers amortisiert werden und insoweit keine „Amortisierungslücke" für den Leasinggeber entstehen dürfte; durch die Ausgleichspflicht für gefahrene Mehrkilometer und umfangreiche Halterpflichten wird das Risiko des Leasinggebers minimiert.

Diese Rechtsprechung bezog sich, wie gesagt, auf die Rechtslage des damaligen Verbraucherkreditgesetzes, in dem der Anwendungsbereich insoweit noch mit „sonstige Finanzierungshilfen" (§ 1 Abs. 2 VerbrKrG a. F.) umschrieben war; also insoweit weit gehend identisch mit der jetzigen Formulierung in § 506 Abs. 1 und 2 BGB. Ob bereits daraus auf einen „Gleichlauf" geschlossen werden kann und von der nahtlosen Fortführung dieser BGH-Rechtsprechung zum damaligen Verbraucherkreditgesetz auszugehen ist, erscheint zweifelhaft. Denn der Unterschied zwischen damaliger und heutiger Gesetzeslage liegt darin, dass nunmehr in § 506 Abs. 2 Satz 1 BGB die Kriterien gesetzlich definiert werden, die eine solche „ entgeltliche Finanzierungshilfe" ausmachen (s. o.). Diese gesetzlichen Kriterien erfüllt der Kfz-Kilometerabrechnungsvertrag nicht. Er weist auch nicht das Merkmal des typischen Finanzierungsleasingvertrages auf, dass der Leasingnehmer für die Vollamortisation, insbesondere durch Übernahme des Restwertrisikos, einzustehen hat.

Von daher ist die Rechtsprechung insbesondere zu den Fallgestaltungen
- in denen der Leasingnehmer zwar für die Vollamortisation einzustehen hat, jedoch ohne dass ein Andienungsrecht des Leasinggebers, eine Erwerbspflicht des Leasingnehmers oder die Einstandspflicht des Leasingnehmers für einen im Leasingvertrag festgeschriebenen Wert des Leasingobjektes in Rede steht

sowie
- in denen der Leasingnehmer (noch) nicht (einmal) für die Vollamortisation des Leasinggebers aufzukommen hat, wie bei den Kfz-Kilometerabrechnungsverträgen

im Lichte dieser neuen gesetzlichen Regelung von Interesse.

---

[1] Zu Kfz-Leasingverträgen siehe unter Rn 13/210 ff.
[2] Vgl. Rn 13/216 und 232.
[3] Zur Wirksamkeit der in einem Rahmenvertrag enthaltenen Rückkaufverpflichtung: BGH WM 2014, 1731 ff. m. Anm. *Merkelbach* in WuB 2015, 167 ff.; dabei ist der Aspekt der tatsächlichen Besitzverschaffung durch den Wiederverkäufer nicht zu unterschätzen, denn die formularmäßige Abtretung des Herausgabeanspruches gegen den Besitzer als Übergabeersatz wurde von der Rechtsprechung als Verstoß gegen § 9 Abs. 2 Nr. 1 AGBG a. F. (jetzt: § 307 BGB) gewertet: BGH WM 2003, 1092 ff.; OLG Rostock NJW 2006, 304 f. - dagegen: *Schulze-Schröder*, NJW 2003, 3031 ff.
[4] Vgl. *Martinek/Oechsler*, ZIP 1993, 81 ff.; *Seifert*, FLF 1991, 54 f.; *Assies*, WiB 1995, 497 (500); *Slama*, WM 1991, 569 (570), jeweils m. w. N.
[5] BGH WM 1998, 928, m. Anm. *Jendrek* in WuB I E 2. § 1 VerbrKrG 3.98; BGH WM 1996, 1146, m. kritischer Anm. *Oechsler* in WuB I E 2. § 3 VerbrKrG 1.96.

So sieht das OLG Düsseldorf[1] im Gegensatz zum LG Bielefeld[2] die Kfz-Kilometerabrechnungsverträge als entgeltliche Finanzierungshilfe gemäß § 506 Abs. 2 Satz 1 Nr. 3 BGB an. Das OLG stellt dabei vornehmlich auf folgende Aspekte ab:
- Zwar sei der Gesetzesbegründung zu entnehmen, dass der Gesetzgeber bewusst nur solche Leasingverträge erfassen wollte, die die genannten Kriterien erfüllen, aber es sei nicht ersichtlich, dass er die Kfz-Kilometerabrechnungsverträge mit Absicht dem Schutzbereich des Verbraucherkreditrechtes entziehen wollte.
- Es bestehen keine Anhaltspunkte dafür, dass mit der Umsetzung der EU-Verbraucherkreditrichtlinie eine Einschränkung des bisherigen Verbraucherschutzstandards gewollt war.
- Da bei dieser Vertragsgestaltung der Leasinggeber auch ohne erneutes Verleasen i. d. R. seine Vollamortisation erhalte, handele es sich um einen Finanzierungsvertrag, so dass der Leasingnehmer in gleicher Weise schutzwürdig sei wie bei einer Vertragsgestaltung mit kalkuliertem und bezifferten Restwert, die § 506 Abs. 2 Satz 1 Nr. 3 BGB unterfalle.

Hiergegen könnte angeführt werden, dass
- der deutsche Gesetzgeber „bewusst" eine neue Nomenklatur für die Einordnung der Leasingverträge im Rahmen des Verbraucherdarlehensrechtes geschaffen hat und das „ernst" zu nehmen und nicht einfach im Wege einer „ersatzgesetzgeberähnlichen" Rechtsprechung zu überspielen sei – etwaige Korrekturen wären vielmehr Sache des Gesetzgebers
und
- die Unterstellung, der Gesetzgeber habe die einschlägige BGH-Rechtsprechung zu Kfz-Kilometerabrechnungsverträgen einfach „übersehen", doch zweifelhaft sei, denn der Gesetzgeber müsse sich ja nicht in der Gesetzesbegründung mit einzelnen Vertragstypen beschäftigen, wenn er für **alle** verbindliche Kriterien aufstelle.

Aus dem Anerkenntnisurteil des BGH vom 15.5.2013, VIII ZR 333/12 zu dem Verfahren des LG Bielefeld, Urteil vom 19.9.2012, 22 S 178/12 dürfte zu entnehmen sein, dass der BGH in diesem Verfahren deutlich gemacht hat, sich der Sichtweise des OLG Düsseldorf anschließen zu wollen.

Von daher kann derzeit nur empfohlen werden, auch für derartige Leasingverträge die entsprechenden Verbraucherdarlehensvorschriften zu berücksichtigen.

13/115 2. Vertragsübernahme

Bei der **Übernahme eines Finanzierungsleasingvertrages** durch einen **Verbraucher** im Sinne von § 13 BGB wird in der Regel danach unterschieden, ob eine **dreiseitige Vertragsübernahme** (unter Einbindung des Leasinggebers) oder eine **zweiseitige Vertragsübernahme** zwischen Leasingnehmer und Schuldübernehmer (der der Leasinggeber lediglich zustimmt) vorliegt.[3]

Im erstgenannten Fall kommt der BGH zu einer analogen Anwendung der Verbraucherdarlehensregelungen, so dass dem Übernehmer/Verbraucher ein eigenes Widerrufsrecht zusteht.[4]

Der zweitgenannte Fall wurde vom BGH offengelassen. Die Literatur hat sich vornehmlich dahingehend geäußert, dass es bei derartigen zweiseitigen Vertragsübernahmen an einem Vertrag zwischen dem Leasinggeber und dem Verbraucher fehle. Ein solcher sei für die Anwendung der Verbraucherdarlehensregelungen aber erforderlich. Allein die Zustimmung des Leasinggebers reiche insoweit nicht aus, es sei denn, es liege eine Umgehungskonstellation vor (§ 511 Satz 2 BGB), die z. B. in Betracht käme, wenn dieses Vorgehen zwecks Vertragsübernahme durch den Verbraucher unter Vermeidung der Anwendung der Verbraucherdarlehensregelungen auf Betreiben des Leasinggebers erfolge.[5]

Dem ist zuzustimmen.

---

[1] OLG Düsseldorf WM 2013, 1095 (1096 ff.) m. Anm. *Peters* in WuB I E 2. § 506 BGB 1.13; rechtskräftig durch Klagerücknahme seitens der revisionsführenden Leasinggesellschaft im BGH-Verfahren VIII ZR 332/12.
[2] LG Bielefeld, Urteil vom 19.9.2012, 22 S 178/12.
[3] BGH WM 1999, 1412 (1414 ff.) m. w. N.; dagegen plädieren *Röthel/Heßeler*, WM 2008, 1001 (1003 ff.) für eine Aufgabe dieser Unterscheidung und wollen stattdessen stets von einem dreiseitigen Vertrag ausgehen.
[4] BGH WM 1999, 1412 (1414 ff.).
[5] *Schürnbrand* in Münchener Kommentar z. BGB, 6. Aufl. 2012, § 491 Rn 43 f., § 492 Rn 24; Staudinger/*Kessal-Wulf*, BGB, Neubearbeitung 2012, § 491 Rn 22, jeweils m. w. N.

3. Schuldbeitritt   13/116

Auch bei einem **Schuldbeitritt** bezüglich eines Finanzierungsleasingvertrages ist zunächst maßgeblich, ob es sich bei dem Beitretenden/Mithaftenden um einen **Verbraucher** im Sinne von § 13 BGB handelt. Der Leasingnehmer selbst muss daher nicht ebenfalls „Verbraucher" sein. Insoweit hat sich bereits zurzeit der Geltung des Verbraucherkreditgesetzes (jetzt: §§ 491 ff. BGB) eine Einzelbetrachtung im Gegensatz zu der teilweise geforderten Gesamtbetrachtung[1] durchgesetzt. Der BGH und weite Teile der Literatur wenden die Verbraucherdarlehensregelungen analog auf den Schuldbeitritt eines Verbrauchers hinsichtlich eines Finanzierungsleasingvertrages an;[2] Teile der Literatur kommen zu gleichen Ergebnissen über eine direkte Anwendung.[3]

Der Bundesgerichtshof bejaht sogar im Falle des **Schuldbeitrittes eines geschäftsführenden**   13/117
(Allein-) Gesellschafters zum Finanzierungsleasingvertrag mit der GmbH die entsprechende Anwendung der Verbraucherdarlehensregelungen,[4] was allerdings weder in der Begründung noch im Ergebnis überzeugt und heftigen Widerspruch erfahren hat.[5] Die Rechtsprechung des BGH zum Verbraucherinsolvenzverfahren hat zudem einen deutlichen Wertungswiderspruch hervorgebracht: Zu der Frage, ob dem geschäftsführenden Mehrheits- oder geschäftsführenden Alleingesellschafter einer GmbH das Verbraucherinsolvenzverfahren offen steht, stellt der BGH ausdrücklich fest, dass dieser eine selbstständige wirtschaftliche Tätigkeit ausübt.[6] Wenngleich es um die Anwendbarkeit zweier unterschiedlicher Gesetzesregelungen – zum einen aus dem Verbraucherdarlehens- und zum anderen aus dem Verbraucherinsolvenzrecht – geht, ist es nicht einsichtig, dass dieselbe Tätigkeit einmal eine unselbstständige und ein anderes Mal eine selbstständige wirtschaftliche Tätigkeit sein soll.

Gleichwohl hat sich die Leasingpraxis auf diese Rechtsprechung einzustellen und für den Fall des Schuldbeitrittes des Gesellschafters – auch wenn er der geschäftsführende Alleingesellschafter sein sollte – zum Finanzierungsleasingvertrag, der mit der GmbH abgeschlossen wird, bezüglich seiner Person die Verbraucherdarlehensregelungen zu beachten. Zudem sind die weiteren Anforderungen an einen Schuldbeitritt, der in das Schuldner-Vertragsformular integriert ist, zu beachten, wie u. a. das Erfordernis einer gesonderten Erklärung des Abschlussvertreters nach § 309 Nr. 11a BGB sowie einer klaren, verständlichen Aufmachung.[7] Beachtet man die Vorgaben des Verbraucherdarlehensrechtes und möchte lediglich den letztgenannten speziellen Anforderungen aus dem Weg gehen, dürfte der Schuldbeitritt nicht in das Schuldner-Vertragsformular aufgenommen sein, sondern müsste in einer vom Hauptvertrag getrennten Urkunde erklärt werden.

4. Bürgschaft   13/118

Die Frage, ob auf Bürgschaften von Verbrauchern die Verbraucherdarlehensregelungen – analog oder direkt – anwendbar sind, hat der BGH für Bürgschaften verneint, die Geschäftskredite/gewerbliche Darlehen (= Finanzierungsleasingverträge für gewerbliche Zwecke), also nicht dem Verbraucherdar-

---

[1] Dazu im Einzelnen: *Ulmer* in Münchener Kommentar z. BGB, 3. Aufl. 1995, § 1 VerbrKrG Rn 33; *Drescher*, Verbraucherkreditgesetz und Bankpraxis, 1994, Rn 34 f.
[2] BGH WM 1997, 158, m. Anm. *Hadding* in WuB I E 2. § 6 VerbrKrG 1.97; BGH WM 1996, 1258, m. Anm. *Seeker* in WuB I E 2. § 7 VerbrKrG 2.96; BGH WM 1997, 2000, m. Anm. *Baumann* in WuB I E 2. § 4 VerbrKrG 1.98; BGH WM 1996, 1781, m. Anm. *Kohler* in WuB I E 2. § 7 VerbrKrG 1.97; vgl. auch OLG Karlsruhe WM 1999, 222, m. Anm. *Drescher* in WuB I E 2. § 3 VerbrKrG 1.99; OLG Koblenz WM 1998, 2157; *v. Westphalen* in v. Westphalen/Emmerich/v. Rottenburg, Verbraucherkreditgesetz, 2. Aufl. 1996, § 1 Rn 76, jeweils m. w. N.
[3] So *Bülow/Artz*, Verbraucherkreditrecht, 8. Aufl. 2014, § 491 Rn 118, 123; *Zahn*, DB 1992, 1029 (1031).
[4] BGH WM 2000, 1632 (1635), m. Anm. *Jendrek* in WuB I E 2. § 1 VerbrKrG 5.00; BGH WM 1996, 1781, m. Anm. *Kohler* in WuB I E 2. § 7 VerbrKrG 1.97; BGH WM 1996, 1258, m. Anm. *Seeker* in WuB I E 2. § 7 VerbrKrG 2.96; BGH WM 1997, 710.
[5] Zur Kritik vgl. u. a. *Schürnbrand* in Münchener Kommentar z. BGB, 6. Aufl. 2012, § 491 Rn 22 ff.; *Bülow/Artz*, Verbraucherkreditrecht, 8. Aufl. 2014, § 491 Rn 54; *Canaris*, AcP 200 (2000), 273, 355; OLG Oldenburg WM 2000, 1935 (1937 f.); *Dauner-Lieb/Dötsch*, DB 2003, 1666 (1667); *Peters* in WuB I E 2. § 1 VerbrKrG 1.98; *Kurz*, NJW 1997, 1828 f.; *Kurz*, WiB 1997, 807 f.; *Schmid-Burgk*, DB 1997, 513 f.; *Wackerbarth*, DB 1998, 1950 ff.; *Casper*, BB 1998, 1227 (1228); *Drescher* in WuB I E 2. § 3 VerbrKrG 1.97.
[6] BGH WM 2009, 712 ff.; BGH WM 2005, 2191.
[7] BGH WM 2003, 257, m. kritischer Anm. *Koch* in WuB IV C. § 11 Nr. 14a AGBG 1.03; zur in das Vertragsformular „integrierten" Bürgschaft vgl. BGH WM 2001, 1683, m. Anm. *Hefermehl* in WuB IV C. § 11 Nr. 14a AGBG 1.01; zur Fallkonstellation der Mit(ver)haftung von dem Gesellschafter und Geschäftsführer einer GmbH im Franchisevertrag: BGH WM 2006, 585 ff.

lehensrecht unterfallende Forderungen, besichern.[1] Der BGH begründet dies vornehmlich damit, dass eine Bürgschaft kein Darlehensvertrag ist und weder die für eine analoge Anwendung erforderliche planwidrige Regelungslücke noch eine vergleichbare Sachlage wie bei einem Darlehensvertrag besteht. Inwiefern dies auch für Bürgschaften gilt, die ein Verbraucherdarlehen (= Finanzierungsleasingverträge zu privaten Zwecken) besichern, hat der BGH offengelassen.[2] Da die oben in Bezug genommene Begründung des BGH ebenso auf Bürgschaften zutrifft, die ein Verbraucherdarlehen absichern, ist es nur konsequent, auch insoweit die Anwendbarkeit der Verbraucherdarlehensregelungen abzulehnen. Der EuGH hat die Anwendbarkeit der EG-Verbraucherkreditrichtlinie für Bürgschaften, die ein Verbraucherdarlehen besichern, bereits verneint.[3]

Die oben unter vorstehender Rn dargestellten speziellen Anforderungen an einen in das Vertragsformular integrierten Schuldbeitritt (gesonderte Erklärung gemäß § 309 Nr. 11a BGB) gelten ebenso für die Bürgschaft,[4] so dass insoweit auf die vorstehenden Ausführungen zur Erklärung in einer separaten Urkunde Bezug genommen werden kann. Die Beiziehung einer Bürgschaft auf erstes Anfordern könnte im Übrigen gegen §§ 305c Abs. 1, 307 BGB verstoßen.[5]

13/119 5. Avale

Entgegen der ganz herrschenden Meinung[6] hat eine vereinzelt gebliebene Meinung[7] die Anwendbarkeit der Verbraucherdarlehensregelungen auf das Bankavalgeschäft sowie in analoger Anwendung auf den Schuldbeitritt zu einem derartigen Avalgeschäft favorisiert. Dies könnte bei durch Bankbürgschaften zu besichernden Finanzierungsleasingverträgen eine Rolle spielen. Das LG Köln[8] ist im Ergebnis der Mindermeinung gefolgt, die aber übersieht, dass der Gesetzgeber diese Frage im Blick und sich ausweislich der Gesetzesmaterialien dazu eindeutig wie folgt geäußert hatte:

> „Keine Finanzierungshilfe im Sinne des Entwurfes ist hingegen die Bankbürgschaft (so genannter Avalkredit), da hier in Form einer Eventualverbindlichkeit lediglich eine Garantie für die Zahlungsfähigkeit des Avalnehmers übernommen wird."[9]

Aufgrund dieser eindeutigen Äußerung des Gesetzgebers fehlt es schon an der für eine Analogie erforderlichen planwidrigen Regelungslücke. Folgerichtig hat das OLG Köln das Urteil aufgehoben und sich in seiner Begründung der herrschenden Meinung angeschlossen.[10]

13/120 II. (Form-/Pflicht-) Vor-/Angaben

Auf die unter § 506 Abs. 2 Satz 1 Nr. 1 bis 3 BGB fallenden **Finanzierungsleasingverträge**[11] sind die §§ 358 bis 360 BGB und §§ 491a bis § 502 BGB mit Ausnahme von § 492 Abs. 4 BGB entsprechend anzuwenden. Für Finanzierungsleasingverträge im Sinne von § 506 Abs. 2 Satz 1 Nr. 3 sind allerdings davon abweichend die §§ 500 Abs. 2 und 502 BGB zudem nicht anzuwenden (§ 506 Abs. 2 Satz 2 BGB).

---

[1] BGH WM 1998, 1120, m. Anm. *Bydlinski/Klauninger* in WuB I F 1a. – 15.98; siehe auch OLG Düsseldorf WM 2007, 2009 ff.; OLG Düsseldorf WM 2009, 847; zum Streitstand vgl. auch z. B. *Schürnbrand* in Münchener Kommentar z. BGB, 6. Aufl. 2012, § 491 Rn 58; *Schmid-Burgk*, DB 1997, 513 f., jeweils m. w. N.; *Kulke*, NJW 2006, 2223 (2224 f.) will aus dem BGH-Urteil vom 10.1.2006, NJW 2006, 845 herleiten, dass die §§ 491 ff. BGB auf Bürgschaften analog anzuwenden seien; dagegen überzeugend z. B. *Zahn*, ZIP 2006, 1069 ff.; siehe auch Rn 4/1039.
[2] BGH WM 1998, 1120 (1122) m. Anm. *Bydlinksi/Klauninger* in WuB I F 1a. – 15.98.
[3] EuGH ZIP 2000, 574; s. dazu im Einzelnen *Fischer*, ZIP 2000, 828 ff.
[4] BGH WM 2001, 1683, m. Anm. *Hefermehl* in WuB IV C. § 11 Nr. 14a AGBG 1.01; zur in das Vertragsformular integrierten Schuldmitübernahme vgl. BGH WM 2003, 257, m. kritischer Anm. *Koch* in WuB IV C. § 11 Nr. 14a AGBG 1.03.
[5] Vgl. BGH WM 2002, 2192 ff. zu einer entsprechenden Klausel in dem Vertrag eines Factoringnehmers, die die Mithaftung des Geschäftsführers der Factoringgeberin vorsah.
[6] *Schürnbrand* in Münchener Kommentar z. BGB, 6. Aufl. 2012, § 491 Rn 59; *Wagner-Wiedwuilt* in Bruchner/Ott/Wagner-Wiedwuilt, Verbraucherkreditgesetz, 2. Aufl. 1994, § 1 Rn 64; *Drescher*, Verbraucherkreditgesetz und Bankpraxis, 1994, Rn 36, jeweils m. w. N.
[7] *v. Westphalen* in v. Westphalen/Emmerich/v. Rottenburg, Verbraucherkreditgesetz, 2. Aufl. 1996, § 1 Rn 103.
[8] LG Köln WM 1998, 1393, m. ablehnender Anm. *Peters* in WuB I E 2. § 1 VerbrKrG 5.98.
[9] BT-Drucks. 11/5462, S. 18, abgedruckt bei *Seibert*, Verbraucherkreditgesetz, 1991, S. 126.
[10] OLG Köln WM 1999, 726, m. Anm. *Bydlinski* in WuB I E 2. § 1 VerbrKrG 1.99.
[11] Dazu im Einzelnen unter Rn 13/108 ff.

Damit ist der bisherige „Mechanismus" des § 500 BGB a. F., wonach lediglich bestimmte Vorschriften auf Finanzierungsleasingverträge anwendbar sind,[1] sozusagen „umgekehrt" worden. Nunmehr gelten sämtliche in § 506 Abs. 1 BGB benannten Verbraucherdarlehensvorschriften für Verträge im Sinne von § 506 Abs. 2 Satz 1 BGB, bis auf diejenigen, die ausdrücklich ausgenommen sind.
So sind für Finanzierungsleasingverträge im Sinne von § 506 Abs. 2 Satz 1 Nr. 1 bis Nr. 3 BGB insbesondere grundsätzlich die Vorgaben des § 491a BGB, der auf Art. 247 EGBGB verweist, zu den vorvertraglichen Informationspflichten, des § 492 BGB zur Schriftform[2] und dem Vertragsinhalt (mit Ausnahme des § 492 Abs. 4 BGB – für Vollmachten verbleibt es bei der Regelung des § 167 Abs. 2 BGB[3]), des § 494 BGB zu den Rechtsfolgen bei Formmängeln, des § 495 BGB zum Widerrufsrecht und der §§ 358 bis 360 BGB zu Verbundenen und Zusammenhängenden Verträgen entsprechend anzuwenden.[4]
Die Gesetzesbegründung[5] weist darauf hin, dass es sich hierbei um eine Rechtsgrundverweisung handelt, so dass der Tatbestand der jeweiligen Vorschrift, auf die verwiesen wird, im Einzelfall festzustellen ist. Dazu wird als Beispiel angeführt, dass bei der entsprechenden Anwendung des § 358 BGB zu prüfen ist, ob zwei verbundene Verträge vorliegen (dazu auch noch sogleich). Des Weiteren wird erläutert, dass die Vorschriften, auf die verwiesen wird, jeweils im Lichte des konkreten Finanzierungshilfevertrages anzuwenden sind.
Im Hinblick auf den Vertragsinhalt (§ 492 Abs. 2 BGB, der auf Art. 247 §§ 6 bis 13 EGBGB verweist) ist allerdings statt des Nettodarlehensbetrages der Anschaffungspreis anzugeben (§ 506 Abs. 4 BGB), der dem Verbraucher als Liquiditätsvorteil zu Gute kommt. Nach der Gesetzesbegründung „umschreibt dieser Anschaffungspreis die vom Leasinggeber erwerbsbedingt getätigten Aufwendungen (§ 256 BGB)" und „umfasst alle freiwilligen Vermögensausgaben, die der Unternehmer zum Erwerb des Gegenstandes tätigt, also grundsätzlich auch die vom Unternehmer zur Anschaffung zu entrichtende Umsatzsteuer".[6] Dem Verbraucher als Leasingnehmer ist nach Vertragsschluss eine Abschrift des Vertrags auszuhändigen (§ 492 Abs. 3 Satz 1 BGB).
Entgegen der vorherigen Gesetzeslage wird nunmehr auch der § 494 BGB einbezogen, so dass sich der vormalige Streit um dessen etwaige analoge Anwendung auf Finanzierungsleasingverträge[7] erledigt hat. Ferner ist § 495 BGB entsprechend anwendbar (§ 506 Abs. 1 BGB) und mithin gelten für die diesbezüglichen Leasingverträge die Widerrufsrechte.[8]

III. Widerrufsrecht 13/121

Bei Leasingverträgen i. S. v. § 506 Abs. 2 Satz 1 Nr. 1 bis 3 BGB[9] hat der Leasingnehmer ein **Widerrufsrecht** gemäß § 495 BGB, der auf § 355 BGB verweist.
Die im Rahmen der **Schuldrechtsreform** neu eingefügte und durch das am 30.7.2010 in Kraft getretene „Gesetz zur Einführung einer Musterwiderrufsinformation für Verbraucherdarlehensverträge, zur Änderung der Vorschriften über das Widerrufsrecht bei Verbraucherdarlehensverträgen und zur Änderung des Darlehensvermittlerrechts"[10] sowie durch das am 13.6.2014 in Kraft getretende „Gesetz zur Umsetzung der Verbraucherrechterichtlinie und zur Änderung des Gesetzes zur Regelung der Wohnungsvermittlung"[11] geänderte Norm des § 495 BGB basiert auf der vorherigen Regelung des § 7 VerbrKrG.

---

[1] Zur vorherigen Rechtslage siehe z.B. *Peters* in Lwowski/Peters/Münscher, Verbraucherdarlehensrecht, 3. Aufl. 2008, Rn 48 ff. und 139 ff.; *Peters*, WM 2006, 1183 ff., jeweils m. w. N.
[2] Zum Schriftformerfordernis vgl. Palandt/*Weidenkaff*, BGB, 74. Aufl. 2015, § 492 Rn 1 und 2.
[3] Dazu z. B. *Peters* in Lwowski/Peters/Münscher, Verbraucherdarlehensrecht, 3. Aufl. 2008, Rn 279 ff.
[4] Im Einzelnen zu den Vorgaben einschließlich vorvertraglicher Informationspflichten: *Woitkewitsch* in v. Westphalen, Der Leasingvertrag, 7. Aufl. 2015, S. 759 ff.; *Bülow/Artz*, Verbraucherkreditrecht, 8. Aufl. 2014, § 506 Rn 86 ff., jeweils m. w. N.
[5] BT-Drucks. 16/11643, S. 91.
[6] BT-Drucks. 16/11643, S. 93.
[7] Siehe dazu z. B. *Ott* in Bruchner/Ott/Wagner-Wiedwuilt, Verbraucherkreditgesetz, 2. Aufl. 1994, § 3 Rn 67; *Slama*, WM 1991, 569 (571); *Scholz*, MDR 1991, 191 (193); vgl. auch BGH WM 1999, 1412 (1416).
[8] Zur Diskussion unter Geltung des Verbraucherkreditgesetzes vgl. z. B. *Peters* in Lwowski/Peters/Münscher, Verbraucherdarlehensrecht, 3. Aufl. 2008, Rn 485.
[9] Im Einzelnen dazu unter Rn 13/108 ff.
[10] BGBl. 2010 I, S. 977 ff.
[11] BGBl. 2013 I. S. 3642 ff.

Die vormalige Ausgestaltung des Widerrufsrechts im § 7 VerbrKrG orientierte sich ursprünglich an anderweitigen, im deutschen Recht vorgesehenen Widerrufsrechten, insbesondere an dem § 1 HWiG und dem vormaligen § 1 b AbzG.

Im Gegensatz zu den Regelungen des (vormaligen) Abzahlungsgesetzes und des (vormaligen) Haustürwiderrufsgesetzes, bei denen der Zweck des Widerrufsrechtes in einem Überrumpelungs- bzw. Übereilungsschutz gesehen wurde, stehen bei dem Widerrufsrecht des § 495 BGB die wirtschaftliche Bedeutung und Tragweite sowie die Schwierigkeit der Vertragsmaterie im Vordergrund.[1]

Mit der Einfügung des §§ 361 a BGB a. F. in das Bürgerliche Gesetzbuch zum 1.10.2000 wurde eine einheitliche Regelung für die verschiedenen verbraucherschützenden Sondergesetze[2] geschaffen – ein wesentlicher Beitrag zur Rechtsvereinheitlichung hinsichtlich der unterschiedlichen Länge der Widerrufsfrist, des Fristbeginns, der Ausübung und des Erlöschens des Widerrufsrechts sowie der Rechtsfolgen des Widerrufs.[3] Die Regelung § 361 a BGB a. F. selbst räumte dem Verbraucher noch kein Widerrufs-/Rückgaberecht ein. Vielmehr war diese Blankettnorm durch besondere Vorschriften – etwa § 7 VerbrKrG a. F. – auszufüllen bzw. zu modifizieren.[4] Der Gesetzgeber handelte dabei in Umsetzung der Richtlinie 97/7/EG des Europäischen Parlaments und des Rates vom 20.5.1997 über den Verbraucherschutz bei Vertragsabschlüssen im Fernabsatz,[5] wobei er allerdings nicht auf eine entsprechende Vorgabe der EG-Richtlinie zurückgreifen konnte. Lediglich im Anhang[6] zu dieser EG-Richtlinie wird von „etwaige Bedenkzeit", die Bestandteil der wesentlichen Vertragsbestimmungen sein sollte, gesprochen.[7]

Im Wege der Schuldrechtsreform übernahm § 355 BGB u. a. die Funktion des § 361 a BGB a. F.

Die jetzige Gesetzesfassung des § 495 BGB resultiert aus der Umsetzung der Europäischen Verbraucherkreditrichtlinien 2008 und 2011,[8] die mit dem „Gesetz zur Umsetzung der Verbraucherkreditrichtlinie, des zivilrechtlichen Teils der Zahlungsdienstrichtlinie sowie zur Neuordnung der Vorschriften über das Widerrufs- und Rückgaberecht",[9] in Kraft getreten am 11.6.2010, dem „Gesetz zur Einführung einer Musterwiderrufsinformation für Verbraucherdarlehensverträge, zur Änderung der Vorschriften über das Widerrufsrecht bei Verbraucherdarlehensverträgen und zur Änderung des Darlehensvermittlerrechts",[10] in Kraft getreten am 30.7.2010, sowie dem „Gesetz zur Umsetzung der Verbraucherrechterichtlinie und zur Änderung des Gesetzes zur Regelung der Wohnungsvermittlung", in Kraft getreten am 13.6.2014,[11] vollzogen worden ist. Gegenstand des Widerrufsrechts ist die Willenserklärung des Verbrauchers, die auf den Abschluss des Vertrages gerichtet ist.[12]

Mit der Einfügung der Vorschrift des § 361 a BGB (a. F.) hat sich der Gesetzgeber **für Verträge, die nach** dem **1.10.2000 geschlossen wurden**, für das bereits im FernUSG angewandte Modell entschieden. Die Regelung, dass der Vertrag sofort wirksam wird und die Wirksamkeit erst nachträglich durch Widerruf entfallen kann, wurde für den § 361a Abs. 1 Satz 1 BGB (a. F.) übernommen und in dem durch das Schuldrechtsmodernisierungsgesetz zum 1.1.2002 neu eingefügten § 355 Abs. 1 Satz 1 BGB beibehalten.[13]

Nach § 495 Abs. 1 BGB iVm § 355 Abs. 1 Satz 1 BGB (§ 7 Abs. 1 Satz 1 VerbrKrG a. F. i.V. m. § 361a Abs. 1 Satz 1 BGB a. F.) ist die Willenserklärung des Verbrauchers bis zum Ablauf der Widerrufsfrist schwebend wirksam.[14] Der Verbraucher ist durch einen fristgerechten Widerruf „nicht mehr" (§ 355 Abs. 1 Satz 1 BGB) an seine Willenserklärung gebunden. Der Leasingvertrag kommt damit

---

[1] Amtl. Begründung, BT-Drucks. 11/5462, S. 21; dazu *Peters*, DZWir 1994, 353.
[2] VerbrKrG, HWiG, FernAbsG, FernUSG und TzWrG.
[3] Palandt/*Heinrichs*, BGB, 61. Aufl. 2002, § 361 a Rn 3.
[4] *Bülow*, Verbraucherkreditrecht, 4. Aufl. 2001, § 7 Rn 18.
[5] Abl. EG Nr. L 144, S. 19.
[6] Nr. 1 vii, 2 iii, 3 iii und 4 iv der Liste mit den wesentlichen Vertragsbestimmungen, deren Aufnahme in den Vertrag von den Mitgliedsstaaten als wesentlich vorgeschrieben werden kann.
[7] *Peters*, DZWir 1994, 353.
[8] Abl. EU Nr. L 133, S. 66 ff.; ABl. EU Nr. L 304, S. 64 ff.
[9] BGBl. 2009 I, S. 2355 ff.
[10] BGBl. 2010 I, S. 977 ff.
[11] BGBl. 2013 I., S. 3642 ff.
[12] *Masuch* in Münchener Kommentar z. BGB, 6. Aufl. 2012, § 355 Rn 23.
[13] Vgl. *v. Koppenfels*, WM 2001, 1360.
[14] Staudinger/*Kessal-Wulf*, BGB, Neubearbeitung 2012, § 495 Rn 4; *Kamanabrou*, WM 2000, 1417 f.; *Bülow/Artz*, Verbraucherkreditrecht, 8. Aufl. 2014, § 495 Rn 21; *Freitag*, WM 2001, 2370; vgl. hierzu *v. Koppenfels*, WM 2001, 1360 (1361); a. A. wohl *Brüggemeier/Reich*, BB 2001, 213 ff.

zunächst wirksam zustande und bleibt wirksam, wenn der Verbraucher die Widerrufsfrist verstreichen lässt. Die Ausübung des Widerrufsrechts hat rechtsgestaltende Wirkung. Durch einen fristgerechten Widerruf wird der Vertrag (endgültig) unwirksam und kann nur durch Neuvornahme wieder zu Stande kommen.[1]

Bei dem Widerrufsrecht handelt es sich um ein in seinen Wirkungen dem vertraglichen Rücktrittsrecht entsprechendes Gestaltungsrecht, das dem Verbraucher ein grundsätzlich zwingendes, dem Verzicht nicht zugängliches Lösungsrecht gewährt.[2]

Das Rechtsgeschäft ist mit Abschluss des Leasingvertrages tatsächlich vollendet und gültig, es kann daher gegenseitige Vertragserfüllung verlangt werden.[3]

Mit einem Widerruf erlöschen die beiderseitigen Leistungsansprüche. Waren vor dem Widerruf bereits Leistungen erbracht worden oder werden solche trotz des Widerrufs noch erbracht, sind sie nach Maßgabe der §§ 355, 357a BGB (§ 361a Abs. 2 BGB a. F.) zurückzugewähren.[4]

Die alte Regelung **für vor dem 1.10.2000 geschlossene Verträge** sah hingegen eine „schwebende Unwirksamkeit" des Vertrages bis zum Ablauf der Widerrufsfrist vor.[5]

Durch fristgerechte Ausübung des Widerrufsrechts wurde dieser Schwebezustand, vergleichbar dem vor dem Eintritt einer aufschiebenden Bedingung bestehenden Zustand, beendet und der Vertrag endgültig unwirksam.[6] Aus dem schwebend unwirksamen Vertrag konnte weder Erfüllung noch Schadensersatz wegen Nichterfüllung verlangt werden.[7]

Die dogmatische Einordnung dieses Widerrufsrechts war umstritten.[8] Der BGH[9] sah diese Art des Widerrufsrechts als rechtshindernde Einwendung an. Der Widerruf des Verbrauchers bewirke demnach nicht die Unwirksamkeit des nicht wirksamen Vertrages, sondern verhindere, dass der Vertrag mit Ablauf der Widerrufsfrist wirksam wird. Der Widerruf ändere nicht die bis dahin bestehende Rechtslage, sondern verhindere eine andernfalls eintretende Änderung.[10]

Der **Lauf der Widerrufsfrist** von zwei Wochen beginnt nicht bevor der Verbraucher zutreffend und formgerecht über sein Widerrufsrecht informiert worden ist (§§ 495 Abs. 1, 355 Abs. 2, 356b BGB).[11]

Die Diskussionen und Auseinandersetzungen über die Ausgestaltung der Widerrufsbelehrungen[12] hatte der Gesetzgeber zum Anlass genommen, auf eine Vereinheitlichung hinzuwirken.

Als erster Versuch wurde das **Bundesministerium der Justiz** gemäß Art. 245 EGBGB a. F. **ermächtigt**, durch Rechtsverordnung den **Inhalt** und die **Gestaltung der Belehrung** über das Widerrufs- und Rückgaberecht **festzulegen**. Von dieser Ermächtigung wurde Gebrauch gemacht und es erfolgten sodann mehrere Änderungen der diesbezüglichen BGB-Informationspflichten-Verordnung (BGB-InfoV).[13] Hintergrund dieser Änderungen war die in § 14 BGB-InfoV geregelte Form der Widerrufs- und Rückgabebelehrung und das in Anlage 2 dazu abgedruckte Muster zur Gestaltung der Widerrufsbelehrung.[14] Der Wortlaut des § 14 Abs. 1 BGB-InfoV sah vor, dass man bei Verwendung dieses Musters den Anforderungen des § 355 Abs. 2 BGB sowie den diesen ergänzenden Vorschriften des BGB gerecht wird.

---

[1] *Bülow/Artz*, Verbraucherkreditrecht, 8. Aufl. 2014, § 495 Rn 26.
[2] *Masuch* in Münchener Kommentar z. BGB, 6. Aufl. 2012, § 355 Rn 36; vgl auch *Bülow*, WM 2000, 2361; *Fuchs*, ZIP 2000, 1273.
[3] *Staudinger/Kessal-Wulf*, BGB, Neubearbeitung 2012, § 495 Rn 5.
[4] *Bülow/Artz*, Verbraucherkreditrecht, 8. Aufl. 2014, § 495 Rn 2.
[5] Amtl. Begründung, BT-Drucks. 11/5462, S. 22; vgl. Palandt/*Putzo*, BGB, 60. Aufl. 2001, § 7 VerbrKrG Rn 3.
[6] BGH NJW 1996, 57; Münchener Kommentar z. BGB-*Ulmer*, 3. Aufl. 1995 § 7 VerbrKrG Rn 12; ; *v. Westphalen* in v. Westphalen/Emmerich/v. Rottenburg, Verbraucherkreditgesetz, 2. Aufl. 1996, § 7 Rn 12.
[7] BGH NJW 1993, 64; *v. Westphalen* in v. Westphalen/Emmerich/v. Rottenburg, Verbraucherkreditgesetz, 2. Aufl. 1996, § 7 Rn 12.
[8] Siehe z.B. *v. Westphalen* in v. Westphalen/Emmerich/v. Rottenburg, Verbraucherkreditgesetz, 2. Aufl. 1996, § 7 Rn 10; *Münstermann/Hannes*, Verbraucherkreditgesetz, 1991, Rn 330; *Vortmann*, Verbraucherkreditgesetz, 1991, § 7 Rn 7; *Ollmann*, WM 1992, 2005 f.
[9] BGH NJW 1996, 57 f.
[10] *Staudinger/Kessal-Wulf*, BGB, Neubearbeitung 2012, § 495 Rn 3.
[11] Zudem sind die weiteren Vorgaben in § 356b BGB für den Anlauf der Widerrufsfrist zu beachten.
[12] Im Einzelnen dazu *Peters*, WM 2014, 2145 (2146 f.).
[13] Vgl. z. B. die dritte Verordnung zur Änderung der BGB-Informationspflichten-Verordnung (BGB-InfoV) vom 4.3.2008, BGBl. I, 292.
[14] Dazu z. B. *Masuch*, NJW 2008, 1700 ff.

13/126 Anlass für die Änderungen der BGB-InfoV war, dass das jeweils vom Bundesjustizministerium der Justiz stammende Muster kritisiert und dessen Übereinstimmung mit den gesetzlichen Anforderungen an die Widerrufsbelehrung bezweifelt wurde. Umstritten war insbesondere, ob ein Darlehensgeber auf dieses Muster vertrauen durfte und bei dessen Verwendung seine Belehrungspflicht erfüllt hat, wie der Wortlaut der Verordnung vorsah, oder die Verordnung, die keinen Gesetzesrang hat, ihm bei Diskrepanzen mit den gesetzlichen Vorgaben nicht weiterhilft.[1] Unabhängig davon drängt sich insofern die Frage auf, ob den Darlehensgebern vom Gesetzgeber mit dem Erfordernis einer „gesetzeskonformen" Ausgestaltung der Widerrufsbelehrung zumindest in der Vergangenheit nicht zu viel abverlangt worden ist, wenn noch nicht einmal der Verordnungsgeber selbst mit mehreren Anläufen in der Lage war, eine als ordnungsgemäß und den gesetzlichen Anforderungen entsprechend anerkannte Widerrufsbelehrung zu verfassen.

13/127 Da dieser erste Versuch, das Thema über die BGB-InfoV rechtssicher zu lösen, nicht zum gewünschten Erfolg geführt hat, entschloss sich der Gesetzgeber, Musterfassungen mit Gesetzesrang auszustatten, so dass sich die Frage der „Gesetzeskonformität" einer „Verordnungs-Widerrufsbelehrung" nicht mehr stellt. Er hat das im Zuge der Umsetzung der EU-Verbraucherkreditrichtlinie 2008[2] durch das am 11.6.2010 in Kraft getretene „Gesetz zur Umsetzung der Verbraucherkreditrichtlinie, des zivilrechtlichen Teils der Zahlungsdiensterichtlinie sowie zur Neuordnung der Vorschriften über das Widerrufs- und Rückgaberecht"[3] sowie durch das am 30.7.2010 in Kraft getretene „Gesetz zur Einführung einer Musterwiderrufsinformation für Verbraucherdarlehensverträge, zur Änderung der Vorschriften über das Widerrufsrecht bei Verbraucherdarlehensverträgen und zur Änderung des Darlehensvermittlerrechts"[4] verwirklicht. Nunmehr existieren ausdrückliche **gesetzliche Regelungen,** dass bei Verwendung dieser Muster den Anforderungen hieran Genüge getan ist (für den Bereich der Verbraucherdarlehen vgl. Art. 247 § 6 Abs. 2 S. 3 und 4 EGBGB und Art. 247 § 12 Abs. 1 S. 3 bis 5 EGBGB).

Für Verbraucherdarlehen treten die Pflichtangaben nach Art. 247 § 6 Abs. 2 EGBGB an die Stelle der Widerrufsbelehrung. Mithin ist nunmehr vorgesehen, dass der Verbraucher über sein Widerrufsrecht im Vertrag als Teil der darin aufzunehmenden Pflichtangaben (dazu siehe § 492 Abs. 2 BGB, der auf Art. 247 §§ 6 bis 13 des EGBGB verweist) unterrichtet wird. Dabei sollte darauf geachtet werden, dass die Widerrufsinformation sich von den übrigen vertraglichen Regelungen abhebt (z. B. durch eine graphische Hervorhebung) und nicht optisch „untergeht" (vgl. Art. 247 § 6 Abs. 2 S. 3 und 4 BGB).

13/128 Die **Information über das Widerrufsrecht** hat gemäß Art. 247 § 6 Abs. 2 BGB **folgende Angaben** zu beinhalten
– zur Widerrufsfrist (Beginn, Dauer, Fristwahrung)
– zu anderen Umständen für die Widerrufserklärung (Empfänger mit Name und Anschrift, Form, keine Begründung erforderlich)
Die Einzelheiten der Umsetzung dieser gesetzlichen Vorgaben lassen sich der Anlage 7 zu Art. 247 § 6 Abs. 2 und § 12 Abs. 1 EGBGB entnehmen. Dabei hat der Gesetzgeber das amtliche Muster mit Gestaltungshinweisen und –varianten ausgestattet, die je nach Fallkonstellation zu verwenden sind. Angesichts dieser Komplexität, der damit einhergehenden Fehleranfälligkeit und mit Blick auf eine einheitliche, konsistente Handhabung dürfte es sinnvoll sein, auf Seiten der Verwender eine entsprechende Zuordnung der Widerrufsinformation zu den jeweiligen Produkten der Angebotspalette vorzunehmen und das nicht dem jeweiligen Bearbeiter/der jeweiligen Bearbeiterin zu überlassen.[5]

13/129 Die Widerrufsfrist beginnt jedoch nicht zu laufen

---

[1] Wirksamkeit verneinend z. B. OLG Thüringen, Urteil vom 28.9.2010, 5 U 57/10; LG Halle WM 2007, 119 (120 f.); LG Koblenz ZIP 2007, 638 (gegen dieses Urteil war zunächst beim BGH zum Az. VII ZR 25/07 die Revision anhängig – siehe Pressemitteilung des BGH Nr. 128/2007 vom 19.7.2007 – eine Entscheidung ist allerdings nicht ergangen, da wohl im Termin die Revision, nahe liegend angesichts diesbetreffender Hinweise des Gerichtes, zurückgenommen wurde); OLG Koblenz NJW 2005, 3430; *Masuch* in Münchener Kommentar z. BGB, 5. Aufl. 2007, § 355 Rn 56; zweifelnd z. B. *Dörrie*, ZfIR 2002, 685 (690); *Meißner* in Praktikerhandbuch Verbraucherdarlehen, 2. Aufl. 2009, S. 111 ff.; Wirksamkeit bejahend: z. B. LG Kassel NJW 2007, 3136; LG Münster WM 2007, 121; offen gelassen noch z. B. in BGH WM 2011, 1799 (1803); BGH WM 2011, 474 (476); BGH WM 2010, 721 (723); BGH WM 2009, 932 (933); BGH WM 2007, 1115 (1116) und entschieden erstmals durch BGH WM 2012, 913 (915 f.) und BGH WM 2012, 1886 (1887 f.); hierzu z. B. auch *Lwowski/Peters* in Festschrift Nobbe, 2009, S. 369 (372 ff.); *Peters*, WM 2014, 2145 (2146 ff.).
[2] ABl. EU Nr. L 133, S. 66 ff.
[3] BGBl. 2009 I, S. 2355 ff.
[4] BGBl. 2010 I, S. 977 ff.
[5] Zur Musterinformation und deren Handhabung z. B. *Münscher*, BankPraktiker 2010, 366 ff.

- vor Vertragsschluss (§ 355 Abs. 2 Nr. 2. BGB) und
- bevor der Verbraucher vom Darlehensgeber eine für ihn bestimmte Vertragsurkunde oder seinen schriftlichen Vertragsantrag oder eine Abschrift de Vertragsurkunde oder seines Vertragsantrages, worin sämtliche Pflichtangaben nach § 492 Abs. 2 BGB, der auf Art. 247 §§ 6 bis 13 des EGBGB verweist, enthalten sind, ausgehändigt worden ist (§ 356 b Abs. 1 und 2 BGB)

Unterbleibt eine **Widerrufsinformation**, ist sie **unzureichend, oder sind die Maßgaben des § 492 Abs. 2 BGB nicht erfüllt,** so wird der Lauf der Widerrufsfrist also nicht in Gang gesetzt (§ 356 b Abs. 1 und 2 BGB).

Die **Beweislast** für den **Beginn** der **Widerrufsfrist** trifft den Leasinggeber (§ 361 Abs. 3 BGB), also für die Tatsachen, aus denen er die Nichteinhaltung der Widerrufsfrist herleiten möchte, wie die ordnungsgemäße Widerrufsinformation und den Zeitpunkt ihrer Mitteilung.[1]

Ist ein Vertrag wegen Formmangels nach § 494 Abs. 1 BGB nichtig, weil die Schriftform nicht eingehalten ist oder eine der in Art. 247 §§ 6 und 9 bis 13 EGBGB vorgeschriebenen Angaben fehlt, so beginnt die Widerrufsfrist nicht zu laufen. Der Fristlauf beginnt erst, wenn der Vertrag nach § 494 Abs. 2 Satz 1 BGB geheilt und ggfs. fehlende Pflichtangaben gemäß § 492 Abs. 6 BGB nachgeholt worden sind. Hat das Fehlen von Angaben zu Änderungen der Vertragsbedingungen im Sinne von § 494 Abs. 2 Satz 2 bis Abs. 6 geführt, ist für den Anlauf der Widerrufsfrist dem Verbraucher gemäß § 494 Abs. 7 BGB eine Abschrift des Vertrages zur Verfügung zu stellen, in der die Vertragsänderungen zu berücksichtigen sind, die sich aus Abs. 2 Satz 2 bis Abs. 6 des § 494 BGB ergeben. Mit anderen Worten: Es darf sich bei dieser Abschrift dann nicht nur um eine korrigierte Fassung des Ursprungsvertrages handeln, sondern um eine Version, in der die Fehlerfolgen gleich mit eingearbeitet sind. Ist die Nachholung erfolgt, gilt nicht die Widerrufsfrist von zwei Wochen, sondern die Monatsfrist, worauf der Verbraucher auf einem dauerhaften Datenträger hinzuweisen ist (§ 492 Abs. 6 Satz 4 BGB).

13/130

Der Verbraucher kann jedoch auch schon vor Heilung seinen Widerruf erklären, also zu einem Zeitpunkt, zu dem der Vertrag „noch nichtig" ist. Entsprechendes gilt bei Nichtigkeit des Vertrages wegen Verstoßes gegen ein gesetzliches Verbot (§ 134 BGB) oder wegen Sittenwidrigkeit (§ 138 BGB).[2] Im Rahmen des Vertragsabschlusses durch einen vollmachtslosen Vertreter beginnt die Frist erst mit Genehmigung des Verbrauchers nach § 177 BGB.[3]

13/131

Geht es um einen **Schuldbeitritt** des Verbrauchers oder eine (dreiseitige) Vertragsübernahme durch ihn, steht ihm ein Widerufsrecht zu, so dass es auch einer entsprechenden Widerrufsinformation bedarf.[4]

13/132

Übt der Verbraucher sein Widerrufsrecht fristgerecht durch die **Widerrufserklärung** aus, ist er an seine Willenserklärung „nicht mehr" (§ 355 Abs. 1 Satz 1 BGB) gebunden. Der Leasingvertrag kommt zwar zunächst wirksam zustande und würde das auch bleiben, wenn der Verbraucher die Widerrufsfrist verstreichen ließe. Aufgrund des fristgerechten Widerrufes schlägt die schwebende Wirksamkeit des Vertrages in eine endgültige Unwirksamkeit um. Die Erklärung des Widerrufs kann auch durch einen Vertreter erfolgen.

13/133

In seiner Widerrufserklärung muss der Verbraucher zum Ausdruck bringen, dass und von welchem Vertrag er sich lösen will (vgl. § 355 Abs. 1 Satz 3 BGB).[5] Dabei braucht der Ausdruck „Widerruf" nicht verwendet zu werden, ausreichend ist z. B., wenn der Verbraucher von „Rücktritt" oder „Anfechtung" spricht und damit sein Wille, sich von seiner Willenserklärung lösen zu wollen, hinreichend erkennbar wird (§ 133 BGB).[6] Aus der Widerrufserklärung muss der Widerrufsberechtigte selbst er-

13/134

---

[1] Palandt/*Grüneberg*, BGB, 74. Aufl. 2015, § 361 Rn 3.
[2] BGH NJW 2010, 610 ff. (zu einem Fernabsatzvertrag); noch offengelassen im BGH-Urteil vom 17.3.2004, VIII ZR 265/03 = WM 2004, 2451 ff.; vgl. auch BGH WM 1995, 1231 (1234); *Masuch* in Münchener Kommentar z. BGB, 6. Aufl. 2012, § 355 Rn 31 ff.; *Seibert*, Verbraucherkreditgesetz, 1991, § 7 Rn 8; *Münstermann/Hannes*, Verbraucherkreditgesetz, 1991, Rn 335; a. A. z. B. *Ott* in Bruchner/Ott/Wagner-Wieduwilt, Verbraucherkreditgesetz, 2. Aufl. 1994, § 6 Rn 44 f.
[3] BGHZ 129, 371, dazu Besprechung *Emmerich*, JuS 1995, 1132.
[4] Vgl Rn 13/116 f.
[5] *Masuch* in Münchener Kommentar z. BGB, 6. Aufl. 2012, § 355 Rn 41; Palandt/*Grüneberg*, BGB, 74. Aufl. 2015, § 355 Rn 5.
[6] BGH WM 1997, 1356; BGH WM 1993, 416; OLG Köln ZIP 1994, 776; Palandt/*Grüneberg*, BGB, 74. Aufl. 2015, § 355 Rn 5; Staudinger/*Kessal-Wulf*, BGB, Neubearbeitung 2012, § 495 Rn 50; *Münstermann/Hannes*, Verbraucherkreditgesetz, 1991, Rn 340; *Peters*, DZWir 1994, 353.

kennbar sein. Gemäß § 355 Abs. 1 Satz 4 BGB besteht keine Pflicht zur Begründung des Widerrufs. Der Widerruf ist als Gestaltungsrecht grundsätzlich bedingungsfeindlich und nach seinem Wirksamwerden unwiderruflich.[1]

13/135 Der Widerruf kann formlos erfolgen (§ 355 Abs. 1 Satz 2 BGB), mithin auch mündlich oder per E-Mail. Aus Dokumentations- und Beweiszwecken erscheint es ratsam, in Textform (§ 126 b BGB) zu widerrufen.[2]

13/136 Der Widerruf wird erst mit Zugang wirksam, so dass das Verlustrisiko der Widerrufserklärung der Verbraucher trägt.[3] Ist die ursprüngliche **Widerrufserklärung** rechtzeitig abgesandt worden, aber auf dem Transportweg **verloren gegangen**, so dass sie den Leasinggeber nicht erreicht, kann der Widerruf auch noch nach Ablauf der Widerrufsfrist vom Verbraucher nachgeholt werden. Allerdings muss der Verbraucher den ersten Widerruf fristgerecht und richtig adressiert abgesandt haben.[4] Nach Kenntniserlangung vom fehlenden Zugang muss der Verbraucher unverzüglich (ohne schuldhaftes Zögern im Sinne von § 121 Abs. 1 Satz 1 BGB) den Widerruf nachholen.[5]

Die **Beweislast** den ordnungsgemäßen **Widerruf**, d. h. für die rechtzeitige, fristwahrende Absendung, den Inhalt sowie den Zugang, hat der Verbraucher nach allgemeinen Beweislastregeln zu tragen.[6]

13/137 Dem Widerruf könnte allerdings der **Einwand** der **unzulässigen Rechtsausübung** bzw. **Verwirkung (§ 242 BGB)** entgegenstehen. Das ist anzunehmen, wenn der Berechtigte zum einen grundsätzlich über sein Recht zum Widerruf belehrt worden ist, d. h. der zur Unwirksamkeit der Widerrufsbelehrung führende Mangel offenkundig keinen Einfluss auf die Entscheidung des Berechtigten gehabt hat, an dem Vertragsschluss festhalten zu wollen. Zum anderen müsste zunächst der Berechtigte sein Widerrufsrecht längere Zeit nicht geltend gemacht haben und es durfte sich ferner der Gegner mit Rücksicht auf das gesamte Verhalten des Berechtigten darauf einrichten, dass dieser sein Recht auch in Zukunft nicht geltend machen wird.[7]

13/138 Die **Folgen eines wirksamen Widerrufes** ergeben sich aus §§ 355, 357 a BGB. Ein Rückgriff auf die Rücktrittsregelungen ist nicht vorgesehen (anders noch § 357 BGB a. F., der auf die Rücktrittsvorschriften verwies; vgl. auch vormals § 361a BGB a. F. bzw. § 7 Abs. 4 VerbrKrG a. F. i. V. m. § 3 HWiG a. F.).

Aus § 355 Abs. 3 Satz 1 BGB ergibt sich die Pflicht zur **Rückgewähr** der **empfangenen Leistungen**. Die 30-tägige-**Frist** für die **Rückgewähr** beginnt für den Leasinggeber mit dem Zugang und für den Verbraucher/Leasingnehmer mit der Abgabe der Widerrufserklärung (§§ 355 Abs. 3 Satz 2, 357 a Abs. 2 BGB).

Der Anspruch des Leasinggebers auf Ersatz des Wertverlustes infolge bestimmungsgemäßen Gebrauches, Unterganges oder Verschlechterung der Leasingsache ergibt sich aus §§ 357 a Abs. 3 Satz 4, Abs. 2, 357 Abs. 7 BGB. Für die Zeit der Nutzung könnte in der Regel die Höhe der Leasingrate als Maß des Wertersatzes herangezogen werden, da sie typischerweise den anteiligen Substanzverzehr widerspiegelt, der der Vollamortisationskalkulation beim Finanzierungsleasing[8] zugrunde liegt.[9]

Zu Gunsten des Verbrauchers regelt § 361 Abs. 1 BGB, dass weitergehende Ansprüche gegen den Verbraucher infolge des Widerrufs nicht bestehen.

---

[1] Palandt/*Grüneberg*, BGB, 74. Aufl. 2015, § 355 Rn 5; *Masuch* in Münchener Kommentar z. BGB, 6. Aufl. 2012, § 355 Rn 41.
[2] Palandt/*Grüneberg*, BGB, 74. Aufl. 2015, § 355 Rn 6.
[3] Vgl. Staudinger/*Kessal-Wulf*, BGB, Neubearbeitung 2012, § 495 Rn 50 f.; *Masuch* in Münchener Kommentar z. BGB, 6. Aufl. 2012, § 355 Rn 41; *v. Westphalen* in v. Westphalen/Emmerich/v. Rottenburg, § 7 Rn 35; a. A. *Reinicke/Tiedke*, ZIP 1992, 217 (219).
[4] Staudinger/*Kessal-Wulf*, BGB, Neubearbeitung 2012, § 495 Rn 51.
[5] OLG Dresden ZIP 2000, 362 (363 f.); *Masuch* in Münchener Kommentar z. BGB, 6. Aufl. 2012, § 355 Rn 56.
[6] Palandt/*Grüneberg*, BGB, 74. Aufl. 2015, § 355 Rn 16; § 361 Rn 3.
[7] KG, Urteil vom 16.8.2012, 8 U 101/12; OLG Düsseldorf WM 2010, 2258 (2260); zur Problematik ordnungsgemäßer Widerrufsbelehrungen und etwaigen Verstößen erklärter Widerrufe gegen § 242 BGB z. B. *Peters*, WM 2014, 2145 ff., jeweils m. w. N.
[8] Dazu siehe Rn 13/69.
[9] Vgl. *Bülow/Artz*, Verbraucherkreditrecht, 8. Aufl. 2014, § 495 Rn 228.

IV. Verbundene Geschäfte

13/139

Der Gesetzgeber hatte bereits die Gelegenheit der Modernisierung des Schuldrechtes auch insoweit genutzt, als dass er in §§ 499 Abs. 2, 500 BGB a. F. die Frage, ob die **Regelungen für Verbundene Geschäfte** auf **Finanzierungsleasingverträge** anwendbar sind, klarstellend beantwortete. § 500 BGB a. F. regelte ausdrücklich, dass Finanzierungsleasingverträge Verbundene Geschäfte sein können.

Der jetzige § 506 Abs. 1 BGB verweist ebenso (unter anderem) auf die entsprechend anzuwendenden Regelungen zum Verbundenen Geschäft (§§ 358 bis 360 BGB). Die gesetzliche Bezugnahme auf „Finanzierungsleasingverträge" findet sich jedoch nicht mehr. Stattdessen spricht § 506 Abs. 1 BGB insoweit von „sonstigen entgeltlichen Finanzierungshilfen", zu denen die Finanzierungsleasingverträge gehören, die die Kriterien des § 506 Abs. 2 Satz 1 BGB erfüllen.[1]

Entscheidend ist, ob und wenn ja für welche Fallkonstellationen ein Verbundenes Geschäft bei derartigen Finanzierungsleasingverträgen in Betracht kommt.[2] Auszugehen ist davon, dass für den Verbraucher als Leasingnehmer in der Regel letztlich nur eine vertragliche Verpflichtung besteht, nämlich diejenige aus dem Finanzierungsleasingvertrag. Demgegenüber setzt § 358 Abs. 3 BGB voraus, dass zwei Verträge, sowohl ein Darlehensvertrag als auch ein Kauf- oder Leistungsvertrag, nebeneinander bestehen. Zumindest nach Abschluss des Finanzierungsleasingvertrages hat der Leasingnehmer regelmäßig nur (noch) eine vertragliche Beziehung zum Leasinggeber, keine aber mehr zu dem Verkäufer des Leasingobjektes, so dass auch schon unter der Geltung des Verbraucherkreditgesetzes eine direkte Anwendung der Regelungen über das Verbundene Geschäft (§ 9 VerbrKrG a. F.) nach herrschender Meinung ausschied.[3] Folgerichtig spricht § 506 Abs. 1 BGB daher von einer entsprechenden Anwendung.

Inwieweit eine entsprechende Anwendung zum einen der Regelungen des Widerrufsrechtes bei verbundenen Geschäften gemäß § 358 BGB und zum anderen des Einwendungsdurchgriffes nach § 359 BGB in Betracht kommt, wird nachstehend behandelt.

1. Widerrufsrecht und Verbundene Geschäfte

13/140

Ein Anlass, sich über eine entsprechende Anwendung des § 358 BGB Gedanken zu machen, besteht, wenn der Leasingnehmer sowohl einen Kauf- als auch einen Finanzierungsleasingvertrag unterschrieben hat, eine Verknüpfung zwischen Kauf- und Finanzierungsleasingvertrag im Sinne eines verbundenen Geschäftes gemäß § 358 Abs. 3 BGB vorliegt (der Lieferant als „Verhandlungsgehilfe" des Leasinggebers Leasinggebers[4]) und es nicht ausgeschlossen erscheint, dass der Leasingnehmer an den ursprünglich von ihm abgeschlossenen Kaufvertrag gebunden bleibt.[5] Hinzu kommt die Frage, ob zusammenhängende Verträge im Sinne von § 360 BGB vorliegen und deshalb § 358 Abs. 4 Satz 1 bis 3 BGB entsprechend anzuwenden ist.

Auf die Fälle, in denen der Leasingnehmer lediglich einen Finanzierungsleasingvertrag und nicht noch zusätzlich einen Kaufvertrag unterschreibt, treffen diese Überlegungen also von vornherein nicht zu.

Streitig ist, wie es sich mit dem so genannten **Eintrittsmodell** verhält, bei dem der Verbraucher typischerweise zunächst mit dem Lieferanten einen Kaufvertrag schließt, in den der Leasinggeber bei Abschluss des Leasingvertrages (vermittelt durch den Lieferanten) anstelle des Verbrauchers eintritt und damit der Verbraucher aus dem Kaufvertrag ausscheidet.

Nach einer Ansicht bedarf es keines Widerrufsrechtes mit der Folge eines Nichtbestehens des Kaufvertrages, denn es fehle bereits an der für eine Verbundkonstellation erforderlichen Bindung des Verbrauchers an zwei selbstständige Verträge. Der Leasinggeber werde bei dem Eintrittsmodell typi-

---

[1] Im Einzelnen dazu siehe Rn 13/108 ff.
[2] BT-Drucks. 16/11643, S. 91.
[3] *Ott* in Bruchner/Ott/Wagner-Wieduwilt, Verbraucherkreditgesetz, 2. Aufl. 1994, § 9 Rn 150 f.; *Lieb*, WM 1991, 1533 (1534); *Peters*, WM 2006, 1183 (1191); *Reinicke/Tiedtke*, ZIP 1992, 217 (227); *Slama*, WM 1991, 569 (572); *Zahn*, DB 1991, 81 (83); *ders.*, DB 1991, 687 (688); a. A. *Canaris*, ZIP 1993, 401 (406 f.); vgl. auch OLG Rostock DZWir 1996, 425 (426).
[4] Dazu siehe Rn 13/84.
[5] Vgl. z. B. *Emmerich* in v. Westphalen/Emmerich/v. Rottenburg, Verbraucherkreditgesetz, 2. Aufl. 1996, § 9 Rn 207 f.; OLG Rostock DZWir 1996, 425 (426).

scherweise mit dem Zustandekommen des Vertrages des Leasingvertrages alleiniger Vertragspartner des Verkäufers/Lieferanten. Es fehle daher an dem Aufspaltungsrisiko, dem u. a. mit der Anwendung des § 358 BGB entgegengewirkt werden soll. Der Verbraucher sei hinreichend durch eine sachgerechte Handhabung der leasingtypischen Wechselbeziehungen zwischen Kaufvertrag und Leasingvertrag geschützt.[1]

Die Gegenmeinung hebt hervor, dass für Finanzierungsleasingverträge in § 506 Abs. 1 Satz 1 BGB u. a. die entsprechende Anwendung der §§ 358 bis 360 BGB angeordnet wird und von daher grundsätzlich auch ein Anwendungsbereich eröffnet sein müsste, wenn nicht diese Verweisung in Gänze leerlaufen soll. Zudem sei im Falle des Eintrittsmodells durchaus eine an die Konstellation eines Verbundenen Geschäftes angenäherte Situation gegeben, denn der Verbraucher hat tatsächlich zwei unterschiedliche Verträge, den Kaufvertrag und den Leasingvertrag, unterschrieben.[2]

Der BGH hat sich hinsichtlich eines „Altfalles" (§§ 499 Abs. 2, 500 BGB a. F.) der erstgenannten Auffassung angeschlossen.[3] In der Begründung hebt der BGH hervor, dass in einer solchen Leasing-Konstellation es an der für eine Verbundkonstellation erforderlichen Mehrzahl von Vertragsverhältnissen fehle, wobei das eine der Finanzierung des anderen dienen müsse. Bei dem Eintrittsmodell diene jedoch das Leasinggeschäft nicht der Finanzierung des Erwerbsgeschäftes des Verbrauchers, sondern das Kaufgeschäft des Leasinggebers ermögliche das mit dem Verbraucher als Leasingnehmer zu Stande kommende Leasinggeschäft. Zum anderen sei auch eine entsprechende Anwendung des § 358 BGB mangels Schutzbedürftigkeit des Verbrauchers nicht geboten. Er sei bereits hinreichend durch die leasingtypische Wechselbeziehung zwischen Kauf- und Leasingvertrag und deren Handhabung durch die höchstrichterliche Rechtsprechung geschützt. So käme eine ausdrücklich oder konkludent vereinbarte auflösende Bedingung dahingehend in Betracht, dass der Bestand des Erwerbsvertrages abhängig ist von dem Zustandekommen der Leasingfinanzierung und dem damit einhergehenden Eintritt des Leasinggebers in den Erwerbsvertrag (mit entsprechendem „Ausscheiden" des Verbrauchers aus dem Erwerbsvertrag). Selbst wenn eine solche Bedingung nicht vorliege, entspräche es regelmäßig in der Variante des Eintrittsmodells einer interssengerechten Auslegung des Erwerbsvertrags, dass das Zustandekommen des in Aussicht genommenen Leasingvertrags dessen Geschäftsgrundlage sein soll. Anders könne das nur sein, wenn der Verbraucher deutlich macht, das Finanzierungsrisiko auch übernehmen zu wollen, wenn der Leasingvertrag nicht geschlossen wird.

Der BGH hat die Sache sodann an das OLG Düsseldorf zwecks weiterer Feststellungen zum Sachverhalt zurückverwiesen. Die daraufhin ergangene Entscheidung des OLG Düsseldorf[4] zeigt auf, dass hier durchaus der „Teufel im (Sachverhalts-) Detail" stecken kann. Während eine ausdrückliche oder konkludent vereinbarte auflösende Bedingung von dem Gericht nicht festgestellt werden konnte, da anlässlich der Unterzeichnung des Erwerbsvertrages der Verbraucher (Existenzgründer) akzeptiert hatte, dass der Bestand des Erwerbsvertrages unabhängig von dem Zustandekommen des Leasinggeschäftes ist (Randnummer 18 der OLG-Entscheidung), sieht es das OLG als erwiesen an, dass das Zustandekommen des Leasingvertrags die Geschäftsgrundlage für das Erwerbsgeschäft gewesen ist. Die Abgrenzung zur Akzeptanz der Unabhängigkeit beider Verträge wird vom OLG darin gesehen, dass der Verbraucher (Existenzgründer) „nur notgedrungen" sich mit dem vom Leasinggeschäft losgelösten Abschluss des Erwerbsgeschäftes „abgefunden hat" und einen „rechtlich maßgeblichen Willen zum Verzicht" auf den Schutz der Geschäftsgrundlage-Behandlung nicht geäußert hat (Randnummer 24 der OLG-Entscheidung).[5]

Ein schmaler Grad, um zum hinreichenden Schutz des Verbrauchers in einem solchen Fall zu kommen, der – so der BGH (s. o.) – eine entsprechende Anwendung des § 358 BGB nicht erforderlich

---

[1] OLG Düsseldorf WM 2010, 2258 (2259 f.); OLG Frankfurt/M., Urteil vom 28.1.2009, 17 U 241/08; OLG Brandenburg, Urteil vom 23.4.2008, 3 U 115/07; *Wolf/Eckert/Ball*, Handbuch des gewerblichen Miet-, Pacht- und Leasingrechts, 10. Aufl. 2009, Rn 1799 ff.; *Lieb*, WM 1991, 1533 (1535 f.).
[2] OLG Rostock DZWir 1996, 425 (426); *Habersack* in Münchener Kommentar z. BGB, 6. Aufl. 2012 § 358 Rn 17; Staudinger/*Kessal-Wulf*, BGB, Neubearbeitung 2012, § 358 Rn 43 f.; *Bülow/Arzt*, Verbraucherkreditrecht, 8. Aufl. 2014, § 506 Rn 91 f.; *Peters*, WM 2011, 865 (868 f.); *Scholz*, Verbraucherkreditverträge, 2. Aufl. 1992, Rn 302 ff.; *Reinking/Nießen*, ZIP 1991, 634 (637 f.); vgl. auch *Canaris*, ZIP 1993, 401 (407 f.), der über eine direkte Anwendung des damaligen § 9 Abs. 2 VerbrKrG zum gleichen Ergebnis kommt.
[3] BGH WM 2014, 1048 (1049 f.) = BGH NJW 2014, 1519 f.
[4] OLG Düsseldorf, Urteil vom 27.6.2014, I-17 U 187/11.
[5] *Harriehausen*, NJW 2015, 1422 (1425) bezweifelt in diesem Zusammenhang, dass das OLG Düsseldorf die Vorgaben des BGH insoweit zutreffend interpretiert hat.

machen soll. Aus der Randnummer 20 der OLG-Entscheidung könnte auch ein „Unbehagen" herauszulesen sein, denn hier findet sich eingangs zu den vorskizzierten Ausführungen des OLG Folgendes:

> „...wird der Käufer nach der für den Senat bindenden Ansicht des Bundesgerichtshofs in einem derartigen Fall nicht schutzlos gestellt."

Nimmt man die Kritik[1] an dieser BGH-Entscheidung hinzu, die darauf verweist, dass die Situation beim Eintrittsmodell genau die Situation sei, vor der § 358 BGB den Verbraucher schützen soll, nämlich bei Widerruf seiner auf den Abschluss des Leasingvertrags gerichtete Willenserklärung an den Erwerbsvertrag gebunden zu bleiben, erscheint schon zweifelhaft, ob der vom BGH für sich reklamierte ebenso effektive Verbraucherschutz tatsächlich erreicht wird. Zudem dürften die vom BGH angeführten Möglichkeiten der Vertragsgestaltungen, Auslegungen sowie die leasingtypischen Rechtsprechungshandhabungen dem durchschnittlichen Verbraucher i. d. R. unbekannt sein, was ebenfalls ein Manko darstellen könnte. Ferner verhält sich diese BGH-Entscheidung noch zur Rechtslage vor der recht weit gehenden Umgestaltung des Verbraucherdarlehensrechtes mit entsprechenden Änderungen auch für den Leasingbereich.[2] So wird nunmehr auch im Falle sog. „zusammenhängender Verträge" im Sinne von § 360 BGB n. F. ein Widerrufsdurchgriff zugelassen. Von daher könnte fraglich sein, ob diese Rechtsprechung 1 : 1 in dieser Form auch für „Neufälle" fortgesetzt wird.[3]
Will man die Gefahr evtl. künftig anders lautender Rechtsprechung vermeiden, bietet es sich an, derartige „Eintrittsmodell-"Leasingverträge mit einer qualifizierten Widerrufsinformation zu versehen, aus der hervorgeht, dass der Verbraucher im Falle seines rechtzeitigen Widerrufs weder an den Leasingvertrag noch an das Kaufgeschäft gebunden ist.

2. Einwendungsdurchgriff 13/141

Ebenso ist umstritten, ob bei der oben angesprochenen Eintrittsmodell-Konstellationen eine entsprechende Anwendung des **Einwendungsdurchgriffs** nach § 359 BGB (vormals: § 9 Abs. 3 VerbrKrG) auf **Finanzierungsleasingverträge** in Betracht kommt.
Während eine Meinung dies u. a. aus den auch schon oben genannten Gründen mit Verweis auf § 506 Abs. 1 Satz 1 BGB bejaht,[4] lehnt eine andere Auffassung,[5] der sich der BGH gemäß dem ebenfalls schon oben angesprochenen Urteil angeschlossen hat,[6] die entsprechende Anwendung auf Finanzierungsleasingverträge ab. Letztere ist der Ansicht, dass der Verbraucher bereits auf Grund der bisherigen Rechtsprechung ausreichend geschützt sei, oder sogar besser, als es § 359 BGB vorsehe. Es wird befürchtet, dass anderenfalls der Schutz des Verbrauchers verringert sei. Diese Auffassung stellt insofern auf die Rechtsprechung des BGH zur leasingtypischen Abtretungskonstruktion bezüglich der Gewährleistungsansprüche ab und vergleicht das mit dem Instrumentarium des § 359 BGB. Der Leasingnehmer hat auf Grund der Abtretung der Gewährleistungsansprüche an ihn die Gewährleistungsansprüche gegenüber dem Lieferanten geltend zu machen. Dem Leasingnehmer wird insoweit entgegengekommen, als dass er zum einen ab Rechtshängigkeit der Klage gegen den Lieferanten die Zahlung der Leasingraten an den Leasinggeber einstellen[7] und zum anderen im Falle des Obsiegens im Prozess gegen den Lieferanten dann auf Grund des Wegfalls der Geschäftsgrundlage des Leasingvertrages von dem Leasinggeber die bereits gezahlten Leasingraten zurückverlangen kann (der Leasinggeber hat stattdessen Anspruch auf eine Nutzungsentschädigung).[8]

---

[1] Siehe z. B. *Harriehausen*, NJW 2014, 1521.
[2] Dazu siehe Rn 13/107.
[3] *Harriehausen*, NJW 2014, 1521.
[4] Staudinger/*Kessal-Wulf*, BGB, Neubearbeitung 2012, § 358 Rn 45; *Bülow/Arzt*, Verbraucherkreditrecht, 8. Aufl. 2014, § 506 Rn 91 f.; *Ott* in Bruchner/Ott/Wagner-Wieduwilt, Verbraucherkreditgesetz, 2. Aufl. 1994, § 9 Rn 155 f.; *Peters*, WM 2011, 865 (868 ff.); *Zahn*, DB 1991, 81 (84); *Seibert*, Verbraucherkreditgesetz, 1991, § 9 Rn 12, jeweils m. w. N.
[5] OLG Düsseldorf WM 2010, 2258 (2259 f.); OLG Frankfurt/M., Urteil vom 28.1.2009, 17 U 241/08; OLG Brandenburg, Urteil vom 23.4.2008, 3 U 115/07; *Wolf/Eckert/Ball*, Handbuch des gewerblichen Miet-, Pacht- und Leasingrechts, 10. Aufl. 2009, Rn 1799 ff.; *Habersack* in Münchener Kommentar z. BGB, 6. Aufl. 2012, § 359 Rn 12; *Lieb*, WM 1991, 1533 (1536 ff.); *Reinking/Nießen*, ZIP 1991, 634 (638).
[6] BGH WM 2014, 1048 (1049 f.) = BGH NJW 2014, 1519 f.
[7] BGH WM 1986, 591 ff. m. w. N.
[8] BGH WM 1990, 25 ff. m. w. N.

Zuzugeben ist dieser Auffassung, dass § 359 BGB einen solchen Rückforderungsanspruch nicht regelt. Allerdings bewirkt die Heranziehung des § 359 BGB für den Verbraucher, dass er bereits anlässlich der Geltendmachung der Mangelhaftigkeit des Leasingobjektes die Zahlung der Leasingraten verweigern darf. Insofern müsste der Verbraucher als Voraussetzung für seine Einstellung der Zahlung der Leasingraten nicht (mehr) die Klage gegen den Verkäufer/Lieferanten erhoben haben. Zu beachten ist hierbei, dass § 359 Abs. 1 Satz 3 BGB eine partielle Subsidiarität mit Blick auf eine etwaige Nacherfüllung vorsieht. Der Verbraucher müsste also ggfs. zunächst das Fehlschlagen der Nacherfüllung noch abwarten.

Im Vergleich zur Rechtsprechung vor Geltung des Verbraucherkreditgesetzes a. F. (Anfang 1991 in Kraft getreten) hätte der Verbraucher als Leasingnehmer über § 359 BGB mithin weiter gehende Rechte bezüglich der Möglichkeit, die Zahlung der Leasingraten an den Leasinggeber begründet zu verweigern. Er könnte schon vor Anstrengung eines Prozesses gegen den Lieferanten die Zahlung seiner Leasingraten an den Leasinggeber ggfs. einstellen. Hiermit beschäftigt sich die Meinung, die die entsprechende Anwendung des § 359 BGB ablehnt, nicht näher.

Die zudem von ihr angeführte Begründung, der Verbraucher sei mangels des in § 359 BGB geregelten Rückforderungsanspruches dann schlechter geschützt, überzeugt nicht ohne Weiteres. Wendet man wegen des vorstehend angesprochenen Vorteils § 359 BGB entsprechend im Hinblick auf die Möglichkeit der Einstellung der Zahlung der Leasingraten an, so ist nicht ersichtlich, warum eine analoge Anwendung eine irgendwie geartete „Sperrwirkung" nach sich ziehen muss. Bei der entsprechenden Anwendung des § 359 BGB geht es um die Schließung einer Regelungslücke dadurch, dass die Regeln des Einwendungsdurchgriffes entsprechend zur Anwendung kommen. Das Thema eines etwaigen Rückforderungsanspruches wird insoweit weder behandelt, noch entschieden. Diesbezüglich könnte es bei der Herleitung und Begründung der bisherigen Rechtsprechung verbleiben.

Da sich beide Meinungen im praktischen Ergebnis letztlich nur in einer Nuance unterscheiden, bleibt abzuwarten, ob es tatsächlich einmal einen Fall gibt, bei dem es auf diese Differenzierung ankommt.

13/142 V. Kündigung/Gesamtfälligstellung

Die Anwendung des § 498 BGB auf **Finanzierungsleasingverträge** ist problematisch, da diese Vorschrift auf Darlehen und Teilzahlungsgeschäfte zugeschnitten ist. Der Gesetzeswortlaut stellt für den erforderlichen Ratenrückstand auf den „Nennbetrag des Darlehens" (§ 498 Abs. 1 Nr. 1 BGB) bzw. den „Gesamtbetrag" (§ 508 Satz 2 BGB) ab.

Umstritten ist, wie eine entsprechende Berechnungsweise bei Finanzierungsleasingverträgen zu erfolgen hat. Die unterschiedlichen Sichtweisen gehen in wiederum verschiedenen Ausformungen von dem Gesamtbetrag (= Anzahlung und alle vom Verbraucher zu entrichtenden Teilzahlungen einschließlich Zinsen und sonstiger Kosten) oder von dem Nennbetrag (= gesamter kreditierter Betrag, zusammengesetzt aus dem Nettodarlehensbetrag und den mitkreditierten Einmalkosten) aus. Zum Teil wird vertreten, dass die Haftung des Verbrauchers als Leasingnehmer sich bei einem Finanzierungsleasingvertrag regelmäßig auf volle Kostendeckung zu richten und er insofern auch für die so genannten „Restwerte" einzustehen habe, was sich entsprechend bei der Errechnung des erforderlichen Ratenrückstandes niederschlagen müsse.[1]

Dem hat sich die Rechtsprechung nicht angeschlossen und sich vielmehr für eine (vereinfachte) Berechnung an Hand der **Gesamtsumme der Leasingraten** entschieden, vornehmlich mit der Begründung, dass allein die von dem Verbraucher zu erbringenden Leasingraten als kreditiert anzusehen sind.[2]

---

[1] Vgl. *Schürnbrand* in Münchener Kommentar z. BGB, 6. Aufl. 2012, § 498 Rn 15; *Bülow/Artz*, Verbraucherkreditrecht, 8. Aufl. 2014, § 506 Rn 119; *Emmerich* in v. Westphalen/Emmerich/v. Rottenburg, Verbraucherkreditgesetz, 2. Aufl. 1996, § 12 Rn 13 ff.; *Münstermann/Hannes*, Verbraucherkreditgesetz, 1991, Rn 653; *Reinking/Nießen*, ZIP 1991, 634 (638 ff.); *Schmid-Burgk/Schölermann*, BB 1991, 566 (568); *Slama*, WM 1991, 569 (573); *Müller-Sarnowski*, BB 1994, 446 ff.; *Scholz*, BB 1994, 805 ff.
[2] BGH NJW 2001, 1349; OLG Karlsruhe, Urteil vom 21.10.1999, 19 U 117/98; vgl. auch *Emmerich* in v. Westphalen/Emmerich/v. Rottenburg, Verbraucherkreditgesetz, 2. Aufl. 1996, § 12 Rn 18.

Das ist im Falle der beabsichtigten Kündigung eines Verbraucher-Leasingvertrages wegen Zahlungsverzuges entsprechend zu beachten.

Im Hinblick auf die nach § 498 BGB zu beachtenden Kündigungsvorgaben wegen Zahlungsverzuges ist hervorzuheben, dass es in der gemäß § 498 Abs. 1 Satz 1 Nr. 2 BGB erforderlichen Kündigungsandrohung mit Fristsetzung der genauen Bezeichnung des rückständigen Betrages bedarf. Diesbezügliche Zuvielforderungen, auch wenn es sich insoweit nur um betragsmäßig eher vernachlässigbare Nebenforderungen, wie z. B. überhöhte Mahngebühren, handelt, können zur Unwirksamkeit der Kündigung führen. Allerdings wird die Kündigung wegen Zahlungsverzugs nicht dadurch unwirksam, dass der Leasingnehmer vor Kündigungsausspruch im Wege der Zahlung eines Teiles des rückständigen Betrages den dann noch offenstehenden Teil unter die nach § 498 Abs. 1 Satz 1 Nr. 1 BGB verlangte Rückstandsquote zurückführt.[1]

Wurde der **Leasingvertrag mit mehreren Personen** geschlossen, kann der Leasingvertrag nur einheitlich gegenüber allen Leasingnehmern gekündigt werden. Ist oder sind darunter einer oder mehrere Verbraucher (z. B. der Geschäftsführer[2]), hängt die Wirksamkeit der Kündigung wegen Zahlungsverzuges insoweit von der Einhaltung der Vorgaben des § 498 BGB ab.[3] Weigert sich der Leasingnehmer ernsthaft und endgültig, die geschuldeten Leistungen weiter zu erbringen, kann unabhängig von den Vorgaben des § 498 BGB der Leasinggeber den Leasingvertrag auch **fristlos kündigen**.[4]

---

[1] BGH WM 2005, 459 ff.; OLG Karlsruhe BKR 2014, 113 (114); *Schürnbrand* in Münchener Kommentar z. BGB, 6. Aufl. 2012, § 498 Rn 19; Staudinger/*Kessal-Wulf*, BGB, Neubearbeitung 2012, § 498 Rn 22; *Münstermann/Hannes*, Verbraucherkreditgesetz, 1991, § 12 Rn 667; a. A. *Emmerich* in v. Westphalen/Emmerich/v. Rottenburg, Verbraucherkreditgesetz, 2. Aufl. 1996, § 12 Rn 27 ff.; *Bruchner* in Bruchner/Ott/Wagner-Wieduwilt, Verbraucherkreditgesetz, 2. Aufl. 1994, § 12 Rn 20.
[2] Zum Schuldbeitritt siehe Rn 13/116 f.
[3] BGH NJW 2000, 3133 ff.
[4] Vgl. BGH WM 2007, 440 (442); a. A. OLG Celle WM 2007, 71 (72 f.), jeweils m. w. N.

F. Zwangsvollstreckung

I. Zwangsvollstreckung – Gläubiger des Leasingnehmers

13/143 Da der Leasingnehmer an dem Leasinggegenstand Gewahrsam im Sinne von § 808 Abs. 1 ZPO hat, kann der Gerichtsvollzieher bei Zwangsvollstreckungen gegen den Leasingnehmer **in den Leasinggegenstand vollstrecken** und wird ihn grundsätzlich in Besitz nehmen. Der Gerichtsvollzieher braucht nicht zu beachten, dass der Gegenstand möglicherweise im Eigentum eines Dritten steht. Nur im Ausnahmefall müsste er das Eigentum der Leasinggesellschaft berücksichtigen, nämlich dann, wenn „... nach Lage der Dinge vernünftigerweise überhaupt kein Zweifel daran bestehen kann, dass Rechte dritter Personen der Inanspruchnahme ... entgegenstehen".[1] Weder die Anbringung eines Schildes am Leasinggegenstand noch die Vorlage des Leasingvertrages kann allerdings bewirken, dass „überhaupt kein Zweifel" am Eigentum der Leasinggesellschaft besteht.[2] Dem Leasinggeber steht aber die **Drittwiderspruchsklage** nach § 771 ZPO zu.[3] Dies gilt auch dann, wenn dem Leasingnehmer das „wirtschaftliche Eigentum" an dem Leasinggut handels- und steuerrechtlich zugerechnet wird; denn das „wirtschaftliche Eigentum" im Sinne von § 39 AO ist von dem zivilrechtlichen Eigentumsbegriff zu trennen.[4] § 771 ZPO setzt für die Einstellung der Zwangsvollstreckung lediglich voraus, dass dem Widerspruchskläger „ein die Veräußerung hinderndes Recht" zusteht. Selbst wenn das Leasinggut handelsrechtlich und steuerrechtlich dem Leasingnehmer zugerechnet werden muss, hat er noch nicht die Berechtigung zur Veräußerung; diese verbleibt regelmäßig beim Leasinggeber. Die Leasingverträge enthalten demgemäß auch üblicherweise die Verpflichtung des Leasingnehmers, den Leasinggeber unverzüglich von einer drohenden oder bewirkten Zwangsvollstreckung in den Leasinggegenstand zu informieren.

13/144 Das **Recht auf Nutzung des Leasinggegenstandes** kann ein Gläubiger des Leasingnehmers nicht ohne Weiteres pfänden. Zwar könnte das Nutzungsrecht als selbstständiger Vermögenswert angesehen werden.[5] Ferner kann ein unveräußerliches Recht gemäß § 857 Abs. 3 ZPO gepfändet werden, wenn „... die Ausübung einem anderen überlassen werden kann". Aber der Leasingnehmer ist regelmäßig ohne die Einwilligung des Leasinggebers nicht berechtigt, die ihm aus dem Vertrag zustehenden Ansprüche und Rechte zu übertragen (vgl. § 540 BGB).[6] Darf er keine Verfügungen über den Leasinggegenstand treffen, scheidet auch eine Pfändbarkeit aus.

13/145 Strittig ist, ob **vertragliche Nebenrechte des Leasingvertrages** gepfändet werden können. Unpfändbar ist das Recht des Leasingnehmers auf **Verlängerung des Leasingvertrages** nach Ablauf der Grundleasing-/-mietzeit. Dieses Recht würde allerdings auch keinen wirtschaftlichen Wert darstellen, weil die Nutzung des Leasinggutes ohnehin nur dem Leasingnehmer zusteht.[7]

Umstritten ist auch, ob das **Recht zum Kauf** der Leasingsache (Kaufoption) pfändbar ist. Eine Ansicht lehnt die dies betreffende Pfändungsmöglichkeit mit dem Argument ab, dass der Leasinggeber seine dingliche Erklärung bis zu ihrer Annahme in Form der Ausübung der Kaufoption durch den Leasingnehmer frei widerrufen könne und damit der Vollrechtserwerb nicht allein vom Willen des Leasingnehmers abhänge.[8] Dieser Meinung kann entgegengehalten werden, dass Willenserklärungen nur bis zu deren Zugang beim Empfänger, hier dem Leasingnehmer, „frei" widerrufbar sind. Die Willenserklärung des Leasinggebers in Form der Einräumung der Kaufoption ist regelmäßig in dem Leasingvertrag enthalten, den beide, der Leasinggeber und der Leasingnehmer, unterschreiben. Damit ist die diesbezügliche Willenserklärung des Leasinggebers (Einräumung der Kaufoption) beim Leasingnehmer zugegangen, so dass eine „freie" Widerrufbarkeit seitens des Leasinggebers dann nicht (mehr) in Betracht kommen kann. Des Weiteren ist in diesem Fall ja gerade vertraglich vorgesehen, dass der Leasinggeber hieran bis zum Ende der Grundleasing-/mietzeit gebunden sein soll, damit der

---

[1] BGH LM Nr. 2 zu § 808 ZPO.
[2] *Borggräfe*, Die Zwangsvollstreckung in bewegliches Leasinggut, 1976, S. 83 ff.
[3] *Seifert*, DB 1983, Beilage Nr. 1, S. 12; *Koch* in v. Westphalen, Der Leasingvertrag, 7. Aufl. 2015, S. 1019.
[4] BFH BStBl. II 1970, 271; *Borggräfe*, Die Zwangsvollstreckung in bewegliches Leasinggut, 1976, S. 88 f.
[5] *Borggräfe*, Die Zwangsvollstreckung in bewegliches Leasinggut, 1976, S. 97 ff.
[6] OLG Düsseldorf WM 1988, 880, m. Anm. *Emmerich* in WuB I J 2. – 8.88; *Koch* in v. Westphalen, Der Leasingvertrag, 7. Aufl. 2015, S. 1026 ff.
[7] *Borggräfe*, Die Zwangsvollstreckung in bewegliches Leasinggut, 1976, S. 145; *Koch* in v. Westphalen, Der Leasingvertrag, 7. Aufl. 2015, S. 1029 ff.
[8] *Koch* in Münchener Kommentar z. BGB, 6. Aufl. 2012, Leasing Rn 146 m. w. N.

Leasingnehmer dann die Wahl hat, dieses (Kauf-) Angebot anzunehmen oder nicht. Im Übrigen wird es dem Leasinggeber hierbei darauf ankommen, die Gegenleistung für die Ausübung der Kaufoption zu erhalten. Mithin spricht aus der Sicht des Leasinggebers nichts gegen die Pfändbarkeit, so dass es auch aus diesem Blickwinkel vernachlässigbar sein dürfte, wer das Recht zum Kauf ausübt. Gleichwohl lehnt die h. M. die Pfändbarkeit des Kaufoptionsrechtes ab, da dadurch in einen fremden Vertrag und im Wege der ggfs. Ausübung dieser Option in die Vertragsfreiheit der betreffenden Vertragspartei eingegriffen werden würde.[1]

Übt der Leasingnehmer selbst die Kaufoption aus, kann der pfändende Gläubiger zwar den Anspruch auf Übereignung pfänden. Allerdings ist der Leasinggeber nur Zug um Zug gegen Zahlung des Optionspreises zur Übereignung des Leasinggutes verpflichtet, so dass sich die Frage nach der wirtschaftlichen Sinnhaftigkeit einer solchen Pfändung stellen wird.[2]

Eine **Restwert-** bzw. **Mehrerlösbeteiligung** des Leasingnehmers[3] ist pfändbar, weil sie eine auf Zahlung von Geld gerichtete Forderung ist und daher selbstständig im Rahmen der Abwicklung der Vertragsbeziehungen geltend gemacht werden kann (§§ 829, 835 ZPO).[4] **13/146**

II. Zwangsvollstreckung – Gläubiger des Leasinggebers 13/147

Gläubiger des Leasinggebers können dessen **Forderungen gegen den Leasingnehmer** pfänden und sich zur Einziehung überweisen lassen (§§ 829, 835 ZPO).[5]

Eine Pfändung des **Leasinggegenstandes** gemäß § 809 ZPO beim Leasingnehmer ist demgegenüber nur dann möglich, wenn dieser zur Herausgabe des Leasinggegenstandes bereit ist; denn der Leasinggeber ist lediglich mittelbarer Eigenbesitzer. Im Regelfall wird diese Herausgabebereitschaft nicht gegeben sein, so dass ein Zugriffsversuch der Gläubiger des Leasinggebers auf den Leasinggegenstand ohne Erfolg bleiben dürfte.[6]

Für die Frage der Zwangsvollstreckung in ein etwaiges Andienungsrecht des Leasinggebers gilt das oben unter Rn 13/145 zur Kaufoption des Leasingnehmers Ausgeführte entsprechend, wobei im Falle der Ausübung des Andienungsrechtes durch den Leasinggeber der dadurch entstehende Kaufpreisanspruch gegen den Leasingnehmer pfändbar ist.[7]

---

[1] *Koch* in v. Westphalen, Der Leasingvertrag, 7. Aufl. 2015, S. 1030 ff. LG Berlin MDR 1976, 409 (410), jeweils m. w. N.
[2] Vgl. *Koch* in v. Westphalen, Der Leasingvertrag, 7. Aufl. 2015, S. 1034.
[3] Dazu siehe Rn 13/71.
[4] *Borggräfe*, Die Zwangsvollstreckung in bewegliches Leasinggut, 1976, S. 149; *Koch* in v. Westphalen, Der Leasingvertrag, 7. Aufl. 2015, S. 1029.
[5] *Borggräfe*, Die Zwangsvollstreckung in bewegliches Leasinggut, 1976, S. 156 f.; *Koch* in v. Westphalen, Der Leasingvertrag, 7. Aufl. 2015, S. 1037 ff.
[6] *Borggräfe*, Die Zwangsvollstreckung in bewegliches Leasinggut, 1976, S. 153; *Koch* in v. Westphalen, Der Leasingvertrag, 7. Aufl. 2015, S. 1035.
[7] Vgl. auch *Koch* in v. Westphalen, Der Leasingvertrag, 7. Aufl. 2015, S. 859.

13/148 G. Insolvenz

Die **Bonität des Leasingnehmers** als Zahlungspflichtigem ist für die Einordnung und Einschätzung des in Rede stehenden Leasinggeschäftes sowohl für den Leasinggeber als auch für seinen Refinanzierer von zentraler Bedeutung. Darüber hinaus hat der Refinanzierer allerdings auch die **Risiken**, die mit einer etwaigen **Insolvenz** seines Kunden, **des Leasinggebers**, verbunden sein können, mit abzuschätzen. Es stellt sich für ihn deshalb die Frage, ob die an ihn abzutretenden Leasingforderungen im Falle der Insolvenz des Leasinggebers ihm auch ferner zustehen oder der Insolvenzverwalter ihm diese streitig machen kann, d. h. ob die **Abtretung der Leasingforderungen „insolvenzfest"** ist oder nicht.

Für die Beantwortung dieser Frage ist die Zäsur durch die am 1. Januar 1999 in Kraft getretene Insolvenzordnung zu berücksichtigen. Auf Konkurs-, Vergleichs- und Gesamtvollstreckungsverfahren, die davor beantragt worden sind (das dürften nur noch wenige Fälle sein), finden die vorherigen gesetzlichen Vorschriften weiter Anwendung. Dies gilt auch für Anschlusskonkursverfahren, bei denen der dem Verfahren vorausgehende Vergleichsantrag vor dem 1. Januar 1999 gestellt worden ist (Art. 103 EGInsO). Das Datum der Antragstellung entscheidet mithin darüber, ob für die Behandlung der Leasingverträge altes oder neues (Konkurs-/Insolvenz-) Recht gilt.

Zudem ist es für das Verständnis der Fragen und Problemstellungen der das Leasing betreffenden Insolvenzregelungen, insbesondere hinsichtlich der maßgeblichen Norm des § 108 Abs. 1 Satz 2 InsO, hilfreich, um nicht zu sagen unerlässlich, einen Blick auf die vorherige konkursrechtliche Leasing-Situation zu werfen.

13/149 I. Rechtslage für Insolvenzanträge gestellt vor dem 1.1.1999

1. Konkurs – Leasinggeber

13/150 a) Überlassung des Leasinggutes vor Konkurseröffnung?

Nach der Konkursordnung war Voraussetzung für den Fortbestand des Leasingvertrages, dass dem **Leasingnehmer** das **Leasingobjekt vor** der **Konkurseröffnung überlassen** worden ist (§ 21 Abs. 1 KO). Im Falle der Erfüllung dieser Voraussetzung ist der **Leasingvertrag** auch der **Konkursmasse gegenüber wirksam**, und der Konkursverwalter hat den Vertrag ohne Wahlrecht gemäß § 17 KO zu erfüllen.[1] Aufgrund der Konkurseröffnung ergibt sich für ihn keine Kündigungsmöglichkeit.[2]

Sofern der **Leasingnehmer** das **Leasingobjekt** noch **nicht erhalten** hat, verbleibt es bei dem **Wahlrecht des Konkursverwalters** gemäß § 17 KO.[3] Entscheidet sich der Konkursverwalter für die Nichterfüllung des Leasingvertrages, sind die Ansprüche gegen den Leasingnehmer auf Zahlung der Leasingraten (auch von dem Refinanzierer) nicht durchsetzbar. Wählt der Konkursverwalter Erfüllung, erhalten die Forderungen die Rechtsqualität von originären Forderungen der Masse, so dass er die Leasingraten trotz einer etwaigen (Voraus-)Abtretung zu Gunsten des Refinanzierers für die Masse einziehen kann.[4] Aus diesem Grunde ist für den Refinanzier die Dokumentation der Übergabe des Leasingobjekts an den Leasingnehmer von (mit) entscheidender Bedeutung.[5] Ist das beachtet worden und die Übergabe des Leasingobjektes vor Konkurseröffnung erfolgt, hat der Leasingvertrag Bestand.

Die Frage der „Konkursfestigkeit" der (Voraus-)Abtretung der Leasingforderungen ist damit aber nicht gleichzeitig vollumfänglich beantwortet.

---

[1] BGH WM 1984, 1217 (1219); BGHZ 109, 368 ff. = WM 1990, 197, m. Anm. *Ullrich/Irmen* in WuB VI B. § 21 KO – 1.90; *Häsemeyer* in Festschrift Serick, 1992, S. 153 (162).
[2] *Kuhn/Uhlenbruck*, KO, 11. Aufl. 1994, § 21 Rn 5.
[3] *Kuhn/Uhlenbruck*, KO, 11. Aufl. 1994, § 19 Rn 36; *Fehl*, BB 1998, Supplement Leasing- und Finanz-Berater, S. 12 f.
[4] BGH WM 2002, 1199 ff.; BGH WM 1989, 229, m. Anm. *Sundermann* in WuB VI B. § 15 KO – 1.89 = BB 1989, 374; BGH WM 1987, 380, m. Anm. *Hess* in WuB VI B. § 17 KO – 1.87; BGH ZIP 1991, 945 (946); vgl. auch *Bärenz*, NZI 2006, 72 ff.
[5] Zu den Folgen bei unzutreffender Übernahmebestätigung des Leasingnehmers an den Leasinggeber vgl. BGH WM 2005, 756 ff.

Insolvenz

b) Betagte – befristete Forderungen – Änderung der sachenrechtlichen Zuordnung des Leasinggutes   13/151

Unwirksam ist grundsätzlich ein Rechtserwerb nach Eröffnung des Konkursverfahrens (§ 15 KO). Bei (Voraus-) Abtretungen von Leasingforderungen hat der BGH in seinem Urteil vom 14.12.1989, IX ZR 283/88[1] zwei Abgrenzungskriterien genannt:
Der BGH unterscheidet zwischen **betagten** und **befristeten Forderungen** sowie unter dem Blickwinkel einer etwaigen **Änderung der sachenrechtlichen Zuordnung des Leasinggutes** (es lag der Fall einer Kaufoption zugrunde).
Betagte und damit konkursfeste Forderungen sind gemäß den Ausführungen des BGH solche, die mit Vertragsabschluss entstanden, nur noch nicht fällig sind, während befristete, nicht „konkursfeste" Forderungen aufschiebend befristet (erst) nach Zeitabschnitten entstehen.
Für die (Voraus-)Abtretung von Leasingforderungen hat der BGB mit diesem Urteil eine jedenfalls teilweise Klärung der bis dahin streitigen Fragen im Lichte der Konkursordnung herbeigeführt.

aa) Leasingraten der Grundleasing-/-mietzeit   13/152

Nach dieser Differenzierung des BGH haben die im Voraus abgetretenen **Leasingraten der Grundleasing-/-mietzeit** auch im Konkurs des Leasinggebers Bestand. Es handelt sich regelmäßig um betagte Forderungen, weil von vornherein eine feste Dauer der Leasing-/Mietzeit sowie die Fälligkeit und die Höhe der Leasingraten festgelegt und Kündigungsmöglichkeiten vor Ablauf der Grundleasing-/-mietzeit typischerweise ausgeschlossen sind. Die Leasingraten der Grundleasing-/-mietzeit werden also in einem solchen Fall in jeder Weise durch den Leasingvertrag rechtlich festgelegt und haben dementsprechend als betagte, „konkursfeste" Forderungen zu gelten.[2]

bb) Leasingraten einer sich automatisch anschließenden Verlängerungsphase   13/153

Wird das Leasingverhältnis entsprechend den vor Eröffnung des Konkursverfahrens im Leasingvertrag getroffenen Vereinbarungen über den Ablauf der Grundleasing-/-mietzeit hinaus fortgesetzt, weil der Leasingnehmer von seiner Möglichkeit der Kündigung keinen Gebrauch gemacht hat, so ist die Abtretung der Leasingraten einer derartigen **Verlängerungsphase** „konkursfest", wenn die Leasingraten auch insoweit im Leasingvertrag in jeder Weise rechtlich festgelegt sind.[3]
Problematisch ist bei einer solchen Vertragsvariante für den Refinanzierer, dass die Nichtausübung des Kündigungsrechtes durch den Leasingnehmer in der Vorausschau vorausgesetzt werden muss. Mit der Ausübung des Kündigungsrechtes würden nämlich die gegebenenfalls abgetretenen Leasingraten der Verlängerungsphase nicht zur Entstehung gelangen, d. h., die Abtretung der Raten wäre theoretisch zwar regelmäßig „konkursfest", die Entstehung des Anspruches auf die Raten jedoch in praktischer Hinsicht wirtschaftlich von dem Willen des Leasingnehmers abhängig. Wird durch die Ausübung des Kündigungsrechtes eine Abschlusszahlung des Leasingnehmers ausgelöst, schließt sich folgerichtig die Frage an, ob diese bereits im Leasingvertrag vereinbarte **Abschlusszahlung** des Leasingnehmers dann „konkursfest" dem Refinanzierer auf Grund der (Voraus-)Abtretung zusteht – dazu nachstehend unter Rn 13/157.

cc) Forderungen aus Kaufoptionen   13/154

Die Abtretung des Erlöses aus einer nach Ablauf der Grundleasing-/-mietzeit von dem Leasingnehmer ausgeübten Kaufoption hat der BGH in seiner Entscheidung vom 14.12.1989, IX ZR 283/88 als nicht „konkursfest" eingeordnet.[4] Der BGH begründet die Abgrenzung zur konkursfesten (Voraus-)

---

[1] Vgl. BGHZ 109, 368 ff. = WM 1990, 197, m. Anm. *Ullrich/Irmen* in WuB VI B. § 21 KO – 1.90.
[2] BGHZ 109, 368 ff. = WM 1990, 197, m. Anm. *Ullrich/Irmen* in WuB VI B. § 21 KO – 1.90; BGH WM 1990, 935, m. Anm. *Ullrich/Irmen* in WuB I J 2. – 10.90; BGH ZIP 1992, 930 (932) = WM 1993 606 (609); unter Bezugnahme auf diese Entscheidungen so auch BGH WM 1997, 545 (546) und BGH NZI 2010, 320; *Kuhn/Uhlenbruck*, KO, 11. Aufl. 1994, § 65 Rn 6.
[3] BGHZ 109, 368 ff. = WM 1990, 197, m. Anm. *Ullrich/Irmen* in WuB VI B. § 21 KO – 1.90; vgl. auch BGH ZIP 1992, 930 (933).
[4] BGHZ 109, 368 ff. = WM 1990, 197, m. Anm. *Ullrich/Irmen* in WuB VI B. § 21 KO – 1.90.

Abtretung der Raten der Grundleasing-/-mietzeit sowie der Leasingraten einer automatisch sich anschließenden Verlängerungsphase mit der beabsichtigten Veränderung der sachenrechtlichen Zuordnung des überlassenen Gegenstandes/Leasingobjekts. Wie ausgeführt, ist sowohl die Abtretung der Leasingraten einer Grundleasing-/-mietzeit als auch die Abtretung der Forderungen aus einer sich automatisch anschließenden Verlängerungsphase „konkursfest", weil bei beiden zurzeit der Abtretung der Erwerbstatbestand abgeschlossen ist und lediglich die Fälligkeit der Raten noch hinzukommen muss.

Dagegen **fehlt** bei dem Restwert auf Grund einer Kaufoption noch **ein Teil des Erwerbstatbestandes** in Form der Ausübung der Kaufoption durch eine entsprechende Erklärung des Leasingnehmers.

Dem Urteil des BGH vom 14.12.1989, IX ZR 283/88[1] ist nicht zu entnehmen, ob das Leasinggut dem damaligen Darlehensgeber zur Sicherheit übereignet worden war. Da sich weder aus dem in der amtlichen Sammlung abgedruckten Sachverhalt noch aus der Urteilsbegründung ein Hinweis auf eine diesbezügliche Sicherungsübereignung ergibt, dürfte eher nicht davon auszugehen sein. Fraglich ist daher, ob der BGH auch in der Konstellation einer **Refinanzierung des Sicherungsgebers mit Einbeziehung des Erlöses der Kaufoption und unter Sicherungsübereignung des Leasingguts** an den Darlehensgeber mit der Begründung der „Änderung der sachenrechtlichen Zuordnung" zur fehlenden Konkursfestigkeit der Sicherungsabtretung gekommen wäre. Denn: Hätte eine Sicherungsübereignung des Leasinggutes vorgelegen, so wäre aus Sicht der Masse keine derartige „Änderung der sachenrechtlichen Zuordnung" erfolgt. Es würde in dem Fall ausschließlich um das (Sicherungs-) Eigentum des Darlehensgebers gehen.[2] Eigentumsrechte der Masse wären nicht betroffen.

Uhlenbruck/Sinz weisen insoweit darauf hin, dass der Erlös einer Kaufoption dem Refinanzierer zustehe, dem diese Forderung abgetreten sei, indem sie vornehmlich auf das dem Finanzierungsleasing innewohnende Vollamortisationsprinzip abstellen.[3] Durch die Refinanzierung sei zu Lasten des Refinanzierers bereits vor der Konkurseröffnung die Amortisation des Leasinggebers herbeigeführt worden. Die Masse werde folglich bei „Konkursfestigkeit" der Abtretung nicht geschmälert, sondern bei der Einordnung als nicht „konkursfest" sogar ungerechtfertigt auf Kosten des Refinanzierers bereichert.

13/155 **dd) Forderungen aus Andienungsrechten**

Zu der Abtretung von Forderungen aus **Andienungsrechten** hat sich der BGH bisher nicht geäußert.[4] Allerdings bietet sich bei Forderungen aus Andienungsrechten die Parallele zu den Ausführungen des BGH hinsichtlich der Forderungen aus Kaufoptionen an.[5]

Die Erwägungen über die sachenrechtliche Zuordnung des überlassenen Gegenstandes treffen auch hier zu, weil für den Erwerbstatbestand noch die Ausübung des Andienungsrechts durch den Leasinggeber fehlt. Von daher kann mit Blick auf eine etwaige Refinanzierung unter Einbeziehung des Erlöses des Andienungsrechts und Sicherungsübereignung des Leasingguts auf die Ausführungen zur Kaufoption in Rn 13/154 verwiesen werden.

13/156 **ee) Forderungen aus Verlängerungsoptionen**

Bei einer Vertragsgestaltung, die eine **Verlängerungsoption** enthält, endet das Leasingverhältnis grundsätzlich mit Ablauf der Grundleasing-/-mietzeit, wenn der Leasingnehmer nicht von der ihm vertragsgemäß eingeräumten Verlängerungsoption Gebrauch macht. Erst mit der Ausübung des Optionsrechts durch den Leasingnehmer kommt die Vertragsverlängerung zustande.

Für die Forderungen dieser Verlängerungszeit, die hierdurch entstehen, bedarf es daher als Teil des Erwerbstatbestandes noch der Ausübung des Optionsrechts. Stellt man ausschließlich auf die Frage des noch zu vervollständigenden Erwerbstatbestandes ab, so erscheint es nicht ausgeschlossen, dass

---

[1] BGHZ 109, 368 ff. = WM 1990, 197, m. Anm. *Ullrich/Irmen* in WuB VI B. § 21 KO – 1.90.
[2] Im Einzelnen dazu auch noch unter Rn 13/179.
[3] *Uhlenbruck/Sinz*, WM 1989, 1113 (1119).
[4] Ebenfalls nicht zu weiteren Restwerterlösen, wie **Forderungen aus Verlängerungsoptionen** und **Abschlusszahlungen** bzw. **erhöhte Letztmieten** – dazu unter nachfolgenden Rn 13/156 f.
[5] BGHZ 109, 368 ff. = WM 1990, 197, m. Anm. *Ullrich/Irmen* in WuB VI B. § 21 KO – 1.90.

die Übertragung derartiger Forderungen auf einen Refinanzierer als nicht „konkursfest" angesehen wird.[1] Allerdings spielt bei den Verlängerungsoptionen der Gesichtspunkt der „Änderung der sachenrechtlichen Zuordnung des Leasinggutes"[2] keine Rolle, den der BGH bei seinen Erörterungen zur mangelnden „Konkursfestigkeit" der Forderungen aus Kaufoptionen anführt.[3] Daher vertritt die h. M. unter Hinweis auf eine lediglich dadurch herbeigeführte Verlängerung des Leasingvertrages (im Unterschied zu einem Neuabschluss) und die im Vergleich zu einer automatisch anschließenden Verlängerungsphase an sich nur unterschiedlichen Abwicklungstechnik – in Form der Mitteilung der Fortsetzung des Vertrages gegenüber der Unterlassung der Beendigung durch Kündigung – die Auffassung, dass auch Vorausverfügungen über Forderungen aus Verlängerungsoptionen „konkursfest" sind.[4]

ff) Abschlusszahlungen/erhöhte Letztmieten   13/157

Abschlusszahlungen bzw. **erhöhte Letztmieten** werden häufig im Zusammenhang mit der Einräumung eines Kündigungsrechts[5] vereinbart. Übt der Leasingnehmer sein Kündigungsrecht aus, so fallen künftige Leasingraten nicht mehr an. Stattdessen hat der Leasingnehmer eine für diesen Fall vertraglich vorgesehene Zahlung zu leisten. Ebenso wie bei den Erörterungen zu den Forderungen aus Verlängerungsoptionen[6] ist insoweit festzustellen, dass eine „Änderung der sachenrechtlichen Zuordnung des Leasinggutes" von vornherein nicht in Frage steht. Betrachtet man dies allein unter dem Aspekt der Einordnung befristeter/betagter Forderungen, so ergibt sich Folgendes: Kündigt der Leasingnehmer, dann entsteht der Anspruch auf die Abschlusszahlung/erhöhte Letztmiete. Übt er sein Kündigungsrecht nicht aus, so besteht kein Anspruch auf Abschlusszahlung/erhöhte Letztmiete. Insofern könnte die Ausübung seines Kündigungsrechts noch als ein Teil des Erwerbstatbestandes im Hinblick auf derartige Forderungen anzusehen sein.

Auch für Abschlusszahlungen/erhöhte Letztmieten ist auf Grund fehlender BGH-Rechtsprechung jedoch offengeblieben, wie diese Fallvariante einzuordnen ist, zumal, wie gesagt, der von dem BGH angeführte Gesichtspunkt der „Änderung der sachenrechtlichen Zuordnung des Leasinggutes" hier ebenfalls keine Rolle spielt. Ein Teil der Literatur zieht eine Parallele zu den von ihr ebenfalls als „konkursfest" beurteilten Forderungen aus Verlängerungsoptionen und kommt im Ergebnis ebenso zur „Konkursfestigkeit" einer Vorausabtretung der Forderungen aus Abschlusszahlungen/erhöhten Letztmieten.[7] Bei der Kombination von automatischer Verlängerung und Abschlusszahlung/erhöhte Letztmiete im Falle einer Kündigung besteht auf jeden Fall die „Amortisationspflicht" des Leasingnehmers; entweder er zahlt den „Rest" in Form der Leasingraten über den Verlängerungszeitraum oder in Form der Abschlusszahlung. Das spricht für die Einordnung einer derartigen Konstellation als „konkursfest".

2. Konkurs – Leasingnehmer   13/158

Im Konkurs des Leasingnehmers findet § 19 KO Anwendung.[8] Dies beruht auf der rechtlichen Qualifizierung des Leasingvertrages als atypischen Mietvertrag.[9] War dem Leasingnehmer das **Leasinggut** bereits **vor der Konkurseröffnung überlassen** worden, so kann sowohl der Leasinggeber als auch der Konkursverwalter gemäß § 19 KO kündigen. Dabei ist – falls nicht eine kürzere Frist vereinbart worden ist[10] – die gesetzliche Kündigungsfrist einzuhalten (§ 19 Satz 2 KO, § 565 Abs. 4 BGB).

---

[1] *Peters*, WM 1993, 1701 (1702 f.).
[2] BGHZ 109, 368 ff. = WM 1990, 197 (200), m. Anm. *Ullrich/Irmen* in WuB VI B. § 21 KO – 1.90.
[3] Im Einzelnen dazu unter Rn 13/154.
[4] *Uhlenbruck/Sinz*, WM 1989, 1113 (1119); so auch OLG Düsseldorf NZI 2010, 21 (24) zwar zur Rechtslage nach InsO, aber unter ausdrücklicher Bezugnahme auf das Urteil des BGH vom 14.12.1989, IX ZR 283/88 = BGHZ 109, 368 ff. = WM 1990, 197 ff.; im Ergebnis ebenso *Obermüller*, Insolvenzrecht in der Bankpraxis, 8. Aufl. 2011, Rn 7.36; *Klinck* in Martinek/Stoffels/Wimmer-Leonhardt, Leasinghandbuch, 2. Aufl. 2008, § 50 Rn 19.
[5] Vgl. Rn 13/153.
[6] Rn 13/156.
[7] *Obermüller*, Insolvenzrecht in der Bankpraxis, 8. Aufl. 2011, Rn 7.39.
[8] BGH WM 1978, 510 = BB 1978, 682; BGH WM 1984, 1217 (1219); OLG Hamm NZI 2000, 23.
[9] Vgl. Rn 13/77 ff.
[10] Vgl. BGH WM 1985, 1479, m. Anm. *Uhlenbruck* in WuB VI B. § 17 KO – 1.86.

Vor der Konkurseröffnung entstandene Forderungen des Leasinggebers sind einfache Konkursforderungen; Leasingforderungen, die während des Konkurses anfallen, sind Masseschuldansprüche (§ 59 Abs. 1 Nr. 2 KO). Eventuelle Schadensersatzforderungen des Leasinggebers auf Grund einer vorzeitigen Vertragsauflösung sind einfache Konkursforderungen (§ 19 Satz 3 KO).[1] Im Übrigen kann der Leasinggeber Aussonderung des Leasinggegenstandes verlangen.[2]

Hatte der Leasingnehmer das **Leasinggut vor der Eröffnung des Konkursverfahrens** noch **nicht erhalten**, so kann der Leasinggeber von dem Leasingvertrag zurücktreten (§ 20 Abs. 1 KO).

13/159 **3. Vergleich – Leasingnehmer**

Wird ein **Vergleichsverfahren gegen** den **Leasingnehmer nach Überlassung** des **Leasingguts** eröffnet, so ist dieser als Vergleichsschuldner berechtigt, das Vertragsverhältnis unter Einhaltung der gesetzlichen Frist zu kündigen (§ 51 VerglO, § 580a Abs. 3 BGB). Für die **Kündigung** ist allerdings die Ermächtigung des Vergleichsgerichts erforderlich (§ 50 Abs. 2 VerglO). Vor seiner Entscheidung hat das Vergleichsgericht den Vergleichsverwalter sowie den Leasinggeber anzuhören. Die Ermächtigung soll nur dann erteilt werden, wenn die weitere Erfüllung des Leasingvertrages den Vergleich gefährden würde und die Ablehnung der weiteren Erfüllung dem Leasinggeber keinen unverhältnismäßigen Schaden zufügt (§§ 51 Abs. 2, 50 Abs. 2 VerglO). Der Leasingnehmer kann die Erfüllung nur binnen zwei Wochen nach der Zustellung des Ermächtigungsbeschlusses ablehnen (§ 50 Abs. 3 VerglO).[3]

Die bis zur Vergleichseröffnung entstandenen **Leasing-/Mietforderungen** sind einfache Vergleichsforderungen, d. h. der Leasinggeber ist am Vergleich beteiligt. Mit den Leasingraten, die nach Eröffnung des Vergleichsverfahrens fällig werden, ist der Leasinggeber am Verfahren nicht beteiligt.[4] Wird der Leasingvertrag gekündigt, so ist die Schadensersatzforderung wegen Nichterfüllung Vergleichsforderung (§ 52 Abs. 1 VerglO).

13/160 Wurde dem Leasingnehmer das **Leasingobjekt nicht vor** der **Vergleichseröffnung überlassen**, so kann er die Erfüllung des Leasingvertrages ablehnen (§ 50 VerglO), und zwar mit der Folge, dass etwaige (Schadensersatz-) Ansprüche des Leasinggebers Vergleichsforderungen sind (§ 52 Abs. 1 VerglO). Hält der Leasingnehmer am Leasingvertrag fest, so sind die nach der Vergleichseröffnung anfallenden Leasingraten – im Gegensatz zu früheren (rückständigen) Raten – nicht am Verfahren beteiligt.[5]

13/161 **4. Vergleich – Leasinggeber**

Die **Eröffnung** eines **Vergleichsverfahrens über** das **Vermögen** des **Leasinggebers** berührt den Leasingvertrag grundsätzlich nicht, und zwar unabhängig davon, ob das Leasinggut dem Leasingnehmer bereits übergeben worden ist oder nicht. Ein Ablehnungsrecht (§ 50 VerglO) besteht für den Leasinggeber nicht (§ 51 VerglO); es findet allein § 36 VerglO Anwendung.[6]

13/162 **II. Rechtslage für Insolvenzanträge gestellt ab dem 1.1.1999**

1. Insolvenz – Leasinggeber

Nach der 1994 verabschiedeten **Reform des Insolvenzrechts** sollten sämtliche Mietverhältnisse über bewegliche Sachen, wozu nach der Rechtsprechung auch Mobilien-Leasingverträge gehören,[7] ab der Eröffnung des Insolvenzverfahrens generell dem Wahlrecht des Insolvenzverwalters gemäß § 103 Abs. 1 InsO unterliegen.[8] Dies hätte nach sich gezogen, dass eine insolvenzfeste Abtretung von Lea-

---

[1] BGH WM 1991, 1038, m. Anm. *Emmerich* in WuB IV C. § 1d AbzG – 1.91; *Kuhn/Uhlenbruck*, KO, 11. Aufl. 1994, § 19 Rn 15, 30; *Kilger/K. Schmidt*, Insolvenzgesetze, 17. Aufl. 1997, § 19 KO Anm. 9.
[2] *Kuhn/Uhlenbruck*, KO, 11. Aufl. 1994, § 19 Rn 31.
[3] *Hoffmann*, ZIP 1983, 776.
[4] *Bley/Mohrbutter*, Vergleichsordnung, 4. Aufl. 1979, § 51 Rn 33.
[5] *Bley/Mohrbutter*, Vergleichsordnung, 4. Aufl. 1979, § 51 Rn 22.
[6] *Bley/Mohrbutter*, Vergleichsordnung, 4. Aufl. 1979, § 51 Rn 12.
[7] Rn 13/77 ff.
[8] Dazu *Eckert*, ZIP 1996, 897 (908 f.); *Tintelnot*, ZIP 1995, 616 (620 ff.).

singforderungen – entgegen der bisherigen Rechtslage nach der KO[1] – nicht mehr möglich gewesen wäre. Für den Fall, dass der Insolvenzverwalter die Erfüllung ablehnt, wären die Ansprüche auf Zahlung der Leasingforderungen nicht gegen den Leasingnehmer durchsetzbar. Aber auch dann, wenn der Insolvenzverwalter sich für die Erfüllung des Vertrages entscheidet, hätten die ggfs. dem Refinanzierer des Leasinggebers (z. B. einer refinanzierenden Bank) abgetretenen Leasingforderungen nicht – mehr – dieser zugestanden. Denn nach der Rechtsprechung des BGH[2] erhalten die (zunächst nicht durchsetzbaren) Forderungen grundsätzlich die Rechtsqualität von originären Forderungen der Masse, die der refinanzierenden Bank im Vorwege nicht abgetreten worden sind und regelmäßig auch nicht „insolvenzfest" abgetreten werden können (§§ 91, 81 InsO).
Das hätte erhebliche Auswirkungen auf die Leasingbranche gehabt und dazu geführt, dass die übliche, aber auch im Regelfall für die Leasinggeber/Leasinggesellschaften erforderliche Refinanzierung nachhaltig betroffen wäre, und zwar unabhängig davon, ob die den Leasingverträgen zugrundeliegenden Forderungen an den Refinanzierer sicherungshalber für entsprechende Kredite oder zwecks Erfüllung mit Blick auf diesbezügliche Forderungskaufverträge abgetreten werden sollen.[3] Sind derartige Abtretungen aber im Hinblick auf eine mögliche Insolvenz der Leasinggesellschaft für den Refinanzierer nicht bewertbar, so wird eine **Refinanzierung** (Bevorschussung) **der Leasingverträge** – sei es über Darlehen oder Forderungsankauf – kaum darstellbar sein.
Diese einschneidenden Folgen für die Leasingbranche hatte der Gesetzgeber nicht gesehen und nicht beabsichtigt.[4] Um auch künftig insolvenzfeste Refinanzierungen von Leasingverträgen zu ermöglichen, hat der Gesetzgeber deswegen noch vor dem Inkrafttreten der Insolvenzrechtsreform eine Änderung vorgenommen und dem bisherigen **§ 108 Abs. 1 InsO einen zweiten Satz angefügt**, der bestimmte Miet- und Pachtverhältnisse dem **Wahlrecht des Insolvenzverwalters entzieht**.[5] Die Regelung lehnt sich an die bisherigen § 21 Abs. 1 KO, § 9 Abs. 3 Satz 1 GesO und § 51 Abs. 1 VerglO an.[6]
Gemäß § 108 Abs. 1 Satz 2 InsO werden diejenigen vom Schuldner eingegangenen **Miet- und Pachtverhältnisse** in Form des Fortbestehens auch im Insolvenzfall privilegiert, die sonstige Gegenstände (außer Immobilien) betreffen, die einem Dritten, der ihre Anschaffung oder Herstellung finanziert hat (Refinanzierer), zur Sicherheit übertragen worden sind. Eine „insolvenzfeste" (Voraus-) Abtretung von Leasingforderungen zu Gunsten des Refinanzierers kommt dann in Frage.
Anders gewendet heisst das: Geschäfte, bei denen die in Rede stehenden Güter nicht einem Dritten, der deren Anschaffung oder Herstellung finanziert hat, zur Sicherung übertragen worden sind, werden von dieser Privilegierung nicht erfasst. Handelt es sich um solche nicht privilegierten Vertragsverhältnisse, unterliegen diese (weiterhin) dem Wahlrecht des Insolvenzverwalters. Eine insolvenzfeste Abtretung von Forderungen aus derartigen Vertragsverhältnissen kommt dann nicht in Betracht.
Obwohl der Gesetzeswortlaut des § 108 Abs 1 Satz 2 InsO von „**Miet- und Pachtverhältnissen**" spricht, findet diese Regelung nach dem Willen des Gesetzgebers und entsprechend der Einordnung der Leasingverträge als atypische Mietverträge gemäß der BGH-Rechtsprechung[7] auf Leasingverträge Anwendung.[8] Insoweit hat der Gesetzgeber mit der nachträglichen Einführung des § 108 Abs. 1 Satz 2 InsO und der von ihm beabsichtigten Sicherung der Refinanzierung für die Leasingbranche zum Ausdruck gebracht, dass er den zum Teil in der Literatur gegen den BGH vorgebrachten Einwänden[9] zur Einordnung von Leasingverträgen nicht folgt und sich vielmehr der Qualifizierung des Leasingvertrages als atypischen Mietvertrag anschließt.[10]

---

[1] Siehe Rn 13/149 ff.
[2] Im Einzelnen dazu BGH WM 2002, 1199 ff.; BGH ZIP 1991, 945 (946); BGH WM 1987, 380; BGH WM 1989, 229, m. Anm. *Sundermann* in WuB VI B. § 15 KO – 1.89.
[3] Siehe Rn 13/64.
[4] Vgl. *Schmid-Burgk/Dietz*, ZIP 1996, 1123 ff.; *Zahn*, DB 1996, 1393 f.; *Seifert*, NZM 1998, 217 ff.; *Bien*, ZIP 1998, 1017 f.; *Fehl*, BB 1998, Supplement Leasing- und Finanz-Berater, 12 (14 f.); *Fehl*, DZWir 1999, 89 (91); *Schwemer*, ZMR 2000, 348 (351 ff.).
[5] BT-Drucks. 13/4699.
[6] Siehe Rn 13/150 ff. und Rn 13/159.
[7] Dazu Rn 13/77 ff.
[8] Vgl. z. B. BGHZ 109, 368 (374); BGH WM 1984, 1217; BGH WM 1978, 510; dem zustimmend: *Smid*, InsO, 1999, § 108 Rn 2, 7; *Michalski/Ruess*, NZI 2000, 250 f.; *Bien*, ZIP 1998, 1017 f.
[9] Vgl. z. B. *Larenz/Canaris*, Schuldrecht besonderer Teil 2, 13. Aufl. 1994, § 66 II; *Häsemeyer* in Festschrift Serick, 1992, S. 153 (161 ff.); *Martinek/Oechsler* in Bankrechts-Handbuch, 4. Aufl. 2011, § 101 Rn 24 ff.
[10] BT-Drucks. 13/4699, S. 6.

Angesichts der Fassung des § 108 Abs. 1 Satz 2 InsO wird z. T. darauf hingewiesen, dass diese Bestimmung gemäß ihrem Wortlaut auch auf die Refinanzierung bei „reinen" Mietverträgen Anwendung finden müsse.[1] Für den hier interessierenden Bereich der Leasingverträge spielt diese Fragestellung keine Rolle. Maßgeblich ist vielmehr, unter welchen Voraussetzungen im Rahmen der Refinanzierung von Leasingverträgen die erfolgten Abtretungen der Leasingforderungen (sicherungshalber bei der Refinanzierung über Darlehen oder zwecks Erfüllung beim Forderungsverkauf)[2] „insolvenzfest" sind.

§ 108 Abs. 1 Satz 2 InsO nennt zwei Voraussetzungen, die für den Fortbestand der Verträge und damit der **„Insolvenzfestigkeit" der Abtretung von Leasingforderungen** erfüllt sein müssen. Erforderlich ist, dass die Leasingforderungen einem Dritten abgetreten werden,
- der die Anschaffung oder Herstellung der Leasinggüter finanziert hat

und
- dem die Leasinggüter zur Sicherheit übertragen worden sind.

Nur unter diesen Voraussetzungen sieht § 108 Abs. 1 Satz 2 InsO vor, dass der Vertrag bei einer Insolvenz des Leasinggebers fortbesteht, so dass dem Refinanzierer die im Vorwege abgetretenen Leasingforderungen auch weiterhin zustehen können.

13/164 a) **Voraussetzungen des § 108 Abs. 1 Satz 2 InsO**

aa) **Sicherungsübertragung der Leasinggegenstände**

§ 108 Abs. 1 Satz 2 InsO verlangt, dass die Leasinggegenstände dem Refinanzierer zur Sicherheit übertragen worden sind. Handelt es sich bei dem Leasinggut um eine Sache, so bedarf es der (wirksamen) **Sicherungsübereignung**, während bei Rechten deren (wirksame) **Sicherungsabtretung** erforderlich ist. Hintergrund dieser Voraussetzung ist die Überlegung, dass auch durch § 108 Abs. 1 Satz 2 InsO weder **Masseverkürzungen** noch **ungerechtfertigte Massebereicherungen** entstehen sollen.[3]

Hinsichtlich der Sicherungsübereignung von Leasinggegenständen ist dem Bestimmtheitsgrundsatz besonderes Augenmerk zu schenken.[4] Der Gegenstand ist so genau zu bezeichnen, dass jeder, der den Inhalt des Vertrages kennt, ihn von allen anderen gleichartigen Sachen des Sicherungsgebers unterscheiden kann.[5]

Probleme können sich bei **Export/Auslandsfinanzierungen** vornehmlich dann ergeben, wenn das hiervon berührte ausländische Recht eine Sicherungsübereignung nicht kennt.[6] Gemäß dem vorstehend erläuterten Gesetzeszweck müsste es in diesem Fall ausreichen, wenn eine entsprechende Sicherungsform – z. B. ein Pfandrecht, das dem Sicherungsnehmer ein dingliches Absonderungsrecht gibt – gewählt wird. Da die Möglichkeit der Leasingrefinanzierung derartiger Auslandsgeschäfte offenkundig durch § 108 Abs. 1 Satz 2 InsO umfasst sein sollte, steht ein solches Verständnis im Einklang mit dem Willen des Gesetzgebers.[7]

13/165 bb) **Zusammenhang zwischen Finanzierung und Sicherungsübertragung**

Des Weiteren wird für den Fortbestand des Leasingvertrages nach § 108 Abs. 1 Satz 2 InsO verlangt, dass der Dritte als Sicherungsnehmer (der Refinanzierer) die **Anschaffung** oder **Herstellung** des betreffenden Leasinggegenstandes **finanziert** hat. Durch diese zweite Voraussetzung sollen Finanzierungsformen ausgeschlossen werden, bei denen die Sicherungsübertragung nachträglich zur Absicherung eines ursprünglich ohne Sicherheiten gewährten und nicht diesbezüglichen Anschaffungszwe-

---

[1] *Livonius*, ZInsO 1998, 111 (113 f.); dagegen z. B. *Ehricke*, ZinsO 2008, 1058 ff.
[2] Siehe Rn 13/64.
[3] Vgl. *Bien*, ZIP 1998, 1017 f.; *Schmid-Burgk/Dietz*, ZIP 1996, 1123 (1124).
[4] Grundlegend: BGHZ 28, 16 ff., *Ganter* in Bankrechts-Handbuch, 4. Aufl. 2011, § 95 Rn 40 – siehe auch Rn 4/326 ff.
[5] BGH WM 1991, 1273; *Ganter*, WM 1998, 2081 (2087 f.).
[6] Siehe Rn 5/149 ff.
[7] Vgl. BT-Drucks. 13/4699, Ausführungen zu Art. 2 dritter Absatz; *Schmid-Burgk/Dietz*, ZIP 1996, 1123 (1124 f.); *Seifert*, NZM 1998, 217 (219).

cken dienenden Kredits vorgenommen wird.[1] Festzuhalten ist, dass zwischen der Finanzierung und der Sicherungsübertragung ein Zusammenhang bestehen muss.[2]
Somit sind die „Eckpunkte" dahin gehend klar, dass
- einerseits nicht schon allein die Sicherungsübertragung des Leasinggegenstandes zur Anwendung des § 108 Abs. 1 Satz 2 InsO führt

und

- andererseits eine Refinanzierung unmittelbar zur Anschaffung und Bezahlung des Leasinggegenstandes in Verbindung mit der Sicherungsübertragung desselben die Vorgaben des § 108 Abs. 1 Satz 2 InsO erfüllt.

Damit sind die vielfältigen in der Praxis vorkommenden Finanzierungswege und -varianten aber nicht abschließend eingeordnet. Wird z. B. die **Refinanzierung** (sei es im Wege der Zurverfügungstellung eines Darlehens oder der Zahlung des Forderungskaufpreises bei einem Ankauf der Leasingforderungen) **zwecks Anschaffung und Bezahlung** des **Leasinggegenstandes** eingesetzt und muss der **Leasinggeber** außerdem einen **„Eigenanteil"** erbringen, weil der Darlehensbetrag bzw. der Forderungskaufpreiserlös allein nicht zur Begleichung des Kaufpreises des Leasinggegenstandes ausreicht, so stellt sich die Frage, wie das Schicksal des Leasingvertrages unter dem Blickwinkel des § 108 Abs. 1 Satz 2 InsO ist. Hier wird der Gesichtspunkt, dass sich durch § 108 Abs. 1 Satz 2 InsO weder Masseverkürzungen noch ungerechtfertigte Massebereicherungen ergeben sollen, bei der Entscheidung zu berücksichtigen sein.[3] Dient die Sicherungsübertragung tatsächlich – nur – der Absicherung des refinanzierten Kaufpreisanteiles, so ist eine „Massebenachteiligung" nicht ersichtlich. Schädlich könnte es hingegen sein, wenn die im Wege der Zahlung aus Eigenmitteln durch den Leasinggeber mitfinanzierte Sicherheit für die Abdeckung von anderweitigen Forderungen des Refinanzierers herangezogen werden soll.

13/166 Stellt eine Bank die Refinanzierung, entspricht es der (Bank-) Praxis, die **Refinanzierung von mehreren Leasingverträgen über ein Konto des Leasinggebers** vorzunehmen. Auch in diesem Fall erfolgt die Refinanzierung zur Bezahlung/Anschaffung des Leasinggegenstandes. Allerdings hat der Leasinggeber von vornherein vor, im Laufe der Zeit mehrere Leasingverträge zu refinanzieren und die Bezahlung der Leasinggegenstände entsprechend den jeweiligen Leasingverträgen – zunächst – aus einem „Anfinanzierungskonto", das dementsprechend ins Soll gerät, vorzunehmen, während diese Leasingverträge erst später zusammengefasst und zu Tranchen gebündelt werden, wie es z. B. im Massengeschäft bei der Unterhaltungselektronik der Fall ist. Sodann wird der bis dahin aufgelaufene Saldo des betreffenden „Anfinanzierungskontos" – zu Lasten dessen die Bezahlung der Leasinggegenstände erfolgte – über ein zu gegebener Zeit eingerichtetes Sonder-/Unterkonto, über das die diesbezügliche Tranchenbündelung erfolgt, wieder ausgeglichen. Im Anschluss daran kann das insoweit „glattgestellte" Konto wiederum zu neuen „Anfinanzierungen" verwandt werden.

Bei diesen Vorgängen handelt es sich um organisatorische/bankinterne Umbuchungen, die in Übereinstimmung mit den Vorgaben des § 108 Abs. 1 Satz 2 InsO stehen, nach dem der „Dritte die Anschaffung oder Herstellung finanziert" haben muss. Gemäß der dargestellten Fallkonstellation hat unzweifelhaft die Bank als „Dritte" die „Anschaffung oder Herstellung finanziert"; denn weder vom Wortlaut noch vom Sinn und Zweck des § 108 Abs. 1 Satz 2 InsO wird verlangt, dass die ursprünglich gewählte Finanzierungs-/Darlehensform unverändert bleibt. Unabhängig davon, auf welchem Konto letztlich der „Refinanzierungssaldo" festgehalten ist, hat der Refinanzierer/die Bank dem Leasinggeber den Kaufpreis zur Anschaffung/Herstellung des Leasinggutes zur Verfügung gestellt.[4] Um nicht Nachweisprobleme bei der Dokumentation der Refinanzierung zu bekommen, empfiehlt es sich allerdings, das „Anfinanzierungskonto", das später bei den Tranchenbündelungen zu Lasten der jeweiligen Sonder-/Unterkonten ausgeglichen werden soll, von dem laufenden „Betriebskonto" mit den anderweitigen Umsätzen des Leasinggebers getrennt zu halten.

13/167 Bei **Umschuldungen**, z. B. im Fall der **Ablösung** der mit § 108 Abs. 1 Satz 2 InsO konformen Refinanzierung **durch ein anderweitiges Kreditinstitut,** dürfte davon auszugehen sein, dass die Privile-

---

[1] *Schmid-Burgk/Dietz*, ZIP 1996, 1123 (1125); *Obermüller*, Insolvenzrecht in der Bankpraxis, 8. Aufl. 2011, Rn 7.53.
[2] *Koch* in v. Westphalen, Der Leasingvertrag, 7. Aufl. 2015, S. 1074 f.; *Eckart* in Münchener Kommentar z. InsO, 3. Aufl. 2013, § 108 Rn 45 f.
[3] Siehe hierzu auch Rn 13/179.
[4] Vgl. auch *Eckart* in Münchener Kommentar z. InsO, 3. Aufl. 2012, § 108 Rn 46.

gierung erhalten bleibt. Für die Einordnung dieser Fallkonstellation hilft zwar der Wortlaut des § 108 Abs. 1 Satz 2 InsO nicht weiter, weil der Gesetzestext von „einem Dritten" spricht. Offensichtlich wurde die Fallgestaltung, dass neben dem Erstfinanzierer auch ein Zweitfinanzierer etc. auftritt, nicht gesehen. Aber auch diese Fragestellung ist vor dem Hintergrund des Gesetzeszweckes zu beantworten, nach dem eine Masseverkürzung durch § 108 Abs. 1 Satz 2 InsO ebensowenig gewollt ist wie die Erlangung eines gesonderten, nicht gerechtfertigten Vorteils seitens der Masse durch den Wegfall des Leasingvertrages.[1]

Demgemäß hat der – damalige – parlamentarische Staatssekretär beim Bundesminister der Justiz, Rainer Funke, in der Antwort der Bundesregierung vom 18. September 1997 auf die entsprechende Frage des Abgeordneten Prof. Dr. Eckart Pick (SPD) ausgeführt, die Unwirksamkeit der Vorausabtretung der Leasingraten an die Bank würde zu dem wirtschaftlich nicht überzeugenden Ergebnis führen, dass der Masse, obwohl sie keine Leistungen mehr zu erbringen hat, die Ansprüche auf die Leasingraten zustehen. Er hat zudem die Auffassung der Bundesregierung betont, dass der neue § 108 Abs. 1 Satz 2 InsO auch dann den Leasingvertrag dem Wahlrecht des Insolvenzverwalters entziehen soll, wenn nach der Sicherungsübereignung des Leasingguts ein Wechsel in der Person des Refinanzierers eintritt. Daher ist es folgerichtig, dass bei derartigen Umschuldungsfällen die ursprüngliche „Insolvenzfestigkeit" der Abtretung der Leasingforderungen im Sinne des § 108 Abs. 1 Satz 2 InsO erhalten bleibt.[2]

13/168 Ähnliche Gesichtspunkte dürften bei einer von vornherein beabsichtigten **kurzfristigen Refinanzierung** eine Rolle spielen. Ist die Refinanzierung der Leasingverträge bei der Bank vom Leasinggeber von vornherein beabsichtigt, ohne dass er der Bank gleich die erforderlichen Unterlagen einreicht, sondern die Kaufpreisforderungen auf Grund seiner derzeit vorhandenen Liquidität zunächst aus eigenen Mitteln begleicht und sich erst anschließend refinanziert, so spricht der Sinn und Zweck des § 108 Abs. 1 Satz 2 InsO ebenfalls für die Privilegierung einer derartigen Refinanzierung.

Oftmals beruht ein solches Vorgehen darauf, dass der Leasinggeber sich noch offenhalten möchte, bei welchem Refinanzierer/Kreditinstitut er sich „eindeckt"; evtl. spielen die Verhandlungen über die Konditionen mit unterschiedlichen Refinanzierern/Kreditinstituten eine Rolle. Im Wege des zeitnahen/kurzfristigen Ausgleichs des Leasinggeberkontos zu Lasten des Refinanzierungs-/Darlehenskontos wird der Liquiditätsverlust des Leasinggebers dann wieder ausgeglichen, ohne dass der erforderliche Zusammenhang zwischen der Finanzierung und der Sicherungsübertragung zweifelhaft erscheint.[3]

13/169 Denkbar ist allerdings auch, dass der Leasinggeber nicht von vornherein eine Refinanzierung beabsichtigt hat, weil er über genügend Liquidität zwecks Begleichung der Kaufpreisforderungen der Leasinggegenstände verfügt. Stellt sich erst später heraus, dass er aus anderweitigen Gründen doch ein Darlehen benötigt, und ergibt sich dieser Bedarf folglich nicht aus der Anschaffung oder Herstellung der Leasinggegenstände, so wird es an dem erforderlichen Zusammenhang zu den ggfs. lange vorher abgeschlossenen Leasingverträgen fehlen. Eine solche **Refinanzierung bei anderweitigem Darlehensbedarf** wird daher kaum die Voraussetzungen des § 108 Abs. 1 Satz 2 InsO erfüllen. Damit kann in diesem Zusammenhang eher nicht von der Insolvenzfestigkeit der Abtretung der Leasingforderungen ausgegangen werden. Allerdings ist nicht zu verkennen, dass damit lediglich die insolvenzfeste (Voraus-) Abtretung der Leasingforderungen in Frage gestellt wird. Unabhängig davon kann der Leasinggeber seinem (Re-) Finanzierer ohne Weiteres die Sicherungsübereignung der (von ihm bezahlten Leasingobjekte) als Sicherheit zur Verfügung stellen.

13/170 Probleme können sich auch bei der **Refinanzierung durch mehrere Darlehensgeber unter Bildung eines Sicherheitenpools** ergeben. Sofern zunächst z. B. verschiedene Banken Leasingverträge refinanzieren und die Sicherheiten sodann im Wege der Abtretung der Leasingforderungen unter Über-

---

[1] *Schmid-Burgk/Dietz*, ZIP 1996, 1123 (1124); *Bien*, ZIP 1998, 1017f.; *Seifert*, NZM 1998, 217 (219); *Schwemer*, ZMR 2000, 348 (353) – siehe auch im Einzelnen die Ausführungen unter Rn 13/179.
[2] Vgl. *Koch* in v. Westphalen, Der Leasingvertrag, 7. Aufl. 2015, S. 1074f.; *Eckart* in Münchener Kommentar z. InsO, 3. Aufl. 2013, § 108 Rn 45f.; *de With*, FLF 1998, 24ff.; *Schmid-Burgk/Dietz*, ZIP 1996, 1123 (1125).
[3] Vgl. *Koch* in v. Westphalen, Der Leasingvertrag, 7. Aufl. 2015, S. 1074f.; *Eckart* in Münchener Kommentar z. InsO, 3. Aufl. 2013, § 108 Rn 45f.; *Obermüller*, Insolvenzrecht in der Bankpraxis, 8. Aufl. 2011, Rn 7.52f.; *Seifert*, NZM 1998, 217 (219); a. A. wohl *Schwemer*, ZMR 2000, 348 (353) und *Smid*, InsO, 1999, § 108 Rn 19, wobei beide sich nicht mit der speziellen Konstellation beschäftigen, dass die Refinanzierung von vornherein beabsichtigt und nur eine insoweit kurzzeitige „Überbrückung" aus eigener Liquidität geplant war.

tragung des Sicherungseigentums an den Leasinggegenständen auf eine der Banken als Poolführerin ordnen, die fortan die Sicherheiten treuhänderisch für sämtliche darlehensgebenden Banken verwaltet, so stellt sich die Frage, inwieweit dies den Vorgaben des § 108 Abs. 1 Satz 2 InsO entspricht. In diesem Fall wird es vielfach nicht mehr möglich sein, genau aufzuschlüsseln, welches Darlehen zur Bezahlung welchen Leasinggegenstandes gedient hat.

Häsemeyer vertritt in dieser Hinsicht die zu „enge" Auffassung, dass trotz Zusammenfassung im Sicherheitenpool die Zuordnung eines jeden einzelnen Leasinggegenstandes zu dem Refinanzierer und Sicherungsnehmer möglich sein muss, um die Privilegierung des § 108 Abs. 1 Satz 2 InsO in Anspruch nehmen zu können.[1]

Kommt hinzu, dass nicht sämtliche im Sicherheitenpool befindlichen Gegenstände durch die Poolbanken finanziert worden sind – z. B. weil der Leasinggeber Leasingobjekte als Sicherheit mit in den Pool einbringt, die er aus Eigenmitteln bezahlt hat, – so ist dann eine Konstellation gegeben, die der Gesetzgeber bei der Schaffung des § 108 Abs. 1 Satz 2 InsO offenkundig nicht im Blick hatte.

Zutreffend erscheint, wie folgt zu differenzieren: Nach dem Gesetzeswortlaut ist der Gesetzgeber zwar davon ausgegangen, dass der „Dritte" sowohl Refinanzierer als auch derjenige ist, dem die Leasinggegenstände zur Sicherheit übertragen werden. Wenn es sich aber so verhält, dass zwei unterschiedliche Darlehensgeber einzelne Darlehen zur Anschaffung der Leasinggegenstände herausgelegt haben und diese Leasinggegenstände (und die Leasingforderungen) anschließend dem Poolführer zur treuhänderischen Verwaltung für die darlehensgebenden Banken als Sicherheit übertragen haben, dürften gegen die Anwendbarkeit des § 108 Abs. 1 Satz 2 InsO keine stichhaltigen Gründe sprechen. Bei dieser Konstellation ist entsprechend dem Zweck des § 108 Abs. 1 Satz 2 InsO weder eine Masseverkürzung noch eine ungerechtfertigte Massebereicherung ersichtlich, da sämtliche Leasinggegenstände von den Darlehensgebern refinanziert wurden und zur Besicherung der Refinanzierung dienen. Von daher wird man richtigerweise von einer Anwendbarkeit des § 108 Abs. 1 Satz 2 InsO ausgehen können.[2]

Anders könnte es sich mit der Fallvariante verhalten, dass in den Sicherheitenpool auch nicht entsprechend finanzierte Leasinggegenstände, die z. B. vom Leasinggeber aus Eigenmitteln bezahlt worden sind, eingebracht werden; dann droht nämlich bei einer Verwertung, insbesondere auch durch Einziehung der sicherungshalber abgetretenen Leasingforderungen, angesichts der von dem Leasinggeber selbst bezahlten Leasinggegenstände unter dem Blickwinkel des § 108 Abs. 1 Satz 2 InsO insoweit eine nicht vom Gesetzgeber beabsichtigte „Bevorzugung" der Refinanzierer (quasi eine Masseverkürzung).

Um derartige Schwierigkeiten, auch hinsichtlich des Nachweises des Vorliegens der Voraussetzungen des § 108 Abs. 1 Satz 2 InsO, von vornherein zu vermeiden, kommt in Betracht, dass die jeweiligen Darlehensgeber keine einzelnen Darlehen an den Leasinggeber herauslegen, sondern eine **Refinanzierung durch** ein **Konsortialdarlehen** vornehmen, das sozusagen „deckungsgleich" mit der Sicherungsübertragung der Leasinggegenstände und Abtretung der Leasingforderungen besichert wird. Statt einer Vielzahl von Darlehen durch unterschiedliche Darlehensgeber erfolgt die Darlehensgewährung „aus einer Hand" (durch den Konsortialführer/das Konsortium) und der Leasinggeber stellt dagegen die Sicherheiten. Selbst die von *Häsemeyer* kritisierten Zuordnungsprobleme (s. o.) gibt es bei dieser Finanzierungskonstellation nicht.

13/171

Eine Vermengung mit Leasinggegenständen, die nicht finanziert werden, weil z. B. der Leasinggeber diese selbst bezahlt hat, sollte aber auch bei einem solchen Vorgehen vermieden werden.

Ist eine solche Vermengung, evtl. auch unbeabsichtigt, einmal erfolgt, so sollte dafür gesorgt werden, dass diese Leasinggegenstände und die Abtretungen der entsprechenden Leasingforderungen wieder herausgelöst werden, ehe ein Nachweisproblem entsteht, das die Privilegierung im Sinne des § 108 Abs. 1 Satz 2 InsO in Frage stellen könnte.

Insgesamt ist zu berücksichtigen, dass dem Gesetzgeber bei der Einfügung des § 108 Abs. 1 Satz 2 InsO offensichtlich nicht bewusst war, welche praktischen Probleme u. a. die laufenden Finanzierungen einer Vielzahl von Leasingobjekten – z. B. von Fahrzeugflotten, Unterhaltungselektronik, etc. – gegebenenfalls unter Einschaltung mehrerer Darlehensgeber, nach sich ziehen können. Es wäre aber

13/172

---

[1] *Häsemeyer*, Insolvenzrecht, 4. Aufl. 2007, Rn 18.66.
[2] Vgl. z. B. auch *Eckart* in Münchener Kommentar z. InsO, 3. Aufl. 2013, § 108 Rn 45 f.

nicht sachgerecht, wenn für jeden Leasingvertrag eine separate Finanzierung bezogen auf jedes einzelne Leasinggut verlangt werden würde. Angesichts des Anliegens des Gesetzgebers, die Refinanzierungspraxis für die Leasingbranche nicht zu erschweren, ist die Zuordnung der jeweiligen Fallgestaltungen, wie aufgezeigt, nach dem **Sinn und Zweck des § 108 Abs. 1 Satz 2 InsO** vorzunehmen. Entscheidender Prüfstein wird nach dem Willen des Gesetzgebers dabei sein, ob eine **Masseverkürzung** und/oder eine **ungerechtfertigte Massebereicherung** damit einher geht oder nicht.

Nicht zu verkennen ist für die Refinanzierungspraxis, dass es bisher kaum Rechtsprechung zu diesen Aspekten gibt. Fatal wäre es, wenn das gesetzgeberische Anliegen von der Rechtsprechung nicht aufgegriffen und umgesetzt werden sollte, zumal die Refinanzierungspraxis im Vertrauen auf die Äußerungen des Gesetzgebers weiterläuft und angesichts der wirtschaftlichen Notwendigkeiten bei der Leasingbranche auch weiterlaufen soll, will man nicht den **Gesetzgeberwillen** konterkarieren.

13/173 **b) Weitere Erfordernisse für die Insolvenzfestigkeit der Abtretung von Leasingforderungen?**

Sind die Voraussetzungen des § 108 Abs. 1 Satz 2 InsO erfüllt, so besteht der Leasingvertrag mit Wirkung für die Insolvenzmasse fort. Nach dem Anliegen des Gesetzgebers sollte damit gleichzeitig die Insolvenzfestigkeit der Abtretung der Leasingforderungen gegeben sein. Angesichts der Rechtslage nach der damaligen Konkursordnung[1] wird gleichwohl unter verschiedenen Gesichtspunkten **diskutiert**, ob noch **weitere Voraussetzungen für die Insolvenzfestigkeit der Abtretung** der Leasingforderungen zu verlangen sind.

13/174 **aa) Überlassung des Leasinggegenstandes vor der Insolvenzeröffnung**

Zur umstrittenen Frage, ob die **Überlassung des Leasinggegenstandes vor der Insolvenzeröffnung** für den Fortbestand des Leasingvertrages in der Insolvenz des Leasinggebers eine Rolle spielt oder nicht, hat sich der BGH zwischenzeitlich zur Vermietung von Gewerbe- und Wohnräumen, also im Anwendungsbereich von § 108 Abs. 1 Satz 1 InsO, geäußert.[2] Hintergrund des Streites ist, dass der vormalige § 21 Abs. 1 KO für den wirksamen Fortbestand des Leasingvertrages die Überlassung des Leasinggegenstandes an den Leasingnehmer vor Verfahrenseröffnung voraussetzte.[3] Der jetzige § 108 Abs. 1 InsO sieht dies nicht vor. Dem Gesetzgeber ist auch die mögliche Differenzierung bewusst gewesen, wie u. a. § 109 Abs. 2 InsO zeigt, der ausdrücklich auf eine Überlassung des Gegenstandes abstellt. Der Gesetzgeber hatte von einer entsprechenden Regelung in § 108 Abs. 1 InsO abgesehen und damit verdeutlicht, dass eine solche zusätzliche Voraussetzung nicht gewollt war. Demzufolge war bis zur oben angesprochenen BGH-Rechtsprechung die Literatur fast einhellig der Meinung, für die Anwendung des § 108 Abs. 1 InsO sei unerheblich, ob der Leasinggegenstand dem Leasingnehmer zum Zeitpunkt der Verfahrenseröffnung bereits überlassen worden war oder nicht.[4] Gleichwohl ist der BGH der abweichenden Auffassung, vertreten vornehmlich von Smid,[5] gefolgt, dass zum Schutz der Insolvenzmasse eine restriktive Auslegung des § 108 Abs. 1 InsO erfolgen müsse und damit die Überlassung des Leasinggegenstandes an den Leasingnehmer vor Verfahrenseröffnung insofern erforderlich sei, wobei nach der Sichtweise des BGH auch der Besitz bei Insolvenzeröffnung nicht wieder aufgegeben sein darf.[6]

Das überzeugt zwar nicht, ist aber als derzeitige BGH-Rechtsprechung zu berücksichtigen. Ausdrücklich nicht gefolgt ist der BGH in einem Wohnraummietfall der insbesondere von *Eckert* favorisierten Differenzierung zwischen der Vermietung noch herzustellender Gebäude und dem Leasing anderer

---

[1] Dazu siehe Rn 13/149 ff.
[2] BGH WM 2007, 2067 = WuB VI A. § 108 InsO 1.08 *K. Bartels* = NZI 2007, 713 m. abl. Anm. von *Dahl/Schmitz*, NZI 2007, 716 f.; BGH WM 2015, 139 m. abl. Anm. *Schönfelder*, WuB 2015, 122 (125 f.) = NZI 2015, 123 m. ablehnender Anm. von *Dahl/Linnenbrink*, NZI 2015, 126 f.
[3] Siehe dazu unter Rn 13/150.
[4] *Eckert* in Münchener Kommentar z. InsO, 2. Aufl. 2008, § 108 Rn 12, 64; *Wegener* in Frankfurter Kommentar z. InsO, 6. Aufl. 2011, § 108 Rn 8, 24; *Eckert*, ZIP 1996, 897 (899, 906); *Huber*, NZI 1998, 97 (102); *Marotzke* in Heidelberger Kommentar z. InsO, 5. Aufl. 2008, § 108 Rn 2, 15; *Zahn*, DB 1996, 1393 (1396), jeweils m. w. N.
[5] *Smid*, InsO, 1999, § 108 Rn 20.
[6] BGH WM 2007, 2067 (2068 ff.) = WuB VI A. § 108 InsO – 1.08 *K. Bartels* = NZI 2007, 713 m. ablehnender Anm. von *Dahl/Schmitz*, NZI 2007, 716 f.; BGH WM 2015, 139 m. abl. Anm. *Schönfelder*, WuB 2015, 122 (125 f.) = NZI 2015, 123 m. ablehnender Anm. von *Dahl/Linnenbrink*, NZI 2015, 126 f.

Objekte.[1] Ob angesichts dessen der BGH Raum für eine Differenzierung zwischen Immobilien und den hier behandelten Mobilien sieht, also zwischen § 108 Abs. 1 Satz 1 InsO und § 108 Abs. 1 Satz 2 InsO, ist momentan schwerlich abzuschätzen.

Von daher ist zwecks Vermeidung des hierin liegenden Risikos für die Refinanzierungspraxis die erfolgte und dokumentierte Übergabe des Leasinggegenstandes an den Leasingnehmer wichtig. Andernfalls läuft man Gefahr, dass der Leasingvertrag in der Insolvenz des Leasinggebers nicht fortbesteht mit den schon oben unter Rn 13/162 geschilderten einschneidenden Folgen. Wird in der Praxis eine Auszahlung des Darlehens bzw. des Forderungskaufpreises (bei dem Ankauf von Leasingforderungen) regelmäßig mit dem Nachweis der Übergabe des Leasinggegenstandes an den Leasingnehmer flankiert, dürfte dieser Streitpunkt kaum praktische Bedeutung erlangen, wenn denn eine Besitzaufgabe vor bzw. zum Zeitpunkt der Insolvenzeröffnung ebenfalls nicht stattgefunden hat.[2]

bb) Differenzierung zwischen den Leasingforderungen 13/175

Nach der Rechtslage zurzeit der Konkursordnung hat der BGH – wie dargestellt[3] – hinsichtlich der „Konkursfestigkeit" der Abtretung der Leasingforderungen zwischen betagten und befristeten Forderungen sowie unter dem Blickwinkel einer Änderung der sachenrechtlichen Zuordnung des Leasinggutes unterschieden. Zu prüfen ist daher, ob diese Gesichtspunkte neben den Voraussetzungen des § 108 Abs. 1 Satz 2 InsO für die Differenzierung zwischen „insolvenzfesten" und nicht „insolvenzfesten" Abtretungen von Leasingforderungen nach der „neuen" Insolvenzordnung maßgeblich sind oder nicht.

Festzuhalten ist zunächst, dass jedenfalls die von der Rechtsprechung schon als „konkursfest" eingeordneten Leasingraten der Grundleasing-/-mietzeit[4] und die sich aus einer automatischen Verlängerung des Leasingvertrages ergebenden Leasingforderungen[5] auch nach der Insolvenzordnung „insolvenzfest" sind, wenn die **Voraussetzungen des § 108 Abs. 1 Satz 2 InsO** erfüllt werden. Das geht schon ohne Weiteres aus der Gesetzesbegründung hervor, nach der durch die Einführung des § 108 Abs. 1 Satz 2 InsO auf jeden Fall eine **Erschwerung der Refinanzierungsmöglichkeiten vermieden** werden soll.[6] Anhaltspunkte dafür, dass diese Leasingforderungen gleichwohl nicht „insolvenzfest" sein könnten, sind im Übrigen auch nicht ersichtlich.

Zu den weiteren in Frage kommenden Leasingforderungen werden mehrere Auffassungen vertreten, die nachfolgend kurz dargestellt werden:

(1) Bisherige Auffassungen 13/176

Nach einer Ansicht sind insbesondere die **Forderungen aus Kaufoptionen** auch nach dem Inkrafttreten der Insolvenzordnung nicht „insolvenzfest". Vornehmlich wird darauf abgestellt, dass die eingeräumte Kaufoption keine Verpflichtung zur Eigentumsverschaffung sei. Hieraus folge, dass es zum Rechtserwerb noch einer Handlung des Insolvenzverwalters in Form der Ausübung der Option bedürfe und dies der „Insolvenzfestigkeit" entgegenstehe.[7]

---

[1] BGH NZI 2015, 123 (125); *Eckert* in Münchener Kommentar z. InsO, 3. Aufl. 2013, § 108 Rn 12a.
[2] Vgl. auch *Fehl*, DZWir 1999, 89 (92); zu den Folgen bei unzutreffender Übernahmebestätigung: BGH WM 2005, 756 = WuB I J 2. – 2.05 P. *Jendrek*; BGH WM 2010, 1279 (1280 ff.); BGH WM 2010, 1283 ff.; BGH WM 2014, 1927 (1928).
[3] Siehe Rn 13/151 ff.
[4] BGH NZI 2010, 320 führt aus, dass zum einen es sich bei den Leasingraten der Grundleasingzeit um betagte Forderungen handelt und zum anderen der Zessionar eine vorzeitige Aufhebung des Leasingvertrages jedenfalls dann nicht gegen sich gelten lassen muss, wenn der Leasingnehmer die Abtretung bei Abschluss der Aufhebungsvereinbarung kannte.
[5] OLG Düsseldorf, Beschluss vom 9.6.2009, I-24 U 174/08 (dort unter Gliederungspunkt A. II. 2. b.) sieht die Ausübung der Verlängerungsoption als insolvenzfest an, unabhängig davon, ob der Insolvenzverwalter nach § 103 InsO Vertragserfüllung gewählt hat oder wegen einer Fremdfinanzierung gemäß § 108 Abs. 1 Satz 2 InsO ihm kein Wahlrecht zusteht.
[6] BT-Drucks. 13/4699, S. 2.
[7] *Wegener* in Frankfurter Kommentar z. InsO, 8. Aufl. 2015, § 108 Rn 15; etwas anders *Koch* in v. Westphalen, Der Leasingvertrag, 7. Aufl. 2015, S. 1074, der ein Wahlrecht des Insolvenzverwalters wegen des kaufrechtlichen Charakters bejaht. Wie sich das mit der von § 108 Abs. 1 Satz 2 InsO zwingend vorgesehenen Sicherungsübertragung des Leasingobjektes an den Refinanzierer verträgt, der dadurch ja (Sicherungs-) Eigentümer des Leasingobjektes geworden sein muss, so dass der Insolvenzverwalter hierüber gar nicht (ohne den Refinanzierer) wirksam disponieren kann, wird dabei jedoch nicht thematisiert (dazu ausführlich noch sogleich).

Die Gegenmeinung hält eine „insolvenzfeste" Refinanzierung von Leasingverträgen auch insoweit grundsätzlich für möglich und die Unterscheidung nach befristeten und betagten Forderungen in diesem Zusammenhang auf Grund des § 108 Abs. 1 Satz 2 InsO für überholt.[1] Zum Teil wird dabei insbesondere auf den mit der Neufassung des § 108 Abs. 1 Satz 2 InsO einhergehenden Ausschluss des Wahlrechts des Insolvenzverwalters hingewiesen. Zum Teil wird vor allem für die „insolvenzfeste" Abtretung von Forderungen aus Verlängerungsoptionen und bezüglich Abschlusszahlungen ausgeführt, dass sich diese einzelnen Konstellationen nur hinsichtlich der Abwicklungstechnik von einer automatischen Verlängerung des Leasingvertrages, die auch schon nach der bisherigen Rechtsprechung des BGH eine „konkursfeste" Abtretung der Leasingforderungen zuließ, unterscheiden würden. Eine abweichende Behandlung im Vergleich zu der Einordnung der Leasingforderungen im Falle einer automatischen Verlängerung des Leasingvertrages sei nicht geboten. Auch wird darauf abgestellt, dass dem Leasinggeber die „Amortisation" bereits durch die Zahlung des Refinanzierers zugute gekommen sei.[2]

13/177 **(2) Stellungnahme**

Dem von der erstgenannten Auffassung angenommenen Ausgangspunkt der Argumentation, die Kaufoption sei keine Verpflichtung zur Eigentumsverschaffung und es bedürfe auch noch der Ausübung der Option durch den Insolvenzverwalter, kann nicht gefolgt werden. Die Kaufoption wird regelmäßig schon in dem Leasingvertrag zwischen dem Leasinggeber und Leasingnehmer vereinbart und räumt dem Leasingnehmer das Recht ein, den Kaufvertrag durch einseitige Erklärung zustande zu bringen. Es handelt sich um ein **Gestaltungsrecht des Leasingnehmers** und keinen schuldrechtlichen Anspruch auf den Abschluss des Kaufvertrages. Die Ausübung der Kaufoption steht damit im Belieben des Leasingnehmers; der Leasinggeber wird folgerichtig nicht mehr tätig, so dass es hier nicht um die Frage der „Optionsausübung" durch den Insolvenzverwalter gehen kann.[3]

Ob den Gegenansichten, die (mit unterschiedlichen Begründungen) zur „Insolvenzfestigkeit" der Leasingforderungen im Sinne von § 108 Abs. 1 Satz 2 InsO kommen, im Ergebnis zu folgen ist, bedarf der näheren Untersuchung:

13/178 **(a) Intention des Gesetzgebers**

Der Gesetzgeber ist gemäß seiner **Begründung zu § 108 Abs. 1 Satz 2 InsO** davon ausgegangen, dass die „deutlich gewordenen Probleme hinsichtlich der Refinanzierungsmöglichkeiten für Banken und herstellerunabhängige Leasingunternehmen" mit der Einführung des § 108 Abs. 1 Satz 2 InsO behoben werden.[4] Aufgrund dessen könnte man auf die Idee kommen, dass die Behebung der „deutlich gewordenen Probleme" nur die Wiederherstellung der Rechtslage zurzeit der Konkursordnung bedeuten würde, d. h. Ziel und Ergebnis dieser gesetzlichen Neuregelung lediglich die „insolvenzfeste" Abtretung der Leasingraten aus der Grundleasing-/-mietzeit bzw. aus einer vorgesehenen automatischen Verlängerung nach Ablauf der Grundleasingzeit sei, die der BGH nach der bisherigen Rechtslage schon als „konkursfest" eingeordnet hatte.[5]

---

[1] Palandt/*Ellenberger*, BGB, 74. Aufl. 2015, § 163 Rn 2; *Obermüller*, Insolvenzrecht in der Bankpraxis, 8. Aufl. 2011, Rn 7.46 ff.; *Koch* in Münchener Kommentar z. BGB, 6. Aufl. 2012, Leasing Rn 153; *Piekenbrock*, WM 2007, 141 (148 f.), *Peters*, ZIP 2000, 1759 ff., siehe auch *Bien*, ZIP 1998, 1017 (1021), nach dessen Auffassung Leasingforderungen nach Übergabe des Leasinggegenstandes an den Leasingnehmer gemäß § 108 Abs. 1 Satz 2 InsO uneingeschränkt insolvenzfest sind. Sofern dem Leasingvertrag noch Nebenleistungspflichten der Masse anhaften – wie z. B. Dienstleistungsvereinbarungen beim Kfz-Leasing oder Einweisungs- und Aktualisierungspflichten im Bereich des EDV-Leasings – sei die Masse nicht geschmälert, da hier der Masse nach § 812 Abs. 1 Satz 1 Fall 2 BGB gegen den Refinanzierer ein Bereicherungsanspruch in Höhe des objektiven Wertes der Nebenleistung zustehe. Nach *Uhlenbruck/Sinz*, WM 1989, 1113 (1121 f.), die sich mit der Rechtslage zurzeit der Konkursordnung befassen, spreche vieles dafür, solche Nebenverpflichtungen als eigenständige Verträge anzusehen, sofern diese Pflichten auch von Dritten übernommen werden könnten und im Einzelfall dem mit der Übernahme objektiv entgegenstehe; somit müsse direkt für den objektiven Wert der Nebenleistung an die Masse geleistet werden. Praktisch führen diese Auffassungen zu gleichen Ergebnissen, nämlich der Insolvenzfestigkeit der Abtretung der Forderungen.

[2] *Obermüller*, Insolvenzrecht in der Bankpraxis, 8. Aufl. 2011, Rn 7.36; *Michalski/Ruess*, NZI 2000, 250 (251), die insoweit *Obermüller* zitieren.

[3] Vgl. dazu Palandt/*Ellenberger*, BGB, 74. Aufl. 2015, Einf. vor § 145 Rn 23 mit Verweis u. a. auf BGHZ 47, 387 (391); *Beckmann* in Martinek/Stoffels/Wimmer-Leonhardt, Leasinghandbuch, 2. Aufl. 2008, S. 91; siehe auch OLG Düsseldorf OLG-Report 2006, 217 zum „spiegelbildlichen" Andienungsrecht.

[4] BT-Drucks. 13/4699, S. 5.

[5] Siehe Rn 13/152 f.

Ein solches Verständnis entspricht bei genauerer Betrachtung jedoch nicht der Intention und Begründung des Gesetzgebers, nach der die unter § 108 Abs. 1 Satz 2 InsO fallenden Leasingforderungen als „insolvenzfest" anzusehen sind.[1] In der Gesetzesbegründung wird hierzu angeführt, dass Abtretungen von Leasingforderungen nach der Konkursordnung „weit gehend konkursfest" sein konnten.[2] Insoweit hat der Gesetzgeber die differenzierte Rechtsprechung zur Rechtslage nach der Konkursordnung erkannt und im Gegensatz dazu in seinen weiteren Ausführungen auf die durch den Refinanzierer mit herbeigeführte Amortisation des Leasinggebers besonders abgestellt, was in der Gesetzesbegründung wie folgt festgehalten ist:

„. . . [Durch eine nicht vorhandene Insolvenzfestigkeit würde die] Möglichkeit der Refinanzierung entwertet. Diesem gravierenden Nachteil . . . stehen aber keine gleichwertigen Vorteile für die Masse gegenüber. Beim typischen refinanzierten Finanzierungsleasing steht der refinanzierenden Bank ein Absonderungsrecht an dem ihr zur Sicherheit übereigneten Leasinggut zu, so dass in die Masse regelmäßig nur der Kostenanteil für die Feststellung und die Verwertung des Leasinggutes fließt . . . [Durch die] bloße Duldung der Gebrauchsüberlassung [wird] die Masse nicht belastet. . . . Sollten . . . aus der Masse noch zusätzliche Leistungen zu erbringen sein, so müsste eine Aufteilung der abgetretenen Forderungen vorgenommen werden. Im Übrigen habe die refinanzierende Bank durch den Kaufpreis für die Leasingraten deren Gegenwert bereits an den Leasinggeber geleistet."[3]

Damit ist der Gesetzgeber über die bisherige Rechtsprechung deutlich hinausgegangen, indem er keine Differenzierung mehr nach Art der abgetretenen Leasingforderungen vornimmt. Vielmehr stellt er darauf ab, dass der Leasinggeber den Vollamortisations-Gegenwert bereits von dem Refinanzierer erhalten hat, dem dadurch folgerichtig die damit korrespondierenden Leasingforderungen zustehen, die mit zur Vollamortisation führen sollten.

Hierzu gehören neben den Leasingforderungen der Grundleasingzeit gegebenenfalls auch die (zum Teil) ebenfalls refinanzierten (einkalkulierten) Restwerterlöse, wie u. a. die Leasingforderungen bezogen auf eine automatische Verlängerungszeit, eine Verlängerungsoption, eine Kaufoption, eine Abschlusszahlung etc.[4] Dies bekräftigt der Gesetzgeber gemäß der vorstehend auszugsweise wiedergegebenen Begründung, in dem er eine Aufteilung der abgetretenen Forderungen für den Fall anspricht, dass aus der Masse noch **zusätzliche Leistungen** zu erbringen sind.[5] Diese „zusätzlichen Leistungen" grenzt der Gesetzgeber ab von den Zahlungen, die der Refinanzierer an den Leasinggeber erbracht hat. Hat der Refinanzierer demnach unter (teilweiser) Einbeziehung der Restwertforderungen für die Vollamortisation des Leasinggebers gesorgt, so sind allenfalls für die nicht refinanzierten sowie für die „zusätzlichen Leistungen" der Masse (Ausgleichs-) Ansprüche zu berücksichtigen, wie z. B. Aufwendungen im Rahmen der Durchführung der dem Leasingnehmer zustehenden Kaufoption oder die Andienung des Leasinggegenstandes und der damit verbundenen Vertragsverhandlungen oder Nebenleistungsverpflichtungen, wie etwa Dienstleistungsvereinbarungen beim Kfz-Leasing oder Einweisungs- und Aktualisierungspflichten beim EDV-Leasing.[6] Soweit es sich um die für eine Vollamortisation mit einkalkulierten Restwerterlöse handelt, wie z. B. die Forderungen aus automatischen Vertragsverlängerungen, Verlängerungsoptionen, Kaufoptionen, Abschlusszahlungen, wird es im Regelfall nur um geringfügige Aufwendungen der Masse gehen. Dem kann durch Unterscheidung nach refinanzierten und nicht refinanzierten Forderungen sowie unter Berücksichtigung etwaiger zusätzlicher Aufwendungen der Masse im Wege der Aufteilung der Erlöse zwischen dem Refinanzierer und der Masse Rechnung getragen werden.

Mithin ist der aus der Begründung zu § 108 Abs. 1 Satz 2 InsO hervorgehende Gesetzgeberwille, die unter § 108 Abs. 1 Satz 2 InsO fallenden refinanzierten Leasingforderungen mit Blick auf die Refinanzierungsmöglichkeiten der Leasingbranchen als „insolvenzfest" einzuordnen, festzuhalten.

---

[1] Ähnlich: *Bien*, ZIP 1998, 1017 (1021).
[2] BT-Drucks. 13/4699, S. 6.
[3] BT-Drucks. 13/4699, S. 6.
[4] Vgl. im Einzelnen zu dem Vollamortisationsprinzip, auch bei Teilamortisationsverträgen, die Ausführungen unter Rn 13/61, 13/69 ff., 13/104 f.
[5] BT-Drucks. 13/4699, S. 6.
[6] Hierzu im Einzelnen vgl. *Bien*, ZIP 1998, 1017 ff.

13/179 **(b) Gegenleistungsgrundsatz – Belastung der Masse**

Die vom Gesetzgeber gewollte und gesetzlich „neu" in § 108 Abs. 1 Satz 2 InsO geregelte Privilegierung der Refinanzierungen der Leasingbranche befindet sich auch im Einklang mit dem sog. Gegenleistungsgrundsatz. Aufgrund der tatbestandlichen Vorgaben des § 108 Abs. 1 Satz 2 InsO bei derartigen Refinanzierungen ist die Einhaltung des Gegenleistungsgrundsatzes gesetzlich festgeschrieben worden.

Der **Gegenleistungsgrundsatz** besagt, dass der Masse für die von ihr erbrachte Leistung auch die Gegenleistung zustehen soll. Soweit die Leistungen im Zeitpunkt der Eröffnung des Insolvenzverfahrens bereits teilweise erfüllt und teilweise noch zu erbringen sind, gilt dies nur für den Teil der Gegenleistung, der auf die noch ausstehende und mit Mitteln der Masse zu leistende Vertragserfüllung entfällt. Nur insoweit hat die Masse Aufwendungen zu erbringen, und nur insoweit steht ihr der Gegenanspruch zu.

Andererseits ergibt sich aus dem Gegenleistungsgrundsatz auch, dass es weder geboten noch gerechtfertigt ist, die Masse vor einer Abtretung des Teils der Gegenleistung zu schützen, die auf die bereits vor der Eröffnung des Insolvenzverfahrens erbrachte Leistung entfällt und auf die die Masse mithin keine Leistungen zu erbringen hat.[1]

Im Ergebnis sollen mithin Masseverkürzungen vermieden werden, allerdings auch ohne ungerechtfertigte Massevermehrungen herbeizuführen.

Schaut man sich den gesetzlich „neu" geregelten Mechanismus an, so wird deutlich, dass gerade dieses der Gesetzgeber mit der nachträglichen Einfügung des Satzes 2 in § 108 Abs. 1 InsO gewollt und auch so formuliert hat. Die gesetzliche Privilegierung gemäß § 108 Abs. 1 Satz 2 InsO verlangt, dass die Refinanzierungsmittel zur Anschaffung oder Herstellung des Leasinggegenstandes eingesetzt werden und der Leasinggegenstand dem Refinanzierer zur Sicherheit übertragen wird.

Damit ist dieser Refinanzierungsvorgang, gesetzlich vorgegeben, aus der Sicht der Vermögensmasse des Leasinggebers/Schuldners vor und nach dem Geschäft sozusagen „masseneutral": mit Blick auf die Abtretung der Leasingforderungen (bei einer Leasing-Refinanzierung immanent – im Gesetzestext nicht ausdrücklich umschrieben) bekommt der Leasinggeber als Gegenleistung die Refinanzierungsmittel. Mit den Refinanzierungsmitteln schafft er den (bisher noch nicht in seinem Vermögen vorhandenen) Leasinggegenstand an, den er dem Leasingnehmer zur Verfügung stellt und dem Refinanzierer als Sicherheit überträgt.

Der Refinanzierer bekommt mithin für die Zurverfügungstellung der Refinanzierungsmittel die Abtretung der von ihm bevorschussten Leasingforderungen und den Leasinggegenstand als Sicherheit. Ihm stehen bis zur Bedienung seiner Refinanzierungsmittel (die aus der Refinanzierung/Bevorschussung resultieren) die Leasingzahlungen bzw. die Erlöse aus einer etwaigen Verwertung des Leasinggegenstandes zu.[2] Folgerichtig verbleibt dem Leasinggeber die Chance und der Anspruch auf einen darüber hinausgehenden Erlös. Dieser gesetzliche Mechanismus ist in sich schlüssig, abschließend und bedarf keiner anderweitigen Korrektur, auch nicht über eine zusätzliche Abgrenzung nach befristeten und betagten Forderungen, die ebenso die Einhaltung des Gegenleistungsgrundsatzes im Blick hat bzw. Masseverkürzungen vermeiden, aber auch nicht zu ungerechtfertigten Massevermehrungen führen soll (s. o.).

Das zeigt auch das Beispiel eines refinanzierten Finanzierungsleasingvertrages mit einer Kaufoption: Wie gesagt, bedarf es gemäß § 108 Abs. 1 Satz 2 InsO der Sicherungsübertragung des Leasinggegenstandes an den Refinanzierer als Drittem, der (wie § 108 Abs. 1 Satz 2 InsO es ebenfalls verlangt) die Herstellungs-/Anschaffungskosten des Leasinggutes finanziert hat, so dass das Leasingobjekt nicht aus der Liquidität des späteren Insolvenzschuldners, sondern aus den von dem Refinanzierer bereitgestellten Mitteln bezahlt worden ist. Geht es um eine Kaufoption, könnte der Leasinggeber bzw. der

---

[1] BGHZ 129, 336 (339); BGHZ 109, 368 (378); BGHZ 106, 236 (238); BGHZ 86, 382 (385).
[2] Allerdings abzüglich der Feststellungs- und Verwertungskosten sowie der abzuführenden Umsatzsteuer (§§ 170, 171 InsO), wenn man die (heftig kritisierte) BGH-Rechtsprechung zu Grunde legt, die eine Verwertungsbefugnis des Insolvenzverwalters nach § 166 InsO auch bei gemäß § 108 Abs. 1 Satz 2 InsO refinanzierten und nicht in seinem unmittelbaren Besitz befindlichen, zur Sicherheit an den Refinanzierer übertragenen Leasinggegenständen bejaht: BGH ZInsO 2006, 433 (435); BGH WM 2007, 172 (173); vgl. zur Kritik z. B. *Zahn* in v. Westphalen, Der Leasingvertrag, 7. Aufl. 2015, S. 1121 ff.; *Zahn*, ZIP 2007, 365 ff.; Uhlenbruck/*Brinkmann*, InsO, 13. Aufl. 2010, § 166 Rn 4c, jeweils m. w. N. – dazu siehe auch unter Rn 13/183 ff.

Insolvenzverwalter die Erfüllung des Kaufgeschäftes ohne eine Mitwirkung des Refinanziers nicht vornehmen, denn das (Sicherungs-) Eigentum liegt, wie es § 108 Abs. 1 Satz 2 InsO verlangt, bei dem Refinanzierer. Ins Gewicht fallende Leistungen hat hierbei die Masse also nicht zu erbringen, sondern der Refinanzierer als Sicherungseigentümer des (aus seinen Mitteln bezahlten) Leasinggegenstandes. Durch die Auszahlung der Refinanzierungsmittel wird die Amortisation des Leasinggebers ebenfalls bereits herbeigeführt. Die bei Ausübung der Kaufoption durch den Leasingnehmer ggfs. über den Insolvenzverwalter vorzunehmende Übereignung des Leasinggegenstandes, die nur mit der entsprechenden Mitwirkung des Refinanziers des Leasinggegenstandes erfolgen kann, stellt keine wirtschaftlich ins Gewicht fallende Leistung der Masse dar, weil der Refinanzierer und nicht die Masse (Sicherungs-) Eigentümer des (aus seinen Mittel bezahlten) Leasinggegenstandes ist. Unabhängig davon, welchen Übereignungsweg man wählt – entweder in Übereinstimmung mit dem Insolvenzverwalter die Direktübereignung von dem Refinanzierer an den Leasingnehmer oder zunächst die (Rück-) Übereignung an den Insolvenzverwalter, der sodann die Übereignung an den Leasingnehmer vornimmt – ist festzuhalten, dass die Leistung nicht zu Lasten der Masse, sondern zu Lasten des Refinanziers erfolgt, bei dem das (Sicherungs-) Eigentum liegt. Die durch die Vertragsabwicklung über den Insolvenzverwalter unter Umständen entstehenden Kosten werden im Wege der Aufteilung der Erlöse ausgeglichen.

Auch dies belegt, dass die Abtretungen der vorfinanzierten Leasingforderungen „insolvenzfest" zu sein haben, wenn und soweit die Vorgaben des § 108 Abs. 1 Satz 2 InsO beachtet und erfüllt werden.[1]

(c) Rechtsprechungsentwicklung   13/180

Ferner lässt sich aus der **Entwicklung** der **Rechtsprechung** des **BGH** im Anschluss an seine Entscheidung vom 14.12.1989, IX ZR 283/88,[2] die Tendenz zur Konkurs-/Insolvenzfestigkeit der für eine Vollamortisation einkalkulierten, refinanzierten und entsprechend abgetretenen Leasingforderungen erkennen. Wesentliches Merkmal des Finanzierungsleasingvertrages ist neben dem der Gebrauchsüberlassung die Finanzierungsfunktion, die der BGH in seinen Entscheidungen immer mehr in den Vordergrund stellt. In der o. g. Entscheidung hatte der BGH zur Abgrenzung des Leasing von der klassischen Miete schon ausgeführt, dass sich die Pflicht des Leasinggebers nach heutiger Rechtsauffassung regelmäßig darauf beschränke, den Leasingnehmer nicht in der Nutzung zu stören und ihn allenfalls bei Störungen durch Dritte selbst dann zu unterstützen, wenn ihm dies keine gleichwertige Gegenleistung einbringt.[3]

Die Hervorhebung der **Vorfinanzierungsfunktion** des Refinanziers findet sich sodann in dem Urteil des BGH vom 28.3.1990, VIII ZR 17/89, in dem zu einer weitergehenden Konkursfestigkeit der abgetretenen Leasingforderungen Folgendes ausgeführt wird:

> „Der Umstand, dass alle Leasingraten nicht nur das Entgelt für einen bestimmten Zeitabschnitt der Gebrauchsüberlassung darstellen, sondern zugleich für die bereits geleistete Vorfinanzierung, rechtfertigt es auch, den Anspruch auf zumindest die in einer festen Grundmietzeit zu erbringenden künftigen Raten nicht als befristete, sondern als betagte Forderungen zu behandeln, die damit Änderungsverfügungen des Leasinggebers nach Abtretung der Forderung entzogen sind..."[4]

In einer weiteren Entscheidung vom 11.1.1995, VIII ZR 82/94, hat der BGH noch **stärker auf** den **Amortisationsgedanken abgestellt** und im Zusammenhang mit der Anwendung der Grundsätze zu sittenwidrigen Darlehensverpflichtungen ausgeführt, die vertragliche Verpflichtung des Leasingnehmers zur Vollamortisation bestehe auch bei Teilamortisationsverträgen, weil es zum Wesen jeglicher Finanzierung gehöre, dass die eingesetzten Mittel an den Darlehensgeber zurückflössen, was auch für das Finanzierungsleasing gelte.[5] Außerdem ist das Finanzierungsleasing nach Auffassung des BGH auf Grund des Vollamortisationsprinzips mit dem drittfinanzierten Kauf vergleichbar.[6]

---

[1] Ebenso z. B. Palandt/*Ellenberger*, BGB, 74. Aufl. 2015, § 163 Rn 2; *Koch* in Münchener Kommentar z. BGB, 6. Aufl. 2012, Leasing Rn 153 m. w. N.
[2] BGH WM 1990, 197 ff., m. Anm. *Ullrich/Irmen* in WuB VI B. § 21 KO – 1.90.
[3] BGH WM 1990, 197 (202), m. Anm. *Ullrich/Irmen* in WuB VI B. § 21 KO – 1.90.
[4] BGH WM 1990, 935 (939), m. Anm. *Ullrich/Irmen* in WuB I J 2. – 10.90.
[5] BGH NJW 1995, 1019 (1021) = WM 1995, 49, m. Anm. *Emmerich* in WuB I J 2. – 4.95.
[6] S. hierzu im Einzelnen BGH NJW 1995, 1019 (1021) = WM 1995, 49, m. Anm. *Emmerich* in WuB I J 2. – 4.95.

Einerseits bringt der BGH somit zum Ausdruck, dass die Duldung der Gebrauchsüberlassung durch den Leasinggeber während der Leasingzeit nur eine vernachlässigbare Rolle spielt, während er andererseits den Amortisationsgedanken und die Ähnlichkeiten zum finanzierenden Kauf betont. Damit hat er mehr und mehr auf den Amortisationsaspekt und die Rolle der Vorfinanzierung abgestellt. Wenn aber eine Amortisation des Leasinggebers im Falle der Refinanzierung bereits mit der Auszahlung des Darlehens bzw. des Forderungskauferlöses eingetreten ist, dann bedarf es konsequentermaßen insoweit keines weiteren Schutzes der Masse, erst recht nicht dadurch, dass ihr auch noch Forderungen aus Restwerterlösen – wie z. B. aus Kaufoptionen, Verlängerungsoptionen oder Abschlusszahlungen – zustehen. Den von den Restwerterlösen verkörperten Gegenwert hat der Leasinggeber ja bereits zuvor von dem Refinanzierer erhalten.

Allerdings könnte das vom BGH in seiner Entscheidung vom 14.12.1989, IX ZR 283/88,[1] angeführte Moment zu berücksichtigen sein, dass die Ausübung der Kaufoption auf die Änderung der dinglichen Rechtslage („sachenrechtlichen Zuordnung des Leasinggutes"[2]) gerichtet ist.

Der dem Urteil zugrundeliegende Sachverhalt lässt nicht erkennen, ob überhaupt eine Fallgestaltung vorlag, die der Situation des § 108 Abs. 1 Satz 2 InsO entspricht und das Leasingobjekt dem Refinanzierer zur Sicherheit übertragen worden war.[3] Man wird eher davon ausgehen können, dass eine solche Fallkonstellation (Sicherungsübereignung des Leasinggegenstandes) damals nicht gegeben war, weil der BGH sich in seiner Begründung sonst hiermit auseinandergesetzt hätte. Von daher kann das Argument der damaligen Entscheidung – die angesprochene Änderung der sachenrechtlichen Zuordnung des Leasinggutes – nicht ohne Weiteres auf die Situation nach dem Inkrafttreten der Insolvenzordnung übertragen werden.

Bei der Refinanzierung eines Finanzierungsleasingvertrages liegt, wenn die Erfordernisse des § 108 Abs. 1 Satz 2 InsO beachtet werden, nunmehr **immer auch eine Sicherungsübertragung** vor, so dass die Änderung der **sachenrechtlichen Zuordnung gerade nicht** den Leasinggeber bzw. **die Insolvenzmasse trifft**, sondern auf Grund der Sicherungsübereignung den Refinanzierer. Zum Zeitpunkt der möglicherweise durch den Leasingnehmer ausgeübten Kaufoption ist nicht der Leasinggeber/Insolvenzverwalter in der Position des Eigentümers, sondern der Refinanzierer. Der Leasinggeber/Insolvenzverwalter kann dem Leasingnehmer den Leasinggegenstand mithin nur unter Einbeziehung und Mitwirkung des Refinanzierers verschaffen.

Unabhängig davon, welchen Weg man konstruktiv wählt, bleibt festzuhalten, dass eine Zusammenarbeit zwischen dem Insolvenzverwalter und dem das Sicherungseigentum haltenden Refinanzierer erforderlich ist.

Dem denkbaren Einwand, dass diesem Ergebnis § 91 InsO entgegenstehe, wonach ab Insolvenzeröffnung gegenüber der Insolvenzmasse kein wirksamer Rechtserwerb mehr erfolgen könne, wäre entgegenzuhalten, dass kein Forderungserwerb „zu Lasten" der Masse erfolgt, weil der zu liefernde (Leasing-) Gegenstand sich bereits im Eigentum des Refinanzierers befindet und auch mit dessen (Refinanzierungs-)Mitteln bezahlt worden ist. Im Übrigen würde die Masse andernfalls zweimal Leistungen erhalten, nämlich einerseits das von dem Refinanzierer an den Leasinggeber ausgezahlte Darlehen bzw. den gezahlten Forderungskaufpreis (gegen die Abtretung der damit refinanzierten Leasingforderungen und Sicherungsübereignung des aus den Mitteln des Refinanzierers bezahlten Leasingobjektes) und andererseits den Restwerterlös, z. B. für die Ausübung der Kaufoption oder der Verlängerungsoption oder für die Schlusszahlung.

Demgegenüber soll der Masse nach der Gesetzesbegründung aber nur für zusätzliche von ihr zu erbringende Leistungen noch etwas zustehen. Gleiches ergibt sich aus dem zu beachtenden Gegenleistungsgrundsatz, wonach weder eine Masseverkürzung noch eine ungerechtfertigte Massemehrung hervorgerufen werden soll (Rn 13/179).

Gerade diese Aspekte spricht der BGH in seiner Entscheidung vom 27.5.2003, IX ZR 51/02,[4] an, in der es um die Frage geht, ob die Abtretung eines Rückzahlungsanspruches an die finanzierende Bank insolvenzfest ist. Das hat der BGH ausdrücklich bejaht und in der Begründung herausgestrichen, dass der Zessionar (die finanzierende Bank) die Vorleistung, auf die sich der Rückzahlungsanspruch be-

---

[1] BGH WM 1990, 197 ff., m. Anm. *Ullrich/Irmen* in WuB VI B. § 21 KO – 1.90.
[2] BGH WM 1990, 197 (200), m. Anm. *Ullrich/Irmen* in WuB VI B. § 21 KO – 1.90.
[3] BGH WM 1990, 197 ff., m. Anm. *Ullrich/Irmen* in WuB VI B. § 21 KO – 1.90; s. Rn 13/154.
[4] BGH WM 2003, 1384 (1385 ff.).

zieht, finanziert hat. Das Wahlrecht des Insolvenzverwalters sei insofern nicht unzulässig beeinflusst, da der Rückzahlungsanspruch nicht eine Leistung der Masse zum Hintergrund habe, sondern die Finanzierungsleistung der Bank. Ferner betont der BGH an dieser Stelle, dass es nicht Zweck des Wahlrechts sei, bereits vor Insolvenzeröffnung verwirklichte wirtschaftliche Dispositionen des Schuldners zu Gunsten der Masse (und damit im Ergebnis zu Lasten der finanzierenden Bank) ungeschehen zu machen.

All dies gilt ebenso für die hier interessierende Fallkonstellation der (Voraus-)Abtretung von gemäß § 108 Abs. 1 Satz 2 InsO refinanzierten Leasingforderungen.

Von daher ist § 108 Abs. 1 Satz 2 InsO zutreffenderweise als maßgebliche Regelung anzusehen, der gegenüber der etwaige Einwand der mangelnden „Insolvenzfestigkeit" der Abtretung der Leasingforderungen (mit Hinweis auf § 91 Abs. 1 InsO) nicht verfängt.

(d) „Sonderansicht" von Hölzle/Geßner 13/181

Hölzle/Geßner[1] möchten entgegen der so gut wie einhelligen Rechtsprechung und Literatur (s. o.) unter Hinweis auf die BGH-Rechtsprechung, die sich zum „Werthaltigmachen" einer abgetretenen Werklohnforderung bei Insolvenz des Werkunternehmers entwickelt hat,[2] die Abtretung der Leasingforderungen und die Sicherungsübereignung des Leasingobjektes zu Gunsten des Refinanzierers im Falle der Insolvenz des Leasinggebers vollständig „entwerten". Sie sind der Meinung, dass vergleichbar mit dem in diesen BGH-Entscheidungen bejahten Anfechtungsrecht der § 91 InsO dem wirksamen Rechtserwerb an den Leasingforderungen entgegenstehe und die Sicherungsübereignung dem Refinanzierer regelmäßig nicht weiterhelfe. Die Zahlungen der Leasingraten solle nach Insolvenzeröffnung (trotz Bevorschussung und Abtretung) die Masse erhalten und hinsichtlich der Sicherungsübereignung des Leasingobjektes sei der Refinanzierer zum einen für die Dauer der Laufzeit des Leasingvertrags an einer Verwertung gehindert und zum anderen sei diese mit einer etwaigen Kaufoption „belastet". Ein Kaufoptionspreis fließe daher ebenfalls in die Masse, so dass der Refinanzierer dann im Ergebnis insgesamt „leer ausgehe".

Der Meinung von *Hölzle/Geßner*, die schlicht eine Übertragung der BGH-Rechtsprechung zum Werklohn-Thema auf die vorliegend in Rede stehende Leasing-Refinanzierung vornehmen möchte, stehen allerdings die hier vorhandenen gravierenden Unterschiede entgegen:

Diese liegen u. a. sowohl in dem oben erläuterten gesetzlich speziell für die Leasing-Refinanzierung geregelten Mechanismus des § 108 Absatz 1 Satz 2 InsO, der die insolvenzfeste Refinanzierung des Leasinggebers gerade ermöglicht, als auch in der wirtschaftlichen Seite dieses gesetzlich vorgegebenen Vorgehens.

Wie dargelegt, schreibt der § 108 Absatz 1 Satz 2 InsO ausdrücklich fest, dass der Refinanzierer die in Rede stehenden Leasingforderungen bereits bevorschusst hat, damit der Leasinggeber das entsprechende Leasinggut erwerben und dem Leasingnehmer zur Verfügung stellen kann. Damit ist gesetzlich vorgegeben, dass die spätere Gemeinschuldnerin den „Gegenwert" für die (an den Refinanzierer abzutretenden) Leasingforderungen im Vorwege vom Refinanzierer erhält, der Leasinggeber das Leasinggut mit diesen vom Refinanzierer stammenden Mitteln anschafft und dies dem Refinanzierer als Sicherheit übereignet. Die von Hölzle/Geßner in Bezug genommenen BGH-Entscheidungen weisen keinen damit vergleichbaren Sachverhalt auf (zur auf die vorliegende Konstellation übertragbaren Ausführungen des BGH in seiner Entscheidung vom 27.5.2003, Az. IX ZR 51/02[3] s. o.). Schon aus diesem Grund kann dem Gedankengang von Hölzle/Geßner nicht gefolgt werden.

Selbst die von ihnen angesprochene Parallele zum Anfechtungsrecht spricht dagegen, denn die Konzeption des § 108 Absatz 1 Satz 2 InsO verhindert Massebenachteiligungen (s. o.) und weist eher Parallelen zum Bargeschäft auf.

Im Übrigen trägt auch der von Hölzle/Geßner gewählte Ansatz, die „Nichtstörung" des Gebrauches bzw. die fortwährende Gebrauchsbelassung beim Leasingnehmer als „Leistung der Masse" im Sinne der BGH-Rechtsprechung zu Werklohnforderungen einordnen zu wollen, nicht. Denn in diesen BGH-

---

[1] *Hölzle/Geßner*, ZIP 2009, 1641 ff.
[2] Z. B. BGH WM 2008, 363 ff.
[3] BGH WM 2003, 1384 (1385 ff.).

Fällen musste tatsächlich die Masse (Werk-) Leistungen erbringen und Aufwendungen machen. Erst dadurch wurden die Werklohnforderungen „werthaltig". Anders ist es bei der Leasing-Refinanzierung, denn der Leasinggeber hat mit Anschaffung und Zurverfügungstellung des Leasingobjektes gegenüber dem Leasingnehmer seine diesbezüglich ins Gewicht fallenden Pflichten erfüllt. Die daran anschließende „Nichtstörung" des Gebrauches bzw. die fortwährende Gebrauchsbelassung beim Leasingnehmer spielt insolvenzrechtlich deshalb keine Rolle.[1]

Lässt man all das einmal außer Acht und schaut sich das Ergebnis der Meinung von Hölzle/Geßner an, so spricht auch das eine deutliche Sprache: Der Leasinggeber/die (spätere) Gemeinschuldnerin würde „doppelte" Zahlungen erhalten, nämlich zum einen von dem Refinanzierer die Darlehensauszahlung bzw. den Forderungskaufpreis für die Leasingforderungen (je nach Refinanzierungsart) zur Begleichung des Kaufpreises für das Leasingobjekt (gegen Abtretung der Leasingraten und Sicherungsübereignung des Leasingobjektes) und zum anderen die vom Leasingnehmer nach Insolvenzeröffnung zu zahlenden Leasingraten sowie den Kaufoptionspreis für das (aus den Refinanzierer-Mitteln) angeschaffte Leasingobjekt.

Ein ebenso unter wirtschaftlicher wie rechtlicher Betrachtung unzutreffendes Ergebnis.

13/182 (3) Ergebnis

Nach dem Inkrafttreten der Insolvenzordnung sind die refinanzierten Leasingforderungen, die unter Berücksichtigung der Vorgaben des § 108 Abs. 1 Satz 2 InsO abgetreten werden, „insolvenzfest" auf den Refinanzierer übergegangen, wobei der BGH für den Fortbestand des Leasingvertrages die Übergabe des Leasingobjektes vor Insolvenzeröffnung als erforderlich ansieht. Die für die Rechtslage vor dem Inkrafttreten der Insolvenzordnung vorgenommene Unterscheidung zwischen befristeten und betagten Forderungen und die Einordnung nach der Änderung der sachenrechtlichen Zuordnung ist durch die Aufnahme des § 108 Abs. 1 Satz 2 InsO in das Gesetz überholt.[2]

Entsprechende Rechtssicherheit kann allerdings erst die – künftige – Rechtsprechung zur insolvenzrechtlichen Einordnung der Leasing-Refinanzierungen bringen. Will man sich bis dahin nicht auf das Risiko einer etwaigen anderen Bewertung einlassen, bleibt nur, zu den Voraussetzungen des § 108 Abs. 1 Satz 2 InsO die weiteren in dem Urteil des BGH vom 14.12.1989, IX ZR 283/88,[3] enthaltenen Aspekte vorsorglich mit zu berücksichtigen und bei der Beurteilung der ggfs. zur Refinanzierung anstehenden Leasingforderungen, die über die Grundleasing-/-mitzeit und eine automatische Verlängerung des Leasingvertrages hinausgehen, die vorstehenden Ausführungen zur Rechtslage zur Zeit der Konkursordnung[4] im Auge zu behalten.

13/183 c) Verwertungsrecht des Insolvenzverwalters

Die Insolvenzordnung regelt in § 166 Abs. 1 InsO das **Verwertungsrecht** an beweglichen **Gegenständen**, für die ein Absonderungsrecht besteht und die der **Insolvenzverwalter** in seinem **Besitz** hat. Der Leasingkonstellationen entspricht es, dass sich die **Leasinggegenstände** regelmäßig im **Besitz der Leasingnehmer** befinden. Der **Leasinggeber** hat daher allenfalls **mittelbaren Besitz**. Umstritten ist, ob der mittelbare Besitz ein Verwertungsrecht im Sinne von § 166 Abs. 1 InsO begründet. Hintergrund des Verwertungsrechts gemäß § 166 Abs. 1 InsO ist, dass die gegebenenfalls für eine Fortführung des Betriebs des Insolvenzschuldners erforderlichen Gegenstände auch weiterhin zur Verfügung stehen sollen bzw., dass sich für den Fall der Verwertung bei einem Verkauf im Verbund mit anderen Gegenständen möglicherweise ein höherer Verwertungserlös erzielen lässt.[5]

Nach einer Ansicht ergebe sich auf Grund des mittelbaren Besitzes, dass für die Fortführung des Betriebs der „Besitz" dieser Gegenstände nicht erforderlich ist und eine „Verbund-Verwertung" regel-

---

[1] Vgl. z. B. BGH WM 1990, 197 (202), m. Anm. *Ullrich/Irmen* in WuB VI B. § 21 KO – 1.90.
[2] So z. B. auch Palandt/*Ellenberger*, BGB, 74. Aufl. 2015, § 163 Rn 2; *Koch* in Münchener Kommentar z. BGB, 6. Aufl. 2012, Leasing Rn 153; *Piekenbrock*, WM 2007, 141 (148 f.); *Obermüller*, Insolvenzrecht in der Bankpraxis, 8. Aufl. 2011, Rn 7.46 ff.; *Peters*, ZIP 2000, 1759 ff., jeweils m. w. N.
[3] BGH WM 1990, 197 ff.
[4] Siehe Rn 13/149 ff.
[5] Vgl. im Einzelnen *Sinz* in Kölner Schrift zur Insolvenzordnung, 2. Aufl. 2000, S. 593 (617).

mäßig ausscheide. Der mittelbare Besitz des Leasinggebers ziehe damit kein Verwertungsrecht des Insolvenzverwalters im Sinne von § 166 Abs. 1 InsO nach sich.[1]

Die Gegenmeinung bejaht für die hier vorliegende Fallkonstellation sicherungsübereigneter Leasingobjekte, die der Schuldner gewerblich einem Dritten gegen Entgelt überlassen hat, das Verwertungsrecht des Insolvenzverwalters.[2]

Der BGH hat sich der letztgenannten Meinung angeschlossen und dafür nachhaltige Kritik erfahren.[3] Zudem ist nicht auszuschließen, dass der Leasingnehmer – aus welchen Gründen auch immer – das Leasinggut an den **Leasinggeber** herausgibt, der dann **unmittelbaren Besitz** erlangt.

Geht man von der Berechtigung zur Verwertung nach § 166 Abs. 1 InsO aus, dann ist die weitere Vorgehensweise von den §§ 167 ff. InsO wie folgt vorgegeben: Anstelle des Selbstverwertungsrechts der Gläubiger wird ihnen gemäß § 167 InsO ein **Auskunftsanspruch** über die der Verfügungsmacht des Insolvenzverwalters unterliegenden Sachen und Forderungen gewährt. § 168 InsO verpflichtet den **Insolvenzverwalter**, dem absonderungsberechtigten Gläubiger seine **Veräusserungsabsicht mitzuteilen**, damit der Gläubiger Gelegenheit hat, binnen einer Woche auf eine Verwertungsmöglichkeit hinzuweisen; eine solche Mitteilung des Insolvenzverwalters sollte zumindest den Käufer, den Kaufpreis, die Zahlungsmodalitäten und die Regelungen zur Gewährleistung enthalten.[4] Weist der Gläubiger auf eine für ihn günstigere Verwertungsmöglichkeit hin, so ist der Verwalter verpflichtet, diese Möglichkeit wahrzunehmen oder den Gläubiger wirtschaftlich gleichzustellen (§ 168 Abs. 2 InsO).

Verwertet der Insolvenzverwalter den Gegenstand, so ist er gemäß § 170 Abs. 1 InsO verpflichtet, den Erlös abzüglich des in § 171 InsO geregelten Kostenbeitrags an den absonderungsberechtigten Gläubiger – bis zur Höhe seines gesicherten Anspruches – auszukehren. Der Kostenbeitrag setzt sich aus folgenden drei Positionen zusammen:

- 4 % pauschal für die Kosten der tatsächlichen Feststellung des Gegenstandes und der Rechte daran (§ 171 Abs. 1 InsO);
- 5 % des Verwertungserlöses als Kostenpauschale der Verwertung gemäß § 171 Abs. 2 Satz 1 InsO, wobei diese Pauschale über- oder unterschritten werden kann, je nach den tatsächlich entstandenen, für die Verwertung erforderlichen Kosten, wenn die Kostenabweichung von der Pauschale „erheblich" ist (§ 171 Abs. 2 Satz 2 InsO);[5]
- die gesetzliche Umsatzsteuer von derzeit 19 %, sofern die Verwertung durch den Insolvenzverwalter umsatzsteuerpflichtig ist (§ 171 Abs. 2 Satz 3 InsO).

Überlässt der Insolvenzverwalter dem absonderungsberechtigten Gläubiger den Gegenstand zur Verwertung, so entfällt die Position für die Verwertungskosten (§ 170 Abs. 2 InsO).

2. Insolvenz – Leasingnehmer

Da sich **§ 108 Abs. 1 Satz 2 InsO**, anders als die Regelung des § 108 Abs. 1 Satz 1 InsO für unbewegliche Gegenstände oder Räume,[6] lediglich auf die **Insolvenz** des **Leasinggebers** beschränkt, hat

---

[1] *Michalski/Ruess*, NZI 2000, 250 (252 f.); *Zahn*, DB 1995, 1649; *Sinz* in Kölner Schrift zur Insolvenzordnung, 2. Aufl. 2000, S. 593 (617); *Obermüller*, Insolvenzrecht in der Bankpraxis, 8. Aufl. 2011, Rn 7.54; *Kalt*, BB 1996, Beilage Nr. 8, S. 10 f.; *Funk*, Die Sicherungsübereignung in Einzelzwangsvollstreckung und Insolvenz, Diss. Hamburg 1996, S. 76; *Marotzke*, JZ 1995, 803 (812); *Marotzke*, ZZP 109 (1996), 429 (443).

[2] *Dithmar* in Braun, InsO, 6. Aufl. 2014, § 166 Rn 9; *Gaul*, ZinsO 2000, 256 ff. will in dem speziellen Fall dem Insolvenzverwalter die Verwertungsbefugnis zusprechen, wenn er entgegen dem Regelfall darlegen und beweisen kann, dass ausnahmsweise der betreffende Leasinggegenstand trotz des nur mittelbaren Besitzes in den technisch-organisatorischen Unternehmensverbund fortbestehend eingebunden und der Leasinggegenstand auch für die Fortführung des Betriebes erforderlich ist.

[3] BGH ZInsO 2006, 433 (435); BGH WM 2007, 172 (173); vgl. zur Kritik z. B. *Zahn* in v. Westphalen, Der Leasingvertrag, 7. Aufl. 2015, S. 1121 ff.; *Zahn*, ZIP 2007, 365 ff.; *Uhlenbruck/Brinkmann*, InsO, 13. Aufl. 2010, § 166 Rn 4c, jeweils m. w. N.

[4] Vgl. *Klasmeyer/Elsner/Ringstmeier*, Kölner Schrift zur Insolvenzordnung, 2. Aufl. 2000, S. 1083 (1089).

[5] Als Richtschnur für die Beurteilung der „Erheblichkeit" der Differenz zu der 5 %igen Kostenpauschale wird vorgeschlagen, dass die Erheblichkeit gegeben sein soll, wenn der Pauschalbetrag von 5 % um die Hälfte bzw. das Doppelte unter- bzw. überschritten wird: *Funk*, Die Sicherungsübereignung in Einzelvollstreckung und Insolvenz, Diss. Hamburg 1996, S. 94.

[6] Dazu BGH NJW 2014, 2187; BGH WM 2013, 138 (139): Forderungen aus derartig fortbestehenden Leasingverhältnissen sind Masseverbindlichkeiten, sofern und soweit es um die Zeit nach der Eröffnung des Insolvenzverfahrens geht (§ 55 Abs. 1 Nr. 2 Fall 2 InsO).

der **Insolvenzverwalter** nach der Eröffnung eines Insolvenzverfahrens über das Vermögen des **Leasingnehmers** gemäß § 103 InsO die Wahl, ob er den Leasingvertrag erfüllen will oder nicht.

Wählt der Insolvenzverwalter die Nichterfüllung des Leasingvertrages, so kann der **Leasinggeber** seinen Schadensersatzanspruch wegen Nichterfüllung gemäß § 103 Abs. 2 InsO nur als **Insolvenzgläubiger** geltend machen.

13/187 **Wählt der Insolvenzverwalter Erfüllung des Leasingvertrages**, so sind die gemäß dem Leasingvertrag zu erbringenden Zahlungen/**Leasingraten** nach ganz h. M.[1] **Masseverbindlichkeiten** gemäß § 55 Abs. 1 Nr. 2 InsO. Dies geht bereits aus der bisherigen Rechtsprechung zu § 17 KO[2] hervor, dessen Regelungsgehalt sich in § 103 InsO wiederfindet.

Eine hiervon abweichende Meinung geht dahin, dass der Gegenleistungsgrundsatz der Einordnung der Leasingraten als Masseforderungen entgegenstehe. Da die wesentlichen Leistungen des Leasinggebers bei Vertragsbeginn durch die Übergabe des Leasingobjektes erbracht seien, könne der Leasinggeber nach der Insolvenzeröffnung aus der Masse nicht noch sozusagen „zusätzliche" Zahlungen in Form der Leasingraten erhalten. Eine diesen Leasingraten gegenüberstehende Leistung des Leasinggebers, die der Masse sozusagen als „Gegenwert" zugute kommt, vermisst diese Auffassung.[3]

Dem ist schon mit der bisherigen Rechtsprechung des BGH und der ganz h. M. der Literatur entgegenzuhalten, dass dies praktisch zu einer quasi kostenlosen Nutzung des Leasinggutes durch den Insolvenzverwalter des Leasingnehmers führen würde. Dem Leasinggeber stände nur eine einfache Insolvenzforderung – mit einer entsprechenden Quotenerwartung – zu, während er den Wertverlust des Leasinggegenstandes durch den Gebrauch des Leasingnehmers/Insolvenzverwalters hinnehmen müsste. Damit wird aber gerade gegen den Gegenleistungsgrundsatz verstoßen, weil dieser „in beide Richtungen" wirkt, nämlich auch eine ungerechtfertigte Masseanreicherung verhindern soll.[4] In diesem Zusammenhang wird ferner zutreffend darauf hingewiesen, dass das Wahlrecht nach § 17 KO und § 103 InsO dem Insolvenzverwalter je nach der Interessenlage der Masse ermöglichen soll, die Erfüllung oder Nichterfüllung des Leasingvertrages zu wählen. Schließlich ist es der Zweck dieser Bestimmungen, den Vertragspartner – hier den Leasinggeber – davor zu schützen, dass er seine Leistungen ohne die Erfüllung seiner Gegenansprüche erbringen muss.[5]

Wählt der Insolvenzverwalter Nichterfüllung und hat die **Leasingsache** weiter im (ggfs. auch mittelbaren) **Besitz**, handelt es sich bei der zu gewährenden **Nutzungsentschädigung** gemäß § 546a BGB um eine **Masseverbindlichkeit** im Sinne von § 55 Abs. 1 Nr. 1 InsO (dazu auch noch sogleich).[6]

Nutzt ein **vorläufiger „starker" Insolvenzverwalter** (§ 21 Abs. 2 Satz 1 Nr. 2, 1. Variante, § 22 Abs. 1 InsO) die Leasingsache, entstehen ebenfalls **Masseverbindlichkeiten** (§ 55 Abs. 2 Satz 2 InsO).

Gleiches gilt für den **vorläufigen „schwachen" Insolvenzverwalter** (§ 21 Abs. 2 Satz 1 Nr. 2, 2. Variante, § 22 Abs. 2 InsO), wenn er durch **gerichtliche Anordnung** im Einzelfall ausdrücklich zur Fortsetzung des Vertragsverhältnisses mit Begleichung der Entgeltansprüche **ermächtigt** worden ist. Anders verhält es sich im Falle der Nutzung durch einen **vorläufigen „schwachen" Insolvenzverwalter** (§ 21 Abs. 2 Satz 1 Nr. 2, 2. Variante, § 22 Abs. 1 InsO) **ohne** entsprechende **gerichtliche Ermächtigung**, auf den § 55 Abs. 2 InsO weder unmittelbar noch entsprechend anzuwenden ist.[7]

Werden die bisher geleasten Gegenstände von einem **vorläufigen Insolvenzverwalter** auf Grund einer **gerichtlichen Ermächtigung nach § 21 Abs. 2 Satz 1 Nr. 5 Satz 1 InsO** für die **Fortführung** des **Unternehmens** genutzt, entstehen keine Masseverbindlichkeiten gemäß § 546a BGB. Angesichts dieser hoheitlichen, das Eigentum des Leasinggebers verfassungskonform beschränkenden Ermächti-

---

[1] *Zahn*, DB 1998, 1701 ff.; *Schmid-Burgk*, ZIP 1998, 1022 ff.; *Bien*, ZIP 1998, 1017 ff.; *Obermüller/Livonius*, DB 1995, 27 ff.; *Marotzke*, Gegenseitige Verträge im neuen Insolvenzrecht, 2. Aufl. 1997, Rn 6.2 ff.; *Seifert*, FLF 1995, 13 f.; Obermüller, Insolvenzrecht in der Bankpraxis, 8. Aufl. 2011, Rn 7.17; vgl. auch zur KO: *Kilger/Schmidt*, Insolvenzgesetze, 17. Aufl. 1997, § 19 Anm. 2.9.
[2] BGH ZIP 1993, 1874; BGH ZIP 1992, 48; BGH ZIP 1989, 171.
[3] *Eckert*, ZIP 1997, 2077 ff.
[4] Vgl. BGHZ 129, 336 (339); BGHZ 109, 368 (378); BGHZ 106, 236 (238); BGHZ 86, 382 (385); *Schmid-Burgk*, ZIP 1998, 1022 f.; *Krull*, ZMR 1998, 746 (747); *Schwemer*, ZMR 2000, 348 ff. – im Einzelnen dazu siehe auch Rn 13/179.
[5] BGHZ 106, 236 (244); *Kreft*, ZIP 1997, 865 (867); *Schmid-Burgk*, ZIP 1998, 1022 f.; *Krull*, ZMR 1998, 746 (747).
[6] BGH WM 2007, 840 ff.
[7] Vgl. BGH ZInsO 2008, 754.

gung¹ wird ein **besonderes privatrechtliches Nutzungsverhältnis** zwischen dem vorläufigen Insolvenzverwalter und dem Leasinggeber begründet. Dem Leasinggeber stehen dann **Ansprüche auf Ersatz** des gewöhnlichen **Wertverlustes** sowie **Entschädigungsansprüche** im Falle **ungewöhnlichen Wertverlustes**, z. B. durch Beschädigung oder Zerstörung zu. Bei diesen Ansprüchen handelt es sich um **Masseverbindlichkeiten** (§ 55 Abs. 2 InsO).²

Um den etwaigen **Schwebezustand nach der Insolvenzeröffnung** zu beenden, wenn der **Insolvenzverwalter** sein **Wahlrecht** noch **nicht ausgeübt** hat, kann der Leasinggeber ihn hierzu nach § 103 Abs. 2 Satz 2 InsO auffordern. Dann hat der Insolvenzverwalter unverzüglich (§ 121 Abs. 1 Satz 1 BGB) und damit innerhalb einer den Umständen nach angemessenen Frist zu erklären, ob er die Erfüllung verlangen will.³

Ab Eröffnung des **Insolvenzverfahrens** ist der Insolvenzverwalter zur Herausgabe der beweglichen Leasingsachen an den Leasinggeber verpflichtet, wenn er nicht Vertragserfüllung wählt. Für die Zeit ab Insolvenzeröffnung – während dieses „Schwebezustandes", in dem der Insolvenzverwalter noch nichts erklärt hat, aber die bewegliche Sache dem Leasinggeber vorenthält – ist der **Nutzungsentschädigungsanspruch** (§ 546a BGB) ebenfalls eine **Masseverbindlichkeit**.⁴

Eine wesentliche Änderung gegenüber der bisherigen Konkursordnung stellt die **Kündigungssperre** gemäß **§ 112 InsO** dar. Demnach kann der Leasinggeber nicht kündigen, solange der Insolvenzverwalter die Pflichten aus dem Leasingvertrag erfüllt. Die Kündigungssperre ist gemäß § 119 InsO zwingendes Recht. Im Einzelnen regelt § 112 InsO, dass der Leasinggeber den Leasingvertrag nach dem Antrag auf Eröffnung des Insolvenzverfahrens nicht kündigen kann

13/188

- wegen Zahlungsverzugs aus der Zeit vor dem Insolvenzantrag,
- wegen einer Vermögensverschlechterung des Leasingnehmers.

Eine bereits vor dem Insolvenzantrag erklärte Kündigung bleibt allerdings wirksam.⁵ Hat der Leasinggeber demgegenüber die Kündigung nicht ausgesprochen, obwohl die Kündigungsgründe bereits zum Zeitpunkt der Insolvenzantragstellung vorlagen, so kann er dies nach der Insolvenzeröffnung nicht mehr nachholen.⁶ Geht die vor dem Antrag auf Insolvenzeröffnung abgeschickte Kündigungserklärung erst nach der Antragstellung zu, steht § 112 InsO der Wirksamkeit der Kündigung entgegen.⁷

Kommt der Leasingnehmer mit Leasingraten in **Verzug**, die **nach dem Insolvenzantrag** fällig werden, so lässt § 112 InsO die Kündigung des Leasingvertrages durch den Leasinggeber zu, und zwar auch für den Zeitraum, in dem der Insolvenzverwalter möglicherweise noch nicht erklärt hat, ob er Erfüllung oder Nichterfüllung des Vertrages wählt (dazu auch s. o.). § 112 InsO gilt insofern auch während des Schwebezustandes des § 103 Abs. 2 Satz 2 InsO, so dass der Insolvenzverwalter für die Vermeidung eines § 112 InsO entsprechenden Ratenrückstandes sorgen muss, will er eine Kündigung, wodurch sein Wahlrecht obsolet werden würde, vermeiden.⁸

13/189

Allerdings wurde in diesem Zusammenhang die Frage aufgeworfen, ob und inwieweit überhaupt ein Verzug (als Voraussetzung für eine Kündigung nach § 112 InsO) für den Zeitraum nach der Insolvenzantragstellung gegeben ist.

Eine Meinung wollte Verzug nur dann annehmen, wenn kein oder nur ein vorläufiger „schwacher" Insolvenzverwalter ohne Verfügungsbefugnis (§ 22 Abs. 2 InsO) bestellt wurde. Nach dieser Sichtweise gehe mit der Einräumung der Verwaltungs- und Verfügungsbefugnis nach § 22 Abs. 1 Satz 1 InsO einher, dass der vorläufige Insolvenzverwalter die Verbindlichkeiten aus Dauerschuldverhältnissen nach § 25 Abs. 2 Satz 1 und Satz 2 InsO – erst – vor der Aufhebung seiner Bestellung berichtigen müsse, falls es nicht zur Eröffnung komme. Ansonsten seien diese Verbindlichkeiten gemäß

---

[1] BVerfG WM 2012, 900 (901).
[2] Im Einzelnen dazu BGH NZI 2012, 841 (843); BGH WM 2012, 706 (707 ff.).
[3] Vgl. OLG Köln ZInsO 2003, 336 f.
[4] BGH WM 2007, 840 ff. m. Anm. *M. Würdinger* in WuB VI A. § 103 InsO 2.07= NJW 2007, 1594.
[5] *Obermüller*, Insolvenzrecht in der Bankpraxis, 8. Aufl. 2011, Rn 7.9.
[6] Vgl. die Begründung des Regierungsentwurfes, BT-Drucks. 12/2443, S. 148; *Obermüller*, Insolvenzrecht in der Bankpraxis, 8. Aufl. 2011, Rn 7.8.
[7] OLG Düsseldorf ZInsO 2009, 771 f.; das gilt nach OLG Düsseldorf WM 2008, 2310, 2311 auch, wenn es nicht zur Insolvenzeröffnung kommt.
[8] OLG Köln ZInsO 2003, 336 f.; vgl. auch BGH WM 2002, 1888 (1893) mit Hinweis auf die Gesetzesbegründung, wonach das Kündigungsrecht gemäß § 112 InsO wegen Verzugs nach dem Eröffnungsantrag keiner Einschränkung unterliegen soll.

§ 55 Abs. 2 Satz 2 InsO im Insolvenzverfahren als Masseschuld zu befriedigen. Konsequenz dieser Sichtweise ist, dass bei der Bestellung eines vorläufigen Verwalters mit Verwaltungs- und Verfügungsbefugnis eine Kündigung wegen Verzugs erst nach Eröffnung des Insolvenzverfahrens oder nach Ablehnung der Eröffnung mangels Masse in Betracht käme.[1]

Im Ergebnis hat der BGH diese Ansicht abgelehnt und insbesondere auf die amtliche Begründung zu § 112 InsO verwiesen, in der ausdrücklich hervorgehoben wird, dass das Kündigungsrecht wegen eines Verzuges nach dem Eröffnungsantrag „keiner Einschränkung" unterliegen soll.[2] Ferner hat der BGH sich dahingehend festgelegt, dass Leasingforderungen aus der Zeit des Eröffnungsverfahrens bei einem sog. „schwachen" vorläufigen Insolvenzverwalter grundsätzlich keine Masseschulden sind (im Einzelnen dazu s. o.).[3] Im Ergebnis sei dies auch für den Leasinggeber zumutbar, da ihm äußerstenfalls ein (weiterer) Ausfall der Nutzungsentschädigung für 2 Monate zugemutet werde. Soll die Nutzungsmöglichkeit für die Insolvenzmasse erhalten bleiben, sind die weiter fällig werdenden Raten aus dem Schuldnervermögen zu begleichen.[4] Andernfalls steht dem Leasinggeber das Kündigungsrecht zu (s. o.). Nutzt der Insolvenzverwalter das Leasingobjekt noch nach Anzeige der Masseunzulänglichkeit, ist der Leasinggeber mit seinen Forderungen dann Neumassegläubiger.[5]

13/190 Sobald der **Leasingvertrag beendet** ist, kann der aussonderungsberechtigte Leasinggeber die **Herausgabe des** nicht zur Insolvenzmasse gehörenden **Leasinggegenstandes** verlangen (§ 47 InsO). Da es sich um einen Fall der Aussonderung handelt, fallen für den Leasinggeber keine Kostenbeiträge im Sinne der §§ 170 ff. InsO an.

---

[1] Vgl. *Tintelnot* in Kübler/Prütting/Bork, InsO, § 112 Rn 11 ff.
[2] BGH WM 2002, 1888 (1893).
[3] BGH WM 2002, 1888 (1889 ff.).
[4] BGH WM 2002, 1888 (1893).
[5] BGH WM 2004, 295 (298).

H. Regressloser Ankauf von Leasingforderungen

I. Begriffsbestimmung

Als Alternative zur Refinanzierung über einzuräumende Darlehen verkaufen Leasinggesellschaften ihre Forderungen aus den abgeschlossenen Mobilienleasingverträgen an Refinanzierer, um sich auf diese Weise die Liquidität zum Erwerb der Leasingobjekte zu beschaffen.[1] In dem Fall werden die vom Refinanzierer angekauften Leasingforderungen nicht als Sicherheit, sondern zwecks Erfüllung des diesbezüglichen Kaufvertrages an den Refinanzierer abgetreten. Allerdings dient auch hier die Sicherungsübereignung des Leasinggutes als Sicherheit. Von daher gelten die vorstehenden Ausführungen zu weiten Teilen auch für diese Art der Refinanzierung. Auf ein paar diesbezügliche Spezialitäten wird im Folgenden eingegangen.

Ein Vorteil des Verkaufes der Leasingforderungen liegt in der Befreiung des Leasinggebers von dem Risiko der mangelnden Zahlungsfähigkeit des Leasingnehmers. Im Gegensatz zu der Gewährung eines Darlehens an den Leasinggeber zur Finanzierung des Kaufs der Leasingsache haftet der Leasinggeber als Verkäufer der Leasingforderungen dem Refinanzierer, der die Leasingforderungen ankauft, nämlich nur für den rechtlichen Bestand (Verität[2]) der verkauften Forderungen, nicht aber für die Zahlungsfähigkeit des Leasingnehmers (Bonität). Der Refinanzierer trägt also das Risiko bezüglich der Bonität des Leasingnehmers.[3] Aus dieser Folge leitet sich der Begriff des „regresslosen Forderungsverkaufs" von Leasingforderungen ab.

Hinzu kommt nicht selten, dass beim Verkauf der Leasingforderungen der Refinanzierer dann auch den Einzug der Leasingraten übernimmt/überwacht und damit für den Leasinggeber Personal- und Sachkosteneinsparungen verbunden sind.

Ferner entstanden beim regresslosen Forderungsverkauf für den Leasinggeber nach der „alten" bis zum 1.1.2008 geltenden Fassung des § 8 GewStG keine Dauerschulden im Sinne von § 8 Nr. 1, Nr. 7 Satz 2 GewStG a. F., d. h. Gewerbeertragsteuer fiel insoweit nicht an. Dies hat sich durch die „neue" Fassung des § 8 GewStG für die Leasinggeber zwar nachteilig geändert, was aber durch die mögliche Anwendung des sog. „Bankenprivilegs" (§ 19 GewStDV) auch auf Leasingunternehmen wieder abgefedert werden soll. Von daher lohnt sich u. a. ein Blick auf die damit verbundene Thematik der Ausgestaltung der Sicherheitenabreden beim regresslosen Forderungsverkauf:

II. Wesentliche Klauseln im Leasingvertrag

Ein Refinanzierer, der Leasingforderungen ankauft, muss darauf achten, dass der Leasingvertrag keine rechtlichen Mägel aufweist und insofern keine Angriffspunkte bietet. Dabei geht es insbesondere um Gewährleistungsfragen[4] sowie um Fragen der Übereinstimmung mit den §§ 305 ff. BGB[5] und gegebenenfalls auch mit den Verbraucherdarlehensregelungen.[6] So können z. B. Regelungen im Leasingvertrag wegen mangelnder Transparenz (vgl. § 307 Abs. 1 Satz 2 BGB) unwirksam sein. Zwar obliegt beim regresslosen Ankauf der Leasingforderungen dem Verkäufer (Leasinggeber) die Veritätshaftung,[7] so dass der Refinanzierer Rückgriff auf den Verkäufer/Leasinggeber nehmen kann, wenn die verkauften Leasingforderungen wegen einer fehlerhaften Ausgestaltung des Leasingvertrages nicht entstehen oder wegfallen. Diese Haftung ist für den Finanzierer jedoch nur so viel „Wert", wie die Bonität des Verkäufers/Leasinggebers zum Zeitpunkt der Geltendmachung und ggfs. Durchsetzung dann hergibt. Insbesondere unter dem Blickwinkel einer möglichen Insolvenz des Leasinggebers muss der Refinanzierer darauf achten, dass der Leasingvertrag zweifelsfrei ist.

---

[1] Zum Thema des regresslosen Ankaufes/Verkaufes vgl. z. B. *Koch* in Münchener Kommentar z. BGB, 6. Aufl. 2012, Leasing Rn 6, 25; *Peters*, WM 2009, 2294 ff.; *Uhlenbruck/Sinz*, WM 1989, 1113 ff.
[2] Dazu im Einzelnen unter Rn 13/194.
[3] Vgl. z. B. auch *Koch* in Münchener Kommentar z. BGB, 6. Aufl. 2012, Leasing Rn 6, 25.
[4] Siehe Rn 13/76 und 13/86 ff.
[5] Siehe Rn 13/81 ff.
[6] Siehe Rn 13/107 ff.
[7] Dazu im Einzelnen siehe Rn 13/194.

13/193 **III. Anzukaufende Forderungen**

Darüber hinaus hat das Kreditinstitut die **Risiken**, die mit den anzukaufenden Forderungen selbst verbunden sind, **abzuschätzen**. Insofern ist die **Bonität des Leasingnehmers** von zentraler Bedeutung. Allerdings hat der Forderungskäufer mit Blick auf einen etwaigen Insolvenzfall auf Seiten des Leasinggebers (= Forderungsverkäufer) insbesondere auch darauf zu achten, dass die Vorgaben für die **Insolvenzfestigkeit der Abtretung** der **Leasingforderungen** erfüllt sind.[1]

Die unter **steuerlichen Gesichtspunkten** diskutierte Frage, ob die Stellung des Leasinggebers als wirtschaftlicher Eigentümer des Leasingguts[2] gefährdet ist, wenn dem refinanzierenden Kreditinstitut auch die Restwerte – z. B. die Erlöse aus der Ausübung des Andienungsrechtes oder einer Kaufoption – verkauft werden, hat sich durch das Schreiben des Bundesministers der Finanzen vom 9. Januar 1996 (IV B 2-S 2170–135/95)[3] erledigt. Demnach berührt die Forfaitierung der künftigen Leasingforderungen sowie etwaiger Restwerte die Zurechnung des Leasinggegenstandes grundsätzlich nicht.[4]

13/194 **IV. Sicherung**

Der Leasinggeber hat als Verkäufer der Leasingforderungen für die Existenz/den Bestand/den Fortbestand der Forderungen des Leasingvertrages einzustehen (Veritätshaftung), während der Käufer der Leasingforderungen das Risiko der Zahlungsfähigkeit/-willigkeit des Leasingnehmers trägt (Bonitätshaftung).

1. Veritätshaftung

Für die **Veritätshaftung** galt bis zum 31.12.2001 der § 437 BGB[5] mit einer uneingeschränkten Haftung für den rechtlichen Bestand der verkauften Forderungen, an den sich die entsprechenden Regelungen in dem Forderungskaufvertrag zwischen dem Leasinggeber und dem Refinanzierer anlehnen konnten.

Ab Beginn des Jahres 2002 ist im Rahmen der Schuldrechtsreform an seine Stelle § 453 BGB getreten, der auf die Vorschriften über den Kauf von Sachen verweist. Um die bisherige Vertrags- und Haftungssituation auch künftig möglichst weit gehend aufrechtzuerhalten, sind entsprechende Regelungen zur Veritätshaftung in den Forderungskaufvertrag aufzunehmen.[6] Im Rahmen der Festlegung der Veritätshaftung ist für den Refinanzierer darüber hinaus u. a. auch von besonderem Interesse, dass der Leasinggeber insoweit für die **Wirksamkeit der Sicherheitenübertragung** und der **Aufrechterhaltung dieser Sicherheiten** für die Dauer des Refinanzierungsverhältnisses haftet.[7]

13/195 **2. Bonitätshaftung**

Demgegenüber trägt das Risiko der Zahlungsfähigkeit/-willigkeit des Leasingnehmers (**Bonitätshaftung**) der Käufer der Leasingforderungen. Die Haftung des Leasinggebers/Forderungsverkäufers für den rechtlichen Bestand des Leasingvertrages kann durch eine Sicherungsübereignung der Leasingsache an den Forderungskäufer/Refinanzierer unterlegt werden.

Im Zuge des regresslosen Forderungsverkaufes übereignet der Leasinggeber dem Refinanzierer regelmäßig das Leasingobjekt zur Sicherheit. Nach den gebräuchlichen Sicherungsabreden kann der Refinanzierer auf das sicherungsübereignete Leasingobjekt im Falle der Auslösung der Veritätshaftung des Forderungsverkäufers zugreifen, insbesondere bei Nichtentstehen der verkauften Forderungen.

---

[1] Im Einzelnen dazu unter Rn 13/148 ff.
[2] Siehe hierzu im Einzelnen Rn 13/249 f.
[3] BStBl. I 1996, 9; vgl. Rn 13/343.
[4] *Berninghaus* in Praxishandbuch Leasing, 1998, § 30 Rn 50.
[5] Im Einzelnen dazu die Erläuterungen *Schölermann/Schmid-Burgk*, WM 1992, 933; vgl. auch BGH WM 2005, 15 ff. und BGH WM 2005, 23 ff. = WuB I J 2. – 1.05 *K. Schmid-Burgk*.
[6] Vgl. *v. Westphalen*, WM 2001, 1837; *Brink*, WM 2003, 1355; zum Thema der Verjährung beim Rechtskauf schlägt *Eidenmüller*, NJW 2002, 1625 ff. eine vertragliche Bestimmung zum Beginn und zur Länge der Verjährungsfrist vor, die in den Grenzen der §§ 202, 307 BGB auch zulässig sei.
[7] Vgl. dazu BGH WM 2005, 15 = WuB I J 2. – 1.05 *K. Schmid-Burgk* in der Sache „FlowTex".

Für den Leasinggeber war nach der „alten", bis zum 1.1.2008 geltenden Fassung des § 8 GewStG wichtig und von besonderem Interesse, dass beim regresslosen Forderungsverkauf für ihn keine Dauerschulden im Sinne von § 8 Nr. 1, Nr. 7 Satz 2 GewStG a. F. entstanden, d. h. Gewerbeertragsteuer insoweit nicht anfiel.

Dies hat sich zwar durch die „neue" Fassung des § 8 GewStG für die Leasinggeber nachteilig geändert. Die für die Leasinggeber steuerliche „Schlechterstellung" dadurch, dass 25 % des Diskontabschlages beim Forderungsverkauf dem gewerbesteuerlichen Ertrag zuzurechnen ist, womit zudem eine „Doppelbesteuerung" der Leasingraten, einmal auf der Seite der Leasingnehmer und einmal auf der Seite der Leasinggeber einhergeht, war Gegenstand heftiger Diskussionen. Als Lösung ist die Anwendung des sog. „Bankenprivilegs" (§ 19 GewStDV) auch auf Leasingunternehmen vorgesehen (zum KWG siehe Rn 13/248).[1]

Zu dem damaligen § 8 GewStG vertritt die ganz h. M., dass in der Heranziehung der **Sicherungsübereignung des Leasingobjektes zur Absicherung der Einbringlichkeit der** von dem Refinanzierer angekauften **Leasingforderungen** keine gewerbesteuerschädliche Bonitätshaftung des Forderungsverkäufers (= Leasinggeber) liegt. Insoweit wird differenziert: Zum einen ist es aus gewerbesteuerlicher Sicht zulässig, eine gegenständlich begrenzte Sicherheit, die ausschließlich das von dem Forderungskäufer gerade finanzierte Leasingobjekt ausmacht, hereinzunehmen. Zum anderen sind darüber hinausgehende Sicherheitenstellungen durch den Leasinggeber gewerbesteuerschädlich, wie z. B. Bürgschaften oder Stellung anderweitiger Sicherheiten aus seinem Vermögen für die Begleichung der von dem Refinanzierer angekauften Leasingforderungen.[2] Soweit ersichtlich, hatten sich dieser Einordnung auch die Finanzverwaltungen angeschlossen.

Erst nach Bekanntwerden des BFH-Urteils vom 5.5.1999, XI R 6/98,[3] setzte hierüber eine intensive Diskussion ein, die zum Teil immer noch weitergeführt wird.[4]

13/196

Dabei wird übersehen, dass zwischenzeitlich das Bundesministerium der Finanzen (BMF) diese Frage in dem Schreiben vom 10.3.2006 beantwortet hat. Darin führt das BMF ausdrücklich Folgendes aus:

> „Bezug nehmend auf Ihre o. a. Schreiben darf ich Sie über das Ergebnis der Abstimmung der obersten Finanzbehörden des Bundes und der Länder zu der gewerbesteuerlichen Behandlung der Forfaitierung von Leasingforderungen unterrichten.
>
> Nach der abgestimmten Auffassung der obersten Finanzbehörden ist bei Forfaitierung künftiger Forderungen aus Leasing-Verträgen, bei der der Forfaiteur dem Käufer der Forderungen zur Absicherung des Forderungskaufs eine Sicherheit am Leasinggegenstand (Sicherungsgrundschulden beim Immobilienleasing und Sicherungsübereignung beim Mobilienleasing) einräumt, unter Berücksichtigung der Grundsätze des BFH-Urteils vom 5.5.1999 (BStBl. II, S. 735) kein Dauerschuldverhältnis im Sinne von § 8 Nr. 1 GewStG anzunehmen. An der bisherigen Verwaltungsauffassung (koordinierte Ländererlasse aus 1980 und BMF-Schreiben vom 9.1.1996 – BStBl. I, S. 6 –) ist festzuhalten."

---

[1] Im Rahmen des Jahressteuergesetzes 2009 wurde eine solche „Lösung" dahingehend vorgesehen, Leasingunternehmen der Finanzaufsicht zu unterstellen, um das sog. „Bankenprivileg" des § 19 GewStDV auf Leasingunternehmen anwenden zu können (siehe z. B. *Glos/Sester*, WM 2009, 1209 ff.; *Schwennicke/Auerbach*, KWG, 2. Aufl. 2013, § 1 Rn 145 ff.; dazu auch Schreiben des Bundesministeriums der Finanzen vom 30.1.2009, GZ VII B 3 – WK 5212/08/10001, abgedruckt unter Rn 13/343). Danach ist die Refinanzierungsseite gewerbesteuerfrei. Schaut man sich diese Entwicklung an, so drängt sich der Eindruck auf, dass die durch die Änderung der Steuergesetze verursachten Nachteile für die Leasingunternehmen dadurch „repariert" werden sollen, dass an sachlich völlig anderer Stelle, im Aufsichtsrecht, Hand angelegt wird. Damit gehen weitere Begleiterscheinungen und Schwierigkeiten einher (dazu z. B. *Glos/Sester*, WM 2009, 1209 ff.; *Mühl*, WM 2011, 870 ff.), als der von der Leasingbranche eigentlich nur angestrebte steuerliche Ausgleich der Nachteile. Eine andere Frage ist, inwiefern das Steuerthema evtl. auch als willkommener Anlass gesehen wurde, Leasingunternehmen der Finanzaufsicht zu unterstellen.

[2] Vgl. z. B. *Koch* in Münchener Kommentar z. BGB, 6. Aufl. 2012, Leasing Rn 25; *Peters*, DB 2002, 864 ff.; *Reuter*, BB 2003, 18 ff.; *Link*, ZfgK 1985, 658 (660); *Lwowski*, ZIP 1983, 900 (901); a. A. *Zahn* in v. Westphalen, Der Leasingvertrag, 7. Aufl. 2015, S. 1087 ff., insbesondere 1100 ff.; *Papperitz*, DStR 1993, 1841 (1843).

[3] BFH WM 1999, 1763 = WuB I J 1. – 1.00 *Wagenknecht* betraf einen Immobilienfall, bei dem es um den Ankauf von Mietforderungen, also nicht um Forderungen aus Mobilienleasingverträgen, ging. Nach den Ausführungen des BFH war in diesem Fall das Bonitätsrisiko nicht vollständig auf den Forderungskäufer übergegangen, da die gestellten Sicherheiten gemäß der Sicherungsabrede auch für andere als die angekauften Mietforderungen haften sollten. Es ging dabei um eine Betriebsaufspaltung mit „Überkreuzbesicherungen", so dass Gegenstände des einen Betriebes auch Forderungen des Finanzierer gegen den anderen Betrieb absicherten. Von daher verwundert das vom BFH gefundene Ergebnis nicht. Allein die recht allgemein gehaltene Begründung des BFH hat zu den Diskussionen und Irritationen geführt. Im Einzelnen dazu: *Peters*, DB 2002, 864 ff.

[4] Vgl. z. B. *Zahn* in v. Westphalen, Der Leasingvertrag, 7. Aufl. 2015, S. 1087 ff., insbesondere 1100 ff.

Danach ist eindeutig, dass die Sicherungsübertragung des Leasingobjektes vom Leasinggeber auf den Forderungskäufer zur Absicherung der angekauften Leasingforderungen keine Dauerschulden im Sinne des § 8 GewStG a. F. nach sich zieht und für den Leasinggeber gewerbesteuerunschädlich ist. Für künftige Refinanzierungen im Wege des regresslosen Forderungsverkaufes ist, wie gesagt, insoweit der Blick auf das sog. „Bankenprivileg" des § 19 GewStDV und dessen Anwendung auf das betreffende Leasingunternehmen zu richten.

V. Verbleibende Risiken/Fragestellungen   13/197

1. Fehlgeschlagene Sicherungsübereignung

Der Refinanzierer findet beim Leasinggeschäft ein „Dreiecksverhältniss" zwischen dem Lieferanten, dem Leasingnehmer und dem Leasinggeber vor,[1] so dass er als hinzukommender „Vierter" genau hinzuschauen hat, ob seine Besicherung über das Leasinggut Zweifeln ausgesetzt sein könnte.

Die **Sicherungsübereignung** wird in der Regel von dem Leasinggeber an den Refinanzierer vorgenommen. Ist der Leasinggeber zu diesem Zeitpunkt (noch) nicht **Eigentümer** (Eigentumsvorbehalt des Lieferanten), so wird das **Anwartschaftsrecht** übertragen, das mit voller Zahlung des Kaufpreises – aus dem Forderungskaufpreiserlös – ohne weiteres Zutun des Vertragspartners zum Vollrecht erwächst,[2] sofern der Lieferant sich nicht einen erweiterten/verlängerten Eigentumsvorbehalt ausbedungen hat und noch dementsprechende Forderungen offenstehen. Im Hinblick auf etwaige erweiterte/verlängerte Eigentumsvorbehalte kann sich der Refinanzierer mit einer entsprechenden Bestätigung des Lieferanten ihm gegenüber behelfen.

13/198 Unabhängig davon besteht allerdings die Gefahr, dass der Leasinggeber das **Leasingobjekt** vorher **an einen Dritten übereignet** oder das diesbezügliche Anwartschaftsrecht schon übertragen hat. Dann käme für den Refinanzierer nur ein gutgläubiger Eigentumserwerb in Betracht, wobei der **gute Glaube** noch im Zeitpunkt des Erwerbs des unmittelbaren Besitzes durch den Refinanzierer vorliegen muss.[3] Hat der Dritte zwischenzeitlich sein Eigentum offengelegt, so scheidet ein gutgläubiger Erwerb gemäß § 933 BGB aus.

Der Zeitpunkt des guten Glaubens kann jedoch „vorverlegt" werden. Erfolgt die Sicherungsübereignung nach § 931 BGB durch Abtretung des Herausgabeanspruchs des Leasinggebers gegen den Leasingnehmer an den Refinanzierer und ist der Leasingnehmer bereits im Besitz der Leasingsache, so braucht der gute Glaube an das Eigentum des Leasinggebers in diesem Fall nur zum Zeitpunkt der Abtretung des Herausgabeanspruches – nämlich dem Abschluss des Erwerbsvorgangs[4] – gegeben zu sein (§ 934 BGB).[5]

13/199 In der Praxis kommt auch die **Direktübereignung von dem Lieferanten** an den Refinanzierer vor, und zwar gegen Zahlung des „Kaufpreises" für das Leasinggut aus dem Forderungskaufpreiserlös, wozu der Leasinggeber dem Refinanzierer eine entsprechende Weisung erteilt. Hierdurch wird der Eigentumserwerb des Refinanzierers im Wege der Absprache mit dem Lieferanten sowie dem Leasinggeber und Zahlungsausführung seitens des Refinanzierers sichergestellt.

13/200 2. Mängel des Leasing-/Kaufobjektes

Im Hinblick auf etwaige **Mängel** des **Leasingobjektes** und die Folgen des vom Leasingnehmers gegen den Lieferanten ggfs. geltend gemachten **Rücktrittes**[6] stellt sich die Frage, welche Rechte und Ansprüche der Refinanzierer hat, wenn dieser Fall eintritt und worauf er in diesem Zusammenhang achten sollte:

Unabhängig von den gestellten Sicherheiten (Sicherungsübereignung der Leasingobjekte – da deren Mangelhaftigkeit zum Rücktritt geführt hat, steht zu befürchten, dass sie keinen für den Refinanzierer

---

[1] Siehe auch Rn 13/67 ff.
[2] Siehe z. B. BGH WM 1960, 1032 (1034) – im Einzelnen dazu Rn 4/349 und 4/380 ff.
[3] Dazu im Einzelnen unter Rn 4/411a ff.
[4] Palandt/*Bassenge*, BGB, 74. Aufl. 2015, § 934 Rn 5.
[5] Siehe auch Rn 4/417.
[6] Dazu oben unter Rn 13/88.

hinreichenden Veräußerungswert mehr aufweisen) haftet auf Grund der **Veritätshaftung**[1] der **Leasinggeber** als **Forderungsverkäufer** gegenüber dem Refinanzierer. Insofern kommt es auf seine Bonität zu diesem Zeitpunkt an. Zur ggfs. vorgenommenen Einschätzung anlässlich des Abschlusses des Forderungskaufvertrages, der ja ggfs. schon eine geraume Zeit zurückliegt, bleibt festzuhalten, dass die Bonität der Leasinggeber oftmals mit dem Erfolg der betreffenden Leasinggeschäfte eng verbunden und zudem die künftige Entwicklung kaum verlässlich einzuschätzen ist (wie typischerweise im Prognosebereich).

Damit richtet sich das Augenmerk darauf, das **Risiko** des **Wegfalls** des **Leasingvertrages** möglichst zu **minimieren**. Dieses Risiko ist umso geringer, je „besser" das Leasinggut bzw. der Hersteller ist, denn dann wird regelmäßig der Leasingnehmer weder Anlass noch Interesse haben, einen Rücktritt zu erklären. Hilfreich können in diesem Zusammenhang Wartungsverträge mit dem Hersteller sein, gerade auf dem Hintergrund, eine laufende Kontrolle und die Aufrechterhaltung der entsprechenden Qualität des Leasinggutes zu erreichen.

Liegt, wie üblich, eine Freigezeichnung des Leasinggebers von der eigenen mietrechtlichen Gewährleistungspflicht (§§ 536ff. BGB) vor, indem dem Leasingnehmer als Ausgleich die dem Leasinggeber gegenüber dem Lieferanten zustehenden kaufrechtlichen Gewährleistungsansprüche abgetreten werden,[2] hat sich der Leasingnehmer bei Mängeln des Leasingobjektes an den Lieferanten zu halten. **Setzt** sich der **Leasingnehmer** mit seinem **Rücktrittsbegehren durch**, muss der Leasinggeber bzw. der Refinanzierer, der die **Leasingraten** angekauft und eingezogen hat, die erhaltenen Leasingraten **zurückzahlen**, und zwar **gekürzt um** die **Nutzungsentschädigung**, die der Leasingnehmer schuldet;[3] **zukünftige Leasingraten entfallen**.

13/201

Der Refinanzierer muss sich daher an den Lieferanten bzw. aus der Veritätshaftung an den Leasinggeber halten. Setzt der Leasingnehmer den Rücktritt durch, so ist der **Kaufvertrag** im Verhältnis zwischen dem Leasinggeber und dem Lieferanten **rückabzuwickeln**. Damit ist der Lieferant zur Rückzahlung des Kaufpreises und der Leasinggeber zur Rückübereignung des Leasingobjektes verpflichtet, wobei beide Verpflichtungen Zug um Zug zu erfüllen sind.[4]

Ferner ist zu berücksichtigen, dass der Leasinggeber dem Leasingnehmer für eine wirksame Freizeichnung die Gewährleistungsansprüche ohne Einschränkung verschaffen muss.[5] Folglich kann der **Leasingnehmer** insoweit **möglicherweise eigenständig handeln** und z. B. im Prozess mit dem Lieferanten einen Vergleich schließen. Nur bei einem kollusiven Zusammenwirken zwischen dem Leasingnehmer und dem Lieferanten wäre dies unzulässig und würde nicht zum Wegfall des Leasingvertrages führen.[6]

13/202

Der Refinanzierer sollte daher darauf achten, dass der Leasingnehmer zur unverzüglichen **Benachrichtigung über Störungen** im **Kaufvertragsverhältnis** verpflichtet ist, damit er zumindest versuchen kann, entsprechenden Einfluss auf die Auseinandersetzung und den ggfs. zu führenden Rechtsstreit zu nehmen.[7] Denn das Risiko, dass der Rücktritt erfolgt und sodann der Kaufpreis zurückgefordert werden muss, trägt der Leasinggeber und damit auch sein Refinanzierer. Insofern muss der Refinanzierer darauf achten, dass seine Rechte möglichst gewahrt werden: Er sollte von dem Vollzug des Rücktrittes unverzüglich erfahren, um dann den Kaufpreis von dem Lieferanten gegen Herausgabe des Leasingobjektes, an dem er ja Sicherungseigentum hat, zurückzuverlangen. In Betracht kommt auch, dem Leasingnehmer im Leasingvertrag die Verpflichtung aufzuerlegen, dass er sich selbst um die Rückforderung des Kaufpreises und den Verbleib des Leasingobjektes kümmert; verstößt er dagegen, wäre er unter Umständen schadensersatzpflichtig.

Ein weiteres **Risiko** liegt angesichts einer etwaigen **Rückabwicklung** und der ggfs. anstehenden **Durchsetzung** der **Ansprüche** gegen den **Lieferanten** in dessen **Bonität**. Das **Insolvenzrisiko des**

13/203

---

[1] Dazu siehe 13/194.
[2] Siehe Rn 13/86 ff.
[3] Siehe auch Rn 13/88.
[4] *Koch* in Münchener Kommentar z. BGB, 6. Aufl. 2012, Leasing Rn 108; BGH WM 1981, 1219 (1222) = ZIP 1981, 1215; BGH WM 1985, 573 = WuB I J 2. – 1.86 *Lwowski*.
[5] Siehe auch Rn 13/90.
[6] BGH WM 1992, 1609 (1611) = WuB I J 2. – 5.92 *Emmerich*; BGH WM 1991, 954 = WuB I J 2. – 6.91 *Ullrich*; BGH WM 1985, 573 = WuB I J 2. – 1.86 *Lwowski*.
[7] Vgl. auch *Koch* in Münchener Kommentar z. BGB, 6. Aufl. 2012, Leasing Rn 119.

Lieferanten kann allerdings nicht in Allgemeinen Geschäftsbedingungen auf den Leasingnehmer abgewälzt werden, und zwar weder im kaufmännischen noch im nichtkaufmännischen Bereich.[1]

Der BGH[2] hat seine einschlägigen Entscheidungen damit begründet, dass das Äquivalenzverhältnis zwischen der Gebrauchsüberlassungs- und Finanzierungsfunktion des Leasinggebers einerseits und der Zahlungspflicht des Leasingnehmers andererseits ansonsten schwer gestört sei. Sowohl die gegenteilige Auffassung des OLG Frankfurt/M.,[3] nach der zumindest im kaufmännischen Bereich die Abwälzung des Lieferanteninsolvenzrisikos zulässig sein sollte, als auch gegenteilige Literaturmeinungen[4] werden vom BGH mit dem Hinweis darauf abgelehnt, dass auch Kaufleute nicht ohne Weiteres von einer derartigen Abwälzung des Insolvenzrisikos ausgehen bzw. auszugehen haben und diese erst recht nicht hinnehmen würden. Der Kaufmann als Leasingnehmer wäre daher einseitig benachteiligt und eine Abwälzungsklausel gemäß § 307 Abs. 2 Nr. 1 BGB unwirksam.

13/204 Schließlich stellt sich die Frage, wie nach Ablauf der Gewährleistung aus dem Kaufvertrag auftretende Schäden (sog. **Spätschäden**) zu behandeln sind, die nach dem Mietrecht zur Möglichkeit der Minderung des Mietzinses oder – im schlimmsten Fall – zur Kündigung des Mietvertrages führen können. Die Freizeichnung von mietrechtlichen Gewährleistungspflichten für die Zeit nach Ablauf der Gewährleistung aus dem Kaufvertrag über das Leasinggut (Spätschäden) ist als zulässig anzusehen.[5] Der Leasingnehmer muss also bei Auftreten eines Mangels nach Ablauf der kaufrechtlichen Gewährleistungszeit die Leasingraten weiter zahlen.[6] Im Rahmen des Ausschlusses der mietrechtlichen Gewährleistungsansprüche im Leasingvertrag sollten vorsorglich die „Spätschäden" ausdrücklich erwähnt werden, um den Eindruck zu vermeiden, dass die mietrechtliche Gewährleistung nur während der Zeit der kaufrechtlichen Gewährleistung abweichend vom Gesetz geregelt sei.

13/205 **3. Insolvenz des Leasingnehmers**

Da der Leasinggeber nicht für die Bonität des Leasingnehmers haftet, ist die Einschätzung der **Bonität des Leasingnehmers** besonders wichtig.[7] Wird der **Leasingnehmer** gleichwohl **insolvent**, steht regelmäßig die **Verwertung** des Sicherungseigentums des Refinanzierers am **Leasingobjekt** an.[8] Der Refinanzierer kann dabei – abhängig von dem Ablauf des Insolvenzverfahrens,[9] dem Zustand und der weiteren Verwendbarkeit der Leasingsache – erhebliche Ausfälle erleiden. Deswegen hat die **Bewertung** des **Leasingguts** entsprechend realistisch mit der notwendigen **kaufmännischen Vorsicht** zu erfolgen.

13/206 **4. Insolvenz des Leasinggebers**

Der regresslose Ankauf einer Leasingforderung zieht nach sich, dass wirtschaftlich der Leasingnehmer quasi als „Kreditnehmer" anzusehen ist; der Leasinggeber spielt insoweit keine Rolle mehr. Rechtlich kann die **Insolvenz** des **Leasinggebers** allerdings erhebliche Probleme mit sich bringen: So sind durchaus Konstellationen denkbar, in denen der Leasingnehmer aus einem Leasingvertrag – vorzeitig – aussteigen und sich daher die Insolvenz des Leasinggebers zunutze machen möchte. Sind die Voraussetzungen für den Fortbestand des Leasingvertrages in der Insolvenz des Leasinggebers gegeben,[10] ist damit gleichwohl über den **Fortbestand** des **Leasingvertrages** noch nichts Endgültiges ausgesagt.

---

[1] Vgl. Rn 13/93.
[2] BGH WM 1991, 954 = WuB I J 2. – 6.91 *Ullrich*; vgl. auch BGH WM 1990, 25 = WuB I J 2. – 3.90 *v. Westphalen*; BGH WM 1985, 1447 = WuB I J 2. – 3.86 *Konzen*; ebenso: *Reinicke/Tiedtke*, DB 1986, 575 ff.
[3] OLG Frankfurt/M. WM 1986, 274 = WuB IV B. § 9 AGBG – 4.86 *von Westphalen*; OLG Frankfurt/M. WM 1986, 916 = WuB I J 2. – 9.86 *Emmerich*.
[4] *Lieb*, WM 1992, Sonderbeilage Nr. 6, S. 14 f.; *Seifert*, DB 1983, Beilage Nr. 1, S. 8; *Blomeyer*, NJW 1978, 973 (975).
[5] Siehe auch Rn 13/94.
[6] BGH WM 1985, 263 = WuB I J 2. – 2.85 *Stoppok*; BGH NJW 1989, 1279 f.; vgl. auch BGH WM 1977, 390; *Beckmann* in Martinek/Stoffels/Wimmer-Leonhardt, Leasinghandbuch, 2. Aufl. 2008, S. 297.
[7] Siehe Rn 13/191.
[8] Im Einzelnen zur Rechtslage nach der vormaligen Konkursordnung und der jetzigen Insolvenzordnung siehe die Ausführungen unter Rn 13/149 ff. und 13/162 ff.
[9] Siehe z. B. KG WM 2009, 1432 ff.; BGH WM 2008, 743 ff.
[10] Zur Rechtslage nach der vormaligen Konkursordnung siehe Rn 13/149 ff.; zur Rechtslage nach der jetzigen Insolvenzordnung siehe Rn 13/162 ff.

Für den Leasingnehmer könnte die Möglichkeit bestehen, den **Leasingvertrag aus wichtigem Grund** zu **kündigen**. Denn ausgehend von der Rechtsprechung zur Kündigung aus wichtigem Grund im Mietrecht[1] ist die Kündigung des Leasingvertrages aus wichtigem Grund nicht auszuschließen, wenn in besonders schwerwiegenden Fällen dessen Erfüllung durch die Insolvenz des Leasinggebers nicht mehr gewährleistet ist. Das könnte insbesondere der Fall sein, wenn sich aus dem Leasingvertrag Verpflichtungen des Leasinggebers ergeben, die über die – erfolgte – Gebrauchsüberlassung hinausgehen, wie z. B. eine versprochene Anpassung des Leasingguts an die technische Entwicklung (Hochrüstung). Dieses Kündigungsrisiko ist daher nur im Einzelfall zu beurteilen. Hat der Leasinggeber alle Verpflichtungen erfüllt, kann es vernachlässigt werden.

13/207

Sofern sich jedoch außer der Gebrauchsüberlassung noch Verpflichtungen aus dem Leasingvertrag ergeben, ist es für den Refinanzierer überlegenswert, den Leasingnehmer ggf. von der Kündigung abzuhalten, indem er unter Umständen selbst die Erfüllung der Verpflichtungen anbietet. Das wird in vielen Fällen billiger sein als der Verlust der Leasingraten für die Zukunft. Um zu erreichen, dass der Leasingnehmer den Leasingvertrag fortsetzt, sollte sich der Refinanzierer von dem Leasingnehmer bereits bei der Anzeige des Forderungskaufs bestätigen lassen, dass er oder ein Dritter – z. B. eine Leasing(tochter)gesellschaft – den Leasingvertrag fortführen darf. Darin liegt nicht etwa eine nach den §§ 305c, 307 BGB unzulässige Vereinbarung über den Ausschluss eines Kündigungsrechts aus wichtigem Grund, sondern die vorherige Zustimmung zu einer **Vertragsübernahme** durch einen – potenten – Vertragspartner.[2]

5. Versicherungs- und Steuerfragen

13/208

Üblicherweise wird der Leasingnehmer im Leasingvertrag verpflichtet, die **Leasingsache** gegen bestimmte Risiken (Untergang, Beschädigung) zu **versichern**.[3] Die Versicherungsleistungen sind gegebenenfalls zur Wiederherstellung/Reparatur des Leasinggutes einzusetzen.[4] Eine Verrechnung mit Leasingraten durch den Leasinggeber, dem die Versicherungsansprüche regelmäßig abgetreten werden, ist unzulässig, weil die Versicherung nicht der Sicherung der Leasingforderungen dient, sondern ein Korrelat der Sach- und Preisgefahr[5] ist, die der Leasingnehmer zu tragen hat.[6]

Die Refinanzierer lassen sich die Versicherungsansprüche (weiter) abtreten. Wichtig ist dabei, dass der Refinanzierer sich den **Versicherungsschutz nachweisen** und sich über den Umfang bzw. die erfassten Risiken informieren lässt; insbesondere der Ausschluss von bestimmten Risiken im Versicherungsvertrag kann zu unangenehmen Überraschungen im Schadensfall führen. In diesem Zusammenhang sollte der Refinanzierer sich den Sicherungsschein bzw. die Sicherungsbestätigung[7] vorlegen lassen[8] und die Abtretung der Versicherungsansprüche an die Versicherung anzeigen, weil oftmals die Anzeige an bzw. die Zustimmung durch die Versicherung Wirksamkeitserfordernis für die Abtretung ist.[9] Ferner kann der der Refinanzierer notfalls ausstehende Versicherungsprämien zur Erhaltung der Versicherungsdeckung selbst zahlen. Bei wertvollen Leasinggütern empfiehlt sich die Einschaltung eines Versicherungsfachmannes.

Ein Vorteil der Refinanzierung über einen regresslosen Forderungsankauf im Vergleich zu einer Refinanzierung über eine Darlehensgewährung liegt darin, dass im Falle des regresslosen Forderungsankaufes durch den Refinanzierer unter Beachtung der Vorgaben des § 108 Abs. 1 Satz 2 InsO eine Umsatzsteuer-Mithaftung gemäß § 13c UStG[10] regelmäßig nicht in Betracht kommt. In dem einschlä-

---

[1] BGH WM 1992, 2063 m. Anm. *Emmerich* in WuB I J 2. – 1.93; BGHZ 71, 189 = WM 1978, 510; BGH MDR 1959, 1005; RGZ 94, 234; RGZ 150, 193; RGZ 160, 341.
[2] Im Einzelnen dazu *Lange*, ZIP 1999, 1373 ff.
[3] Vgl. z. B. BGHZ 116, 278 (283) = WM 1992, 233 m. Anm. *Emmerich* in WuB I J 2 – 3.92.
[4] Vgl. auch OLG Düsseldorf ZIP 1983, 1092.
[5] Dazu auch unter Rn 13/95 f.
[6] Vgl. BGH WM 1985, 602 m. Anm. *v. Westphalen* in WuB I J 2. – 5.85; BGH WM 1987, 1338 m. Anm. *Emmerich* in WuB I J 2. – 1.88; BGH WM 1992, 233 m. Anm. *Emmerich* in WuB I J 2. – 3.92.
[7] Zur Aufklärungspflicht des Versicherers bei einer Sicherungsbestätigung gegenüber dem Leasinggeber, wenn der Leasinggegenstand in eine Sammelversicherung einbezogen ist: BGH WM 2001, 243 ff. m. Anm. *Schmid-Burgk* in WuB I F 4. – 2.01 = ZIP 2001, 75 ff.
[8] Siehe z. B. Rn 4/488.
[9] BGH WM 1991, 693 = NJW 1991, 559; vgl. aber auch § 354a HGB – im Einzelnen dazu unter Rn 4/739b ff. und Rn 4/112 f.
[10] Dazu siehe auch unter Rn 13/253.

gigen Schreiben des Bundesministeriums der Finanzen vom 24.5.2004 (GZ IV B 7 – S 7279a – 17/04, IV B 7 – S 7279b – 2/04, dazu vgl. auch das weitere Schreiben vom 30.1.2006, GZ IV A 5 – S 7279a – 2/06)[1] wird unter Tz. 20 zu § 13c UStG klargestellt, dass in Fällen des Forderungsan-/-verkaufs die Forderung nicht durch den Abtretungsempfänger (= Forderungskäufer) als eingezogen/vereinnahmt gilt, soweit der Forderungsverkäufer für die Abtretung der Forderung eine Gegenleistung in Geld vereinnahmt. Voraussetzung hierfür ist, dass dieser an den Forderungsverkäufer gezahlte Geldbetrag tatsächlich in seinen Verfügungsbereich gelangt. Das ist nicht der Fall, soweit dieser Geldbetrag auf ein Konto gezahlt wird, auf das der Forderungskäufer die Möglichkeit des Zugriffs hat.

Das wird in Ansehung des § 108 Abs. 1 Satz 2 InsO und der damit für eine „insolvenzfeste" Abtretung der Leasingforderungen verbundenen Voraussetzung, dass die Refinanzierung zur Anschaffung und Bezahlung des Leasinggegenstandes zu dienen hat,[2] regelmäßig unproblematisch erfüllt sein. Von daher wird dieser steuerliche Haftungstatbestand in den hier interessierenden Konstellationen des regresslosen Ankaufes von Leasingforderungen keine Rolle spielen, was auch im wirtschaftlichen Ergebnis zutreffend ist: Denn in dem (für § 108 Abs. 1 Satz 2 InsO vorausgesetzten) Fall, dass der Forderungsverkäufer den ihm zustehenden Forderungskaufpreis in Leasingobjekte investiert, hat der Forderungskäufer durch Auszahlung des Forderungskaufpreises die in seinem Einflussbereich liegende „Schuldigkeit" getan. Dann kann es nur noch allein dem Forderungsverkäufer obliegen, seinen (umsatz-)steuerlichen Pflichten nachzukommen.

---

[1] Abgedruckt unter Rn 13/340 und 341.
[2] Im Einzelnen dazu unter Rn 13/165 ff.

I. Besonderheiten beim Kfz- und Computer-Leasing 13/209

Kfz- und Computer-Leasing haben im Mobilienleasingbereich eine erhebliche wirtschaftliche Bedeutung.[1]

I. Kfz-Leasing 13/210

Investitionen in Höhe von 33,63 Mrd. Euro beruhten im Jahr 2013 auf dem Fahrzeug-Leasinggeschäft (das entspricht 37,1 % aller Fahrzeug-Neuzulassungen in 2013 in Deutschland), was u. a. daher rührt, dass
- die Kfz-Hersteller die konzerneigenen Leasinggesellschaften als Absatzinstrument, das Leasing sozusagen als Absatzhilfe benutzen, indem sie sehr günstige Leasingkonditionen offerieren, und
- die Leasinggeber über Teil- oder Full-Service-Verträge nicht nur die Finanzierung, sondern auch die Wartung, Reparatur und Versicherung mit anbieten.[2]

1. Vertragsarten 13/211

Im Rahmen des Kfz-Leasings finden sich die bekannten Grundstrukturen der Leasing-Vertragsgestaltungen wieder. Die Fahrzeughändler bzw. -hersteller bedienen sich des indirekten **Hersteller-/Händlerleasing**, bei dem überwiegend herstellereigene Leasinggesellschaften, zum Teil aber auch „fremde", (nur) vertraglich gebundene Gesellschaften im Hintergrund tätig sind.[3] Die praktisch bedeutendere Rolle spielt dabei der **Teilamortisationsvertrag**, bei dem der Leasinggeber seine sämtlichen Aufwendungen einschließlich eines Gewinn- bzw. Risikozuschlags nicht bereits durch die Leasingraten der Grundleasing-/-mietzeit, sondern erst durch die Erzielung des Restwertes deckt.[4] Dieses Grundmodell bietet sich beim Kfz-Leasing an, mit entsprechenden Variationen je nach der Fahrzeugart, dem Marktsegment und der Marktlage (Aussichten der Wiederverwertbarkeit mit Einschätzung der Entwicklung der Gebrauchtwagenpreise). In der Praxis sind vornehmlich zwei Varianten der Teilamortisationsverträge üblich, und zwar Verträge mit Restwertgarantie bzw. Aufteilung eines etwaigen Mehrerlöses und Verträge mit Kilometerabrechnung.[5]

a) Vertragstypus/Rechtsnatur 13/212

Zur Frage der **Anwendbarkeit der Verbraucherdarlehensregelungen** (§§ 491 ff. BGB) siehe im Einzelnen unter Rn 13/107 ff.

Für die **Inhaltskontrolle der Formularverträge** – einschließlich der Leasing-AGB – nach den 13/213 §§ 305 ff. BGB ist von Interesse, welchem Vertragstypus die Verträge entsprechen.[6] Handelt es sich bei den Kfz-Leasingverträgen um Finanzierungsleasing, so sind sie grundsätzlich als **atypische Mietverträge** anzusehen.[7] Wenn auch das Absatz- und Finanzierungsinteresse zu berücksichtigen ist, so stellt die mietcharakteristische Gebrauchsüberlassungspflicht des Leasinggebers dennoch eine wesentliche Hauptpflicht dar, die nach der Rechtsprechung diese Einordnung rechtfertigt.[8]

b) Kfz-Leasing mit Restwertgarantie bzw. Mehrerlösbeteiligung 13/214

Beim Leasingvertrag mit Restwertgarantie bzw. Mehrerlösbeteiligung trägt der Leasingnehmer leasingtypisch das Restwertrisiko. Die Besonderheit besteht darin, dass ein etwaiger **Mehrerlös** nach Beendigung des Leasingvertrages **verteilt** wird; in der Regel erhält der Leasingnehmer 75 % des

---

[1] Dazu schon unter Rn 13/65 f.
[2] Siehe z. B. ifo-Institut, München, ifo-Schnelldienst 23/2014; *Berninghaus* in Praxishandbuch Leasing, 1998, § 15 Rn 1.
[3] *Michalski/Schmitt*, Der Kfz-Leasingvertrag, 1995, Rn 12.
[4] Siehe auch Rn 13/61.
[5] *Michalski/Schmitt*, Der Kfz-Leasingvertrag, 1995, Rn 2 m. w. N.
[6] Vgl. Rn 13/74 ff. und 13/81 ff.
[7] Siehe dazu Rn 13/77 ff.
[8] BGH WM 1985, 1447 (1448) m. Anm. *Konzen* in WuB I J 2. – 3.86; BGH WM 1986, 458 (460); *Michalski/Schmitt*, Der Kfz-Leasingvertrag, 1995, Rn 63.

Mehrerlöses, der Leasinggeber 25 %. Schließt der Leasingnehmer nach Beendigung des alten Leasingvertrages einen gleichwertigen neuen ab, so verzichtet der Leasinggeber häufig auf seinen Anteil am Mehrerlös.

Ergibt sich aus dem Vergleich zwischen dem kalkulierten Restwert und dem erzielten Veräußerungserlös ein **Mindererlös**, so ist der **Leasingnehmer** zur entsprechenden **Ausgleichszahlung verpflichtet**. Diese Pflicht muss ihm in ausreichendem Maße transparent gemacht worden sein, d. h., der Leasingnehmer muss ohne große Mühe erkennen und verstehen können, dass er den vereinbarten Restwert garantiert und gegebenenfalls die Differenz zu erstatten hat.[1] Es ist nicht erforderlich, dass der Leasinggeber die Kalkulation offenlegt, die dem vereinbarten, vom Leasingnehmer garantierten Restwert zugrunde liegt.[2]

13/215 Der **Restwertausgleichsanspruch** unterliegt seit der Schuldrechtsreform der regelmäßigen **dreijährigen Verjährungsfrist** nach § 195 BGB (vormals: zweijährige Verjährungsfrist nach § 196 Abs. 1 BGB a. F.). Der vertraglich vereinbarte Ausgleichsanspruch ist kein mietvertraglicher Ersatzanspruch im Sinne des § 548 BGB (vormals: § 558 BGB a. F.), sondern basiert auf der leasingtypischen Vollamortisationspflicht des Leasingnehmers und muss folglich als vertraglicher Erfüllungsanspruch mit Entgeltcharakter behandelt werden.[3] Die Verjährung beginnt erst mit der Verwertung der Leasingsache zu laufen.[4]

13/216 **c) Kfz-Leasing mit Kilometerabrechnung**

Der **Kilometerabrechnungsvertrag** weicht insoweit von dem zuvor genannten Modell und vom Teilamortisationserlass ab, als nicht der Leasingnehmer, sondern der **Leasinggeber** das **Restwertrisiko trägt**. Angesichts der insoweit vorzunehmenden Einschätzung des Gebrauchtwagenmarktes bezogen auf den Zeitpunkt der anstehenden Verwertung des Leasingfahrzeugs finden sich Absicherungen des Leasinggebers – z. B. durch Rückkaufvereinbarungen mit den Fahrzeughändlern/Herstellern.[5] Im Leasingvertrag wird für die Vertragsdauer eine Kilometergesamtfahrleistung vereinbart, die u. a. die Basis für die Bemessung der Leasingrate darstellt. Bei Beendigung des Vertrages erfolgt für **Mehr-** oder **Minderkilometer** eine **Ausgleichszahlung**. Das Nutzungsentgelt für die höhere Kilometerleistung wird als ein aus dem Vertrag resultierender Erfüllungsanspruch eingeordnet und unterliegt somit seit der Schuldrechtsreform der regelmäßigen **dreijährigen Verjährungsfrist** nach § 195 BGB (vormals: zweijährige Verjährungsfrist des § 196 Abs. 1 Nr. 6 BGB a. F.).[6] Gleiches gilt für den Anspruch des Leasinggebers gegen den Leasingnehmer auf Minderwertausgleich wegen der Rückgabe des Fahrzeugs in einem nicht vertragsgerechten Zustand.[7]

Bei Klauseln, die für den Fall vorzeitiger Beendigung des Leasingvertrages von der ursprünglichen Vertragskalkulation abweichen wollen und das Restwertrisiko auf den Leasingnehmer verlagern, hat der BGH das „Nebeneinander" solcher Klauseln als überraschend gemäß § 3 AGBG a. F. (jetzt: § 305c Abs. 1 BGB) und unklar im Sinne von § 5 AGBG a. F. (jetzt: § 305c Abs. 2 BGB) gewertet.[8]

---

[1] BGH WM 2014, 1738 (1740 ff.) m. Anm. *Omlor* in WuB I J 2. – 2.14.
[2] BGH WM 2014, 1738 (1742) m. Anm. *Omlor* in WuB I J 2. – 2.14; BGH WM 1997, 1904 (1905), m. Anm. *Jendrek* in WuB I J 2. – 2.97 = ZIP 1997, 1457.
[3] BGH WM 2014, 1738 (1740 f.) m. Anm. *Omlor* in WuB I J 2. – 2.14; BGH WM 1997, 1904 (1906) m. Anm. *Jendrek* in WuB I J 2. – 2.97; BGH WM 1996, 1690 (1691 f.).
[4] BGH WM 1997, 1904 (1906) m. Anm. *Jendrek* in WuB I J 2. – 2.97; BGH WM 1996, 1690 m. Anm. *Martens* in WuB I J 2. – 10.96; OLG Hamm WM 1996, 492 (494 f.) m. Anm. *Martens* in WuB I J 2. – 7.96; a. A. OLG München NJW-RR 1994, 738; OLG Koblenz WM 1991, 2001; LG Hamburg WM 1996, 501 m. ablehnender Anm. *Martens* in WuB I J 2. – 7.96; *Meyer auf der Heyde*, BB 1987, 498 (501 f.).
[5] *Michalski/Schmitt*, Der Kfz-Leasingvertrag, 1995, Rn 53; zur Wirksamkeit einer in einem Rahmenvertrag enthaltenen Rückkaufverpflichtung: BGH WM 2014, 1731 ff. m. Anm. *Merkelbach* in WuB 2015, 167 ff.; allerdings ist der Aspekt der tatsächlichen Besitzverschaffung durch den Wiederverkäufer nicht zu unterschätzen, denn die formularmäßige Abtretung des Herausgabeanspruches gegen den Besitzer als Übergabeersatz wurde von der Rechtsprechung als Verstoß gegen § 9 Abs. 2 Nr. 1 AGBG a. F. (jetzt: § 307 BGB) gewertet: BGH WM 2003, 1092 ff.; OLG Rostock NJW 2006, 304 f. – dagegen: *Schulze-Schröder*, NJW 2003, 3031 ff.
[6] *Zahn* in v. Westphalen, Der Leasingvertrag, 7. Aufl. 2015, S. 896 ff.
[7] BGH WM 2000, 1009 (1010 f.) = ZIP 2000, 797; BGH WM 2011, 2141 (2143); BGH WM 2013, 2235 (2237).
[8] BGH WM 1987, 38 (40); BGH WM 2001, 2008 m. Anm. *Schmid-Burgk* in WuB I J 2. – 2.02 unter Darstellung des Streitstandes, ob eine etwaige Klausel, die die Vollamortisationspflicht hinreichend klar, deutlich und widerspruchsfrei regelt, in dem eigentlichen Leasingvertrag selbst enthalten sein muss oder auch eine Regelung in den einbezogenen Allgemeinen Geschäftsbedingungen genügen kann; vgl. auch OLG Stuttgart EWiR § 157 BGB – 1996, 633 (*Bahmann*); anders *Nägele*, BB 1996, 1233 ff.

Besonderheiten beim Kfz- und Computer-Leasing

Der BGH lehnt auch eine Klausel, nach der der vom Leasinggeber intern kalkulierte Restwert des Leasingfahrzeugs bei der konkreten Berechnung des Kündigungsschadens berücksichtigt werden soll, auch für den Fall, dass eine diesbezügliche Rückkaufvereinbarung mit dem Fahrzeughändler (bezogen auf eine ordnungsgemäße Beendigung des Leasingvertrages) besteht, ab.[1] Eine individualvertragliche Vereinbarung könnte allerdings von der Grundform abweichende Berechnungen und Kalkulationen beinhalten.

Problematisch ist die Einordnung, ob solche **Kfz- Kilometerabrechnungsverträge** den Regelungen des **Verbraucherdarlehensrechtes** unterfallen – im Einzelnen dazu unter Rn 13/114.   13/217

d) Weitere Modelle/Kombinationen   13/218

Die Leasing-Vertragskonstruktion wird oftmals mit weiteren Leistungen kombiniert, die besonders auf die Interessen des Leasingnehmers abgestellt sind, wobei man von **Teil-** oder **Full-Service** spricht. Je nach Ausgestaltung werden **zusätzlich** z. B. **Leistungen des Leasinggebers** in Form der Bezahlung der Kfz-Steuern und der Versicherungsprämie übernommen, ebenso weitere Dienstleistungen, wie z. B. Wartungen/Inspektionen, Verschleissreparaturen und Reifenersatz. Dann handelt es sich um einen **gemischten Vertrag**, kombiniert aus Leasing-, Dienst- und Werkvertrag.[2]

2. Besonderheiten   13/219
a) Sach- und Preisgefahr

Die Überwälzung der Sach- und Preisgefahr auf den Leasingnehmer ist zwar typisch für Leasingverträge,[3] nach Auffassung des BGH ist diese Vereinbarung beim Kfz-Leasing für Neufahrzeuge und für Gebrauchtfahrzeuge bis zum Ablauf des dritten auf die Erstzulassung folgenden Jahres aber nur dann wirksam, wenn dem Leasingnehmer bei **unverschuldetem Untergang** oder **unverschuldeter erheblicher Beschädigung des Kfz** ein kurzfristiges Kündigungs-/Lösungsrecht zusteht.[4] Im Hinblick auf die Frage, ab wann ein Fahrzeug als erheblich beschädigt zu betrachten ist, empfiehlt der Verband der Automobilindustrie die Einräumung eines Kündigungsrechtes, wenn die Reparaturkosten mehr als 60 % des Wiederbeschaffungswertes betragen oder eine fühlbare Beeinträchtigung der Benutzung des Kfz als Folge des Schadens vorliegt bzw. der Schaden zu einem Wertverlust oder Reparaturaufwand geführt hat, dessen Höhe der Hälfte des jeweiligen Zeitwerts des Fahrzeugs entspricht.[5]

Bei einem Rücktritt stellt der BGH auf die Situation zum Zeitpunkt der Rücktrittserklärung ab. Haben zu diesem Zeitpunkt diverse Werkstattaufenthalte nicht zur Abstellung der Mängel geführt, ändert an der Erheblichkeit der Mängel nichts, wenn sich später deren Ursache und die Möglichkeit der Beseitigung mit verhältnismäßig geringem Aufwand (weniger als 5 % des Kaufpreises) herausstellt.[6] Anders ist es, wenn **erfolgreiche** Nachbesserungen vorausgegangen sind und sodann der Rücktritt nach einem weiteren Werkstattaufenthalt erklärt wird.[7]

b) Zulassungsbescheinigung Teil II/Fahrzeugbrief   13/220

Der Zulassungsbescheinigung Teil II (vormals: Fahrzeugbrief) kommt die Funktion zu, den Eigentümer oder sonst dinglich am Kraftfahrzeug Berechtigten zu schützen, auch wenn diese kein Traditionspapier ist.[8] Hieraus erklärt sich die **Verwahrung** der Zulassungsbescheinigung Teil II **beim Leasing-**

---

[1] BGH WM 2005, 996 ff. m. Anm. *Gölz* in WuB I J 2. – 4.05.
[2] *Berninghaus* in Praxishandbuch Leasing, 1998, § 15 Rn 11.
[3] Siehe Rn 13/75 und 13/95 f.
[4] BGH WM 2004, 1179 (1180); BGH WM 1998, 2148 m. Anm. *Jendrek* in WuB I J 2. – 1.99; BGH WM 1996, 1320 (1322) m. Anm. *Emmerich* in WuB I J 2. – 5.96; BGH WM 1992, 233 (236) m. Anm. *Emmerich* in WuB I J 2. – 3.92; BGH WM 1987, 38; vgl. dazu auch die Ausführungen unter Rn 13/229.
[5] Dazu z. B. *Beckmann*, Finanzierungsleasinggeschäfte, 1996, Rn 348; vgl. auch BGH WM 1998, 1452, mit dem Hinweis, dass nicht erst ab Reparaturkosten von mehr als 80 % des Zeitwertes eine „erhebliche" Beschädigung in diesem Sinne anzunehmen ist – s. auch die Anm. *Gölz* in WuB I J 2. – 3.98.
[6] BGH, Urteil vom 15.6.2011, VIII ZR 139/09.
[7] BGH, Urteil vom 29.6.2011, VIII ZR 202/10.
[8] BGH WM 1978, 900; BGHZ 10, 122 (125).

geber.[1] Damit schützt sich der Leasinggeber dagegen, dass ein Dritter das Fahrzeug gutgläubig von dem Leasingnehmer oder einem sonstigen Besitzer erwirbt. Der gute Glaube des Dritten als Erwerber an das Eigentum bzw. die Verfügungsbefugnis des als Veräußerer Auftretenden ist nämlich nur geschützt, wenn der Erwerber sich die Zulassungsbescheinigung Teil II vorlegen lässt, um die Berechtigung des Veräußerers prüfen zu können. Anderenfalls trägt der Erwerber das Risiko, dass der Veräußerer nicht verfügungsbefugt ist.[2]

13/221 3. Versicherungspflicht

Nach dem Leasingvertrag bzw. den einbezogenen Allgemeinen Geschäftsbedingungen ist der Leasingnehmer als Halter des Kfz regelmäßig verpflichtet, sowohl eine **Kfz-Haftpflichtversicherung** (§ 1 PflVG) als auch eine **Vollkaskoversicherung** abzuschließen.[3] Der Leasingnehmer vereinbart die Versicherung zwar im eigenen Namen, aber zu Gunsten des Leasinggebers (§§ 43 ff. VVG).[4] Insofern ist der Leasinggeber im Verhältnis zur Versicherung Berechtigter nach § 44 Abs. 1 VVG; allerdings kann der Leasingnehmer gemäß § 45 Abs. 1 VVG über die Rechte aus dem Versicherungsvertrag verfügen. Um dies und entsprechende Nachteile für den Leasinggeber auszuschließen, lässt sich der Leasinggeber von dem Leasingnehmer dessen Ansprüche abtreten und den **Versicherungsschein**, der zur Geltendmachung der Rechte gemäß § 44 Abs. 2 VVG erforderlich ist, aushändigen.[5] Gleichwohl wird der Leasingnehmer in der Regel ermächtigt und verpflichtet, etwaige Schadensansprüche gegen Dritte im eigenen Namen geltend zu machen und die Schäden beheben zu lassen.[6]

In der Insolvenz des Leasingnehmers gehört der Anspruch auf die Entschädigungsleistung nicht zur Insolvenzmasse, sondern steht dem Versicherten, dem Leasinggeber (§ 44 VVG – Versicherung für fremde Rechnung, s. o.) zu. Der Leasinggeber hat daher insoweit einen Aussonderungsanspruch bzw. im Falle der bereits erfolgten Zahlung an den Insolvenzverwalter kann er Ersatzaussonderung beanspruchen.[7]

Der Leasinggeber muss gegebenenfalls die von der Versicherung geleistete Entschädigung für die Reparatur zur Verfügung stellen bzw. die Versicherungsleistung auf seinen Ausgleichsanspruch gegen den Leasingnehmer anrechnen, sofern eine Reparatur nicht mehr in Frage kommt und der Leasingnehmer von seinem Kündigungsrecht Gebrauch macht.[8] Der Leasinggeber ist nicht berechtigt, die Versicherungsleistung mit rückständigen Leasingraten des Leasingnehmers zu verrechnen.[9] Der etwaige **Ausgleichsanspruch gegen den Leasingnehmer** kann bis zur Zahlung der Versicherung gestundet sein,[10] sofern der Leasingnehmer nach dem Leasingvertrag nicht verpflichtet ist, die Versicherungsansprüche zu Gunsten des Leasinggebers gegen den Versicherer selbst geltend zu machen und die Schadensabwicklung vorzunehmen.[11]

---

[1] *Michalski/Schmitt*, Der Kfz Leasingvertrag, 1995, Rn 167; der Leasinggeber sollte sich bereits anlässlich des Erwerbes des Kraftfahrzeuges auch vom seinem Vertragshändler die Zulassungsbescheinigung Teil II (vormals: Fahrzeugbrief) übergeben lassen – vgl. dazu BGH WM 2005, 761 m. Anm. *Gölz* in WuB I J. 2. – 3.05.

[2] BGH WM 1996, 1318 (1319 f.) m. Anm. *Heinrich* in WuB IV A. § 932 BGB – 2.96; BGH WM 1994, 1296 m. Anm. *Pfeiffer* in WuB IV A. § 932 BGB 1.94; BGH WM 1991, 811; BGH WM 1959, 138 (140) – siehe hierzu auch Rn 4/477 ff.

[3] *Michalski/Schmitt*, Der Kfz-Leasingvertrag, 1995, Rn 175; vgl. auch BGHZ 30, 40 (42); BGH WM 1992, 233 (235) m. Anm. *Emmerich* in WuB I J 2. – 3.92.

[4] BGH WM 1985, 602.

[5] *Michalski/Schmitt*, Der Kfz-Leasingvertrag, 1995, Rn 176; zur Aufklärungspflicht des Versicherers bei einer Sicherungsbestätigung gegenüber dem Leasinggeber, wenn der Leasinggegenstand in eine Sammelversicherung einbezogen ist: BGH ZIP 2001, 75 ff.

[6] *Berninghaus* in Praxishandbuch Leasing, 1998, § 15 Rn 12; *Michalski/Schmitt*, Der Kfz-Leasingvertrag, 1995, Rn 177.

[7] OLG Frankfurt/M. NZI 2002, 262.

[8] BGH WM 1985, 1537 (1538); BGH WM 1995, 935 (937); dies gilt auch dann, wenn derartiges nicht ausdrücklich im Leasingvertrag geregelt ist: BGH WM 2004, 1179 ff. m. kritischer Anm. *Gölz* in WuB I J 2. – 3.04.; BGH WM 2012, 619 (621 f.), wobei eine Versicherungsentschädigung, die zum Zeitpunkt der vorzeitigen Beendigung eines Leasingvertrages (mit Andienungsrecht und ohne Mehrerlösbeteiligung) noch nicht amortisierten Gesamtaufwand des Leasinggebers (einschließlich des kalkulierten Gewinns) übersteigt, dem Leasinggeber und nicht dem Leasingnehmer zusteht; vgl. auch Rn 13/219 und 13/229.

[9] BGH WM 1985, 1537 (1538); *Berninghaus* in Praxishandbuch Leasing, 1998, § 15 Rn 22; *Michalski/Schmitt*, Der Kfz-Leasingvertrag, 1995, Rn 178.

[10] BGH WM 1992, 233 (234) m. Anm. *Emmerich* in WuB I J 2. – 3.92.

[11] OLG Koblenz WM 1996, 495 (496 f.) m. kritischer Anm. *Gölz* in WuB I J 2. – 2.96; zu den Tücken einer Versicherung mit einer Differenzkaskoklausel, die sich auf einen etwaig höheren Ablösewert bezieht: BGH WM 2015, 635 ff.

Besonderheiten beim Kfz- und Computer-Leasing

Im Rahmen der Geltendmachung der Versicherungsansprüche können auf den Leasinggeber vertragliche Nebenpflichten zukommen, insbesondere in Form der Ermöglichung einer zügigen Bearbeitung des Schadensfalles. Kommt er dieser Mitwirkungspflicht nicht oder nur mit Verzögerungen nach, z. B. durch verspätete Zurverfügungstellung der Kfz-Einkaufsrechnung, könnte er sich Schadensersatzansprüchen des Leasingnehmers aussetzen.[1]

4. Der Unfall mit dem Leasingfahrzeug   13/222
a) Totalschaden
aa) Ansprüche des Leasinggebers

- *Dritter als Verursacher*

Dem **Leasinggeber** stehen als Eigentümer des beschädigten oder zerstörten Kfz grundsätzlich **Schadensersatzansprüche** aus § 823 Abs. 1 und Abs. 2 BGB in Verbindung mit den Regelungen der StVO und aus §§ 7, 18 StVG **gegen den Schädiger** zu.[2] Der Umfang setzt sich für den Fall des Totalschadens aus dem Wiederbeschaffungswert abzüglich des Restwerterlöses zum Nettobetrag,[3] den Nettokosten für die Erstellung eines Sachverständigengutachtens sowie aus den Kosten für alle unfallbedingten Nebenfolgen zusammen.[4] Darin ist jedoch nicht der Anspruch auf **entgangenen Gewinn** enthalten, für den der Leasingnehmer aufzukommen hat.[5]

Da die Sach- und Preisgefahr allerdings in den meisten Fällen auf den Leasingnehmer abgewälzt wird, kann der in Anspruch genommene Schädiger einwenden, dass dem Leasinggeber wegen seines Anspruchs auf Vollamortisation gegen den Leasingnehmer kein auf den Unfall zurückzuführender Schaden entstanden ist. Von daher ist durch den von einem Dritten herbeigeführten Totalschaden in der Regel nicht der Eigentümer, sondern der Leasingnehmer – als Besitzer – geschädigt. Deshalb ist der Leasinggeber verpflichtet, dem Leasingnehmer die **Schadensersatzansprüche gegen** den schädigenden **Dritten abzutreten**.[6] Hat der Schädiger dem Leasinggeber den Schaden dennoch ersetzt, so muss dieser Betrag dem Leasingnehmer genauso wie eine Entschädigungszahlung der Versicherung angerechnet werden.[7]

Für Leasingverträge, bei denen der Leasinggeber das **Restwertrisiko** trägt, umfasst der Schadensersatzanspruch auch den zum Zeitpunkt des Vertragsendes voraussichtlich vorhandenen Restwert. Dieser stellt den zu diesem Zeitpunkt entgangenen Gewinn dar, der dann nicht in den Leasingraten enthalten ist.   13/223

Beruht die Zerstörung des Kfz nicht ausschließlich auf Fremdverschulden, so muss sich der Leasinggeber ein Mitverschulden des Leasingnehmers im Rahmen des § 254 BGB nicht entgegenhalten lassen, weil er selbst nicht Halter des Fahrzeuges und der Leasingnehmer nicht sein Verrichtungsgehilfe ist.[8]

- *Leasingnehmer als Verursacher*   13/224

Auf Basis der vorgenannten Anspruchsgrundlagen hat der **Leasinggeber** Anspruch auf **Schadensersatz gegen** den **Leasingnehmer**, wenn dieser den Schaden mitverschuldet oder allein verursacht hat. Da der Leasingnehmer jedoch trotz der Zerstörung weiterhin vertraglich zur Zahlung der Leasingraten verpflichtet ist bzw. im Fall der vorzeitigen Kündigung Schadensersatz leisten muss, entsteht dem Leasinggeber kein zusätzlicher Schaden. Stehen dem Leasinggeber allerdings selbst die Ansprüche gegen die Versicherung zu, so hat er grundsätzlich primär seine Befriedigung hieraus zu suchen. Die Ausgleichsansprüche gegen den Leasingnehmer (Vollamortisationsanspruch) sind insoweit gestundet; es sei denn, dass der Leasingnehmer nach dem Leasingvertrag verpflichtet ist, den Anspruch auf

---

[1] OLG Koblenz WM 1996, 495 (497) m. kritischer Anm. *Gölz* in WuB I J 2. – 2.96.
[2] *Michalski/Schmitt*, Der Kfz-Leasingvertrag, 1995, Rn 177.
[3] BGH BB 1990, 2441.
[4] *Dörner*, VersR 1978, 834 ff.
[5] BGH BB 1990, 2441.
[6] *Michalski/Schmitt*, Der Kfz-Leasingvertrag, 1995, Rn 194.
[7] BGH WM 1991, 74 (76).
[8] OLG Hamm NJW 1995, 2233; *Berninghaus* in Praxishandbuch Leasing, 1998, Rn 34.

die Versicherungsleistung zu Gunsten des Leasinggebers beim Versicherer geltend zu machen,[1] zumindest, wenn der Leasingnehmer dies nicht oder erfolglos betrieben hat.[2]
Der Vollamortisationsanspruch umfasst Ersatz aller Anschaffungs- und Herstellungskosten, Neben- und Finanzierungskosten sowie den Gewinn.[3] Hat der Leasinggeber das Restwertrisiko übernommen, so hat der Leasingnehmer auch den voraussichtlichen Restwert als entgangenen Gewinn zu ersetzen. Zum Teil wird in den Leasingbedingungen eine Haftungsfreistellung gegen ein zusätzliches Entgelt nach Art einer Vollkaskoversicherung vereinbart. AGB-mäßige Leasingklauseln, die in diesem Zusammenhang den Wegfall der Haftungsfreistellung vorsehen, wenn die Polizei bei einem Unfall nicht hinzugezogen wird oder einen undifferenzierten Haftungsvorbehalt für den Fall grober Fahrlässigkeit, sind wegen Verstoßes gegen die entsprechenden Leitbilder des Versicherungsvertragsgesetzes (vgl. insbesondere § 28 Abs. 2, § 81 Abs. 2 VVG) gemäß § 307 BGB unwirksam. Dadurch entstehende Vertragslücken können durch Heranziehung von § 28 VVG und § 81 VVG geschlossen werden.[4]

13/225 Der Leasingnehmer muss sich das **Verhalten Dritter**, denen er das **Fahrzeug überlassen** hat, regelmäßig zurechnen lassen.[5]

13/226 **bb) Ansprüche des Leasingnehmers**

Der Leasingnehmer macht als Besitzer des Kfz die Ersatzforderungen gegen den Schädiger geltend, insbesondere vor dem Hintergrund der von dem Leasinggeber an ihn abgetretenen Ansprüche. Der Schaden besteht zum einen in dem **Entzug der Sachnutzung**, zum anderen eventuell in einem **vermögensrechtlichen Folgeschaden**, der z. B. auf Grund der sofortigen Fälligstellung des Vollamortisationsanspruchs des Leasinggebers anhand entgangener Kapitalnutzung bzw. entstandener Kapitalkosten zu berechnen ist. Dazu kommen gegebenenfalls noch entgangene steuerliche Vorteile, Mietwagenkosten[6] sowie der entgangene Gewinn für den Zeitraum bis zur Wiederbeschaffung eines Ersatzfahrzeugs.[7] Der Wert des Nutzungsschadens ist begrenzt auf den Wiederbeschaffungswert des Fahrzeugs zum Zeitpunkt des schädigenden Ereignisses.[8]

13/227 **b) Teilschaden**

Für die Schadensersatzansprüche bei einem Teilschaden gelten die Ausführungen zum Totalschaden entsprechend (s. o.). Zu beachten ist allerdings, dass der Leasingnehmer evtl. nach dem Leasingvertrag dazu verpflichtet ist, die Reparatur auf eigene Kosten durchführen zu lassen und ihm dann die Auszahlung der Entschädigungsleistung der Versicherung zusteht. Der **Schadensersatz** umfasst die Reparaturkosten (gegebenenfalls zuzüglich Mehrwertsteuer, wenn der Leasingnehmer nicht vorsteuerabzugsberechtigt ist), Abschlepp- und Gutachterkosten, den merkantilen Minderwert (der demjenigen zusteht, der das Restwertrisiko trägt), Mietwagenkosten, den Nutzungsausfallschaden sowie weitere Auslagen und Rechtsverfolgungskosten.[9]

13/228 **5. Diebstahl des Leasingfahrzeuges**

Wird das Leasingfahrzeug gestohlen, so ist der Leasingnehmer in Verbindung mit der üblichen Überwälzung der Sach- und Preisgefahr auf ihn zunächst weiterhin zur Zahlung der Leasingraten ver-

---

[1] BGH WM 1992, 233 (234) m. Anm. *Emmerich* in WuB I J 2. – 3.92; OLG Koblenz WM 1996, 495 (496 f.), m. Anm. *Gölz* in WuB I J 2. – 2.96.
[2] Zur Mitwirkungspflicht des Leasinggebers siehe Rn 13/221.
[3] *Michalski/Schmitt*, Der Kfz-Leasingvertrag, 1995, Rn 182.
[4] BGH WM 2013, 2238 ff.; BGH WM 2012, 1101 (1103 f.); BGH WM 2012, 865 ff.; zur Trennbarkeit einer in diesem Kontext sprachlich zusammenhängenden Gesamtklausel in einen inhaltlich zulässigen und einen inhaltlich unzulässigen Teil: BGH WM 2015, 1161, 1162 f.
[5] OLG Hamm NJW-RR 1987, 1142 (1143); demgegenüber wird gemäß BGH-Urteil vom 10.7.2007, VI ZR 199/06 dem Leasinggeber als Fahrzeugeigentümer weder ein etwaiges Mitverschulden des Leasingnehmers als Halter und Fahrzeugführer noch die Betriebsgefahr zugerechnet.
[6] BGH WM 1992, 103 (105) m. Anm. *H. Lange* in WuB I J 2. – 2.92.
[7] *Michalski/Schmitt*, Der Kfz-Leasingvertrag, 1995, Rn 196 ff.
[8] BGH WM 1992, 103 (105) m. Anm. *H. Lange* in WuB I J 2. – 2.92.
[9] *Beckmann*, Finanzierungsleasinggeschäfte, 1996, Rn 354.

pflichtet. Allerdings besteht auch für diesen Fall ein **außerordentliches Kündigungsrecht**.[1] Im Falle der Kündigung bleibt der Leasingnehmer dem Leasinggeber in Höhe der bis zum ursprünglichen Vertragsablauf ausstehenden Raten – gegebenenfalls zuzüglich des zum Zeitpunkt des Diebstahls vorliegenden Restwertes – zum Schadensersatz verpflichtet. Der Betrag muss auch hier insbesondere auf den Kündigungstermin abgezinst werden. Sofern eine **Vollkaskoversicherung** besteht, hat der Leasinggeber diese zunächst in Anspruch zu nehmen und die erstattete Summe auf den Anspruch gegen den Leasingnehmer anzurechnen.[2]

Ist für den Leasingnehmer im Falle des Diebstahls des Leasingfahrzeuges ein kurzfristiges Kündigungs- oder gleichwertiges Lösungsrecht vorgesehen (s. o.), benachteiligt eine AGB-Klausel, die vorsieht, dass im Falle der Kündigung des Leasingvertrages wegen Verlustes des Leasingfahrzeuges der Leasinggeber Anspruch auf dessen Zeitwert oder den Restvertragswert in Höhe seines nicht amortisierten Gesamtaufwandes hat, wobei der höhere Wert maßgebend ist, den zur Versicherung des Fahrzeuges verpflichteten Leasingnehmer nicht unangemessen im Sinne von § 307 Abs. 1 BGB. Der BGH begründet dies vornehmlich damit, dass der Leasinggeber als Eigentümer der Leasingsache ja ein berechtigtes Interesse an der Erhaltung der Leasingsache habe und es aber auch keinen Bedenken begegne, wenn ihm stattdessen ein Anspruch auf Erstattung eines höheren Zeitwerts des Leasingfahrzeugs als Ersatz für den Verlust seines Eigentums zugebilligt wird.[3]

Hat der Leasingnehmer den **Diebstahl** des Kfz lediglich **vorgetäuscht**, so kann der Leasinggeber die Kündigung wegen arglistiger Täuschung anfechten. Der Versicherung steht dann, wenn die Entschädigung gezahlt worden ist, regelmäßig ein bereicherungsrechtlicher Rückforderungsanspruch gegen den Leasingnehmer zu, auch wenn der Leasinggeber die Versicherungsleistung erhalten hat.[4] Die Versicherung muss im Streitfall beweisen, dass das Kfz nicht entwendet worden, der Versicherungsfall also nicht eingetreten ist. Beweiserleichterungen werden dem Versicherer nicht zugestanden.[5]

6. Beendigung des Vertrages

13/229

a) Kündigung

Aufgrund der in Kfz-Leasingverträgen in der Regel fest vereinbarten (Grundleasing-/miet-) Laufzeit ist insoweit leasingtypisch eine **ordentliche Kündigung** während dieser „festen" Laufzeit **ausgeschlossen**.[6] Für die Wirksamkeit der typischerweise auf den Leasingnehmer abgewälzten Sach- und Preisgefahr ist ihm bei Neu-und max. 3 Jahre alten Gebrauchtfahrzeugen ein **kurzfristiges Kündigungs-/Lösungsrecht bei unverschuldetem Untergang** oder **unverschuldeter erheblicher Beschädigung** des Kraftfahrzeuges einzuräumen.[7] Im Übrigen ist ein genereller Ausschluss der **Kündigung aus wichtigem Grund** – wie bei jedem anderen Dauerschuldverhältnis auch – unwirksam.[8]

Für die **Schadensberechnung** im Fall der vorzeitigen Vertragsbeendigung gilt grundsätzlich, dass der Leasinggeber nicht besser gestellt sein darf, als er bei ordnungsgemäßem Vertragsablauf gestanden hätte.[9] Aufgrund der vorzeitigen Vertragsbeendigung entsteht dem Leasinggeber ein **Ausgleichsanspruch** gegen den Leasingnehmer, der je nach der Vertragsart unterschiedlich zu berechnen ist. Allerdings benachteiligt eine AGB-Klausel, die vorsieht, dass im Falle der Kündigung des Leasingvertrages wegen Verlustes des Leasingfahrzeuges der Leasinggeber Anspruch auf dessen Zeitwert oder den Restvertragswert in Höhe seines nicht amortisierten Gesamtaufwandes hat, wobei der höhere Wert

---

[1] BGH WM 1987, 38 m. Anm. *Emmerich* in WuB I J 2. – 4.87; BGH WM 1998, 2148 m. Anm. *Jendrek* in WuB I J 2. – 1.99; BGH WM 1996, 1320 (1322) m. Anm. *Emmerich* in WuB I J 2. – 5.96; OLG Düsseldorf NJW 1997, 2528; *Berninghaus* in Praxishandbuch Leasing, 1998, § 15 Rn 32 – siehe auch Rn 13/219 und 13/229.
[2] BGH WM 2004, 1179 (1181); OLG Koblenz WM 1996, 495 (496 f.) m. Anm. *Gölz* in WuB I J 2. – 2.96; zu den Tücken einer Versicherung mit einer Differenzkaskoklausel, die sich auf einen etwaig höheren Ablösewert bezieht siehe BGH WM 2015, 635 ff.
[3] BGH WM 2006, 2378 ff.
[4] BGH WM 1993, 1150 (1152) m. Anm. *Kohler* in WuB IV A. § 812 BGB 2.93.
[5] BGH WM 1993, 1312 (1314).
[6] Vgl. Rn 13/69.
[7] BGH WM 2004, 1179 (1180); BGH WM 1998, 2148; BGH WM 1996, 1320 (1322); BGH WM 1992, 233 (236); BGH WM 1987, 38 – siehe auch Rn 13/219.
[8] *Michalski/Schmitt*, Der Kfz-Leasingvertrag, 1995, Rn 223.
[9] BGH WM 1986, 673 (674) m. Anm. *Emmerich* in WuB I J 2. – 7.86.

maßgebend ist, den zur Versicherung des Fahrzeuges verpflichteten Leasingnehmer nicht unangemessen im Sinne von § 307 Abs. 1 BGB.[1]

13/230 **aa) Ausgleichsanspruch beim Vertrag mit Mehrerlösbeteiligung**

In den Leasingverträgen/Leasing-AGB finden sich regelmäßig Klauseln mit Berechnungsmethoden für die Entschädigungsleistung des Leasinggebers bei einer vorzeitigen Vertragsbeendigung. Neben der Beachtung der erforderlichen hinreichenden Transparenz ist hierin zumindest vorzusehen, dass ein **Abzug der ersparten Aufwendungen** und eine **Abzinsung**, deren Zinssatz sich am tatsächlichen Refinanzierungssatz orientiert, erfolgt.[2] Für spezielle Formen bzw. fachspezifische mathematische Ausdrücke ist der Empfängerhorizont des Leasingnehmers zu berücksichtigen.[3]

13/231 Bei **Unwirksamkeit der Klausel** ist der **Ausgleichsanspruch konkret** anhand der ursprünglichen Kalkulation des Leasinggebers zu **berechnen**.[4] Neben anderen möglichen Abrechnungsmethoden[5] kommt folgende Berechnung in Betracht: Ausgangspunkt ist zunächst, dass dem Leasinggeber die vereinbarten Leasingraten – gegebenenfalls nebst Verzugszinsen – bis zum Eingang des Verkaufserlöses für das Leasingfahrzeug zustehen; die Leasingraten sind entsprechend abzuzinsen. Der Ausgleichsanspruch reduziert sich sodann um den Nettoveräußerungserlös des Leasingfahrzeuges, den der Leasinggeber erhält. Infolge der vorzeitigen Vertragsbeendigung spart der Leasinggeber Aufwendungen zwischen dem vertraglich vorgesehenen und dem vorzeitigen Ende ein, was sich anspruchsmindernd auswirkt. Das Gegenteil hat der Leasinggeber zu beweisen.[6] Eine zu Beginn des Vertrages geleistete **Sonderzahlung** gilt bei einer von dem Leasingnehmer veranlassten fristlosen Kündigung des Leasingvertrages als Teil des Vollamortisationsanspruchs und ist wie eine bereits entrichtete Leasingrate zu behandeln.[7]

Ist die **Sachgefahr** nicht wirksam auf den Leasingnehmer abgewälzt worden, somit **bei dem Leasinggeber** verblieben, und ist das Leasingfahrzeug unverschuldet verloren-/untergegangen, so kann dem Leasingnehmer ein Anspruch auf anteilige Rückzahlung der geleisteten Sonderzahlung zustehen. Die Sonderzahlung könnte dann wie eine Mietvorauszahlung, deren Anrechnung auf die vereinbarten Raten über die gesamte ursprüngliche Laufzeit zu erfolgen hätte, behandelt werden, woraus sich gegebenenfalls der anteilige **Erstattungsanspruch** des **Leasingnehmers** berechnet.[8]

13/232 **bb) Ausgleichsanspruch beim Vertrag mit Kilometerabrechnung**

Bei einem **Leasingvertrag** mit **Kilometerabrechnung** ist zu berücksichtigen, dass nach der Vertragsgestaltung der **Leasinggeber** das **Restwertrisiko** zu tragen hat. Auch bei einer vorzeitigen Vertragsbeendigung ist demnach von dieser ursprünglichen Kalkulation auszugehen, so dass der Leasinggeber den **veranschlagten Restwert** typischerweise nicht von dem Leasingnehmer einfordern kann.[9] Insoweit kann dem Leasinggeber für den Fall einer vorzeitigen Vertragsbeendigung nicht mehr zustehen, als er bei einer ordnungsgemäßen Vertragsdurchführung erhalten hätte. Der Schaden ist daher an Hand einer vergleichenden Betrachtung der Vermögenslage des Leasinggebers bei normalem und bei vorzeitigem Vertragsende zu ermitteln. Die bis zur Rückgabe des Kfz gefahrenen Kilometer werden mit dem vertraglich vereinbarten Kilometerstand am Ende der Ursprungsvertragslaufzeit verglichen. Die Differenz wird erstattet bzw. in Rechnung gestellt.[10] Von den noch ausstehenden Leasingraten sind die ersparten Aufwendungen abzuziehen, der verbleibende Betrag ist abzuzinsen.[11]

---

[1] Zur entsprechenden BGH-Rechtsprechung siehe auch unter Rn 13/228.
[2] BGH WM 1997, 1904 (1905); BGH WM 1996, 311 (314) m. Anm. *Gölz* in WuB I J 2. – 3.96; BGH WM 1990, 2043 (2045) m. Anm. *Wiek* in WuB I J 2. – 3.91.
[3] BGH WM 1996, 311 (313) m. Anm. *Gölz* in WuB I J 2. – 3.96.
[4] Vgl. Rn 13/71 und 13/105.
[5] Vgl. *Struppek*, BB 1992, Beilage Nr. 9, S. 21 ff.
[6] BGH WM 1996, 311 (314).
[7] BGH WM 1995, 438 (439) m. Anm. *Gölz* in WuB I J 2. – 3.95.
[8] OLG Düsseldorf NJW 1997, 2528 (2529).
[9] Siehe dazu die Ausführungen unter Rn 13/216.
[10] BGH WM 1987, 38 (40) m. Anm. *Emmerich* in WuB I J 2. – 4.87.
[11] *Michalski/Schmitt*, Der Kfz-Leasingvertrag, 1995, Rn 248.

Alternativ kann auch im Rahmen eines Vergleiches der Vermögenslage des Leasinggebers bei vertragsgemäßer Erfüllung des Leasingvertrages und bei vorzeitiger Beendigung wie folgt abgerechnet werden: Der Leasinggeber hätte Anspruch auf die abgezinsten Leasingraten ab Rückgabe des Fahrzeugs bis zum ursprünglich vorgesehenen Vertragsende und den abgezinsten Barwert (nicht den intern kalkulierten Restwert), den das Leasingfahrzeug zu diesem Zeitpunkt bei vereinbarter Laufleistung und durchschnittlicher Abnutzung gehabt hätte. Hiervon sind der zu erzielende Verwertungserlös sowie ersparte laufzeitabhängige Verwaltungskosten abzuziehen. Den jeweiligen Fahrzeugwert – bezogen auf den ursprünglich vorgesehenen und den tatsächlichen, vorzeitigen Beendigungszeitpunkt – hat das OLG Stuttgart auf der Grundlage der Schwacke-Marktberichte im Rahmen der Schadensschätzung gemäß § 287 ZPO ermittelt.[1]

b) Rückgabe/Verwertung   13/233

Nach Ablauf des **Vertrages** hat der **Leasingnehmer** dem Leasinggeber das **Fahrzeug** in **ordnungsgemäßem Zustand** zu **übergeben** § 546 BGB (§ 556 BGB a. F.). Verstößt der Leasingnehmer gegen diese Pflicht, obwohl ihm die Rückgabe möglich wäre, so steht dem Leasinggeber eine Entschädigung für die Dauer der Vorenthaltung in Höhe der vereinbarten Leasingraten zu (§ 546 a BGB – § 557 BGB a. F.).[2]

Kommt der **Leasinggeber** allerdings einer ihm nach den Vertragsbedingungen obliegenden **Pflicht** zur **Mitwirkung** bei der Rückgabe der Leasingsache **nicht nach**, so liegt dann ggf. kein „Vorenthalten" seitens des Leasingnehmers vor.[3] Eine Klausel, die den Leasinggeber dazu ermächtigt, das Fahrzeug selbst abzuholen, wenn der Leasingnehmer seiner Rückgabepflicht nicht nachkommt, ist wegen der hierin liegenden verbotenen Eigenmacht (§ 858 BGB) unwirksam.[4]

Befindet sich das **Leasingfahrzeug** bei der Rückgabe **nicht im vertragsgemäßen Zustand**, so hat   13/234
der Leasinggeber gegen den Leasingnehmer einen Anspruch auf Minderwertausgleich, der beim Finanzierungsleasing ein am Amortisationsziel ausgerichteter Erfüllungsanspruch ist.[5]

In den Fällen, in denen der **Leasingnehmer** das **Restwertrisiko** trägt, hat er ein besonderes Interesse   13/235
daran, dass sich der Leasinggeber um die **bestmögliche Verwertung** bemüht.[6] Veräußert der Leasinggeber das Leasingfahrzeug zum Händlereinkaufspreis, so verletzt er seine Verpflichtung zur bestmöglichen Verwertung regelmäßig nicht, wenn er dem Leasingnehmer Gelegenheit gibt, das Leasingfahrzeug zu denselben Bedingungen zu erwerben.[7] Gleiches gilt, wenn der Leasinggeber dem Leasingnehmer ein Drittkäuferbenennungsrecht einräumt.[8]

7. Refinanzierung   13/236

Zu den für die Refinanzierung des Leasinggebers maßgeblichen Fragen der insolvenzfesten Abtretung von Forderungen aus den Leasingverträgen siehe im Einzelnen die Ausführungen unter Rn 13/148 ff.

---

[1] OLG Stuttgart, Urteil vom 6.2.1996, 6 U 112/95 m. Anm. *Bahmann* in EWiR § 157 BGB – 1996, 633.
[2] Vgl. *Michalski/Schmitt*, Der Kfz-Leasingvertrag, 1995, Rn 253.
[3] BGH ZIP 1982, 700 (701); OLG Düsseldorf EWiR § 557 BGB – 1/01, 219 (H.-G. Eckert); OLG Hamm ZIP 1989, 137; OLG Koblenz NJW-RR 1989, 1576.
[4] BGH NJW-RR 1992, 502 (503).
[5] BGH NJW 2014, 1171 ff.; BGH NJW 2013, 2420 ff.; BGH NJW 2013, 1420 ff.; BGH ZIP 2000, 797 = WM 2000, 1009; BGH ZIP 1996, 1512 = WM 1996, 1690 m. Anm. *Martens* in WuB I J 2. – 10.96; BGH ZIP 1986, 439 = WM 1986, 458 m. Anm. *Emmerich* in WuB I J 2. – 8.86.; zur umsatzsteuerrechtlichen Behandlung des Minderwertausgleichs siehe Rn 13/153.
[6] BGH WM 1990, 2043 (2045) m. Anm. *Wiek* in WuB I J 2. – 3.91; zur Verwertung vgl. BGH ZIP 2000, 275.
[7] BGH WM 1997, 1904 (1905 f.) m. Anm. *Jendrek* in WuB I J 2. – 2.97; BGH, Beschluss vom 22.7.2014, VIII ZR 15/14.
[8] BGH WM 1997, 1904 (1905 f.) m. Anm. *Jendrek* in WuB I J 2. – 2.97; BGH WM 1996, 311 m. Anm. *Gölz* in WuB I J 2. – 3.96; liegt im Übrigen der Verwertungserlös weniger als 10 % unter dem Händlerverkaufswert, kommt von vornherein eine Verletzung der Schadensminderungspflicht nicht in Betracht: BGH, Beschluss vom 22.7.2014, VIII ZR 15/14; BGH WM 1990, 2043 (2047) m. Anm. *Wiek* in WuB I J 2. – 3.91.

II. Computer-Leasing

13/237 Finanzierungsleasinggeschäfte als Überlassungsform bieten sich beim Computer-Leasing besonders an, weil Computerwaren wegen stetiger technischer Fort- und Neuentwicklungen sehr schnelllebig und binnen relativ kurzer Zeit (z. B. alle drei bis vier Jahre) von dem Anwender zu erneuern sind.[1]

1. Allgemeines

Beim **Computer-Leasing** sind das **Hardware-** und das **Softwareleasing** zu unterscheiden.
Hardware sind alle Computerbestandteile, die man „sehen und anfassen" kann.[2] Darunter sind der Computer selbst mit Motherboard, Zusatzkarten, Festplatte, Gehäuse etc. sowie alle Peripheriegeräte wie Bildschirm, Tastatur, Drucker, externe Speicher, Plotter u. ä. zu verstehen. Da es sich hierbei um bewegliche Sachen im Sinne der §§ 90 ff. BGB handelt, gelten für die Hardware die allgemeinen Leasingregeln für bewegliche Sachen.

2. Einordnung der Software

13/238 Besondere Beachtung verdient das **Softwareleasing**. Unter **Software** sind alle Programme zu verstehen, die es ermöglichen, mit dem Computer zu arbeiten; dazu gehören sowohl die Anwendersoftware als auch die Betriebssoftware, auch Betriebssystem genannt.
Umstritten ist, ob es sich bei der Software um eine Sache handelt, ob Sachenrecht zumindest entsprechend anzuwenden ist oder ob hier reine Know-how-Verträge vorliegen.[3]
Die auf einem Datenträger verkörperte Software ist nach der ständigen Rechtsprechung des BGH als **bewegliche Sache** anzusehen, die ohne Weiteres Gegenstand eines Miet-/Leasingvertrages sein kann.[4] Im Übrigen wird differenziert zwischen **Individualsoftware** (= Programme, die extra für die individuellen Ansprüche des Anwenders geschrieben werden), **Standardsoftware** (= Programme, die in gleicher Ausführung für eine Vielzahl von Anwendern zu gebrauchen sind) und **angepasster Standardsoftware** (= Standardprogramme, die an die individuellen Anforderungen des Anwenders durch Zusatz- oder Umprogrammierung angepasst werden).[5]
Zu unterscheiden ist ferner danach, ob das Programm dem Leasinggeber auf Dauer überlassen oder ob eine zeitlich beschränkte Nutzung vereinbart wird. Ist lediglich eine **zeitlich beschränkte Nutzung** vereinbart, so handelt es sich um ein **Miet-** oder **Pachtverhältnis** zwischen dem Lieferanten und dem Leasinggeber.[6] Bei einem Mietverhältnis richtet sich die Mängelgewährleistung nach §§ 536 ff. BGB (§§ 537 ff. BGB a. F.), so dass der Leasinggeber im Rahmen der leasingtypischen Abtretungskonstruktion[7] auch nur diese Rechte an den Leasingnehmer abtreten kann.
Bei einer **dauerhaften Überlassung** von **Individualsoftware** ist nach gefestigter Rechtsprechung **Werkvertragsrecht** anwendbar.[8] Die Mängelgewährleistung richtet sich somit nach den §§ 633 ff. BGB; diese Rechte können an den Leasingnehmer abgetreten werden.
Bei der **dauerhaften Überlassung** von **Standardsoftware** ist nach h. M. **Kaufrecht** entsprechend anwendbar;[9] dies gilt auch für die Überlassung von Standardsoftware ohne Datenträger.[10] Die Mängelgewährleistung richtet sich hier nach den §§ 434 ff. BGB (§§ 459 ff. BGB a. F.), so dass die

---

[1] *Beckmann* in Praxishandbuch Leasing, 1998, § 16 Rn 1.
[2] *Martinek*, Moderne Vertragstypen, Band III; 1993, S. 7.
[3] Vgl. *Beckmann* in Praxishandbuch Leasing, 1998, § 16 Rn 6 ff. m. w. N.
[4] BGH WM 2007, 467 (468); BGH NJW 1993, 2436; BGH NJW 1990, 320; BGH NJW 1988, 406; BGH NJW 1984, 2938.
[5] Vgl. dazu z. B. BGH NJW-RR 2005, 1403 ff.; BGH NJW 2010, 2200; BGH WM 2014, 1927 f.
[6] *Dörner*, Jura 1993, 578 (579); *Voss*, CR 1994, 449 (450); siehe auch BGH WM 2007, 467 ff.
[7] Siehe Rn 13/86 ff.
[8] BGH WM 2001, 917 m. Anm. *Hönn* in WuB IV A. § 631 BGB – 2.01; BGHZ 102, 135 (140 ff.); BGH NJW 1987, 1259; BGH WM 1990, 987 (989).
[9] BGHZ 102, 135 (140 ff.); BGH WM 1990, 987 (989); BGH ZIP 2000, 456 (457) = WM 2000, 485 = NJW 2000, 1415; *Lehmann*, NJW 1993, 1822 (1825); weitergehend *Dörner*, Jura 1993, 578 ff.; *Marly*, BB 1991, 432 ff. und *König*, NJW 1993, 3121 ff., die die Software als Sache einordnen und Kaufrecht unmittelbar anwenden wollen; dagegen *Redeker*, NJW 1992, 1739 f. m. w. N.
[10] BGH ZIP 1990, 1138 (1139 f.); zur Vollstreckung in Computerprogramme: *Franke*, MDR 1996, 236 ff., der sich für die analoge Anwendung der Sachpfändungsvorschriften bei Computerprogrammen ausspricht.

Rechte, die sich daraus ergeben, auch an den Leasingnehmer abgetreten werden können; der Leasingnehmer kann dann alle Gewährleistungsrechte geltend machen.

Bei **angepasster Standardsoftware** soll sich die Einordnung, ob Werkvertrags- oder Kaufvertragsrecht anwendbar ist, nach dem Umfang der Änderung an der Software richten. Bei nicht unerheblichen Anpassungen der Standardsoftware an die Bedürfnisse des Anwenders handelt es sich um einen **Werkvertrag**;[1] ansonsten ist **Kaufrecht** entsprechend anwendbar.

Für den **Beginn der Gewährleistungsfrist** bei Softwareverträgen ist, korrespondierend mit der vorstehenden Einordnung, Folgendes zu berücksichtigen:

Bei der Überlassung auf Grund eines **Werkvertrages** beginnt die Gewährleistungsfrist mit der Abnahme des Werkes durch den Besteller nach § 640 BGB.

Ist **Kaufrecht** – entsprechend – anwendbar, so beginnt die Gewährleistung gemäß §§ 438 Abs. 2, 200 BGB (§ 477 Abs. 1 BGB a. F.) mit der Ablieferung der Sache. Würde man die Ablieferung mit der Übergabe gleichsetzen, zöge dies nach sich, dass die Gewährleistungsfrist zu laufen beginnt, wenn der Lieferant die Software dem Leasingnehmer übergeben hat. Unter Ablieferung wird demgegenüber der Zeitpunkt verstanden, in dem die Sache derart in den Machtbereich des Käufers gelangt ist, dass dieser sie untersuchen und bezüglich etwaiger Mängel hinreichend konkrete Rügen erheben kann.[2] An diesen Grundsätzen hält der BGH[3] auch für den Softwarekauf fest, und zwar unter Ablehnung der weiter gehenden Ansichten,[4] die auf Grund der bei Software vorhandenen Besonderheiten verlangen, dass die Software auf dem Computer installiert und mindestens eine im Wesentlichen ungestörte Erprobung des Programms durchgeführt worden ist.

3. Quellcode

Ein spezielles Augenmerk ist in diesem Zusammenhang auf das Thema des sog. **Quellcodes** (auch als **Source-Code** bezeichnet) zu richten. Die in Rede stehende Software liegt in codierter Form vor. Änderungen an der Software kann nur derjenige vornehmen, der über die hierfür nötigen Programmanweisungen verfügt, die der Quellcode enthält.

Das **Interesse** des **Software-Anwenders** auf diesen Quellcode zugreifen zu können, vornehmlich im Fall der Betriebseinstellung/Insolvenz des Software-Erstellers, ergibt sich daraus, dass die eingesetzte Software im Laufe der Zeit angepasst bzw. geändert werden muss, z. B. weil sich betriebliche Umstände oder gesetzliche Rahmenbedingungen geändert haben, wie etwa die durch Ausweitung/Änderung des Geschäftsbetriebes oder geänderte Abschreibungsfristen erforderliche Erhöhung der Leistungsfähigkeit/Anpassung der Software, oder auch schlicht um aufgetretene Fehler zu beseitigen.

Demgegenüber ist der **Software-Ersteller** regelmäßig nicht zur Herausgabe des Quellcodes bereit, da hieraus ersichtlich ist, wie das Programm arbeitet und damit die Offenlegung des in dem Programm enthaltenen Know-hows verbunden wäre.[5]

Anders ist es bei Software mit „Open Source", die nach der Definition der „Open Source Initiative"[6] die Grundprinzipien

– Verfügbarkeit des Quellcodes (Open Source),
– freies Benutzungs- und Bearbeitungsrecht und

---

[1] BGH WM 2014, 1927 f. für den Fall der Anpassung der Software an die Bedürfnisse des Kunden und die Schaffung von Schnittstellen zu seinen Online-Shops; BGH NJW 2010, 2200; BGH NJW 1990, 3008; siehe auch *König*, NJW 1993, 3121 (3124); *Beckmann*, Computerleasing, 1993, Rn 183.
[2] BGH NJW 1988, 2608; BGH NJW 1985, 1333; OLG Düsseldorf WM 1998, 459 (461).
[3] BGH WM 2000, 485 (487) = ZIP 2000, 456 = NJW 2000, 1415; dazu auch *Müller-Hengstenberg*, NJW 2000, 3545.
[4] Vgl. z. B. OLG Frankfurt/M. CR 1995, 222; OLG München BB 1991, Beilage 23, S. 8 Nr. 5; OLG Köln NJW 1991, 2156; OLG Düsseldorf WM 1989, 459 m. Anm. v. *Westphalen* in WuB IV A. § 477 BGB – 1.89; *Beckmann*, Computerleasing, 1993, Rn 222 f.; *Junker*, NJW 1993, 824 (830); dagegen: *Dörner*, Jura 1993, 578 (582); zur Beweislast bei Datenverlust vgl. BGH WM 1996, 1695.
[5] Ist hinsichtlich der Überlassung des Quellcodes nichts ausdrücklich geregelt, berücksichtigt BGH WM 2004, 1246 ff. für die Beurteilung der Frage, ob dessen Herausgabe geschuldet ist, alle Umstände und die Interessenlage beider Parteien, so insbesondere, ob das Programm zur Vermarktung durch den Besteller erstellt wird und dieser zur Wartung und Fortentwicklung des Programms den Quellcode benötigt sowie die Preisgestaltung für die Programmerstellung. OLG Karlsruhe CR 1999, 11 (12) hat insofern einen Dokumentationsmangel angenommen, wenn der Hersteller zum einen eine ‚komplette Dokumentation, die eine Wartung ermöglicht' zugesagt und keine Verpflichtung zur Pflege der Software übernommen hat und zum anderen die Dokumentation sich dann nicht auf den Quellcode erstreckt.
[6] Siehe Internetseite **www.opensource.org**.

– unbeschränktes Verbreitungsrecht
aufweist.[1]
Zur Lösung des Problems bei nicht „Open Source" werden unterschiedliche Lösungsansätze, die auf eine Hinterlegung des Quellcodes abzielen, diskutiert, insbesondere folgende:

13/241 **a) Hinterlegung bei einem Dritten als Treuhänder**

Der Quellcode wird von dem Ersteller bei einem (neutralen) Dritten als Treuhänder hinterlegt. Dabei wird dem **Treuhänder** der entsprechende Hinterlegungsgegenstand (= Datenträger), auf dem sich der Quellcode befindet, übertragen.[2]

Bei dem hierdurch begründeten **(fremdnützigen) Treuhandverhältnis** kann im Fall der Insolvenz des Erstellers der Insolvenzverwalter nach § 103 Abs. 1 InsO Nichterfüllung wählen und sodann die Herausgabe des Quellcodes zur Insolvenzmasse verlangen.[3] Anders wäre es bei der sog. eigennützigen Treuhand,[4] die angesichts der oben angesprochenen Konstellation hier aber nicht gegeben ist.

Um dem Recht des Insolvenzverwalters nach § 103 Abs. 1 InsO entgegenzuwirken, wird z. T. vorgeschlagen, dass einerseits der Treuhänder (lediglich) das Eigentum an den Papieren, Datenträgern und dergleichen erhalten solle und andererseits der Nutzer bereits aufschiebend bedingt für den Fall der Insolvenz des Erstellers die Nutzungs- und Verwertungsrechte an dem auf diesen verkörperten Quellcode selbst übertragen bekommt. Der Herausgabeanspruch des Insolvenzverwalters gegen den Treuhänder mache dann für die Insolvenzmasse keinen Sinn.[5]

Hierbei ist aber zum einen zu bedenken, dass eine derartige auf die Insolvenz des Erstellers gemünzte aufschiebend bedingte Übertragung auf den Anwender vom Insolvenzverwalter evtl. angegriffen werden könnte.[6]

Zum anderen benötigt auch der Anwender die Datenträger bzw. die Papierform. Von daher könnte doch ein materielles Interesse des Insolvenzverwalters an der Geltendmachung des Herausgabeanspruchs gegen den Treuhänder in Betracht kommen, um sodann eine Veräußerung an den Anwender (zum Vorteil der Masse) vorzunehmen.

13/242 **b) Aufschiebend bedingte Übertragung**

Im Hinblick auf die oben schon angesprochene Möglichkeit der **aufschiebend bedingten Übertragung für den Fall der Insolvenz des Erstellers** sind vornehmlich zum einen der Aspekt des relevanten Zeitpunktes für eine mögliche Anfechtung und zum anderen das Thema einer etwaigen Gläubigerbenachteiligung von Bedeutung.

Für die **Anfechtung** einer Rechtshandlung nach §§ 129 ff. InsO ist der jeweilige **Zeitpunkt des Eintritts der Rechtswirkungen** entscheidend. Dieser bestimmt sich nach § 140 InsO, dessen Abs. 3 klarstellt, dass bei Bedingungen der Zeitpunkt des Bedingungseintrittes grds. außer Betracht bleibt.[7] Es kommt damit für die aufschiebend bedingte Übertragung auf den Zeitpunkt der Rechtshandlung an. Maßgeblich ist deshalb grundsätzlich, ob die Übertragungshandlung innerhalb oder außerhalb der Anfechtungszeiträume erfolgt.[8]

Allerdings hat der BGH bereits eine auf den Zeitpunkt der Zahlungseinstellung aufschiebend bedingte Sicherungsabtretung als nach (dem damals geltenden) § 31 Nr. 1 KO[9] anfechtbare Rechtshandlung angesehen.[10] Kern der Begründung dieser Entscheidung ist, dass eine solche Abtretung vor der Krise

---

[1] Im Einzelnen dazu *Ebinger*, Der Syndikus 2002, 40 ff.
[2] *Börner*, NJW 1998, 3321 (3324).
[3] Vgl. BGH NJW 1962, 1200; Palandt/*Bassenge*, BGB, 74. Aufl. 2015, § 903 Rn 43.
[4] Palandt/*Bassenge*, BGB, 74. Aufl. 2015, § 903 Rn 43, § 930 Rn 37.
[5] *Börner*, NJW 1998, 3321 (3324).
[6] Dazu im Einzelnen sogleich noch unter dem Aspekt einer aufschiebend bedingten Übertragung.
[7] Zur Abgrenzung im Einzelnen vgl. *Kirchhof* in Münchener Komm. z. InsO, 3. Aufl. 2013, § 140 Rn 50 ff. m. w. N.
[8] Vgl. auch *Paulus*, ZIP 1996, 2 (7 f.).
[9] § 31 Nr. 1 KO a. F. entspricht § 133 Abs. 1 S. 1 InsO.
[10] BGH, WM 1993, 738 (739); vgl. auch BGH WM 1994, 171 ff. – unter Geltung der InsO lässt BGH WM 2003, 1384 (1386) dieses mit Zitierung der vorgenannten BGH-Entscheidung zur KO dahingestellt; BGH WM 2010, 711 (712 f.) schaut bei bedingten und befristeten Forderungen insoweit darauf, ab wann diese „werthaltig" geworden sind; zur Maßgeblichkeit des Zeitpunktes der Entstehung der Forderungen für die Frage der Anfechtung siehe auch BGH WM 2010, 368 ff.; BGH NZI 2010, 682 f.

wirtschaftlich einer Abtretung in der Krise entspricht. Dabei ist zu berücksichtigen, dass der BGH eine solche, auf den Fall der Zahlungseinstellung aufschiebend bedingte Übertragung, nicht als kongruente, sondern als inkongruente Deckung wertet. Insofern liegt nicht fern, dass derartige Konstruktionen von einem Insolvenzverwalter gemäß §§ 131 und 133 InsO angefochten werden.

Bömer[1] meint, die aufschiebend bedingte Übertragung (bezogen auf den Insolvenzfall des Erstellers) zu Gunsten des Anwenders stelle regelmäßig keine Gläubigerbenachteiligung dar, weil dem Anwender ja gerade kein ausschließliches Nutzungsrecht übertragen werde. Der Insolvenzverwalter könne eine Veräußerung an Dritte vornehmen. Eine Anfechtung sei mangels Gläubigerbenachteiligung nicht möglich.

Fraglich ist, ob man sich darauf verlassen kann, denn der Insolvenzverwalter könnte im Wege der Anfechtung der Übertragung an den Anwender in die Lage versetzt werden, die Rechte (erneut) an den bisherigen Anwender zu veräußern, der bei Spezialsoftware evtl. auch der einzige Interessent ist. Dieser wird sogar regelmäßig wegen seiner Abhängigkeit von der Software auf den Erwerb angewiesen sein. Der Erlös daraus käme der Insolvenzmasse zugute. In der Ablehnung des Anfechtungsrechts könnte daher eine Gläubigerbenachteiligung zu sehen sein.

c) Lösungsansätze

aa) Erste Variante:

Der **Ersteller überträgt** die **Rechte** aus und an dem Quellcode von vornherein gegen Zahlung eines angemessenen Entgeltes auf den Anwender. Eine **Rückübertragung** von dem Anwender auf den Ersteller wird nach Ablauf einer festzulegenden Zeitspanne **vereinbart**, ebenfalls entsprechend **entgeltlich**. Der Anwender ist verpflichtet, die Dokumentation und den Quellcode über diesen Zeitraum einem Treuhänder zur Verwahrung zu übergeben. Der Vertrag zwischen Anwender und Treuhänder/Verwahrer wird fest auf eine entsprechend bestimmte Zeit geschlossen (in Anlehnung an den Software-Vertrag zwischen Ersteller und Anwender), wobei § 695 BGB abbedungen wird (was zulässig ist). Geregelt wird, dass Abänderungen (wie z. B. auch vertraglich nicht vorgesehene Aufhebungen) des Treuhandvertrages der Zustimmung des Erstellers bedürfen.

Im Überblick dazu:

(1) Verlängerung bei Anpassungen der Software

Vorzusehen ist, dass **auch neu hinzukommende Updates, Patches, Dokumentationen, etc.** gemäß diesen Bedingungen **hinterlegt** werden. Überlegenswert mag dabei sein, die **Vertragslaufzeiten** für die Software-Nutzung (Ersteller – Anwender) mit Blick auf diese „Zusatz-Arbeiten" an der Software durch entsprechende Verlängerungen insoweit **anzupassen** (zumindest, wenn es sich um Arbeiten/Anpassungen handelt, die nicht allein der Fehlerbehebung dienen, sondern für eine zeitlich längere Nutzung erfolgen), um sowohl den Interessen des Anwenders als auch des Erstellers Rechnung zu tragen. Denn andernfalls hat der Ersteller ggf. nur wenig Interesse an der Entwicklung von Verbesserungen, wenn sich diese nicht mehr für ihn ‚auszahlen'. Das aber widerspräche ebenso den Interessen des Anwenders, dem auch weiterhin an einer funktionsfähigen und „verbesserten" Software gelegen ist.

(2) Kündbarkeit des Treuhandvertrages

Der **Treuhandvertrag** zwischen Anwender und Treuhänder darf während dieser Zeit **nur kündbar** sein, **wenn** zuvor oder zur gleichen Zeit der **Software-Vertrag** zwischen Ersteller und Anwender **endet**/gekündigt wurde. Endet der Software-Vertrag vorzeitig auf Grund einer vom Anwender hervorgerufenen außerordentlichen Kündigung seitens des Erstellers,[2] könnte zusätzlich eine Regelung dahingehend vorgesehen werden, dass dann die Rechte an und aus dem hinterlegten Quellcode im

---

[1] *Bömer*, NJW 1998, 3321 (3324).
[2] Z. B. wenn er seine Lizenzgebühren mehrfach nicht pünktlich bezahlt oder dem Ersteller für Wartungsarbeiten schuldhaft den Zugang zur Anlage verwehrt hat.

Sinne der Rückübertragungsvereinbarung (allerdings ebenfalls vorzeitig) an den Ersteller zurückfallen, der das hierfür vorgesehene Entgelt an den Anwender zu zahlen hätte.[1]

Der **Treuhänder** wäre insofern anzuweisen, den hinterlegten Quellcode in einem derartigen Fall unverzüglich und unmittelbar auf den Ersteller gegen entsprechende Zahlung des Erstellers an den Anwender zu übergeben.

In allen anderen Fällen einer vorzeitigen Beendigung des Software-Vertrages zwischen Ersteller und Anwender, wie z. B. Kündigung, insbesondere auf Grund des Verschuldens des Erstellers, aber auch im Fall einer etwaigen Nichterfüllungswahl des Insolvenzverwalters nach § 103 InsO, endet der Treuhandvertrag ebenfalls vorzeitig und der Treuhänder hat den hinterlegten Quellcode an den Anwender als Treugeber herauszugeben.

Damit Treuhänder und Anwender den Treuhandvertrag gegen die Interessen des Erstellers nicht schon früher beenden, wird ein diesbezüglicher Zustimmungsvorbehalt für den Ersteller vorgesehen (s. o.).

(3) Insolvenz des Erstellers

Sofern der **Ersteller insolvent** wird, kann der Insolvenzverwalter sich den Treuhand-Vertrag nicht ohne Weiteres zunutze machen. Zwar kann der Insolvenzverwalter nach § 103 Abs. 1 InsO Nichterfüllung des Software-Vertrages zwischen Ersteller und Anwender wählen. Der Treuhandvertrag besteht jedoch zwischen Anwender und Treuhänder, so dass dem Insolvenzverwalter ein Zugriff hierauf verwehrt wäre.

(4) Insolvenz des Treuhänders

Im Falle der **Insolvenz** des **Treuhänders** hat der Anwender ein Aussonderungsrecht an dem hinterlegten Quellcode nach § 47 S. 1 InsO.[2] Vorzusehen wäre insofern, dass der Anwender im Einvernehmen mit dem Ersteller einen neuen, „gleichwertigen" Treuhänder aussucht und den Quellcode dort gemäß den bekannten (oben skizzierten) Maßgaben hinterlegt.

(5) Insolvenz des Anwenders

Problematisch an dieser Lösung ist, dass bei einer **Insolvenz** des **Anwenders** der Insolvenzverwalter nach § 103 Abs. 1 InsO Nichterfüllung des Treuhandvertrages wählen und damit ggf. Zugriff auf den hinterlegten Quellcode nehmen könnte. Sofern für diesen Fall eine aufschiebend bedingte Rückübertragung der Rechte auf den Ersteller vereinbart wird, ist es trotz des hierfür vereinbarten und von dem Ersteller an den Insolvenzverwalter zu zahlenden Entgeltes nicht auszuschließen, dass der Insolvenzverwalter sich mit einer Anfechtung versucht (so könnte z. B. über die Angemesssenheit des Entgeltes sich ein Streit entfachen).[3]

(6) Ergebnis

Ob eine **Hinterlegung** des **Quellcodes** nach diesen Maßgaben in der Praxis zu verwirklichen ist, wird nahe liegend u. a. auch von der **Verhandlungsposition**/-stärke der **Parteien** abhängen. Dem Ersteller wird die Vollrechtsübertragung auf den Anwender auf den ersten Blick wohl eher nicht gefallen, allerdings könnte das aber gerade bei Spezialsoftware, die nur für den Anwender von Interesse und kaum auf andere Art zu vermarkten ist, die für alle Seiten vertretbar erscheinende Kompromisslösung sein.

---

[1] Zur Anfechtungsthematik siehe nachfolgend.
[2] Vgl. BGH DNotZ 1993, 384; Palandt/*Bassenge*, BGB, 74. Aufl. 2015, § 903 Rn 43.
[3] Siehe auch die obigen Ausführungen zu §§ 131, 133 Abs. 1 InsO.

bb) Zweite Variante: 13/244

Man könnte sich auch an dem Fall orientieren, der dem BGH-Urteil vom 17.11.2005, IX ZR 162/04[1] zu Grunde lag: In dem dort in Rede stehenden Vertrag über die Nutzung, Weiterentwicklung und den Vertrieb des Produktes war **zusätzlich zu** den Regelungen über **Kündigungsmöglichkeiten** aus **wichtigem Grund** (Unzumutbarkeit der Vertragsfortsetzung) eine **aufschiebend bedingte Übertragung** des Source-Codes sowie der Nutzungs- und Vertriebsrechte auf den Vertragspartner des Entwicklers/Erstellers gegen Zahlung einer einmaligen **Vergütung** (in Höhe des Umsatzes der letzten 6 Monate vor Kündigungsausspruch) geregelt.

Da der **Vertragsschluss** in **nicht anfechtungsbehafteter Zeit** erfolgte und der BGH die **Kündigungsbefugnis nicht** als **Anknüpfung** an die **Insolvenzeröffnung oder** an die **Ausübung** des **Wahlrechts** aus § 103 InsO beurteilte, sah er hierin auch keinen Verstoß gegen § 119 InsO.[2]

Diesen aufschiebend bedingten Rechtsübergang konnte nach dieser Sichtweise des BGH der Insolvenzverwalter auch nicht im Wege der Wahl der Nichterfüllung des zugrundeliegenden Vertrages verhindern.

4. Rückabwicklung von Computer-Verträgen 13/245

Bei **Verträgen**, die **Software und Hardware** betreffen, ergibt sich die Frage, ob im Falle des **Rücktrittes** (vormals: Wandlung) sich **Mängel** der **Software auch auf** die **Hardware auswirken**.

Beim **Abschluss** eines **einheitlichen Vertrages**, aus dem hervorgeht, dass eine einheitliche Sache in dem Paket Software-Hardware im Sinne einer **Komplettlösung** für das in Rede stehende Computer-Thema erworben wird, ist dies unproblematisch auf Grund des maßgeblichen Parteiwillens: Die Parteien haben sich dafür entschieden, einen einheitlichen Vertrag zu schließen, so dass der Rücktritt (vormals: Wandlung) bezüglich einer Teilleistung es nach sich zieht, dass die andere Teilleistung ebenso gemäß § 139 BGB zu behandeln ist.[3]

Anders sieht das jedoch aus, wenn sich **keine Anhaltspunkte** für eine **entsprechende Parteivereinbarung** ergeben. Dann stellt sich die Frage, ob es sich um einen einheitlichen Kaufgegenstand handelt oder die mangelhafte Sache nicht ohne Nachteil für den Käufer von den übrigen Sachen getrennt werden kann. Ob eine einheitliche Kaufsache gegeben ist oder nicht, bestimmt sich nach der **Verkehrsauffassung**.[4] Können Hardware und Software getrennt erworben werden und liegt kein einheitlicher Vertrag vor, so wirkt sich der Rücktritt nur auf die mangelhafte Sache aus; es findet keine Erstreckung auf die mangelfreie statt.[5]

5. Refinanzierung 13/246

Wichtig für die **Refinanzierung** des **Leasinggebers** ist die Frage, ob und inwieweit sich die **Soft- und Hardware** zur **Sicherheit** übertragen läßt.[6]

Da es sich bei **Hardware** um bewegliche Sachen handelt,[7] steht einer Sicherungsübereignung und der anschließenden Verwertung grundsätzlich nichts im Wege.

Bei **Software**[8] ist umstritten, welche Rechtspositionen dem Leasinggeber eingeräumt werden und wie sich dieses auf den Refinanzierer auswirkt.[9] Zutreffend dürfte sein, zunächst danach zu unterscheiden, ob es sich um eine Überlassung auf Dauer oder auf begrenzte Zeit handelt.

Bei der **befristeten Überlassung** muss die Software nach Ablauf der vereinbarten Zeit wieder an den Lieferanten zurückgegeben werden; es liegt ein **Miet- oder Pachtvertrag** vor, bei dem der Mieter

---

[1] BGH WM 2006, 144 ff.; zur Frage der Insolvenzfestigkeit von Softwarelizenzen siehe Rn 13/246.
[2] Zum Thema unzulässiger insolvenzbedingter vertraglicher Lösungsklauseln siehe z.B. BGH NZI 2014, 25 ff.; BGH NZI 2013, 178 ff. m. Anm. *Eckhoff*; *Lenger/Schmitz*, NZI 2015, 396 ff.; *Raeschke-Kessler/Christopeit*, WM 2013, 1592 ff.
[3] Vgl. BGH WM 1990, 987 (990); *Beckmann*, Computerleasing, 1993, Rn 364.
[4] Grundlegend BGHZ 102, 135 (148 f.); vgl. auch OLG Düsseldorf NJW-CoR 2000, 368 = CR 2000, 350.
[5] *Beckmann*, Computerleasing, 1993, Rn 385.
[6] Im Einzelnen dazu *Kotthoff/Pauly*, WM 2007, 2085 ff.
[7] Siehe Rn 13/237.
[8] Siehe Rn 13/238.
[9] Siehe *Beckmann* in Praxishandbuch Leasing, 1998, § 16 Rn 11 ff.

oder Pächter der „Sache" nicht ohne weiteres berechtigt ist, irgendwelche Rechte daran zu übertragen (§§ 540, 589 BGB).
Bei einer **Überlassung auf Dauer** werden **Kauf- oder Werkvertragsregeln** angewandt.[1] Da Computerprogramme aber unter den Schutz des **Urheberrechtsgesetzes** fallen (vgl. §§ 2 Abs. 1 Nr. 1, 69a ff. UrhG), stellt sich die Frage, was der Erwerber eines Computerprogrammes erhält. Er wird – soweit vorhanden – Eigentum an den Datenträgern erhalten. Weiterhin wird dem Erwerber ein **Nutzungsrecht** gemäß § 31 UrhG eingeräumt.
Für eine anschließende **Sicherungsübertragung** ist es jedoch u. a. notwendig, dass das Nutzungsrecht nicht dahingehend eingeschränkt ist, dass ein Verbot der Übertragung auf Dritte besteht.[2] Die Übertragung ist grundsätzlich im Wege der Abtretung nach den §§ 413, 398 BGB möglich.[3] **Weitergabeverbote** können mit dem **Erschöpfungsgrundsatz** aus §§ 17 Abs. 2, 69c Nr. 3 UrhG kollidieren; sie sind dann unwirksam.[4] Eine Erschöpfung im Sinne der §§ 17 Abs. 2, 69c Nr. 3 Satz 2 UrhG liegt immer dann vor, wenn eine Überlassung der Software auf Dauer gegen Zahlung eines einmaligen Entgeltes und somit ein zumindest kaufähnlicher Vertrag vorliegt, der grundsätzlich einen uneingeschränkten Eigentumsübertrag verlangt.[5] Etwaig davon abweichende Lizenzbedingungen können als überraschende Klauseln (§ 305c BGB) einzuordnen sein und würden auf Grund der Abweichung vom urheberrechtlichen Leitbild (§§ 17 Abs. 2, 69c Nr. 3 UrhG) und den wesentlichen Rechten und Pflichten eines kaufrechtlich ausgestalteten Softwareüberlassungsvertrages eine unangemessene Benachteiligung im Sinne von § 307 Abs. 1 Satz 1 und Abs. 2 Nr. 1 BGB darstellen.[6] Liegt dem Liefergeschäft eine beabsichtigte Finanzierung durch ein Leasinggeschäft zu Grunde, kann in der Regel davon ausgegangen werden, dass auch das Vermietungsrecht auf den Leasinggeber übertragen wird, zumindest stillschweigend.[7]
Der Refinanzierer kann sich unter den obigen Voraussetzungen das **Nutzungsrecht** an der Software (einschließlich des sog. Quell-Codes, dazu s. o.) **zur Sicherheit abtreten** lassen.[8] Maßgeblich ist, dass die Nutzungsrechtskette von dem Urheber bis zum Sicherungsgeber entsprechend vorliegt und nachgewiesen werden kann.[9] Unzureichend wäre, wenn dem Refinanzierer vom Sicherungsgeber – meist der Leasinggeber – ein Nutzungsrecht auf Dauer eingeräumt werden soll, der Vertrag zwischen dem Softwarehersteller und dem Leasinggeber aber nur ein zeitlich beschränktes Nutzungsrecht vorsieht. Dem Erschöpfungsgrundsatz ist nur Genüge getan, wenn der Urheber – also der Softwarehersteller – dem Ersterwerber das Nutzungsrecht auf Dauer bzw. ein Veräußerungsrecht eingeräumt hat. Ist das nicht der Fall, liegt also keine Überlassung auf Dauer bzw. zur Veräußerung vor, so kann das Nutzungsrecht mit Einschränkungen gemäß § 31 UrhG versehen sein.[10] Dann kann der Refinanzierer das eingeschränkte Nutzungsrecht auch nur in diesem Rahmen erwerben und gegebenenfalls verwerten; weitergehende Nutzungsrechte als die, die der Erstnutzer oder Ersterwerber innehat, können nicht eingeräumt werden.[11]
In der Praxis bereitet es insbesondere Probleme, den Umfang der übertragenen bzw. übergegangenen Rechte von dem Urheber bis zum Sicherungsgeber entsprechend nachzuvollziehen. Mit Blick darauf und auf §§ 34, 35 UrhG ist das Augenmerk auf die vom Urheber erteilte Berechtigung zur Weiter-

---

[1] Siehe Rn 13/238.
[2] Die Frage der Zulässigkeit von Verfügungsbeschränkungen in Softwareverkaufsverträgen bzw. des Einbaus einer dementsprechenden Programmsperre – insbesondere im Verhältnis zu Zweit- oder Dritterwerbern – ist in der Entscheidung BGH ZIP 1999, 2158 (2161), ausdrücklich offengelassen worden; dazu Anm. *Cahn* in EWiR § 826 BGB – 2000, 173.
[3] Vgl. BGH CR 1994, 275, m. Anm. *Lehmann* und *Hoeren*; *Haberstumpf*, GRUR Int. 1992, 715 (721); *Schmidt*, WM 2003, 461 (464 f.).
[4] BGH NJW 2000, 3571 (3572 f.); *Pres*, CR 1994, 520 (524); *Haberstumpf*, GRUR Int. 1992, 715 (722).
[5] Dazu *Junker*, NJW 2002, 2992 (2994 f.); *A. Nordemann/J. B. Nordemann/Czychowski*, NJW 2002, 562 (566); *Beckmann* in Praxishandbuch Leasing, 1998, § 16 Rn 12; *Lehmann*, NJW 1993, 1822 (1825).
[6] OLG Hamm WM 2013, 1098 (1100); *Beckmann* in Martinek/Stoffels/Wimmer-Leonhardt, Leasinghandbuch, 2. Aufl. 2008, S. 584 f.
[7] OLG Hamm WM 2013, 1098 (1099); *Beckmann* in Martinek/Stoffels/Wimmer-Leonhardt, Leasinghandbuch, 2. Aufl. 2008, S. 583 f.
[8] Vgl. dazu auch *Schmidt*, WM 2003, 461 (464 f.).
[9] *Kotthoff/Pauly*, WM 2007, 2085 (2086 f.).
[10] Vgl. BGH NJW 2003, 2014 ff.; *Kotthoff/Pauly*, WM 2007, 2085 (2087); zur Beschränkung des Nutzungsrechtes über sog. CPU-Klauseln siehe auch *Metzger*, NJW 2003, 1994 f.
[11] *Schmidt*, WM 2003, 461 (465).

übertragung bzw. seine entsprechende Zustimmung zur Übertragung des Nutzungsrechtes auf den Refinanzierer in dem (für eine etwaige Verwertung) benötigten Umfang zu richten.
Eine weitere Schwierigkeit liegt in der Frage der **Insolvenzfestigkeit** von **Softwarelizenzen** im Falle der **Insolvenz** des **Lizenzgebers** oder des **Hauptlizenznehmers bei Unterlizenzen**, denn es ist davon auszugehen, dass dann grundsätzlich § 103 InsO Anwendung finden würde.[1] Zu Lösungsansätzen mit Blick auf den sog. Quellcode (Source-Code) siehe oben unter Rn 13/240 ff.

Über diese rechtlichen Aspekte hinaus ist unter **wirtschaftlichen Gesichtspunkten** bei der Bewertung der Übertragung von Rechten an Software wie auch an Hardware zu berücksichtigen, dass auf Grund der rasanten technischen Entwicklung bzw. überholenden Weiterentwicklung gerade auf diesem Gebiet der **Wertverlust** sehr schnell fortschreitet.[2]

13/247

Zu dem Thema der **insolvenzfesten Abtretung der Forderungen** aus dem Leasingvertrag siehe im Einzelnen die Ausführungen unter Rn 13/148 ff.

---

[1] BGH WM 2011, 1474 (1477); KG, Beschluss vom 23.4.2012, 20 SCHH 3/09; *Berger*, ZInsO 2007, 1142; *Weber/Höltzel*, NZI 2011, 432 (433): nach anderer Ansicht, u. a. vertreten von *Hoffmann*, ZInsO 2003, 732 (741) und *Brandt*, NZI 2001, 337 (341), soll § 108 Abs. 1 Satz 2 InsO entsprechend anwendbar sein; zu den bisher nicht umgesetzten Versuchen des Gesetzgebers, eine diesbezügliche Regelung dazu in die InsO aufzunehmen (vorgesehen als § 108a InsO-E) z. B. *Bullinger/Hermes*, NZI 2012, 492 ff.; *Ganter*, NZI 2011, 833 (838); *v. Wilmowsky*, ZInsO 2011, 1473 (1477); *Berger*, NZI 2006, 380 ff.; *Dengler/Gruson/Spielberger*, NZI 2006, 677 ff.; *Koehler/Ludwig*, NZI 2007, 79 ff.; nach BGH WM 2012, 1877 und BGH ZIP 2012, 1671 ff. fällt zwar in der Regel mit der Beendigung des Lizenzvertrages das Nutzungsrecht ipso iure an den Lizenzgeber zurück, aber die Unterlizenzen bestehen trotz Erlöschens der Hauptlizenz regelmäßig fort, wenn der Grund für die Beendigung der Hauptlizenz nicht aus der Sphäre der Unterlizenznehmer stammt; nach OLG München NZI 2013, 899 (901 ff.) – Vorinstanz: LG München I, Urteil vom 9.2.2012, 7 O 1906/11 und LG München I, Urteil vom 13.6.2007, 21 O 23532/06 verbleibt kein Raum für eine Erfüllungswahl des Insolvenzverwalters nach § 103 InsO, wenn der Schuldner als Lizenzgeber die Verpflichtungen aus dem Lizenzvertrag gegenüber dem Lizenznehmer bereits efüllt hat; gemäß BGH NZI 2016, 97 (101) ist im Falle eines Lizenzkaufs der Lizenzvertrag im Sinne von § 103 lnsO in der Regel beiderseits vollständig erfüllt wenn die gegenseitigen Hauptleistungspflichten ausgetauscht sind, also der Lizenzgeber die Lizenz erteilt und der Lizenznehmer den Kaufpreis gezahlt/die Gegenleistung erbracht hat.

[2] Zu den rechtlichen und praktischen Verwertungsproblemen: *Beckmann* in Praxishandbuch Leasing, 1998, § 16 Rn 14 f.

13/248 ## J. Leasing und KWG

Seit Inkrafttreten des Jahressteuergesetzes 2009[1] zum 25.12.2008 gehört das von **Leasinggesellschaften** betriebene **Finanzierungsleasing** gemäß §§ 1 Abs. 1a Satz 2 Nr. 10, 32 Abs. 1 Satz 1 KWG zu den aufsichtspflichtigen und damit grundsätzlich genehmigungsbedürftigen Finanzdienstleistungen.[2] Ferner fällt darunter auch die **Verwaltung von Objektgesellschaften** im Sinne von § 2 Abs. 6 Satz 1 Nr. 17 KWG.[3]

Refinanziert ein **Kreditinstitut** den **Leasinggeber** durch **Herauslegung von Krediten**, gegebenenfalls gegen Beiziehung von Sicherheiten (insbesondere Sicherungsabtretung der Leasingforderungen, Sicherungsübereignung des Leasinggutes), so handelt es sich um ein Kreditgeschäft gemäß § 1 Abs. 1 Satz 2 Nr. 2 KWG.

Im Falle des **regresslosen Ankaufes von Leasingforderungen**[4] fungiert das Kreditinstitut nicht als Leasinggeber, denn letzterer schließt die Leasingverträge. Die angekauften Leasingforderungen müssen nach § 19 Abs. 1 Satz 2 Nr. 4 KWG aber als Kredite an den Leasingnehmer erfasst werden.[5]

---

[1] BGBl. 2008 I, S. 2794; dazu Schreiben des Bundesministeriums der Finanzen vom 30.1.2009, GZ VII B 3 – WK 5212/08/10001, abgedruckt unter Rn 13/343.
[2] Im Einzelnen dazu unter Rn 13/195.
[3] Vgl. z. B. *Schwennicke/Auerbach*, KWG, 2. Aufl. 2013, § 1 Rn 151; *Glos/Sester*, WM 2009, 1209 ff.; *Mühl*, WM 2011, 870 ff.
[4] Im Einzelnen dazu unter Rn 13/191 ff.
[5] *Schwennicke/Auerbach*, KWG, 2. Aufl. 2013, § 19 Rn 20.

K. Steuerrechtliche Interessenbewertung

Die **steuerrechtliche Behandlung** von **Leasingverträgen** wird durch die Rechtsprechung des BFH[1] und die Erlasse/Schreiben des Bundesministers der Finanzen[2] bestimmt. Hiernach gilt für die steuerrechtliche Interessenbewertung die **wirtschaftliche Betrachtungsweise** von Leasingverträgen, das **wirtschaftliche Eigentum** ist demnach entscheidend.[3] Diesbezüglich werden unterschiedliche Kriterien in den Erlassen aufgestellt, und zwar je nachdem, ob es sich um Mobilien oder Immobilien bzw. um Teil- oder Vollamortisationsverträge handelt.

Auszugehen ist zunächst von § 39 Abs. 1 AO, nach dem das wirtschaftliche Eigentum grundsätzlich dem rechtlichen Eigentum zugerechnet wird, so dass der Leasinggeber sowohl wirtschaftlicher als auch rechtlicher Eigentümer des Leasinggutes wäre. Abweichend davon heisst es allerdings in § 39 Abs. 2 Nr. 1 Satz 1 AO:

„Übt ein anderer als der Eigentümer die tatsächliche Herrschaft über ein Wirtschaftsgut in der Weise aus, dass er den Eigentümer im Regelfall für die gewöhnliche Nutzungsdauer von der Einwirkung auf das Wirtschaftsgut wirtschaftlich ausschließen kann, so ist ihm das Wirtschaftsgut zuzurechnen. Bei Treuhandverhältnissen sind die Wirtschaftsgüter dem Treugeber, beim Sicherungseigentum dem Sicherungsgeber und beim Eigenbesitz dem Eigenbesitzer zuzurechnen."

Für die Beantwortung der Frage, wer bei Leasingverträgen wirtschaftlicher Eigentümer ist, muss also geprüft werden, ob der Leasinggeber für die gewöhnliche Nutzungsdauer wirtschaftlich gesehen von der Einwirkung auf die Leasingsache ausgeschlossen ist.[4] Dieser Ausschluss ist gegeben, wenn der Leasinggeber

- keinen Herausgabeanspruch hat

oder

- zwar einen Herausgabeanspruch hat, der aber – bei wirtschaftlicher Betrachtungsweise – für ihn bedeutungslos ist.

Maßgeblich für die Beurteilung ist das **Gesamtbild** der jeweiligen Verhältnisse im Einzelfall unter Zugrundelegung des für die gewählte Gestaltung **typischen**, unter normalen Umständen zu erwartenden **Geschehensablaufs**.[5]

Für besonders häufige Leasingvertragsgestaltungen sind die Zurechnungsgrundsätze – d. h. die Frage nach dem wirtschaftlichen Eigentum – in den **Leasingerlassen** des Bundesministers der Finanzen festgehalten. Liegen die in diesen Erlassen aufgeführten Voraussetzungen eines Leasingvertrages vor, so spricht man von **„erlasskonformen" Leasingverträgen**. Anderenfalls ist der Leasingvertrag nicht erlasskonform, so dass die Frage, wer wirtschaftlicher Eigentümer der Leasingsache ist, nach den Kriterien des § 39 AO beantwortet werden muss.

Die folgenden Ausführungen zur steuerrechtlichen Seite setzen eine erlasskonforme Ausgestaltung des Leasingvertrages voraus. Die steuerrechtlichen Auswirkungen, die dann entstehen, wenn das Leasinggut nicht dem Leasinggeber, sondern auf Grund wirtschaftlichen Eigentums einem Dritten – insbesondere dem Leasingnehmer – zugerechnet wird, werden hier nicht behandelt.[6]

Soweit es sich im Falle eines **Computer-Leasing**[7] um das **Hardwareleasing** geht, gelten grundsätzlich die vorskizzierten Regeln.

Bei **Software** handelt es sich im Gegensatz zur Hardware um ein immaterielles Wirtschaftsgut.[8] Die Leasingerlasse[9] finden insoweit zwar keine unmittelbare Anwendung, weil Software kein körperlicher Gegenstand ist, doch ist von einer entsprechenden Anwendung auszugehen.[10] Daraus ergibt sich, dass auch bei der steuerlichen Bewertung von Software geprüft werden muss, wer wirtschaftli-

---

[1] Z. B. BFH-Urteil vom 26.1.1970, BStBl. II 1970, 264; BFH-Urteil vom 1.10.1970, BStBl. II 1971, 34; BFH-Urteil vom 18.11.1970, BStBl. II 1971, 133.
[2] Siehe Rn 13/332 ff.
[3] Vgl. im Einzelnen *Körner/Weiken*, BB 1992, 1033 (1035).
[4] *Buhl*, BB 1992, 1755 ff.; dazu auch *Reck*, ZInsO 2004, 1236 (1237 f.).
[5] *Ullrich* in Praxishandbuch Leasing, 1998, § 21 Rn 9 m. w. N.
[6] Hierzu siehe z. B. *Tonner*, Leasing im Steuerrecht, 6. Aufl. 2014, S. 108 ff.
[7] Siehe dazu 13/237 ff.
[8] BFH CR 1987, 579; BFH CR 1995, 49.
[9] Siehe Rn 13/332 ff.
[10] *Tonner*, Leasing im Steuerrecht, 6. Aufl. 2014, S. 51 ff.; *Seifert* in Hagenmüller/Eckstein, Leasing-Handbuch für die betriebliche Praxis, 6. Aufl. 1992, S. 73.

cher Eigentümer der Software im Sinne des § 39 AO ist.[1] Bei erlasskonformem Leasing ist der Leasingnehmer grundsätzlich nicht wirtschaftlicher Eigentümer, weil er nur ein beschränktes, nicht übertragbares Nutzungsrecht erhält.[2] Der Leasinggeber ist regelmäßig dann wirtschaftlicher Eigentümer, wenn er das Nutzungsrecht an der Software vom Softwarehersteller auf Dauer – auch über die Abwicklung des Leasingvertrages hinaus – erlangt hat.[3]

13/251 I. Einkommen- und Körperschaftsteuer

Ist der **Leasinggeber rechtlicher** und **wirtschaftlicher Eigentümer**, so hat er das Leasinggut als **Anlagevermögen** zu **aktivieren**,[4] und zwar mit den **Anschaffungs- oder Herstellungskosten** (§ 6 Abs. 1 Nr. 1 EStG), die Absetzung für Abnutzungen erfolgt gemäß § 7 EStG. Nebenkosten – wie z. B. Transportkosten des Leasingguts, die durch den Transport des Leasingguts vom Hersteller zum Leasingnehmer entstehen und die der Leasinggeber dem Hersteller zu erstatten hat, – gehören nicht zu den Anschaffungskosten; sie sind vielmehr von dem Leasinggeber als Betriebsausgaben abzusetzen. Die **Leasingraten** sind bei dem **Leasinggeber Betriebseinnahmen**, beim **Leasingnehmer** hingegen in dem Jahr, in dem sie anfallen, sofort abzugsfähige **Betriebsausgaben**.[5]

13/252 II. Gewerbesteuer

Der besondere „Reiz" für die Leasinggeber, die – künftigen – Forderungen aus den Leasingverträgen an Refinanzierer/Kreditinstitute – regresslos – zu verkaufen, lag nach der „alten" bis zum 1.1.2008 geltenden Fassung des § 8 GewStG darin, die Gewerbesteuerpflichtigkeit der Leasingraten zu vermeiden.[6] Zur insoweit „alten" und „neuen" Gesetzeslage siehe unter Rn 13/191 sowie Rn 13/194 ff.

13/253 III. Umsatzsteuer

Wird das **Leasinggut** dem **Leasinggeber zugerechnet**, wie regelmäßig beim „erlasskonformen" Finanzierungsleasing,[7] so liegt umsatzsteuerrechtlich eine sonstige Leistung gemäß § 1 Abs. 1 Nr. 1, § 3 Abs. 9 UStG des Leasinggebers an den Leasingnehmer vor. Die **Leasingraten** sind der Umsatzbesteuerung unterworfen; der Leasingnehmer kann die anfallende Umsatzsteuer als Vorsteuer gemäß § 15 UStG abziehen.[8]

Gemäß § 13c UStG, eingeführt mit dem Steueränderungsgesetz 2003, haftet der Zessionar bei Einziehung der an ihn abgetretenen Forderung unter bestimmten Voraussetzungen als Gesamtschuldner mit für die ggfs. noch nicht abgeführte Umsatzsteuer (für den Fall des regresslosen Ankaufes von Leasingforderungen siehe Rn 13/208).[9] Dem Versuch, einen **Haftungsausschluss** dadurch zu erreichen, dass die **Abtretung** und **Einziehung auf** den „**Nettobetrag**" **begrenzt** wird, hat der BFH eine

---

[1] *Seifert* in Hagenmüller/Eckstein, Leasing-Handbuch für die betriebliche Praxis, 6. Aufl. 1992, S. 73.
[2] *Tonner*, Leasing im Steuerrecht, 6. Aufl. 2014, S. 51 ff.
[3] *Tonner*, Leasing im Steuerrecht, 5. Aufl. 2014, S. 51 ff.
[4] *Schulz* in Praxishandbuch Leasing, 1998, § 22 Rn 12.
[5] Im Einzelnen hierzu *Schulz* in Praxishandbuch Leasing, 1998, § 22 Rn 42 ff.
[6] Hierzu vgl. Schreiben des Bundesministers der Finanzen vom 9.1.1996, GZ IV B 2 – S 2170-135/95 – abgedruckt unter Rn 13/337.
[7] Vgl. dazu z. B. *Heyd* in v. Westphalen, Der Leasingvertrag, 7. Aufl. 2015, S. 60 ff.; *Wagner* in Martinek/Stoffels/Wimmer-Leonhardt, Leasinghandbuch, 2. Aufl. 2008, S. 683 ff. – dazu siehe auch Rn 13/249 f.
[8] *Runge/Bremser/Zöller*, Leasing, 1978, S. 337; zur Umsatzsteuer bei einem sale-and-lease-back-Verfahren mit einem zwischen Leasingnehmer und Leasinggeber abgeschlossenen Mietkaufvertrag siehe Rn 13/73.
[9] BGBl. I, S. 2645 ff. – dazu das Schreiben des Bundesministers der Finanzen vom 24.5.2004, GZ IV B 7 – S 7279a – 17/ 04, IV B 7 – S 7279b – 2/04 und vom 30.1.2006, GZ IV A 5 – S 7279a – 2/06 – abgedruckt unter Rn 13/340 und 341; siehe ferner die Entscheidung des BFH vom 3.6.2009, XI R 57/07 = WM 2010, 38 f. m. Anm. *Ch. Keller* in WuB X. § 13c UStG – 1.10, wonach eine Bank als Abtretungsgläubigerin nach § 13 c UStG für die in der Forderung enthaltene Umsatzsteuer nicht haftet, wenn ihr die Forderung vor dem 8.11.2003 abgetreten worden ist und BFH-Urteil vom 20.3.2013, XI R 11/12 = NZI 2013, 657 ff. m. Anm. *de Weerth* zu einer „stillen" Globalzession und der Einziehung sowie Weiterleitung an das Kreditinstitut durch den vorläufigen Insolvenzverwalter sowie BFH-Urteil vom 21.11.2013, V R 21/12.

Absage erteilt. Der BFH erläutert dazu, dass die Umsatzsteuer zivilrechtlich ein unselbstständiger Teil des abgetretenen Forderungsbetrags ist und jeder Teil der abgetretenen Foderung und des vereinnahmten Betrags einen durch die Höhe des Steuersatzes bestimmten Umsatzsteueranteil enthält.[1]

Muss der Leasingnehmer nach einer außerordentlichen Kündigung **Schadensersatzleistungen** erbringen, dann erfolgt die Schadensberechnung ohne Umsatzsteuer, weil ihnen keine steuerbare Leistung gemäß § 1 Abs. 1 Nr. 1 UStG gegenübersteht und der Leasinggeber deshalb auf sie keine Umsatzsteuer zu entrichten hat.[2] Entsprechendes gilt für den **Minderwertausgleich** bei **über normale Verschleißerscheinungen hinausgehenden Schäden** am Leasingobjekt.[3]

Anders ist es bei **Ausgleichszahlungen**, die darauf gerichtet sind, **Ansprüche aus** dem **Leasingverhältnis** an die **tatsächliche** Nutzung des Leasingobjektes durch den Leasingnehmer **anzupassen**, wie in Kfz-Leasingverträgen vorgesehene Vergütungen für Mehr- oder Minderkilometer, Vergütungen zum Ausgleich von Restwertdifferenzen in Leasingverträgen mit Restwertausgleich und Nutzungsentschädigungen für verspätete Rückgaben von Leasingobjekten.[4] Zur umsatzsteuerrechtlichen Behandlung von Zuzahlungen bzw. Rabatten der Hersteller (Stichwort: „Absatzhilfe") verhält sich das Schreiben des Bundesministeriums der Finanzen vom 24.9.2013, GZ IV D 2 – S 7100/09/10003 :002.[5]

---

[1] BFH, Urteil vom 20.3.2013, XI R 11/12 = NZI 2013, 657 (660) m. Anm. de Weerth.
[2] BGH WM 2007, 990 ff.; BGH WM 1987, 562 f. m. Anm. Welter in WuB I J 2. – 10.87.
[3] BGH WM 2011, 2141 (2142 f.).
[4] Schreiben des Bundesministeriums der Finanzen vom 6.2.2014, GZ IV D 2 – S 7100/07/10007 – abgedruckt unter Rn 13/345, dessen Grundsätze den vormaligen Ausführungen in dem Schreiben des Bundesministeriums der Finanzen vom 22.5.2008, GZ IV B 8 – S 7100/07/10007 – abgedruckt unter Rn 13/342 vorgehen; BFH, Urteil vom 20.3.2013, XI R 6/11; BGH WM 2014, 1738 (1743 f.); OLG München WM 2014, 536 f.
[5] Abgedruckt unter Rn 13/344.

Gebäudeleasing

13/254 A. Grundlagen[1]

I. Einleitung

Das Leasen von Gebäuden hat sich jahrzehntelang wachsender Beliebtheit erfreut. Es ist seit den sechziger Jahren in Deutschland bekannt; seine eigentliche Bedeutung gewann es aber Ende der achtziger Jahre. Seinen Zenith erreichte es in Deutschland im Jahre 2002 mit einer Quote von 9,8% an den gesamten Leasinginvestitionen.[2] In den letzten Jahren ist der Anteil auf Grund steuerlicher Veränderungen spürbar zurückgegangen und belief sich im Jahre 2013 auf nur noch 1,2 % der Leasinginvestitionen.[3] Da aber diese Verträge i. d. R. langfristig (mehr als 22 Jahre) abgeschlossen werden, sind sie nach wie vor wirtschaftlich bedeutsam und beschäftigen in den letzten Jahren vermehrt die Gerichte. Der Begriff **Gebäude** wird im BGB in zahlreichen Paragrafen – wie z. B. in § 94 BGB oder in § 1128 BGB – verwandt, ohne dass er eine Legaldefinition erfährt. Unter einem Gebäude im Sinne des § 94 BGB sind nicht nur Häuser, sondern auch andere Bauwerke – wie Brücken und Tiefgaragen – zu verstehen.[4] Gebäude sind in der Regel wesentlicher Bestandteil von Grund und Boden und als solche nicht sonderrechtsfähig.[5]

13/255 Üblicherweise wird das **Leasing von Gebäuden** aber als **Immobilienleasing** bezeichnet, obwohl unter dem Begriff Immobilie juristisch gesehen auch Flugzeuge und Schiffe subsumiert werden können, weil diese im Rahmen der Zivilprozess- und der Insolvenzordnung als unbewegliche Gegenstände behandelt werden.[6] Die Begriffswahl ist insoweit in der Literatur nicht einheitlich.[7] Im Folgenden soll aber dem allgemeinen Sprachgebrauch folgend das Gebäudeleasing als Immobilienleasing bezeichnet werden, während auf das Schiffs- und Flugzeugleasing separat eingegangen wird (s. Rn 13/286 ff. und 13/309 ff.). Der Sprachgebrauch ist geprägt von der steuerrechtlichen Einschätzung, die primär zwischen beweglichen und unbeweglichen Wirtschaftsgütern unterscheidet; Gebäude sind dabei als unbewegliche Wirtschaftsgüter eingeordnet. So behandeln auch die Immobilienleasingerlasse der Finanzverwaltung lediglich Gebäude und Grundstücke, nicht aber Flugzeuge und Schiffe.[8]

13/256 II. Struktur

Typischerweise handelt es sich beim Immobilienleasing um **gewerbliche Großprojekte**; dagegen ist ein privates Immobilienleasing unbekannt.

---

[1] v. Westphalen (Hrsg.), Der Leasingvertrag, 7. Aufl. 2015; Mörtenkötter, Immobilienleasing in der notariellen Praxis, MittRhNotK 1995, 329 ff.; Büschgen, Praxishandbuch Leasing, 1998; Stolterfoht in Münchener Vertragshandbuch, Band 3, 4. Aufl. 1998.
[2] Quelle: Bundesverband Deutscher Leasinggesellschaften, Jahresbericht 2014, S. 27 = http://bdl.leasingverband.de/zahlen-fakten/leasing-in-deutschland/jahres-und-strukturdaten.
[3] Bundesverband Deutscher Leasinggesellschaften, Jahresbericht 2014, S. 27 (Fn. 2), sowie Hansen in v. Westphalen, Der Leasingvertrag, N Rn 8.
[4] Palandt/Ellenberger, BGB, 74. Aufl. 2015. § 94 Rn 3.
[5] Sieht man einmal vom Fall des Scheinbestandteils gemäß § 95 Abs. 1 Satz 2 BGB und vom Erbbaurecht ab.
[6] Die Behandlung von Flugzeugen ist im deutschen Recht uneinheitlich; sachenrechtlich werden sie als bewegliche Sachen behandelt: vgl. Schölermann/Schmid-Burgk, Flugzeuge als Kreditsicherheit, WM 1990, 1137 (1138 und 1146).
[7] Vgl. Büschgen in Praxishandbuch Leasing, 1998, § 1 Rn 31, einerseits und v. Westphalen (Hrsg.), Der Leasingvertrag, 6. Aufl. 2008, S. 47 ff. (Heyd) u. S. 869, Rn 27 (Koch), andererseits.
[8] Vgl. Erlasse des Bundesministers der Finanzen vom 21. März 1972 und vom 23. Dezember 1991; vgl. Rn 13/244 ff. und 13/246. Bekanntlich ist aber die steuerrechtliche Einschätzung zum Teil auch unterschiedlich von der zivilrechtlichen Einschätzung. Dies kann – wie im Fall der Betriebsvorrichtungen – im Einzelfall zu Abgrenzungsproblemen führen.

Grundlagen

1. Laufzeit des Leasingvertrages

Die Laufzeit eines Immobilienleasingvertrages variiert je nach den Bedürfnissen des Leasingnehmers unter Berücksichtigung der durch die Immobilienleasingerlasse vorgegebenen zulässigen Zeiträume; diese orientieren sich an der betriebsgewöhnlichen Nutzungsdauer. Die **Grundmietzeit** muss einen Zeitraum zwischen 40 % und 90 % dieser **Nutzungsdauer** erreichen, die bei Gebäuden fünfzig Jahre betragen kann (s. z. B. Rn 13/244). Insoweit setzt aber das Zivilrecht Schranken, denn Mietverträge mit einer ursprünglichen Laufzeit über einen Zeitraum von mehr als dreißig Jahren sind gemäß § 544 BGB nach Ablauf von dreißig Jahren innerhalb der gesetzlichen Kündigungsfristen jederzeit kündbar. Bei Berücksichtigung der **Sonderabschreibungsmöglichkeiten** verkürzt sich die betriebsgewöhnliche Nutzungsdauer auf einen Zeitraum von fünfundzwanzig Jahren.

2. Leasinggeber 13/257

Meistens wird für die Durchführung eines Immobilienleasingvertrages eine **Ein-Objekt-Gesellschaft** gegründet, d. h. eine Gesellschaft, die lediglich eine Immobilie verleast. Ob daneben noch andere Leasingobjekte verleast werden, hängt davon ab, in welcher **Rechtsform** die Ein-Objekt-Gesellschaft gegründet worden ist. In der Vergangenheit ergab sich bei der Rechtsform der **KG** das Problem, dass allein durch die Vermietung eines Leasingobjektes noch kein Grundhandelsgewerbe im Sinne des § 1 Abs. 2 HGB a. F. vorlag, so dass ein Handelsgewerbe nur gegeben war, wenn die Vermietung einen Umfang erreichte, der einen kaufmännisch eingerichteten Geschäftsbetrieb erforderte, was beim Vermieten eines einzigen Leasingobjektes fraglich sein konnte.[1] Um die Diskussion um das Vorliegen einer Schein-KG zu vermeiden, wurde üblicherweise vereinbart, dass neben der Immobilie auch noch einzelne mobile Wirtschaftsgüter verleast werden. Das Problem der Schein-KG hat sich jedoch durch die Änderung des HGB durch das Handelsrechtsreformgesetz erledigt;[2] denn unabhängig vom Umfang der kaufmännischen Tätigkeit hat gemäß § 105 Abs. 2 HGB die Eintragung im Handelsregister für eine OHG bzw. eine KG nunmehr konstitutive Wirkung.[3]

3. Refinanzierung 13/258

Die Refinanzierung von Immobilienleasingverträgen erfolgt – ähnlich wie die von Mobilienleasingverträgen – entweder in Form einer Darlehensfinanzierung oder eines Forderungsankaufs (Rn 13/64 ff. und 13/191).[4] Bei einer **Darlehensfinanzierung** erhält der Leasinggeber von einer Bank ein Darlehen, mit dem er den Kauf des Grundstücks und die Errichtung des Gebäudes finanziert. Der Bank werden als Sicherheit die Leasingraten abgetreten. Darüber hinaus wird der Bank eine vollstreckbare Grundschuld bestellt. Dies erfolgte vor dem Hintergrund, dass die Abtretung der Leasingraten im Falle einer Insolvenz des Leasinggebers gemäß § 110 InsO für die Zeit nach der Verfahrenseröffnung als unwirksam angesehen worden ist und die Bank mittels einer vollstreckbaren Grundschuld die Zwangsverwaltung beantragen und damit wirtschaftlich gesehen die Leasingraten wieder an sich ziehen kann.[5] Der BGH hat aber in einer Entscheidung aus dem Jahre 2013 für das Immobilienleasing festgehalten, dass die Abtretung der Leasingraten in der Insolvenz des Leasinggebers insolvenzfest ist, da § 110 InsO nur zur Anwendung kommt, wenn auch § 91 InsO Anwendung **findet** – wie bspw. bei der Abtretung einfacher Mietforderungen.[6] Allerdings werden die Banken vermutlich auch künftig von dem Erfordernis einer vollstreckbaren Grundschuld nicht absehen, um diese Darlehen als Realkredite einstufen zu können. Anderenfalls ist eine zeitnahe Verwertung i. S. v. Art 208 Abs. 2 c der Eigenmittelverordnung CRR nicht gewährleistet.

---

[1] *Berninghaus* in Praxishandbuch Leasing, 1998, § 31 Rn 13.
[2] BGBl. I 1998, 1474 ff.
[3] Vgl. hierzu *Schäfer*, Das Handelsrechtsreformgesetz nach dem Abschluss des parlamentarischen Verfahrens, DB 1998, 1269 (1273).
[4] *Berninghaus* in Praxishandbuch Leasing, 1998, § 30 Rn 1 ff.; zur Haftung des Verkäufers von Leasingforderungen vgl. *Schmid-Burgk/Schölermann*, Die Bestandshaftung des Verkäufers von Leasingforderungen, WM 1992, 933 ff.
[5] Vgl. hierzu im Einzelnen *Wenzel* in BuB Rn 4/2671 ff.
[6] WM 2005, 15 ff. und Anm. *Schmid-Burgk*, WuB I J 2. – 1.05, 281 ff.

13/259 Die Finanzierung im Wege eines **Forderungsankaufs** unterscheidet sich hiervon nicht wesentlich. Statt einer Sicherungsabtretung der Leasingraten werden hier die Leasingraten in Erfüllung des Forderungskaufvertrages abgetreten; damit trägt die Bank in vollem Umfang das Bonitätsrisiko, dass der Leasingnehmer nicht zahlen kann (s. Rn 13/191). Handelt es sich bei dem Leasinggeber – was regelmäßig der Fall ist – um eine Ein-Objekt-Gesellschaft, so liegt dieses Risiko – wirtschaftlich betrachtet – auch bei einer Darlehensfinanzierung bei der finanzierenden Bank, weil die Ein-Objekt-Gesellschaft außer der Immobilie über kein weiteres Vermögen verfügt. Soweit die Bank an weitergehende Ansprüche gegen die Gesellschafter der Ein-Objekt-Gesellschaft denken sollte, wird vielfach mit Enthaftungserklärungen gearbeitet, in denen die finanzierende Bank bestätigen muss, dass sie keinerlei Ansprüche gegen die Gesellschafter geltend machen wird.

13/260 Bei einem Forderungsankauf erhält die Bank – ebenso wie bei der Darlehensfinanzierung – zudem eine **vollstreckbare Grundschuld**, für die immer eine separate Sicherungsvereinbarung geschlossen werden sollte. Allerdings dient diese Grundschuld nicht der Absicherung eines Darlehens, sondern der Absicherung der verkauften Forderungen sowie der Absicherung der im Forderungskaufvertrag enthaltenen Bestandshaftung.

13/261 Soweit die verkauften Forderungen durch die Sicherungsvereinbarung mit abgesichert werden, muss aus steuerlichen Gründen berücksichtigt werden, dass hierdurch keine eigenen **Mittel des Verkäufers zur Absicherung der Bonität** des Leasingnehmers **verwendet** werden dürfen;[1] anderenfalls ist der gewerbesteuerliche Vorteil eines Forderungsverkaufs gefährdet. Hat also der Verkäufer selbst Finanzierungsmittel eingebracht, so muss sichergestellt werden, dass er im prozentualen Verhältnis der Eigenmittel- zur Fremdmittelfinanzierung an den Erlösen partizipiert. In diesem Zusammenhang hat eine Entscheidung des Bundesfinanzhofes vom 5. Mai 1999 zu einer kontroversen Diskussion darüber geführt, inwieweit die der finanzierenden Bank bestellten Grundschulden bei einem regresslosen Forderungskaufvertrag unmittelbar die verkauften Leasingforderungen absichern dürfen.[2] In dieser Entscheidung wurde dem Forderungskaufvertrag die steuerliche Anerkennung mit der Begründung versagt, dass der Verkäufer aus seinem eigenen Vermögen Sicherheiten gestellt habe, da die verkauften Mietforderungen durch vom ihm bestellte Grundschulden an seinem Grundstück abgesichert wurden. Hierzu wird in der Praxis die Frage diskutiert, ob die Überlegungen auf das Immobilienleasing übertragbar sind. Dafür spricht, dass der BFH ganz allgemein ausführt, dass der Verkäufer einer Forderung keine Sicherheiten aus dem eigenen Vermögen stellen darf, wenn ein regressfreier Forderungskaufvertrag vorliegen soll. Dagegen kann ausgeführt werden, dass es sich um einen Sonderfall gehandelt hat, weil im Rahmen einer Betriebsaufspaltung die bisher über ein Darlehen finanzierte Immobilie Gegenstand eines Mietvertrages wurde, der nicht einem klassischen Leasingvertrag entsprach. Die Mietkonstruktion diente vielmehr lediglich dazu, eine konventionelle Darlehensfinanzierung abzulösen. Das zeigt sich deutlich am Sachverhalt; denn die Mietraten entsprachen genau den ursprünglichen Darlehensraten. Insofern liegt es nahe, von einer Einzelfallentscheidung auszugehen, die einer missbräuchlichen Gestaltung Einhalt geboten hat. – Um jedoch beim Verkauf von Forderungen aus einem Immobilienleasingvertrag keine Diskussion über die steuerrechtliche Anerkennung des Forderungskaufvertrages aufkommen zu lassen, wird in der Praxis nach Lösungen gesucht. So wird der Sicherungszweck der Grundschulden vereinzelt dahin gehend beschränkt, dass die Grundschulden nur Ansprüche gegen den Forderungsverkäufer absichern. Dies sind in erster Linie Ansprüche aus der Bestandshaftung (s. Rn 13/262). Kündigt die refinanzierende Bank allerdings bei einem Zahlungsverzug des Leasingnehmers selbst den Leasingvertrag, so entstehen hierdurch keine Ansprüche aus der Bestandshaftung, da die Bank selbst die Ursache für den Wegfall der Leasingforderungen gesetzt hat.

Andererseits ist aber durch die Finanzverwaltung anerkannt, dass der Forderungskäufer bei einer Verwertung des Leasingobjektes Anspruch auf die Abführung des Verwertungserlöses hat; denn nach einem Erlass des Finanzministers Nordrhein-Westfalen ist es gewerbesteuerunschädlich, wenn bei einer Zahlungsunfähigkeit des Leasingnehmers der Erlös aus der Verwertung des Leasingobjektes anteilig an den Forderungskäufer abgeführt wird.[3] Aus gewerbesteuerlicher Sicht ist daher eine Ver-

---

[1] Vgl. hierzu ausführlich *Peters* in BuB Rn 13/194 ff. m. w. N.
[2] BFH DStR 1999, 1310 = WM 1999, 1763, m. kritischer Anm. *Wagenknecht* in WuB I J 1. – 1.00.
[3] Erlass vom 13. Februar 1980 – G 1422 – 35 – V B 4 – abgedruckt bei *Engel*, Miete, Kauf, Leasing, 2. Aufl. 1997, Anhang S. 294.

pflichtung des Forderungsverkäufers unproblematisch, nach der ein Verwertungserlös entsprechend dem Anteil der Finanzierung an die Bank abzuführen ist. Besteht daneben die Verpflichtung des Verkäufers, das Grundstück bei Zahlungsstörungen zu verwerten, so ist die Bank bei Absicherung dieser Verpflichtung durch die Grundschulden ausreichend geschützt. Die Finanzverwaltung hat durch ein Schreiben des BMF vom 10.3.2006 klargestellt, dass an der bisherigen Praxis der Sicherheitenbestellung durch das BFH-Urteil vom 5.5.1999 keine Änderung eintreten sollte.[1]

13/262 In der Sicherungsvereinbarung wird auch regelmäßig vereinbart, dass die gestellten Sicherheiten für die Haftung des Verkäufers hinsichtlich des Bestandes der verkauften Forderungen (Bestandshaftung) herangezogen werden können; die Haftung beim Verkauf von Forderungen ist nach der Schuldrechtsreform in § 453 BGB geregelt und verweist auf die Vorschriften über den Verkauf an Sachen. Üblicherweise wird diese Haftung vertraglich dergestalt erweitert, dass der Verkäufer garantiemäßig dafür einzustehen hat, dass die verkauften Forderungen einredefrei im Zeitpunkt der Fälligkeit existent sind (Bestandshaftung). Durch diese vertragliche Regelung wird der Zustand vor der Schuldrechtsreform wiederhergestellt wie er in § 437 a. F. BGB geregelt war.[2] Allerdings hat der BGH in einer Entscheidung zur Wirksamkeit der AGB einer Baumarktkette entschieden, dass eine verschuldensunabhängige Rechtsmängelhaftung nach der Schuldrechtsreform nicht formularmäßig übernommen werden könne.[3] Diese Entscheidung ist aber zumindest bei einem Forderungsverkauf nicht verallgemeinerungsfähig, da hier die Bedürfnisse einer jahrzehntelangen Praxis wiedergespiegelt werden.[4] Eine verschuldensunabhängige Haftung entspricht auch heute noch der Interessenslage von Leasinggesellschaft, als Verkäufer, und Bank, als Käufer, da anderenfalls eine Bank meist nur zu einer Darlehensgewährung bereit wäre. Ferner wird üblicherweise vereinbart, dass die Forderungen auch beim Käufer verbleiben. Dies erfolgt vor dem Hintergrund, Risiken im Falle einer Insolvenz des Verkäufers auszuschließen. Durch diese Erweiterung der Sicherungsabrede wird erreicht, dass in der Insolvenz des Verkäufers unabhängig von der Wirksamkeit der Forderungsabtretung eine Verwertung der Grundschuld erfolgen darf.

13/262a Der Verkauf von Leasingforderungen hat für die Leasinggesellschaften durch die Änderung des § 8 GewStG zum 1.1.2008 an Attraktivität deutlich verloren (s. hierzu im Einzelnen Rn 13/191 f). Angesichts der v. g. Diskussionen um die Sicherheitenabrede hat daher in der jüngeren Vergangenheit die klassische Darlehensfinanzierung mit entsprechenden Enthaftungsregelungen bei Ein-Objekt-Gesellschaften im Vergleich zum Forderungsankauf zugenommen.

13/263 Beteiligt sich der **Refinanzier** aus steuerlichen Gründen als **Gesellschafter** an der Ein-Objekt-Gesellschaft, so kann sich das Problem **nachrangiger Gesellschafterdarlehen** ergeben.[5] Um hier von vornherein eine Nachrangigkeit der Darlehensforderungen im Insolvenzfall zu verhindern, sollte in diesen Fällen eine **Minderheitsbeteiligung des Refinanziers** von höchstens 10 % angestrebt werden; denn die Vorschriften über nachrangige Gesellschafterdarlehen finden auf einen solchen Minderheitsgesellschafter nach § 39 Abs. 5 InsO keine Anwendung.

13/264 Das Problem eines nachrangigen Gesellschafterdarlehens kann für die refinanzierende Bank aber auch dann relevant sein, wenn – wie so häufig – sich der **Gesellschafter des Leasingnehmers** an der Ein-Objekt-Gesellschaft **beteiligt**. Allerdings ist umstritten, wie sich die Neuregelung § 39 InsO auf Sale-and-Lease-Back-Geschäfte (Rn 13/73) zwischen Gesellschaftern und Gesellschaft auswirkt. Während nach der früheren Rechtsprechung zu kapitalersetzenden Gesellschafterdarlehen Sale-and-Lease-Back-Geschäfte als **kapitalersetzende Nutzungsüberlassung** angesehen wurden,[6] ist dies für die Beurteilung nach § 39 InsO anfangs umstritten gewesen. Es zeichnet sich aber nunmehr das Bild ab, dass bei Sale-and-Lease-Back Geschäften eine Nachrangigkeit der Leasingforderungen nicht mehr gegeben ist.[7] Dies ist darin begründet, dass die Figur der eigenkapitalersetzenden Nutzungsüberlassung nach

---

[1] Siehe hierzu im Einzelnen *Peters* in BuB Rn 13/196.
[2] Vgl. zur alten Rechtslage *Schölermann/Schmid-Burgk*, WM 1992, 933 ff.
[3] BGH WM 2005, 2337 ff.
[4] In diesem Sinne auch *Faust* in Beck'scher Online Kommentar BGB (Hrsg. Bamberger/Roth), Stand 1.8.2014, § 453, Rn 19.
[5] Vgl. zur Neuregelung des Rechts der Gesellschafterdarlehen *Hirte*, WM 2008, 1429 ff.; *ders.* in Uhlenbruck, Insolvenzordnung, 14. Aufl., § 39 InsO Rn 32 ff., sowie *Bäuerle* in Braun, Insolvenzordnung 4. Aufl. § 39 InsO Rn 15 ff.
[6] *Hachenburg/Ulmer*, GmbHG, 8. Aufl. 1992; §§ 32 a, 32 b Rn 100 f.; kritisch hierzu *Scholz/Schmidt*, GmbHG, 10. Aufl. Bd. I 2006 §§ 32 a, 32 b Rn 129 ff.,132 f.
[7] Vgl. *Baumbach/Hueck*, GmbHG, 20. Auffl. 2013, Anh. nach § 30 Rn 56; so bereits die Vorauflage vgl. *Peters/Schmid-Burgk*, Das Leasinggeschäft, 3. Aufl. 13/184.

dem MoMiG entfallen ist.[1] Werden allerding Leasingraten gestundet, kann die Gesellschafterstellung Einfluss auf die Rangigkeit haben, da die Stundung der Leasingraten einer Darlehensgewährung entspricht.[2] Schließlich ist noch § 135 Abs. 3 InsO zu beachten, wonach der Aussonderungsanspruch nicht sofort geltend gemacht werden kann, wofür jedoch eine Kompensationszahlung erfolgt. Will man derartige Komplikationen vermeiden, sollte auch hier eine Minderheitsbeteiligung des Gesellschafters des Leasingnehmers an der Ein-Objekt-Gesellschaft angestrebt werden, um von vornherein das Privileg des Minderheitsgesellschafters nach § 39 Abs.5 InsO nutzen zu können.

13/265 III. Die Rechtsnatur des Immobilienleasingvertrages

Der Leasinggeber überlässt grundsätzlich – als Eigentümer der Immobilie – dem Leasingnehmer auf Grund des Immobilienleasingvertrages die Immobilie zur Nutzung. Der Leasinggeber muss dabei aber nicht zwingend Eigentümer des Grundstücks sein; denn häufig sind auch Fallgestaltungen anzutreffen, in denen der Leasinggeber Erbbauberechtigter ist.[3] Da die Gebrauchsüberlassung der Immobilie im Vordergrund steht, handelt es sich um einen **Mietvertrag**.[4] Wird der Immobilienleasingvertrag über ein neu zu errichtendes Gebäude abgeschlossen, so beschränkt sich die Leistung der Leasinggesellschaft meist nicht allein auf die Gebrauchsüberlassung, sondern es werden **weiter gehende Dienstleistungen** angeboten, wie zum Beispiel die Beratung des Leasingnehmers bei der Errichtung des Gebäudes.[5] Bemerkenswert ist in diesem Zusammenhang allerdings ein Urteil des BGH vom 25.1.2006.[6] Der BGH hat hier anders als die Vorinstanz eine fehlerhafte Beratung beim Abschluss des Immobilienvertrages zwar verneint, den Vertrag zwischen Leasinggeber und Gemeinde aber wegen offensichtlichen Verstoßes gegen den Grundsatz der Wirtschaftlichkeit und der sparsamen Haushaltsführung als sittenwidrig und daher nichtig eingestuft. Im Regelfall stehen beim Immobilienleasingvertrag daher Dienstleistungen in Form von Beratungsleistungen nicht im Vordergrund. Der Gedanke der **Vollamortisationspflicht** des Leasingnehmers (s. z. B. Rn 13/61, 13/68, 13/71) ist auch hier prägend; denn über die Leasingraten soll der Leasingnehmer die Investition des Leasinggebers amortisieren. Vor diesem Hintergrund kann der Immobilienleasingvertrag als atypischer Mietvertrag eingeordnet werden.[7] Diese Einordnung ist auch bei einem Sale-and-Lease-Back-Geschäft (Rn 13/73) zutreffend, weil der mietrechtliche Charakter gegenüber anderen Dienstleistungen in den Vordergrund tritt.

13/266 IV. Steuerliche Erwägungen

1. Die Immobilienerlasse

Die steuerliche Behandlung des Immobilienleasings ist im Wesentlichen in zwei Runderlassen der Finanzverwaltung geregelt. Der erste Immobilienerlass stammt aus dem Jahre 1972; er regelt die Vollamortisation von Immobilien und wurde zu einem Zeitpunkt erlassen, in dem bereits seit zehn Jahren Immobilienleasing praktiziert wurde (s. Erlass unter Rn 13/336). Allerdings ist das dort geregelte **Vollamortisationsmodell** in der Praxis heute nicht so geläufig, vielmehr ist die Teilamortisation von Immobilien sehr viel verbreiteter. Die **Teilamortisation** ist dann auch im Jahre 1991 in einem neuen Immobilienleasingerlass der Finanzverwaltung neu geregelt worden (s. Rn 13/336); er hält an dem Grundsatz fest, dass das Leasingobjekt dem Leasinggeber zuzurechnen ist.[8] Erstmals ist dabei in einem Leasingerlass die sonst übliche Untergrenze nicht enthalten, wonach die unkündbare Grundmietzeit mindestens 40 % der betriebsgewöhnlichen Nutzungsdauer betragen muss, damit das Lea-

---

[1] MünchKommInsO-Ehricke, 3. Aufl. 2013, § 39 Rn 47.
[2] a. a. O., § 39 Rn 43.
[3] *Hansen* in v. Westphalen, Der Leasingvertrag, 7. Aufl. 2015, S, 828 Rn 8 f.
[4] BGH, WM 1989, 442 (443), m. Anm. *Stoppok* in WuB I J 2. – 9.89.
[5] *v. Westphalen*, Der Leasingvertrag, 5. Aufl. 1998, Rn 1630 f.; *Engel*, Miete, Kauf, Leasing, 2. Aufl. 1997, Rn 824.
[6] BGH VIII ZR 398/03, ZMR 2006, 351 ff.
[7] Vom BGH wird dies in der zum Immobilienleasing ergangenen Entscheidung BGH WM 1989, 442 (443), auch nicht weiter problematisiert.
[8] Vgl. zu den einzelnen steuerlich bedingten Vertragsgestaltungen *Heydt/Nemet* in v. Westphalen, Der Leasingvertrag, 7. Aufl. 2015, B Rn 38 ff. u. 274 f.

singobjekt dem Leasinggeber steuerlich zugerechnet werden kann. Dadurch kann der Leasingvertrag in Hinblick auf seine Laufzeit flexibler gestaltet werden.

Der Erlass enthält aber zum Teil auch bedeutende Einschränkungen, sofern der Leasingnehmer eine Kaufoption oder eine Mietverlängerungsoption hat. Solche **Optionsklauseln** zu Gunsten des Leasingnehmers sind beim Immobilienleasing im Gegensatz zum Mobilienleasing weit verbreitet und haben ihre Ursache darin, dass der Wertverfall beim Immobilienleasing nicht im gleichen Maße verläuft wie beim Mobilienleasing; daher ist das Interesse des Leasingnehmers an einem Optionsrecht beim Immobilienleasing sehr viel stärker ausgeprägt als beim Mobilienleasing. Übernimmt der Leasingnehmer in diesen Fällen bestimmte Verpflichtungen – wie z. B. die Gefahr des zufälligen Untergangs des Gebäudes –, ohne dass seine Verpflichtung zur Zahlung der Leasingraten entfällt, so wird das Leasingobjekt dem Leasingnehmer wirtschaftlich zugerechnet.[1] Diese steuerrechtlich bedenklichen Regelungen, die bis zum Inkrafttreten des neuen Erlasses typischerweise anzutreffen waren, sind im Einzelnen unter II. 2 b des Erlasses aufgeführt (Rn 13/336) und sind insoweit als steuerschädlich anzusehen.

13/267

Damit ergibt sich das Dilemma, dass leasingtypische Regelungen, die die Zivilgerichte als Charakteristikum eines Leasingvertrages angesehen haben, steuerrechtlich unzulässig sind. So ist zum Beispiel die unterschiedliche insolvenzrechtliche Behandlung von Leasingforderungen – als betagte Forderungen – und Mietforderungen – als künftige Forderungen – mit den leasingspezifischen Regelungen begründet worden. Hierzu zählen auch der üblicherweise vereinbarte Gewährleistungsausschluss und die Überwälzung der Sach- und Preisgefahr auf den Leasingnehmer. Durch die Einstufung als betagte Forderung verstößt die Abtretung von Forderungen aus Mobilienleasingverträgen nicht gegen das Verbot von § 91 InsO.[2] Es muss jedoch konstatiert werden, dass durch steuerliche Vorgaben – insbesondere das steuerlich bedingte Verbot, sämtliche Risiken auf den Leasingnehmer zu überwälzen –, die Risiken des Immobilienleasings – wenn auch häufig nur theoretisch – im Vergleich zu früher gestiegen sind. Dieses gesteigerte Risiko können die refinanzierenden Kreditinstitute auch nicht vermeiden, indem sie von dem Leasingnehmer eine Erklärung verlangen, dass er gegenüber dem Kreditinstitut auf die ihm im Falle einer Einschränkung der Nutzungsmöglichkeiten zustehenden Einreden verzichtet. Eine solche Verzichtserklärung beeinträchtigt die steuerliche Zurechnung des Leasingobjekts beim Leasinggeber,[3] weil dieser weiterhin das Wertminderungsrisiko tragen muss Sie wird nur dann als zulässig angesehen, wenn zugleich der Leasinggeber den gegen ihn gerichteten Rückgriffsanspruch anerkennt und dieser Anspruch wirtschaftlich durch eine selbstschuldnerische Bürgschaft eines Dritten abgesichert ist, der über eine gute Bonität verfügt.[4] Dieser Dritte ist dann im Zweifel wieder eine Bank.

Weitergehende Auswirkungen des Immobilienleasingerlasses von 1991 lassen sich zweckmäßigerweise im Zusammenhang mit einzelnen typischen Klauseln darstellen, so dass auf die dortigen Ausführungen verwiesen werden kann.

2. Grunderwerbsteuer

13/268

Die Belastung mit der Grunderwerbsteuer beinhaltet bei der Kalkulation eines Immobilienleasingvertrages einen hohen Kostenfaktor, weswegen die Leasinggesellschaften in der Vergangenheit immer wieder versucht haben, ihn zu vermeiden. Diesen Versuchen hat die steuerrechtliche Judikatur weitgehend Einhalt geboten.[5] Allerdings kann bei Beendigung des Leasingvertrages unter Umständen die Grunderwerbsteuer vermieden werden, wenn sich der Erwerb des Leasingobjekts über den Erwerb der Anteile an der vermietenden Objektgesellschaft mittelbar vollzieht. Voraussetzung ist hierfür ferner, dass die Anteile nicht insgesamt von dem Leasingnehmer übernommen werden, sondern auch unabhängige Gesellschaften diese Anteile teilweise übernehmen. Darüber hinaus muss sichergestellt sein, dass die Gesellschafter nicht innerhalb von fünf Jahren zu mehr als 95 % ausgewechselt werden.[6]

---

[1] Vgl. hierzu *Zahn*, DB 1992, 2482 ff. und 2537 ff.
[2] BGH WM 1990, 197, m. Anm. *Ullrich/Irmen* in WuB VI B. § 21 KO 1.90.
[3] Erlass des Sächsischen Finanzministeriums vom 21. Dezember 1993, BB 1994, 253.
[4] Vgl. Erlass des Sächsischen Finanzministeriums vom 21. Dezember 1993, BB 1994, 253.
[5] Vgl. BFH BStBl. II 1980, 364; s. hierzu *Stolterfoht* in Münchener Vertragshandbuch, Band 3, 4. Aufl. 1998, S. 254.
[6] Vgl. hierzu *Farle* in Münchener Handbuch zum Gesellschaftsrecht, Band 2, 4. Aufl. 2014, § 39 Rn 80.

13/269 **3. Umsatzsteuer**

Gemäß § 4 Nr. 12 Buchst. a UStG ist die Vermietung von Grundstücken grundsätzlich von der Umsatzsteuer befreit; der Leasinggeber kann jedoch auf diese Steuerbefreiung verzichten (vgl. § 9 UStG). Hiervon wird auch regelmäßig bei der Herstellung neuer Gebäude Gebrauch gemacht, um für Bauleistungen den Vorsteuerabzug geltend machen zu können. Diese Option ist aber ausgeschlossen, wenn der Leasingnehmer selbst nicht umsatzsteuerpflichtige Geschäfte macht.[1] So kann z. B. bei der Vermietung eines Bankgebäudes nicht für die Umsatzsteuer optiert werden. Hat der Leasinggeber für die Umsatzsteuer optiert, so empfiehlt es sich, vertragliche Regelungen aufzunehmen, die den Leasingnehmer zur **Ausübung umsatzsteuerpflichtiger Geschäfte** verpflichten.

13/270 **V. Die Anwendbarkeit der Regelungen für Allgemeine Geschäftsbedingungen**

Bedingt durch die Natur der Leasingobjekte sind Immobilienleasingverträge vielfach nicht in dem Maße standardisiert, wie dies im Bereich des Mobilienleasings der Fall ist. Bei größeren Investitionssummen werden die Verträge auf Grund ihrer wirtschaftlichen Bedeutung unter den Vertragsparteien häufig individuell ausgehandelt im Sinne des § 305 Abs. 1 Satz 3 BGB, so dass es sich bei den Verträgen nicht um Allgemeine Geschäftsbedingungen handelt.[2] Gleichwohl lassen sich **standardisierte Klauseln** erkennen; die Standardisierung ist aber nicht branchenweit vorangeschritten. So existieren beispielsweise keine einheitlichen Branchenempfehlungen, wie dies in anderen Bereichen anzutreffen ist. Dies ist u. a. darauf zurückzuführen, dass angesichts der großen Investitionssummen steuerrechtlich tragbare vertragliche Regelungen für die Leasingnehmer und Leasinggeber von entscheidender Bedeutung sind und die Immobilienleasinggesellschaften ihre Konzepte deswegen meist mit den jeweils für sie zuständigen Finanzämtern abgestimmt haben. Daraus haben sich für die einzelnen Immobilienleasinggesellschaften eigene standardisierte Klauseln entwickelt, die sie bei Objektfinanzierungen über die von ihnen eingesetzten Ein-Objekt-Gesellschaften verwenden. Das Interesse an einer weiter gehenden Standardisierung im Sinne eines branchenweiten Mustervertrages ist dagegen begrenzt.

13/271 Damit stellt sich die Frage, inwieweit auf diese Verträge die Regelungen für Allgemeine Geschäftsbedingungen angewendet werden sollen (§§ 305 ff. BGB), zumal die Verträge in der Regel notariell beurkundet werden. Allein die **notarielle Beurkundung** schließt die Anwendbarkeit dieser Regelungen jedoch nicht aus, sofern die Klauseln von bzw. im Auftrag einer Vertragspartei gestellt werden.[3] Entscheidend ist vielmehr, ob es sich um vorformulierte Klauseln handelt, und dieses Kriterium ist erfüllt, wenn die Vertragsbedingungen für eine Vielzahl von Verträgen aufgestellt worden sind. Das ist hier fraglich, weil Leasinggeber häufig eine Ein-Objekt-Gesellschaft ist, die lediglich eine Immobilie verleast. Von daher kann es an dem Merkmal einer Vielzahl von Verträgen fehlen, da eine Verwendung in mehr als drei Fällen beabsichtigt sein muss.[4] Es ist aber nicht erforderlich, dass der Leasinggeber selbst die mehrfache Verwendung beabsichtigt; ausreichend ist es, dass ein Dritter die Vertragsmuster für eine Vielzahl von Verträgen erstellt hat.[5] Eine vielfache Verwendung liegt folglich selbst dann vor, wenn der einzelne Leasinggeber – d. h. die Ein-Objekt-Gesellschaft – die von ihrer Muttergesellschaft konzipierten Klauseln nur in einem Fall verwendet, sofern die Muttergesellschaft diese Klauseln bei verschiedenen Gesellschaften einsetzt. Bei einer solchen Konstellation hat der Bundesgerichtshof die Anwendung des AGB-Gesetzes ausdrücklich bejaht.[6] Von einer vorformulier-

---

[1] *Lehr/Bengsch*, BB-Beilage 5 zu Heft 19/1998, S. 18 ff.
[2] Zu weit gehend *v. Westphalen*, Der Leasingvertrag, 5. Aufl. 1998, Rn 1635, der generell ein Aushandeln von Immobilienleasingverträgen verneint; allerdings ist ein echtes Aushandeln beim Immobilienleasing weniger verbreitet als etwa beim Flugzeugleasing, wo bei größeren Verkehrsmaschinen eine entsprechend große Investitionssumme erreicht wird, so dass über den Vertragsinhalt im Einzelnen verhandelt wird. Auf diesen Punkt wird daher noch weiter unten näher eingegangen vgl. Rn 13/217.
[3] *Palandt/Grüneberg*, BGB, 74. Aufl. 2015, § 305 BGB, Rn 12, lediglich bei Verbrauchern kommt es nicht einmal mehr darauf an, dass die Vertragsbedingungen gestellt worden sind, vgl. § 310 Abs. 3 BGB.
[4] *Palandt/Grüneberg*, BGB 74. Aufl. 2015, § 305 Rn 9.
[5] BGH, ZIP 2005, 1604; BGH, NJW 1991, 843 f.; *Ulmer/Habersack* in Ulmer/Brandner/Hensen, AGB-Gesetz, 11. Aufl. 2011, § 11 Rn 21 und Rn 24.
[6] BGH WM 1989, 442; s. auch *Engel*, Miete, Kauf, Leasing, 2. Aufl. 1997, Rn 830; *Mörtenkötter*, MittRhNotK 1995, 329 (337 f.).

ten Klausel im Sinne von § 305 Abs. 1 BGB kann bei einer erstmaligen Verwendung lediglich dann nicht die Rede sein, wenn auf Grund eines späteren Entschlusses die zunächst für einen Einzelfall konzipierte Klausel nachträglich mehrfach verwendet wird.[1]

Eine Typizität von einzelnen Klauseln kann nicht geleugnet werden, zumal die Formulierungen in unterschiedlichen Immobilienleasingverträgen mitunter identisch sind.[2] Einzelne typische Klauseln werden unter Rn 13/277 ff. näher besprochen; soweit ihnen AGB-Charakter zugesprochen wird, ist ihre Wirksamkeit an den Anforderungen der Regelungen der §§ 305 ff. BGB zu messen, allerdings unter Berücksichtigung der Typizität eines Immobilienleasingvertrages.[3] Die Anwendbarkeit dieser Regelungen ist zudem auf jeden Fall zu bejahen, wenn Immobilienleasingverträge in der Weise abgeschlossen werden, dass im Vertrag auf im Anhang befindliche Allgemeine Geschäftsbedingungen verwiesen wird. Ein solcher Fall war Gegenstand einer Entscheidung des OLG Hamm,[4] in der es darum ging, ob eine in diesen Allgemeinen Geschäftsbedingungen enthaltene Klausel für die Erhöhung von Verwaltungskosten überraschend war. Das Gericht, das die Anwendbarkeit des AGB-Gesetzes zu Recht nicht problematisierte, hat dies verneint.

VI. Das Leasingobjekt 13/272

Wesentlich ist die genaue Bezeichnung des Leasingobjekts. Leasinggegenstand eines Immobilienleasingvertrages sind ein – oder mehrere – Gebäude auf einem oder mehreren Grundstücken. Dabei wird nicht allein das **Gebäude** isoliert verleast, sondern auch die dazugehörende **Grundfläche**; denn eine sinnvolle Nutzung des Gebäudes durch den Leasingnehmer ist nur möglich, wenn er nicht nur das Gebäude, sondern auch die dazugehörende Grundstücksfläche nutzen kann. Daher sollte das Gebäude exakt beschrieben werden; insbesondere sollte die Grundstücksbezeichnung unter Nennung des Grundbuchblattes korrekt erfolgen. Das dürfte dann keine Probleme bereiten, wenn das Gebäude lediglich auf einem Grundstück errichtet ist.

Schwierigkeiten können sich allerdings ergeben, wenn neben dem Gebäudeleasingvertrag auch ein 13/273
Mobilienleasingvertrag abgeschlossen werden soll. So ergibt sich aus gewerbesteuerrechtlicher Sicht das Verlangen, über **Betriebsvorrichtungen** einen **separaten Mobilienleasingvertrag** abzuschließen. Sodann kann es zu schwierigen Abgrenzungsfragen kommen, ob eine bestimmte Sache – wie z. B. ein Aufzug in einem Gebäude – zivilrechtlich auf Grund des Mobilienleasingvertrages oder des Immobilienleasingvertrages vermietet worden ist. Hintergrund hierfür ist, dass nicht alles, was eine Mobilie im steuerlichen Sinne ist,[5] auch Gegenstand besonderer Rechte im zivilrechtlichen Sinne sein kann. So können bestimmte Betriebsvorrichtungen als **wesentliche Bestandteile** des Gebäudes eingestuft werden,[6] wenn sie mit dem Gebäude fest verbunden werden und eine Trennung der Sachen nur mit erheblichem Aufwand möglich ist. Hier kommt es entscheidend darauf an, dass der Mobilienleasingvertrag bereits abgeschlossen worden ist, bevor mit dem Einbau der betreffenden Gegenstände begonnen wurde. Unter dieser Voraussetzung ist es gemäß § 95 Abs. 1 BGB möglich anzunehmen, dass es sich um einen Scheinbestandteil handelt, weil die Sachen auf Grund des Leasingvertrages nur zu einem vorübergehenden Zweck in das Gebäude eingebaut worden sind. Doch auch hier sind der vertraglichen Gestaltung Grenzen gesetzt, wenn der tatsächliche Wille der Parteien ein ganz anderer ist;[7] eine mangelnde Differenzierung geht sodann zu Lasten des Mobilienleasinggebers bzw. dessen

---

[1] *Ulmer/Habersack* in Ulmer/Brandner/Hensen, AGB-Gesetz, 11. Aufl. 2011, § 305 Rn 22.
[2] Im Ergebnis ebenso wie hier: *Engel*, Miete, Kauf, Leasing, 2. Aufl. 1997, Rn 831; *Stolterfoht* in Münchener Vertragshandbuch, Band 3, 4. Aufl. 1998, S. 258; anders *v. Westphalen*, Der Leasingvertrag, 5. Aufl. 1998, Rn 1635, der die Möglichkeit individueller Klauseln für die Kernelemente des Immobilienleasingvertrages abstreitet.
[3] Vgl. BGH NJW RR 2015, 615 ff., wonach die Abwälzung der Instandhaltungspflicht bei einem Immobilienleasingvertrag gerade als zulässig angesehen wird.
[4] OLG Hamm DB 1997, 569 ff.
[5] Vgl. hierzu die gleich lautenden Erlasse der obersten Finanzbehörden der Länder betreffend Abgrenzung des Grundvermögens von den Betriebsvorrichtungen, BStBl. I 1992, 342 ff.
[6] Vgl. hierzu *Palandt/Ellenberger*, BGB, 74. Aufl. 2015. § 93 Rn 5 ff.; *Stolterfoht* in Münchener Vertragshandbuch, Band 3, 4. Aufl. 1998, S. 252.
[7] Vgl. hierzu den Fall des BGH ZIP 1999, 75, in dem bei einem Mietkaufvertrag eine vertragliche Regelung, wonach der Mietkäufer das Mietkaufobjekt lediglich zu einem vorübergehenden Zweck mit dem Grundstück verbinden sollte, für unbeachtlich erklärt wurde. Diese Entscheidung erging vor dem Hintergrund, dass der Mietkäufer zugleich Eigentümer des Grundstückes war und das Mietkaufobjekt mit Zahlung der letzten Mietkaufrate automatisch in das Eigentum des Mietkäufers übergehen sollte.

Refinanzierer. Erschwerend kommt hinzu, dass der Leasinggeber des Mobilienleasingvertrages und der des Immobilienleasingvertrages wiederum aus steuerlichen Gründen unterschiedliche Personen sind. Zur Vermeidung weiter gehender Schwierigkeiten empfiehlt es sich, dass die Refinanzierung beider Verträge über ein- und dieselbe Bank erfolgt, weil dann unterschiedliche Argumentationen gegenüber der Bank vermieden werden können.

VII. Form des Leasingvertrages

13/274 Bevor inhaltlich auf einzelne Klauseln eingegangen wird, ist zunächst zu klären, welcher Form ein Immobilienleasingvertrag bedarf. Wird ein solcher Leasingvertrag mit einer festen Laufzeit abgeschlossen, bei dem der Leasinggeber nach dem Ende der Mietzeit völlig frei ist, was er mit der Immobilie macht, so ist ein solcher Vertrag nicht beurkundungsbedürftig. Regelmäßig werden allerdings Immobilienleasingverträge geschlossen, die eine **Kaufoption für den Leasingnehmer** oder ein **Andienungsrecht für den Leasinggeber** (s. Rn 13/71) enthalten. Bei einer Kaufoption ist der Leasingnehmer nach der planmäßigen Beendigung der festen Vertragslaufzeit berechtigt, die Immobilie zu einem im Voraus festvereinbarten Kaufpreis zu erwerben. Bei einem Andienungsrecht hat der Leasinggeber das Recht, die Immobilie zu einem festvereinbarten Kaufpreis an den Leasingnehmer zu veräußern. Sowohl das Optionsrecht als auch Andienungsrecht sind **beurkundungspflichtige Rechtsgeschäfte**, weil sich gemäß § 311 b BGB eine Vertragspartei zum Erwerb bzw. zur Veräußerung eines Grundstückes verpflichtet.[1] Allerdings stellt sich die Frage, ob nicht neben dem Ankaufs- oder Andienungsrecht auch der gesamte Leasingvertrag zu beurkunden ist. Diese Frage ist zu bejahen, weil der Leasingvertrag nicht ohne das Ankaufs- oder Andienungsrecht abgeschlossen worden wäre. Wenn aber beide Verträge miteinander eng verbunden sind, so handelt es sich um ein einheitliches Geschäft, und es ist eine vollumfängliche Beurkundung erforderlich.[2] Die Notwendigkeit einer einheitlichen Beurkundung lässt sich auch nicht dadurch umgehen, dass der Abschluss des Leasingvertrages zeitlich um ein paar Tage vor- oder zurückverlagert wird; denn der Parteiwille ist in diesen Fällen zweifelsfrei auf ein einheitliches Geschäft gerichtet. Wird in diesem Zusammenhang ein Mieteintrittsrecht oder Mietbeitrittsrecht vereinbart, so sollte dies ebenfalls in notarieller Form erfolgen, weil dabei der Gedanke der vertraglichen Einheit in gleicher Weise berücksichtigt werden sollte.[3] Auch lässt sich die Notwendigkeit der Beurkundung nicht dadurch umgehen, indem eine Aufteilung des Geschäfts dergestalt erfolgt, dass das Ankaufsrecht einer Tochtergesellschaft des Leasingnehmers eingeräumt wird; eine Personenidentität ist nämlich nicht zwingend erforderlich, um ein zusammengesetztes Rechtsgeschäft zu bejahen.[4]

Ist die notarielle Form nicht gewahrt, so ist der Vertrag insgesamt nichtig, wenn der Leasingvertrag und das Ankaufsrecht miteinander eng verbunden sein sollen.[5]

13/275 Eine **Heilung des formnichtigen Vertrages** kommt grundsätzlich in Betracht, doch dürfte sie in der Regel keine Absicherung für die Leasinggesellschaft und die refinanzierende Bank beinhalten.[6] Voraussetzung für eine Heilung ist nach § 311 b Abs. 1 Satz 2 BGB nämlich, dass die Auflassung und die Eintragung im Grundbuch erfolgt sind. Dies geschieht gegebenenfalls aber erst dann, wenn der Leasingnehmer von einem ihm eingeräumten Ankaufsrecht Gebrauch macht;[7] zu diesem Zeitpunkt ist der Leasingvertrag aber bereits beendet.

---

[1] LG Düsseldorf WM 1989, 1126, m. Anm. *Emmerich* in WuB I J 2. – 13.89.
[2] So auch *Leonhard* in Hannemann/Wiegner, Münchner Anwaltshandbuch Mietrecht, 3. Aufl. 2010, Rn 66 ff.; *v. Westphalen*, Der Leasingvertrag, 5. Aufl. 1998, Rn 1620 ff.; *Kügel* in Praxishandbuch Leasing, 1998, § 6 Rn 100; *Mörtenkötter*, MittRhNotK 1995, 329 (340 ff.); vgl. auch MünchKommBGB/*Koch* Bd. 3 Leasing Rn 11 (nach § 507). Die Entscheidung BGH WM 2000, 579, deutet aber auf eine gewisse Auflockerung der Rechtsprechung hinsichtlich der Anforderungen hin, in welchen Fällen eine Gesamtbeurkundung von Verträgen vorzunehmen ist, für die Beurkundung des Vertrages bei einem Ankaufsrecht, OLG Koblenz, ZfIR 2003, 285 f.
[3] Münch KommBGB/*Kanzleiter*, 6. Aufl. 2012, § 311 b Rn 53 f; vgl. zur Bürgschaft BGH WM 1962, 302 (303), sowie *Palandt/Grüneberg*, BGB, 74. Aufl. 2015, § 311 b Rn 33.
[4] BGH WM 1986, 215 (216); Münch KommBGB/*Kanzleiter*, a. a. O., § 311 b Rn 54.
[5] LG Düsseldorf WM 1989, 1126, m. Anm. *Emmerich* in WuB I J 2. – 13.89.; *v. Westphalen*, Der Leasingvertrag, 5. Aufl. 1998, Rn 1626; *Leonhard* in Hannemann/Wiegner, Münchner Anwaltshandbuch Mietrecht, 3. Aufl. 2010, Rn 71.
[6] *v. Westphalen*, Der Leasingvertrag, 5. Aufl. 1998, Rn 1626, diskutiert die Formbedürftigkeit wegen des vorangegangenen Grundstückskaufvertrages zum Erwerb der Immobilie und nicht wegen des Ankaufsrechts des Leasingnehmers und kommt daher hinsichtlich der Heilung zu einem anderen Ergebnis.
[7] LG Düsseldorf WM 1989, 1126, m. Anm. *Emmerich* in WuB I J 2. – 13.89.

Grundlagen

13/276

Teilweise wird eine Fallgestaltung gewählt, nach der dem Leasingnehmer am Ende der vertragsgemäßen Laufzeit des Leasingvertrages nicht ein **Erwerbsrecht** am Leasingobjekt, sondern **an der Leasinggesellschaft** – einer Ein-Objekt-Gesellschaft – eingeräumt wird. Handelt es sich, was regelmäßig der Fall sein dürfte, um eine GmbH oder um eine GmbH & Co. KG, so ist die Beurkundung eines Optionsrechtes gemäß § 15 GmbHG erforderlich. Doch auch hier gilt der Grundsatz, dass es sich um ein einheitliches Geschäft handelt, mit der Folge, dass sämtliche Verträge – also auch der Immobilienleasingvertrag – beurkundungsbedürftig sind.[1]

Allerdings kann in diesen Fällen aus Kostengründen eher an eine Auslandsbeurkundung gedacht werden, deren Wirksamkeit hinsichtlich der Übertragung von Gesellschaftsanteilen auch von den Gerichten anerkannt wird.[2] Die Diskussion über die Wirksamkeit einer Auslandsbeurkundung ist nach Einführung des Gesetzes zur Modernisierung des GmbH Rechts und zur Bekämpfung von Missbräuchen (MoMiG) neu entflammt,[3] zuletzt aber vom OLG Düsseldorf bestätigt worden.[4] Auch der BGH hält dies grundsätzlich für möglich.[5]

---

[1] Im Ergebnis ebenso *v. Westphalen*, Der Leasingvertrag, 5. Aufl. 1998, Rn 1628; *Mörtenkötter*, MittRhNotK 1995, 329 (342 f.); a. A. *Stolterfoht* in Münchener Vertragshandbuch, Band 3, 4. Aufl. 1998, S. 256, der im Falle einer GmbH & Co. KG keine Beurkundungsbedürftigkeit erkennt.
[2] OLG München DB 1998, 125; vgl. hierzu schon BGHZ 80, 76 (78), der aber diese Frage nicht abschließend entschieden hat; dies wird heftig kritisiert, vgl. hierzu *Brück*, DB 2004, 2409 ff., *Pilger*, BB 2005, 12885 ff. m. w. N., dennoch hält die Rechtsprechung an der Zulässigkeit der Auslandsbeurkundung im Gesellschaftsrecht fest vgl. OLG Frankfurt v. 25.1.2005, GmbHR 2005, 764 (Basel Stadt), s. hierzu zustimmend *Klein/Theusinger* EWIR § 15 GmbHG 2/05 (S. 727).
[3] LG Frankfurt v. 7. Oktober 2009 (AZ 3-13 O 46/09), WM 2009, 2181 f.
[4] OLG Düsseldorf 1-3 Wx 236/10 v. 2.3.2011 WM 2011, 836 ff. mit ausführlicher Darstellung des Streitstandes; s. auch *K. Peters* DB, 2010, 98 (100); kritisch zu OLG Düsseldorf, *Kindler*, RIW 2011, 257 ff.
[5] BGH Beschluss NJW 2014, 2026 ff.; s. hierzu *Götze/Mörtel* NZG 2014, 369 ff.; kritisch *Müller*, NJW 2014, 1994 ff.

13/277 B. Vertragsklauseln

Im Folgenden soll auf einzelne Vertragsklauseln eingegangen werden, die für das Immobilienleasing spezifisch sind. Dabei wird auf das gewerbliche Mietrecht abgestellt, das aus Sicht des Vermieters deutlich großzügigere Regelungen enthält als das Wohnraummietrecht. Immobilienleasingverträge im privaten Bereich sind kaum verbreitet.

I. Mietanpassungsklauseln

Bedingt durch die lange Laufzeit eines Immobilienleasingvertrages muss bei der Kalkulation mit einem unterschiedlichen Kapitalmarktzinsniveau gerechnet werden, zumal ein fester Zinssatz im Rahmen einer **Darlehensfinanzierung** unter den Voraussetzungen des § 489 BGB vertraglich nur für eine Laufzeit von zehn Jahren vereinbart werden kann. Deswegen muss dem schwankenden Zinsniveau bei einer regulären Laufzeit von mehr als zwanzig Jahren durch Gleitklauseln Rechnung getragen werden, durch die der Leasinggeber in die Lage versetzt wird, die Mietrate anzupassen, wenn sich das Kapitalmarktzinsniveau verändert.[1] Anderenfalls würde der Leasinggeber das **Zinsänderungsrisiko** tragen, wenn der Leasingvertrag im Rahmen eines Darlehens finanziert und die Bank nach zehn Jahren einen höheren Zinssatz verlangen wird. Letztlich würde die Finanzierung eines Immobilienleasingvertrages ohne eine solche Mietanpassungsklausel erheblich erschwert; denn bei einer solchen Finanzierung muss sichergestellt sein, dass das Darlehen von den Einnahmen aus dem Immobilienleasingvertrag bedient werden kann.

13/278
Ein besonderes Problem ergibt sich bei diesen **Mietanpassungsklauseln**, wenn die Finanzierung des Leasingvertrages nicht im Wege einer Darlehensaufnahme, sondern in Form eines **Forderungsankaufs** erfolgt. Der Ankauf der Forderungen findet zu einem Zeitpunkt statt, in dem noch gar nicht feststeht, ob von Mietanpassungsklauseln Gebrauch gemacht werden muss. Der einmal im Wege der Abzinsung der Leasingraten ermittelte Kaufpreis der Forderungen ist fest. Außerdem ist der Kaufpreis bereits mit dem Abschluss des Forderungskaufvertrages an den Leasinggeber ausgezahlt worden, um die Finanzierung der Immobilie zu ermöglichen. Es muss daher im Forderungskaufvertrag die garantiemäßige Verpflichtung des Leasinggebers aufgenommen werden, dass im Falle der Änderung des Zinsniveaus nach einem Zeitraum von beispielsweise zehn Jahren eine entsprechende Anpassung des Leasingvertrages vorzunehmen ist. Kommt der Leasinggeber dieser Verpflichtung nicht nach, so steht dem Forderungskäufer ein entsprechender Schadensersatzanspruch zu. Die wirtschaftliche Bedeutung dieser Mietanpassungsklauseln ist in Zeiten der Finanzmarktkrise im Jahre 2008/2009 von besonderer Bedeutung gewesen.

13/279 II. Gerichtsstand

Üblicherweise enthalten die Immobilienleasingverträge auch **Gerichtsstandsvereinbarungen**. Während dies bei einem Mobilienleasingvertrag u. a. deswegen zweckmäßig erscheint, um eine einheitliche Auslegung der Allgemeinen Geschäftsbedingungen zu erreichen, kann dieses Argument bei einem Immobilienleasingvertrag nicht im Vordergrund stehen. Zudem gilt es zu berücksichtigen, dass hier eine Gerichtsstandsvereinbarung unter Umständen zusätzliche Probleme bereiten kann. So sieht § 29 a ZPO vor, dass bei Streitigkeiten über Ansprüche aus einem Miet- oder Pachtverhältnis über Räume ausschließlich das Gericht zuständig ist, in dessen Bezirk die Miträume belegen sind. Bislang ist gerichtlich noch nicht geklärt, inwieweit § 29 a ZPO auf einen Immobilienleasingvertrag anwendbar ist. Da Leasingverträge aber materiellrechtlich weitgehend dem Mietrecht folgen, könnte man daraus folgern, dass diese Bestimmung im vorliegenden Fall anzuwenden ist. Die besseren Argumente sprechen allerdings dafür, die Finanzierungsfunktion des Leasingvertrages in den Vordergrund zu stellen und mietrechtliche Vorschriften prozessual nicht anzuwenden. Dies folgt letztlich auch aus dem Sinn und Zweck des § 29 a ZPO; denn bei Mietverhältnissen stehen Streitigkeiten über Miet-

---

[1] Vgl. zur Zulässigkeit einer Mietanpassungsklausel in einem Immobilienleasingvertrag OLG Jena, BeckRS 2011, 18097.

minderungen und Ähnliches im Vordergrund und § 29 a ZPO dient dazu, bei solchen Streitigkeiten von vornherein das Gericht für zuständig zu erklären, das im Falle einer etwa erforderlichen Beweisaufnahme ohnehin zuständig wäre.[1] Dagegen werden Streitigkeiten bei einem Immobilienleasingvertrag in der Regel nicht darüber geführt, ob Mietminderungsansprüche bestehen; denn die Verträge sehen mit Ausnahme von Fällen der höheren Gewalt gerade vor, dass die Miete nicht gemindert werden kann. Insoweit ist eine Beweisaufnahme über die Berechtigung eines Minderungsverlangens vor dem Gericht, in dem das Leasingobjekt sich befindet, eher unwahrscheinlich. Solange diese Frage aber nicht höchstrichterlich entschieden ist, empfiehlt es sich, aus Gründen der Praktikabilität eine Gerichtsstandsvereinbarung dahin gehend zu treffen, dass am Ort der Belegenheit des Leasingobjektes geklagt werden soll. Etwaige Vorteile durch die Wahl eines anderen Gerichtsstandes treten hiergegen zurück.

III. Lieferungspflicht 13/280

Ebenso wie beim Mobilienleasing (s. Rn 13/83) obliegt dem Leasinggeber die Hauptpflicht, das Leasingobjekt – d. h. das Gebäude – zu liefern. Diese Verpflichtung erfüllt der Leasinggeber beim Immobilienleasing auf unterschiedliche Weise, so dass verschiedene Konstellationen zu unterscheiden sind. Erwirbt der **Leasinggeber** erst das Grundstück und errichtet er dort das Gebäude durch einen von ihm beauftragten Generalunternehmer, so trägt er bis zur Abnahme des Gebäudes das Herstellungsrisiko. Es stellt sich jedoch die Frage, ob der Leasinggeber sich **von** dieser **Lieferverpflichtung** wirksam **freizeichnen** und Ersatz der ihm entstandenen Aufwendungen verlangen kann. Dies erscheint jedoch problematisch, weil regelmäßig – bedingt durch das große Investitionsvolumen – ein fester Übergabetermin vereinbart wird. Auch ist aus Sicht des Leasinggebers eine Freizeichnung allein nicht ausreichend, sondern er muss eigentlich ebenfalls auf die Erstattung des **Aufwendungsersatzes** Wert legen, weil er bereits durch den Kauf des Grundstücks hohe Aufwendungen getätigt hat. Die Vereinbarung einer solchen Regelung im Leasingvertrag stößt aber auf Bedenken, weil sie gegen Grundprinzipien des Mietrechts verstößt, nach denen der Vermieter zur Überlassung des Mietobjektes verpflichtet ist.[2] Die Praxis löst dieses Problem dadurch, dass der Leasinggeber den Leasingnehmer als Generalunternehmer mit der Errichtung des Gebäudes beauftragt und dieser wiederum Subunternehmer einschaltet. Im Rahmen des Generalunternehmervertrages haftet der **Generalunternehmer (Leasingnehmer)** für die rechtzeitige Errichtung des Gebäudes. Der Schaden, der dem Leasinggeber im Falle einer nicht fristgerechten Fertigstellung des Gebäudes entsteht, ist ihm von dem Generalunternehmer auszugleichen. Für den Abschluss eines Generalunternehmervertrages sprechen auch praktische Gründe, weil hierdurch sichergestellt werden kann, dass der Leasingnehmer bei der Errichtung des Gebäudes für die notwendige Feinabstimmung mit seinen Wünschen verantwortlich zeichnet. Eine solche Vertragsgestaltung wird von der Rechtsprechung nicht beanstandet.[3]

IV. Gewährleistung 13/281

Typischerweise zeichnet sich der Leasinggeber beim Mobilienleasing von der mietrechtlichen Gewährleistung frei (s. Rn 13/86), indem er die ihm zustehenden Gewährleistungsansprüche gegen den Hersteller an den Leasingnehmer abtritt. Eine solche Freizeichnung ist auch im Immobilienleasing üblich.[4] Der Bundesgerichtshof hat den **Gewährleistungsausschluss** beim Immobilienleasing als derart typisch bezeichnet, dass er sogar einen konkludenten Gewährleistungsausschluss angenommen hat, wenn der Leasingnehmer zugleich Generalunternehmer bei der Errichtung der Immobilie gewesen ist.[5] Allerdings sind der Freizeichnung im Regelfall Grenzen gesetzt. So hat

---

[1] Vgl. hierzu Zöller/Vollkommer, ZPO, 28. Aufl., 2010, § 29 Rn 2; ähnlich wie hier MünchKommZPO/Patzina 4. Aufl. 20013, § 29 a Rn 10.
[2] Vgl. zum Mobilienleasing Assis in v. Westphalen, Der Leasingvertrag, 7. Aufl. 2015, F, 364 Rn 1 f.
[3] Vgl. BGH WM 1989, 442. m. Anm. Stoppok in WuB I J 2. – 9.89.
[4] Vgl. v. Westphalen, Der Leasingvertrag, 5. Aufl. 1998, Rn 1638; Zahn, DB 1992, 2482 (2486).
[5] BGH WM 1989, 442 (444 f.), m. Anm. Stoppok in WuB I J 2. – 9.89.

das OLG Naumburg in einer überraschenden Entscheidung eine Haftungsfreizeichnung für ursprüngliche Mängel durch Überwälzen der Instandhaltungs- und Instandsetzungskosten nicht angenommen.[1] Grundsätzlich ist das aber beim Immobilienleasing möglich, muss aber ausdrücklich vereinbart werden, sofern der Leasingnehmer nicht zugleich Generalunternehmer ist.[2] Ferner ist die Rechtsprechung des BGH zur **Überwälzung des Insolvenzrisikos**[3] vom Grundsatz her auch hier einschlägig, so dass das Insolvenzrisiko des Herstellers der Immobilie nicht auf den Leasingnehmer verlagert werden kann. Etwas anderes gilt aber auch hier, wenn der Leasingnehmer das Gebäude durch eine ihm gehörende Tochtergesellschaft als Generalunternehmer errichten lässt; dann liegt es in seiner Sphäre, ob der Generalunternehmer insolvent wird, und dieses Insolvenzrisiko kann ihm insoweit auferlegt werden.

13/282 Eine vollständige **Freizeichnung** von jeglicher Gewährleistung des Leasinggebers ist aber auch im Falle eines **Sale-and-Lease-Back-Geschäfts** zulässig.[4] Die Zulässigkeit einer solchen Regelung ergibt sich aus der Tatsache, dass bei einem Sale-and-Lease-Back-Geschäft mindestens zwei Verträge – Kaufvertrag und Leasingvertrag – geschlossen werden. Im Rahmen des Kaufgeschäfts ist es unproblematisch, etwa eine zwanzigjährige Gewährleistung des Verkäufers, des späteren Leasingnehmers, auszuhandeln. Vor dem Hintergrund dieser vertraglichen Gestaltungsmöglichkeit kann dann aber auch ein vollständiger Gewährleistungsausschluss im Rahmen des Leasingvertrages nicht unzulässig sein.

13/283 Im Rahmen einer zivilrechtlich zulässigen Freizeichnung von Gewährleistungsansprüchen müssen aber stets die **steuerrechtlichen Auswirkungen** mit bedacht werden. Hier können Probleme in den Fällen auftreten, in denen dem Leasingnehmer ein Optionsrecht am Ende der Laufzeit des Leasingvertrages eingeräumt worden ist. Für diese Verträge ist der Immobilienleasingerlass aus dem Jahr 1991 einschlägig (Rn 13/246). Danach muss ein vollständiger langfristiger Ausschluss in der Nutzung des Gebäudes die Pflicht zur Zahlung der Leasingraten mindern; ist es dem Leasingnehmer in diesen Fällen gleichwohl versagt, die Leasingraten zu mindern, so erfolgt die – nicht gewünschte – steuerrechtliche Zurechnung des Leasingobjekts beim Leasingnehmer. Eine darüber hinausgehende Interpretation des Erlasses, nach der etwa bei einer vorübergehenden Nutzungsbeeinträchtigung eine Minderung der Leasingraten vorgenommen wird, erscheint nicht angezeigt.[5] Zur Vermeidung etwaiger Diskussionen über die steuerrechtliche Zulässigkeit empfiehlt es sich aber – soweit möglich – Konstruktionen zu wählen, bei denen der Leasingnehmer als Generalunternehmer für die Errichtung des Bauwerks verantwortlich ist. Beim Sale-and-Lease-Back-Geschäft ist eine Lösung dieses Problems über die kaufrechtliche Gewährleistungsregelung vorzuziehen, wobei diese individualvertraglich vereinbart werden sollte.

13/284 V. Gefahrtragungsklauseln

Der beim Mobilienleasing üblicherweise anzutreffenden **Überwälzung der Sach- und Preisgefahr** (Rn 13/75, 13/95) sind beim Immobilienleasing im Anwendungsbereich des Immobilienleasingerlasses aus dem Jahr 1991 (Rn 13/336) deutliche Grenzen aufgezeigt.[6] Der Leasingnehmer darf zwar die Gefahr des zufälligen vollständigen oder teilweisen Untergangs des Leasingobjekts tragen; es muss ihm dann aber möglich sein, Mietzahlungen insgesamt zu verweigern oder zu kürzen.[7] Ebenso darf der Leasingnehmer nicht verpflichtet sein, das Gebäude bei vollständiger oder teilweiser Beschädi-

---

[1] OLG Naumburg v. 30.9.2008 – 9 U 25/08, NZM 2009, 557 ff.
[2] OLG Naumburg v. 30.9.2008 – 9 U 25/08, NZM 2009, 557, 559; OLG Saarbrücken v. 21.2.2003 – 8 U 463/02-109, NZM 2003, 438 f.
[3] BGH WM 1991, 954 m. Anm. *Ullrich* in WuB I J 2. – 6.91.
[4] Wie hier *Mörtenkötter*, MittRhNotK 1995, 329 (338).
[5] So wohl auch *Stolterfoht* in Münchener Vertragshandbuch, Band 3, 4. Aufl. 1998, S. 261; a. A. *v. Westphalen*, Der Leasingvertrag, 5. Aufl. 1998, Rn 1641.
[6] Allerdings hält der BGH (MDR 2014, 144 ff.) eine umfassende Abwälzung der Sach- und Preisgefahr und der Instandhaltungspflicht auf den Leasingnehmer durch formularmäßige Klauseln für zulässig. Diese Entscheidung beruht aber auf einem Leasingvertrag, der vor dem Jahre 1991 abgeschlossen worden ist. Vgl. aber auch OLG Naumburg NZM 2009, 557, wonach die Abwälzung der Instandhaltungspflicht nicht anfängliche Baumängel umfasst.
[7] Vgl. *v. Westphalen*, Der Leasingvertrag, 5. Aufl. 1998, Rn 1645.

gung auf seine eigenen Kosten wieder aufzubauen. Damit müssen beim **Leasinggeber** bestimmte **Eigentümerrisiken** verbleiben.

Die vollständige Überwälzung der Sach- und Preisgefahr ist aber aus Sicht der finanzierenden Bank ein wesentliches Kriterium für die Finanzierung des Leasingvertrages gewesen. Die Praxis behilft sich deswegen damit, dass die durch diese fehlende Risikoabwälzung entstandene Lücke durch den Abschluss entsprechender **All-Risk-Versicherungen** weitgehend geschlossen wird. Die Betonung liegt dabei auf dem Wort weit gehend; denn die Versicherungen werden zwar als All-Risk-Versicherungen bezeichnet, sie decken jedoch nicht jeden erdenklichen Fall eines Eigentümerrisikos ab. So ist beispielsweise das Baustoffrisiko – d. h. das Risiko, dass der verwendete Baustoff auch künftig verwendbar ist (früheres Negativbeispiel ist die Verwendung von Asbest) – bislang nicht versicherbar. Die Kosten einer solchen All-Risk-Versicherung können auf den Leasingnehmer überwälzt werden;[1] dies ist im Rahmen der Amortisationsverpflichtung des Leasingnehmers zulässig. Danach ist der Leasingnehmer verpflichtet, die Anschaffungs- oder Herstellungskosten der Immobilie sowie alle Nebenkosten einschließlich der Finanzierungskosten des Leasinggebers anteilig während der vorgesehenen Mietdauer zu zahlen.

VI. Untervermietung 13/285

Bei der Finanzierung von Immobilienleasingverträgen wird mitunter darauf abgestellt, dass der Leasingnehmer das Leasingobjekt an einen zahlungskräftigen Untermieter weitervermietet. Üblicherweise werden die Forderungen aus der Weitervermietung an den Leasinggeber abgetreten, der sie wiederum an die refinanzierende Bank abtritt. Eine direkte Abtretung an die finanzierende Bank scheidet aus, da Grund für die Abtretung das wirtschaftliche Eigentum des Leasinggebers ist. Diese **Abtretung der Untermietforderungen** ist – ebenso wie die Abtretung der Mietforderungen – auf Grund von § 110 Abs. 1 InsO in der Insolvenz des Leasinggebers nicht insolvenzfest.[2] Diese Sicherheitenlücke wird bei abgetretenen Mietforderungen jedoch dadurch geschlossen, dass die refinanzierende Bank auf Grund einer zu ihren Gunsten bestellten vollstreckbaren Grundschuld die Zwangsverwaltung des Grundstücks beantragt, in deren Rahmen die Mietforderungen bzw. die Leasingforderungen an den Zwangsverwalter fließen. Dagegen werden die Forderungen aus der Weitervermietung/Untervermietung durch die Zwangsverwaltung nicht erfasst.[3] Um dennoch in wirtschaftlicher Hinsicht eine Absicherung durch den Untermieter zu erreichen, wird vielfach in der Praxis mit **Mieteintritts-** oder **Mietbeitrittsvereinbarungen** gearbeitet. Im Falle einer Mieteintrittsvereinbarung tritt der Untermieter bei Zahlungsschwierigkeiten des Leasingnehmers an dessen Stelle in den Leasingvertrag ein; es findet also ein Austausch des Vertragspartners statt. Dagegen tritt bei einer Mietbeitrittsvereinbarung der Untermieter auf Verlangen des Leasinggebers dem Leasingvertrag auf der Seite des Leasingnehmers bei; er haftet dann je nach Ausgestaltung für sämtliche Verbindlichkeiten des Leasingnehmers aus dem Leasingvertrag neben diesem als Gesamtschuldner. Die Konstruktion eines Mietbeitritts ist der eines Mieteintritts vorzuziehen, weil kein Austausch des Vertragspartners stattfindet, der im Falle der Insolvenz Probleme aufwerfen kann. Der Mieteintritt würde für den bisherigen Leasingnehmer nämlich zur Beendigung des Leasingvertrages führen, was im Hinblick auf die §§ 112, 119 InsO als Verstoß gegen die Kündigungssperre in der Insolvenz des Leasingnehmers gewertet werden könnte. Dagegen spricht allerdings, dass das ursprünglich im Regierungsentwurf enthaltene Verbot von Vertragsauflösungsklauseln auf Grund der Beratungen im Rechtsausschuss gestrichen worden ist.[4] Der BGH hat jedoch bei Energielieferungsverträgen ungeachtet des Willens des historischen Gesetzgebers Lösungsklauseln für den Fall der Insolvenz für unwirksam erklärt.[5] Es muss daher damit gerechnet werden, dass ein Insolvenzverwalter die Zulässigkeit von Vertragsauflö-

---

[1] *Zahn*, DB 1992, 2482 (2539); a. A. v. *Westphalen*, Der Leasingvertrag, 5. Aufl. 1998, Rn 1597.
[2] Es sei denn, es handelt sich um einen Unterleasingvertrag vgl. BGH WM 2005, 15 ff. und Anm. *Schmid-Burgk*, WuB I J 2. – 1.05, 281 ff.
[3] *Zeller/Stöber*, ZVG, 19. Aufl. 2009, § 148 Anm. 2.3 unter f); *Wenzel* in BuB Rn 4/2678.
[4] Vgl. § 137 Abs. 2 des Regierungsentwurfs – BT-Drucks. 12/2443 vom 15. April 1992 – und die Begründung des Rechtsausschusses – BT-Drucks. 12/7303.
[5] BGHZ 195, 348 ff.

sungsklauseln bei Leasingverträgen, und damit auch von Austauschklauseln, in Frage stellt.[1] Dieses Problem ergibt sich hingegen bei der Vereinbarung eines Mietbeitritts nicht.

---

[1] Vgl. hierzu eingehend *Berger* in Kölner Schrift zur Insolvenzordnung, 3. Aufl. 2009, Lösungsklauseln für den Insolvenzfall, S. 325 ff.; MünchKommInsO-Huber, Bd. 2, 3. Aufl. 2013, § 119 Rn 18 ff.

Flugzeugleasing

A. Grundlagen[1]

I. Einleitung

Der Begriff „Flugzeugleasing" entspricht ebenso wie bei dem Immobilienleasing (s. Rn 13/174) nicht der exakten juristischen Formulierung; denn der terminus technicus für ein Flugzeug im deutschen Recht ist **„Luftfahrzeug"**,[2] so dass eigentlich vom Luftfahrzeugleasing die Rede sein müsste. Gleichwohl soll im folgenden die üblicherweise verwandte Nomenklatur gebraucht werden.
Flugzeugleasing ist ein Vertragstyp, der seit fast dreißig Jahren gebräuchlich ist.[3] Die wirtschaftliche Bedeutung des Flugzeugleasings hat jedoch zur Jahrtausendwende eine rasante Entwicklung genommen; denn der Anstieg der Passagierzahlen und die Liberalisierung des Luftverkehrs haben zu einer wachsenden Nachfrage nach Flugzeugen geführt, die der Leasingbranche hohe Zuwachsraten in diesem Marktsegment beschert hat. Das Wachstum des Flugzeugleasings ist aber auch darauf zurückzuführen, dass mittlerweile zahlreiche Fluggesellschaften dazu übergegangen sind, Flugzeuge zu leasen, statt sie zu kaufen. Das Wachstum verläuft aber nicht konstant, da neben der Nachfrage nach Flugzeugen die Existenz steuerlicher Vorteile für das Leasing maßgeblich dafür sind, ob Leasing oder Kauf eines Flugzeuges bevorzugt gewählt wird.

II. Struktur

Beim Flugzeugleasing werden sowohl große Passagierflugzeuge als auch kleine, einmotorige Sportmaschinen verleast; entsprechend groß sind auch die Unterschiede, die bei diesen Leasingverträgen bestehen. Bei Sportmaschinen sind die Verträge häufig in deutscher Sprache verfasst und lehnen sich von der Diktion her weitgehend an Leasingverträge über Mobilien an; lediglich einzelne Klauseln, die die luftfahrzeugspezifischen Besonderheiten berücksichtigen, sind ergänzend geregelt.

1. Leasinggeber

Beim Flugzeugleasing tritt als Leasinggeber eine **Ein-Objekt-Gesellschaft** (Single Purpose Company – SPC) auf, und zwar schon aus **haftungsrechtlichen Gründen;** denn nach § 33 LuftVG ist der Halter eines Flugzeuges für Schäden verantwortlich, die durch den Betrieb des Flugzeuges entstehen. Auch wenn die Haftung aus dem Betrieb des Flugzeuges üblicherweise vertraglich beim Leasingnehmer liegt und er als Halter bezeichnet wird, so lassen sich doch für den Eigentümer haftungsrechtliche Risiken nicht vollständig ausschließen.[4] Durch die Zwischenschaltung einer rechtlich selbstständigen Gesellschaft versucht die Praxis, die Gefahr einer Inanspruchnahme des Eigentümers

---

[1] Literatur: *Littlejohns/McGairl*, Aircraft Financing, 3rd edition 1998; *Thomas*, Flugzeugleasingfonds: Strukturierung, Steueroptimierung und haftungsrechtliche Risiken, 1998; *Scheinberg*, The Commercial Aircraft Finance Handbook, 2014; *Schiess/Wehlau*, Die Auswirkungen von Flugzeugleasing und Übernahmeangeboten auf Fluglinien in deregulierten Märkten, RIW 1993, 709.

[2] Vgl. die Legaldefinition in § 1 Abs. 2 Luftverkehrsgesetz (LuftVG) und § 1 Gesetz über Rechte an Luftfahrzeugen (LuftfzRG).

[3] Vgl. hierzu *Thomas*, Flugzeugleasingfonds: Strukturierung, Steueroptimierung und haftungsrechtliche Risiken, 1998, S. 10 ff., S. 17 ff. und S. 27; sowie *Schiess/Wehlau*, Die Auswirkungen von Flugzeugleasing und Übernahmeangeboten auf Fluglinien in deregulierten Märkten, RIW 1993, 709 (711).

[4] *Littlejohns* in Littlejohns/McGairl, Aircraft Financing, 3rd edition 1998, S. 288 ff.; *Scheinberg*, The Commercial Aircraft Finance Handbook, 2014, S. 136, 137 *Thomas*, Flugzeugleasingfonds: Strukturierung, Steueroptimierung und haftungsrechtliche Risiken, 1998, S. 177 ff.

zu vermeiden.[1] Diese Ein-Objekt-Gesellschaften sind daher in den neunziger Jahren verstärkt als Fondsgesellschaften in Erscheinung getreten.[2] Die Fondskonstruktion ermöglicht es einer Vielzahl von Anlegern, steuerrechtliche **Abschreibungsmöglichkeiten** zu nutzen, da die Kommanditisten einer solchen Fonds-KG als Mitunternehmer betrachtet werden.[3] Allerdings ist die Möglichkeit zur Nutzung dieser Abschreibungsmöglichkeiten durch das Steuerentlastungsgesetz vom 24. März 1999 stark eingeschränkt worden.[4] Maßgeblich ist hier unter anderem der neu eingefügte § 2 b EStG, der bei **Verlustzuweisungsgesellschaften** die Verrechnung von negativen Einkünften mit anderen Einkunftsarten verhindert.[5] Die Möglichkeiten zur Verrechnung sind weitgehender eingeschränkt worden durch die steuerlichen Vorgaben in der 15. Legislaturperiode.

13/290 Die Ein-Objekt-Gesellschaft ist im Flugzeugleasing noch aus anderen Gründen eine Notwendigkeit. Angesichts der erhöhten Gefahren beim Betreiben eines Flugzeugs hilft eine Ein- Objekt-Gesellschaft dabei, Risiken aus dem Betrieb des Flugzeuges zu vermindern. Ein weiterer Grund, das Problem der wirksamen **Vorausabtretung von Leasingforderungen** aus diesen Verträgen spielt dagegen angesichts der geänderten BGH Rechtsprechung – ebenso wie beim Immobilienleasing (s. Rn 13/258) – **in der Insolvenz des Leasinggebers** nur noch bei Operating-Leasingverträgen, nicht aber bei Finanzierungs-Leasingverträgen eine Rolle. Bei Finanzierungsleasingverträgen hat die Vorausabtretung der Leasingforderungen in der Insolvenz des Leasinggebers Bestand. Lediglich für Operating-Leasingverträgen ist bislang höchstrichterlich nicht geklärt, ob hier § 110 Abs. 1 InsO anwendbar ist;[6] denn nach § 49 InsO werden Flugzeuge – ebenso wie Schiffe – als unbewegliche Gegenstände behandelt, weil sie gemäß §§ 864, 870 a ZPO i.V.m. § 99 LuftfzRG der Zwangsvollstreckung in das unbewegliche Vermögen unterliegen. In der Insolvenzordnung hat man somit bei den unbeweglichen Gegenständen nicht zwischen Grundstücken einerseits und Schiffen und Flugzeugen andererseits differenziert, obwohl gerade Flugzeuge höchst bewegliche Gegenstände sind. Während es bei Grundstücken die **Zwangsverwaltung** gibt, **fehlt** diese Möglichkeit zudem bei Flugzeugen und Schiffen. Dies mag dann bei einem Operatingleasingvertrag ein Problem sein, falls die Abtretung der Leasingforderungen unwirksam sein sollte.

13/291 **2. Vertragssprache**

Während bei kleineren Flugzeugen (Sportmaschinen) schon aus Kostengründen nicht immer eine Ein-Objekt-Gesellschaft gewählt wird, ist eine Ein-Objekt-Gesellschaft bei größeren Verkehrsflugzeugen stets anzutreffen. Dabei werden die **Leasingverträge** meist auch auf **Englisch** abgefasst, und zwar selbst dann, wenn die Vertragsparteien deutschsprachig sind. Zum Teil liegt das daran, dass die Verträge häufig von internationalen Anwaltskanzleien verfasst werden, die auf die von ihnen im internationalen Geschäft verwandten Muster zurückgreifen. Ein anderer Grund für die Wahl von Englisch als Vertragssprache ist, dass Finanzierungen dieser Art häufig syndiziert werden, und der Kreis der in Frage kommenden Banken ist von vornherein weiter gezogen, wenn die Verträge auf Englisch abgefasst sind. Die Wahl der englischen Sprache bedeutet aber nicht zugleich die Wahl englischen Rechts. Wird im Vertrag deutsches Recht vereinbart, kann es sich jedoch nachteilig auswirken, dass eine gerichtliche Überprüfung eines in englischer Sprache gefertigten, aber deutschem Recht unterliegenden Vertragswerkes zumindest vor einem deutschen Gericht erschwert sein kann, weil **Gerichtssprache** gemäß § 184 GVG **Deutsch** ist. Allerdings gilt dieses Erfordernis der deutschen Gerichtssprache unmittelbar nur für Erklärungen gegenüber dem Gericht und nicht für Beweismittel, so dass fremdsprachige Urkunden gemäß § 142 Abs. 3 ZPO unmittelbar verwertet werden können.[7] Die unmittelbare Verwertung ist jedoch insoweit eine Kann-Regelung und bedeutet, dass

---

[1] Die mögliche Eigentümerhaftung ist auch mit ein Grund, warum im Rahmen einer Flugzeugfinanzierung eine Sicherungsübereignung nicht empfehlenswert ist, s. hierzu *Schölermann/Schmid-Burgk*, Flugzeuge als Kreditsicherheit, WM 1990, 1137 (1147 f.).
[2] Vgl. hierzu *Thomas*, Flugzeugleasingfonds: Strukturierung, Steueroptimierung und haftungsrechtliche Risiken, 1998.
[3] Vgl. hierzu *Thomas*, Flugzeugleasingfonds: Strukturierung, Steueroptimierung und haftungsrechtliche Risiken, 1998, S. 89 ff.; *Hall* in Littlejohns/McGairl, Aircraft Financing, 3rd edition 1998, S. 189 ff.
[4] BGBl. I 1999, 402.
[5] *Stuhrmann*, Die wesentlichen Änderungen durch das Steuerentlastungsgesetz 1999/2000/2002 v. 24. März 1999, NJW 1999, 1657 (1663).
[6] Vgl. hierzu BGH WM 2005, 15 ff. und Anm. *Schmid-Burgk*, WuB I J2 -1.05, 281 ff.
[7] *Stadler* in *Musielak/Voit*, ZPO, 12. Aufl. 2015, § 142 ZPO Rn 10.

unter Umständen umfangreiche Übersetzungsarbeiten geleistet werden müssen, um die Rechte aus einem in englischer Sprache verfassten Leasingvertrag vor einem deutschen Gericht wahrnehmen zu können.[1] Dagegen kann die Verwendung der englischen Sprache von Vorteil sein, wenn der Leasinggeber gezwungen ist, seine Rechte gegen den Leasingnehmer im Ausland wahrzunehmen. Der prozessuale Nachteil der Verwendung der englischen Sprache wird aber bei Umsetzung des Gesetzes zur Einführung von Kammern für internationale Handelssachen beseitigt.[2] Hiernach ist es dann nach dem neuen § 184 E-GVG möglich Gerichtsverhandlungen auf Englisch zu führen, sofern das Verfahren vor einer internationalen Kammer für Handelssachen geführt wird. Die Parteien haben hierfür ihr Einverständnis zu erklären. Dies kann nach § 114b E-GVG auch bereits im Vertrag festgelegt werden. Vor diesem Hintergrund empfiehlt sich in Verträgen mit Kaufleuten die Aufnahme einer entsprechenden Regelung, sofern der Vertrag in englischer Sprache verfasst ist.

Die nachfolgenden Ausführungen beziehen sich auf das deutsche Recht.

3. Refinanzierung

13/292

Die **Refinanzierung** eines Flugzeugleasingvertrages unterscheidet sich im Kern nicht wesentlich von der eines Immobilienleasingvertrages (s. dazu Rn 13/258 ff.). Hier wie da wird überwiegend eine Ein-Objekt-Gesellschaft eingeschaltet, die entweder die Leasingraten an die Bank verkauft oder von dieser ein Darlehen aufnimmt. Der Bank werden die Leasingraten – sicherungshalber – abgetreten (s. Rn 4/916); darüber hinaus wird der Bank ein Registerpfandrecht am Flugzeug bestellt.[3]

Im Zusammenhang mit der Bestellung eines Registerpfandrechts verlangen internationale Fluggesellschaften, die Flugzeuge leasen, von den finanzierenden Banken einen so genannten **letter of quiet enjoyment**.[4] Danach soll der Refinanzier der Fluggesellschaft zusichern, dass er das Recht auf Nutzung des Flugzeugs so lange nicht stören wird und aus dem zu seinen Gunsten bestellten Registerpfandrecht nicht vorgehen wird, solange die Leasingraten gezahlt werden. So lange die Bank sicher sein kann, dass sie die Leasingraten auf Grund von deren Abtretung auch im Falle einer Insolvenz des Leasinggebers erhält, sind derartige letters of quiet enjoyment vertretbar. Dies ist allerdings derzeit nur bei reinen Finanzierungsleasingverträgen gesichert, da Operating-Leasingverträge eher als Miete eingestuft werden[5] und der BGH bislang Mietraten als künftige und damit nicht insolvenzfest abtretbare Forderungen bezeichnet hat.[6] Derartige letters of quiet enjoyment sollten daher bei Operating-Leasingverträgen nicht uneingeschränkt abgegeben werden, weil die Bank anderenfalls Gefahr läuft, im Extremfall rechtlos gestellt zu werden, wenn die Leasingraten nicht insolvenzfest abgetreten sind. Im Unterschied zum klassischen Immobilienleasing (s. Rn 13/258) hat die Bank dann nämlich keine Möglichkeit, die Leasingraten durch die Anordnung einer Zwangsverwaltung an sich zu ziehen, weil eine Zwangsverwaltung für Flugzeuge gesetzlich nicht vorgesehen ist. Dagegen dürfte dieses Risiko bei einem Operating-Leasingvertrag kontrollierbar sein, wenn es sich bei dem Leasinggeber um eine der refinanzierenden Bank gehörende Gesellschaft handelt.

13/293

III. Leasingobjekt

13/294

Leasingobjekt ist regelmäßig das Flugzeug samt seiner Triebwerke, die üblicherweise genau mit Seriennummern bezeichnet werden. Dabei ergibt sich für das deutsche Recht das Problem, dass **Triebwerke nicht wesentliche**, sondern nur einfache **Bestandteile** eines Flugzeuges sind.[7] Dies ist auf ihre

---

[1] *Stadler*, a.a.O.
[2] BT-Drucks. 18/1287 Entwurf eines Gesetzes zur Einführung von Kammern für internationale Handelssachen. Der Gesetzentwurf ist in der vorhergehenden Legislaturperiode nicht verabschiedet worden.
[3] Vgl. hierzu *Schölermann/Schmid-Burgk*, Flugzeuge als Kreditsicherheit, WM 1990, 1137 ff.
[4] Vgl. *Littlejohns* in Littlejohns/McGairl, Aircraft Financing, 3rd edition 1998, *Scheinberg*, The Commercial Aircraft Finance Handbook, 2014, S. 141; S. 295; *Thomas*, Flugzeugleasingfonds: Strukturierung, Steueroptimierung und haftungsrechtliche Risiken, 1998, S. 58.
[5] Vgl. *Martinek* in Schimansky/Bunte/Lwowski, Bankrechts-Handbuch, 4. Auflage 2011, § 101 Rn 32; *Eckert* in MünchKomm InsO, Bd. II, 3. Auflage, 2013, § 108 Rn 29.
[6] *Ganter* in MünchKomm InsO, Bd. I, 3. Auflage, 2013, Vor §§ 49-52 Rn 24.
[7] So die h.M. s. *Schölermann/Schmid-Burgk*, Flugzeuge als Kreditsicherheit, WM 1990, 1137 (1143 f.); *Elbing*, Sind Triebwerke wesentliche Bestandteile von Flugzeugen?, ZLW 1995, 387 ff.; *Menk/Schilling* in BuB Rn 4/1619; Palandt/*Ellenberger*, BGB, 73. Aufl. 2014, § 94 Rn 5.

extrem leichte Austauschbarkeit zurückzuführen, weil sie regelmäßig auch in Triebwerkpools von Fluggesellschaften hin- und her getauscht werden. Vor diesem Hintergrund bedarf es sorgfältiger Überlegung, in welchem Umfang dem Leasingnehmer die Verwendung von fremden Triebwerken zu gestatten ist. Da ein reibungsloser Austausch der Triebwerke notwendig ist, um die Sicherheit des Flugzeuges zu gewährleisten, dürfen die vertraglichen Regelungen diesen Austausch allerdings nicht erschweren; es ist jedoch darauf zu achten, dass die Rechte des Leasinggebers am Triebwerk bei einem Austausch nicht ersatzlos untergehen. Deswegen wird dem Leasingnehmer gestattet, an einem in der Luftfahrtindustrie üblichen Triebwerkpool teilzunehmen, sofern sichergestellt ist, dass das Eigentum an dem jeweiligen Triebwerk erhalten bleibt.[1] Außerdem muss der Leasingnehmer über den Verbleib der ursprünglichen Triebwerke Auskunft geben. Grundsätzlich ist der Leasingnehmer aber verpflichtet, Triebwerke zu verwenden, die nicht im Eigentum Dritter stehen, und den Wiedereinbau der ausgebauten Triebwerke vorzunehmen. Verwendet er dauerhaft nicht die ursprünglichen Triebwerke, so hat er die neu eingebauten Triebwerke dem Leasinggeber zu übereignen. Aber auch wenn auf Grund einer Poolvereinbarung vorübergehend ein fremdes Triebwerk eingesetzt wird, ist der Leasinggeber nicht rechtlos gestellt, da er nach wie vor Eigentümer des ausgebauten Triebwerkes ist und auch vom Leasingnehmer Auskunft über den Verbleib der Triebwerke verlangen kann. Die Sonderrechtsfähigkeit von Triebwerken, die bereits der h. M. entsprach, wird nach Inkrafttreten der Kapstadt Konvention international geltendes Recht. So heißt es in Artikel XIV Abs. 3 des Protokolls, dass das Eigentum an einem Triebwerk nicht dadurch berührt wird, dass es an einem Flugzeug befestigt wird.[2] Die Kapstadt Konvention verdrängt insoweit das Genfer Abkommen von 1948,[3] das die Fragen der Eigentumsrechte an Triebwerken dem nationalen Gesetzgeber überließ.

13/295 Aus Sicht der refinanzierenden Bank stellt sich die Rechtslage problematischer dar, weil sie bislang im Unterschied zum Leasinggeber in der Regel nicht ohne weiteres die Möglichkeit hat, sich dingliche Rechte am ausgebauten Triebwerk vorzubehalten. Das zu ihren Gunsten bestellte Registerpfandrecht erstreckt sich nur auf die im Flugzeug eingebauten Triebwerke, sofern sie im Eigentum des Flugzeugeigentümers stehen.[4] Mit dem dauerhaften **Ausbau der Triebwerke** tritt eine **Enthaftung** gemäß § 31 Abs. 4 LuftfzRG ein. Dabei ist fraglich, ab wann von einem dauerhaften Ausbau gesprochen werden kann. Insoweit kann unter Umständen eine Verpflichtung des Leasingnehmers im Leasingvertrag hilfreich sein, nach der er zu Wartungszwecken ausgebaute Triebwerke alsbald wieder einzubauen hat. Allerdings kann mit einer solchen Vertragsklausel eine gegenteilige Praxis nicht umgedeutet werden. Eine anderweitige Sicherstellung, etwa in Form einer Sicherungsübereignung der ausgebauten Triebwerke, ist dagegen nicht praktikabel, zumal die Sicherungsübereignung als Sicherheit nur in wenigen Ländern anerkannt wird. Mit dem Inkrafttreten der Kapstadt Konvention können dann separate internationale Sicherungsrechte bestellt werden.[5]

13/296 Ergänzend ist darauf hinzuweisen, dass die vorstehenden Überlegungen auch auf **Zubehörteile des Flugzeuges** Anwendung finden.[6]

---

[1] *Littlejohns* in Littlejohns/McGairl, Aircraft Financing, 3rd edition 1998, S. 293 f.
[2] Übereinkommen über internationale Sicherungsrechte an beweglicher Ausrüstung (Kapstadt Konvention) vom 16.12.2001, abgedruckt bei *Kronke*, ZLW 2002, 147, 150; Text auch abrufbar im Internet unter: **www.unidroit.org**; vgl. hierzu im Einzelnen *Schmalenbach/Sester*, Internationale Sicherungsrechte an Flugzeugen auf Basis der Kapstadt Konvention: Umsetzungsprobleme und praktische Vorwirkungen, WM 2005, 301 (303), ferner *Reuleaux*, Sicherungsrechte an Flugzeugtriebwerken, ZBB 2005, 354, 358 f.
[3] Vgl. Protokoll zur Kapstadt Konvention Artikel XXIII. Text abrufbar im Internet unter: www.unidroit.org.
[4] *Schölermann/Schmid-Burgk*, Flugzeuge als Kreditsicherheit, WM 1990, 1137 (1143 f.).
[5] Vgl. hierzu im Einzelnen *Schmalenbach/Sester*, Internationale Sicherungsrechte an Flugzeugen auf Basis der Kapstadt Konvention: Umsetzungsprobleme und praktische Vorwirkungen, WM 2005, 301 (303); in Deutschland steht das formelle Inkrafttreten noch aus, da die Kapstadt Konvention zwar gezeichnet, aber noch nicht ratifiziert worden ist (s. zum aktuellen Stand im Internet unter im Internet unter: http://www.unidroit.org/status-2001capetown).Allerdings ist selbst nach über 10 Jahren seit Verabschiedung dieser Konvention nicht in Sicht, dass Deutschland/die Europäische Union diese Konvention in dem Umfang ratifizieren, dass diese auf in Deutschland registrierte Flugzeuge anwendbar ist.
[6] Vgl. *Schölermann/Schmid-Burgk*, Flugzeuge als Kreditsicherheit, WM 1990, 1137 (1142 f.).

IV. Die Anwendbarkeit der Sonderregelungen für AGB 13/297

Es stellen sich im Prinzip ähnliche Fragen wie beim Immobilienleasing, so dass weit gehend auf die Ausführungen unter Rn 13/270 f. verwiesen werden kann. Allerdings ist beim Leasing von großen Verkehrsflugzeugen sehr viel eher zu prüfen, ob diese **Verträge** nicht **individuell ausgehandelt** sind, so dass die Anwendung der AGB-rechtlichen Vorschriften nach 305 Abs. 1 Satz 3 BGB ausgeschlossen ist. Eine generelle Antwort ist insoweit jedoch nicht möglich; maßgeblich ist vielmehr das tatsächliche Verhalten der Parteien. Voraussetzung für ein Aushandeln ist dabei nicht nur die Verhandlungsbereitschaft, sondern auch die Bereitschaft zur tatsächlichen Abänderung.[1] Wird ein Flugzeugleasingvertrag zwischen den Vertragsparteien über mehrere Wochen hinweg verhandelt und werden an zahlreichen Stellen die von dem Leasinggeber vorgeschlagenen Klauseln ganz oder teilweise abgeändert, so kann die Anwendbarkeit der AGB-rechtlichen Vorschriften nicht deswegen gefordert werden, weil vereinzelt standardisierte Klauseln unverändert verwandt werden; sodann kann von einem Aushandeln des Vertragswerkes insgesamt gesprochen werden.[2] Wird allerdings nur verhandelt, ohne dass die Klauseln zur Disposition gestellt werden, so liegt kein Aushandeln vor.[3] Werden hingegen nur vereinzelte Abänderungen vorgenommen, so liegt es nahe, von einem **punktuellen Aushandeln** des Vertrages zu sprechen, mit der Folge, dass nur einzelne Klauseln nicht dem Anwendungsbereich der AGB-rechtlichen Vorschriften unterfallen.[4] Da die Grenze zwischen einer Individualvereinbarung und Allgemeinen Geschäftsbedingungen aber fließend ist, sollte das Vertragswerk gerade in den nicht im Einzelnen ausgehandelten Teilen so formuliert sein, dass es den Anforderungen der AGB-rechtlichen Vorschriften genügt. Der Bundesgerichtshof hat in einer Entscheidung aus dem Jahre 1984, bei der es um die Wirksamkeit eines Gewährleistungsausschlusses ging, die Anwendung des AGB-Gesetzes auf einen Flugzeugleasingvertrag bejaht; allerdings war die formularmäßige Ausgestaltung dabei offensichtlich.[5]

V. Steuerrechtliche Erwägungen 13/298a

Maßgeblich für die steuerrechtliche Behandlung des Flugzeugleasings sind bisher die **Mobilienleasingerlasse** der Finanzverwaltung gewesen,[6] die unter Rn 13/332 und 13/333 abgedruckt sind. Allerdings hat der Bundesfinanzhof mit einem Urteil vom 2. Mai 2000 erstmals für die Zwecke des § 21 Abs. 1 Nr. 1 EStG Flugzeuge den Immobilien gleichgestellt.[7] Er hat dies damit begründet, dass Flugzeuge ebenso wie Grundstücke in öffentliche Register eingetragen werden; ähnlich wie Immobilien seien sie zudem auf Dauer als Einkunftsquelle geeignet und für Besteuerungszwecke einfach zu erfassen. Auch wenn diese Entscheidung zu § 121 EStG ergangen ist, sich also allein mit der Frage beschäftigt, ob Einkünfte aus der Vermietung von unbeweglichen oder beweglichen Gütern vorliegen, können weiterreichende Auswirkungen nicht ausgeschlossen werden. So wäre es denkbar, die Anwendbarkeit der Mobilienleasingerlasse auf Flugzeuge in Frage zu stellen. Eine Anwendung der Immobilienerlasse wäre allerdings nicht zweckmäßig, da die Lebensdauer des Wirtschaftsgutes Flugzeug maßgeblich von der regelmäßigen Wartung bzw. Grunderneuerung abhängig ist.

Das Verleasen von Flugzeugen ist gemäß den §§ 4 Nr. 2 i.V. m. 8 Abs. 2 Nr. 1 UStG von der **Umsatzsteuer** befreit, sofern der Leasingnehmer das Flugzeug überwiegend grenzüberschreitend einsetzt.[8] In Hinblick auf künftige Änderungsmöglichkeiten sollten die Leasingverträge jedoch Regelungen enthalten, die dem Leasinggeber eine Nachbelastung der Umsatzsteuer ermöglichen. 13/298b

---

[1] *Palandt/Grüneberg*, BGB, 73. Aufl. 2014, § 305 Rn 20 ff.; *Ulmer/Habersack* in Ulmer/Brandner/Hensen, AGB-Recht, 11. Aufl. 2011, § 305 Rn 47 f.
[2] Vgl. hierzu *Palandt/Grünebergs*, BGB, 73. Aufl. 2014, § 305 Rn 22; vgl. ferner die Rechtsprechung zum AGBG *Pfeiffer* in Wolf/Horn/Lindacher, AGB-Gesetz, 6. Aufl. 2013, § 305 Rn 40; *Ulmer/Habersack* in Ulmer/Brandner/Hensen, AGB-Recht, 11. Aufl. 2011, § 305 Rn 55; wie hier *Schmalenbach* in Ebenroth/Boujong/Joost/Strohn, Handelsgesetzbuch, Band 2, 2. Auflage 2009, V 60; vgl. zur ähnlich gelagerten Problematik bei M&A Verträgen, Kirchner/Giessen, BB 2015, 515 ff., die eine Anwendbarkeit von AGB rechtlichen Bestimmungen ablehnen.
[3] Vgl. hierzu die Rechtsprechung zum AGBG, BGH NJW 1991, 1678 f.
[4] *Palandt/Heinrichs*, BGB, 73. Aufl. 2014, § 305 Rn 18 *Ulmer/Habersack* in Ulmer/Brandner/Hensen, AGB-Recht, 11. Aufl. 2011, § 305 Rn 55; *Pfeiffer* in Wolf/Horn/Lindacher, AGB-Gesetz, 6. Aufl. 2013, § 305 Rn 41.
[5] BGH ZIP 1984, 1107 (1111).
[6] *Thomas*, Flugzeugleasingfonds: Strukturierung, Steueroptimierung und haftungsrechtliche Risiken, 1998, S. 89 f.
[7] BFHE 192, 84; kritisch hierzu *Rößler* BB 2001, 240.
[8] Vgl. hierzu die Umsatzsteuerrichtlinien, Abschnitt 146.

13/299 B. Vertragsklauseln

Auf eine umfassende Darstellung sämtlicher Vertragsklauseln eines Flugzeugleasingvertrages wird hier verzichtet, es sollen lediglich die spezifischen Klauseln aufgeführt werden.

I. Gewährleistungsausschluss

Üblich ist ein vollständiger **Gewährleistungsausschluss**, der unter der Geltung der **Mobilienleasingerlasse** auch steuerrechtlich unbedenklich ist, weil hier nicht die einschränkenden Vorgaben der Finanzverwaltung bestehen (s. Rn 13/332 und 13/336). Allerdings ist besonders darauf zu achten, dass der Gewährleistungsausschluss wirksam erfolgt. Wird die Gewährleistung nämlich dadurch ausgeschlossen, dass die Ansprüche des Leasinggebers gegen den Lieferanten abgetreten werden, so muss geprüft werden, ob diese Abtretung nach den Bedingungen des Lieferanten zulässig ist und die Abtretung im Einklang mit der hierfür maßgeblichen Rechtsordnung erfolgt. Da namhafte Flugzeughersteller im Ausland ansässig sind, wird für den Liefervertrag häufig eine andere Rechtsordnung maßgeblich sein.

13/300 II. Rücklieferung

Bei Beendigung des Leasingvertrages ist der Leasingnehmer verpflichtet, das Leasingobjekt zurückzugeben. Da es sich hierbei um eine Bringschuld handelt,[1] ist ohne eine vertragliche Regelung Ort der Rückgabe derjenige Flughafen, der am nächsten zum **Geschäftssitz des Leasinggebers** gelegen ist. Eine Rückgabe an diesem Flughafen ist jedoch nur selten sinnvoll, weil durch den Rücktransport eines Flugzeuges hohe Kosten entstehen. Deswegen wird der Ort der Rücklieferung meist vertraglich geregelt, wobei zahlreiche Varianten denkbar sind. Formularmäßige Klauseln, die dem Leasinggeber ein freies Wahlrecht einräumen, wohin das Flugzeug auf Kosten des Leasingnehmers zurückzuliefern ist, sind allerdings unwirksam, weil der Leasingnehmer unter Umständen erhebliche Mehraufwendungen hat, wenn von ihm etwa verlangt würde, das Flugzeug an einen Flughafen in den Vereinigten Staaten zurückzuliefern, obwohl sich das Flugzeug auf seinem Heimathafen befindet. Besonders bei kleinen Flugzeugen erscheint daher eine zurückhaltendere Formulierung über den Rückgabeort – z. B. Flughafen in Deutschland – angebracht. Bei großen Verkehrsmaschinen, die in Kontinentaleuropa eingesetzt werden, ist es aber zulässig, eine Rückgabe an einem Flughafen in diesem Einsatzgebiet zu verlangen, weil hierdurch beim Leasingnehmer keine im Verhältnis zu den Leasingraten übermäßig hohen Kosten anfallen. Abhängig von der Verhandlungsmacht des Leasingnehmers sind auch Regelungen anzutreffen, nach denen das Flugzeug im Falle der ordentlichen Beendigung des Leasingvertrages an dem Flughafen zurückzugeben ist, an dem der Leasingnehmer seinen Sitz hat. Dies kann im Hinblick auf eine Weitervermarktung des Flugzeuges durchaus sinnvoll sein.

13/301

Regelungsbedürftig erscheint auch der **Zustand des Flugzeuges** im Zeitpunkt der Rückgabe. Öffentlich-rechtliche Vorschriften, bei deren Nichteinhaltung die Flugtüchtigkeit des Flugzeugs nicht mehr gewährleistet ist, sind in der Regel kein ausreichendes Äquivalent. Naheliegender ist es, sich an den Wartungsintervallen des Herstellers zu orientieren und je nach Flugzeugtyp eine bestimmte Flugstundenzahl vorzusehen, nach deren Ablauf spätestens wieder eine Wartung durch einen vom Hersteller anerkannten Wartungsbetrieb vorzunehmen ist. Die Anforderungen an die Ausgestaltung variieren jedoch auch nach dem Finanzierungsverlauf. Wird das Flugzeug sehr schnell amortisiert, so kann eine großzügigere Betrachtung angebracht sein.

---

[1] Vgl. zum Mobilienleasing *v. Westphalen* in v. Westphalen, Der Leasingvertrag, 6. Aufl. 2006, S. 498 f.

III. Versicherungen 13/302

Im Leasingvertrag wird der Leasingnehmer verpflichtet, für einen umfassenden Versicherungsschutz hinsichtlich des Flugzeugs zu sorgen und diesen aufrechtzuerhalten; der genaue Umfang des Versicherungsschutzes wird vertraglich festgelegt. Ist der Versicherungsschutz nicht ausreichend geregelt, so besteht unter Umständen die Gefahr, dass das Leasingobjekt als Haftungsbasis für den Refinanzier entfällt. Hintergrund hierfür ist die Tatsache, dass im Falle eines Flugzeugabsturzes gemäß dem Genfer Pfandrechtsabkommen vorrangige Rechte am Flugzeug begründet sein können. Diese Rechte sind auch vorrangig gegenüber den Rechten eines Refinanziers, zu dessen Gunsten ein Registerpfandrecht eingetragen ist.[1] So kann z. B. ein Geschädigter hiernach bis zu 20 % des Verwertungserlöses des Flugzeugs beanspruchen; diese Regelung ist allerdings insoweit von eingeschränkter Bedeutung, weil nur wenige Staaten sie in nationales Recht umgesetzt haben.

Zum Abschluss einer **Haftpflichtversicherung** ist der Leasingnehmer, wenn er Halter des Flugzeugs 13/303
ist, ohnehin gesetzlich verpflichtet; dies ergibt sich aus § 43 LuftVG. Gemäß § 102 LuftVZO soll die Haftpflichtversicherung die aus dem Betrieb des Flugzeugs stammenden Risiken abdecken. Gesetzlich vorgesehen sind hierfür bestimmte **Mindesthaftungssummen**, die abhängig vom Gewicht des Flugzeuges sind (vgl. § 37 LuftVG). Diese Haftungssummen werden aber überwiegend als zu niedrig empfunden, obwohl sie mehrfach deutlich angehoben worden sind.[2] So beläuft sich die Haftungssumme bei einem 14 Tonnen schweren Flugzeug auf umgerechnet ca. Euro 100 Millionen. Im Sinne einer Worst-case-Betrachtung gilt dies aber als zu niedrig, so dass insbesondere bei Flugzeugleasingfonds drei- bis fünffach so hohe Versicherungssummen gewählt werden. Bei großen Verkehrsmaschinen sind mittlerweile Haftpflichtsummen von über 500 Millionen Euro keine Seltenheit. In diesem Zusammenhang ist zu beachten, dass größere Haftpflichtschäden die Bonität des Leasingnehmers beeinträchtigen und das Fehlen eines ausreichenden Versicherungsschutzes deswegen allgemein als Kündigungsgrund für den Leasingvertrag vereinbart wird. Als nachteilig kann es sich bei Veränderungen des Versicherungsmarktes insoweit erweisen, wenn pauschal lediglich der üblicherweise erhältliche Versicherungsschutz verlangt wird.

Vertraglich geregelt werden muss selbstverständlich die **Kaskoversicherung**, und zwar abhängig 13/304
vom Wert des Flugzeugs. Um einen möglichst umfassenden Versicherungsschutz zu erlangen, sollte es sich hierbei um eine **Hull-all-risk-Versicherung** handeln.[3] Je nach Einsatzgebiet des Flugzeugs muss das Kriegsrisiko oder das Risiko der hoheitlichen Beschlagnahme, was häufig ausgeschlossen ist, mit einbezogen werden. Ferner ist darauf zu achten, dass Triebwerke und Ersatzteile entweder in der Versicherung von vornherein enthalten sind, oder dass hierfür eine separate Versicherung abgeschlossen wird. Regelungsbedürftig ist auch die Höhe des bei Kaskoversicherungen üblichen Selbsteinbehalts, da diese im Schadensfall die Versicherungssumme erheblich schmälern können. Ferner ist darauf zu achten, dass die finanzierende Bank als loss payee (Endzahlungsbegünstigter) benannt worden ist. Um Einwendungen des Versicherers gegen seine Zahlungsverpflichtung im Schadensfalle weit gehend auszuschließen, sind Zusatzbedingungen für Finanziers entwickelt worden; üblich sind die Airline Finance/Lease Contract Endorsement – AVN 67 B.[4] Auf den Prüfstand kamen die Vertragsklauseln über den Versicherungsschutz in Zusammenhang mit den Ereignissen um den 11. September 2001. Zahlreiche Versicherer hatten infolge der Terroranschläge die Versicherungen gekündigt, da sie das Risiko von terroristischen Anschlägen nicht mehr tragen wollten. Dies hätte aber die Leasinggeber unmittelbar zur Kündigung der Leasingverträge berechtigt, da insoweit kein ausreichender Versicherungsschutz mehr bestand. Hier wurde zunächst kurzfristig auf die Kündigung verzichtet (Erteilung eines waiver), um anschließend mit Hilfe staatlicher Institutionen eine Übergangslösung zu finden, bis die Versicherungsgesellschaften wieder bereit waren, diese Risiken – allerdings zu stark erhöhten Prämien – wieder zu versichern.

---

[1] Vgl. hierzu *Schölermann/Schmid-Burgk*, Flugzeuge als Kreditsicherheit, WM 1990, 1137 (1142).
[2] Vgl. hierzu schon *Thomas*, Flugzeugleasingfonds: Strukturierung, Steueroptimierung und haftungsrechtliche Risiken, 1998, S. 70.
[3] *Viccars* in Littlejohns/McGairl, Aircraft Financing, 3rd edition 1998, S. 307 f.
[4] Siehe hierzu im Einzelnen *Viccars* in Littlejohns/McGairl, Aircraft Financing, 3rd edition 1998, S. 320 ff.

13/305 **IV. Halter**

Jeder Flugzeugleasingvertrag enthält Regelungen darüber, wer als Halter des Flugzeugs anzusehen ist. Auf den ersten Blick erscheint dieser Bereich besonders regelungsbedürftig, weil den Halter eines Flugzeuges erhebliche **Haftungsrisiken** treffen. So ist der Halter gemäß § 33 LuftVG zum Ersatz des Schadens verpflichtet, wenn dieser beim Betrieb eines Flugzeuges entsteht. Der Begriff des Halters eines Flugzeuges ist allerdings nicht näher definiert, sondern dem des § 7 StVG nachempfunden, so dass auf den von der Rechtsprechung zu § 7 StVG entwickelten Halterbegriff zurückgegriffen werden kann.[1] Dieser unterliegt nicht der Parteivereinbarung, weil für die Bestimmung des Halters entscheidend ist, wer tatsächlich die Verfügungsgewalt über die Sache hat und wer sie auf eigene Rechnung in Gebrauch hat. Dies ist regelmäßig der Leasingnehmer, der das Flugzeug tatsächlich nutzt. Auch wenn damit im deutschen Recht eine Bestimmung des Halters ohne eine vertragliche Regelung möglich ist, erscheint eine solche Vertragsbestimmung nicht überflüssig, weil sie in ausländischen Rechtsordnungen zur Abwehr von haftungsrechtlichen Ansprüchen gegen den Leasinggeber hilfreich sein kann. In diesem Zusammenhang ist auf das Römer Haftungsabkommen von 1952 hinzuweisen; nach der dort in Art. 2 Abs. 2 a vorgenommenen Definition kann allein die Verfügungsgewalt über das Flugzeug die Haltereigenschaft begründen.[2]

13/306 Ferner wird im Rahmen einer vertraglichen Bestimmung über den Halter zugleich ein **Freistellungsanspruch** formuliert, nach dem der Leasingnehmer den Leasinggeber von allen haftungsrechtlichen Folgen einer dennoch angenommenen Haltereigenschaft des Leasinggebers freizustellen hat. Im Interesse des Leasinggebers sollte dieser Freistellungsanspruch möglichst umfassend formuliert sein und sämtliche Risiken aus dem Besitz und dem Betrieb des Flugzeugs abdecken; dieser Freistellungsanspruch ist aber nur schuldrechtlicher Natur und verhindert nicht, dass ein Flugzeug möglicherweise beschlagnahmt wird, weil der Leasingnehmer damit in unerlaubter Weise Sachen transportiert hat.[3] Das Risiko der **Beschlagnahme eines Flugzeuges** aus politischen Gründen sollte nicht völlig unterschätzt werden, wenn die Parteien eines Flugzeugleasingvertrages aus Staaten außerhalb der G-8-Gruppe stammen. Dies zeigt der vom Europäischen Gerichtshof anlässlich des Jugoslawien-Embargos entschiedene Fall.[4] Gegebenenfalls sollte das Problem durch den Abschluss entsprechender Versicherungen gelöst werden.

13/307 **V. Rechtswahlklausel**

Üblicherweise finden sich in Flugzeugleasingverträgen Rechtswahlklauseln. Wird der Leasingvertrag zwischen deutschen Vertragsparteien abgeschlossen, so ist eine solche Klausel nicht notwendig. Für den Fall aber, dass das Flugzeug im grenzüberschreitenden Verkehr eingesetzt wird, empfiehlt sich eine Rechtswahlklausel auch unter Inländern, zumal der Leasinggeber unter Umständen gezwungen ist, seine Rechte aus dem Leasingvertrag im Ausland geltend zu machen. Dann aber ist eine eindeutige Rechtswahlklausel hilfreich, damit das anwendbare Recht nicht von einem ausländischen Gericht ermittelt wird.

13/308 Gerade in deutschen Flugzeugleasingverträgen sind häufig Formulierungen enthalten, die die Anwendung des **Unidroit-Abkommens** über Internationales Finanzierungsleasing ausschließen.[5] Die zurückhaltende Anwendung der Konvention ist damit zu erklären, dass das Abkommen bisher nur von

---

[1] *Giemulla/Smid*, Luftverkehrsgesetz, Frankfurter Kommentar zum Luftverkehrsrecht, Stand: 44. Ergänzungslieferung 01/2014, § 33 Rn 18.
[2] Vgl. hierzu auch *Schölermann/Schmid-Burgk*, Flugzeuge als Kreditsicherheit, WM 1990, 1137 (1148).
[3] Vgl. zur Beschlagnahme eines gemieteten Hubschraubers in Frankreich die Entscheidung des französischen Cour de Cassation vom 12. Januar 1987, zitiert m. w. N. von *Turek/Durqet*, Urteilsanmerkung in RIW 1988, 66 ff. Die Beschlagnahme des Hubschraubers wurde in Frankreich für unzulässig gehalten, weil der Vermieter bei der Überlassung an den Mieter gutgläubig war.
[4] EuGH EuZW 1996, 595 ff. Hier war der Eigentümer und Leasinggeber eine in Jugoslawien ansässige Gesellschaft; Leasingnehmer war eine türkische Gesellschaft. Die Beschlagnahme des Flugzeuges hat der EuGH für zulässig gehalten.
[5] Vgl. zur Konvention *Dageförde*, Internationales Finanzierungsleasing, Deutsches Kollisionsrecht und Konvention von Ottawa (1988), 1992; *Dageförde*, Inkrafttreten der UNIDROIT-Konvention über Internationales Finanzierungsleasing, RIW 1995, 265; *Knebel*, Inhaltskontrolle von Leasingverträgen auf der Grundlage der Unidroit-Leasingkonvention, RIW 1993, 537.

wenigen Staaten ratifiziert worden ist;[1] sie wird zudem durch die mangelnde Vertrautheit mit dieser Konvention gefördert. Dabei wird übersehen, dass dieses Unidroit-Abkommen die Rechte des Leasinggebers stärkt. So werden z. B. die Rechte des Leasinggebers durch Art. 7.1 der Konvention dahin gehend gefestigt, dass sie in der Insolvenz des Leasingnehmers anerkannt werden;[2] dies kann in einzelnen Vertragsstaaten des Unidroit-Abkommens vorteilhaft sein.

---

[1] *Reithmann/Dageförde*, Internationales Vertragsrecht, 6. Aufl. 2004, Rn 1130; *Fink* in Praxishandbuch Leasing, 1998, S. 854. Das Abkommen haben bislang Frankreich, Italien, Nigeria Ungarn und dann Panama ratifiziert. Beigetreten sind Ungarn, Russische Föderation, Weißrußland und Usbekistan. Der aktuelle Stand ist im Internet unter: www.unidroit.org abrufbar. Demgegenüber ist das UNIDROIT-Abkommen über das internationale Factoring von Ottawa vom gleichen Tage auch von der Bundesrepublik Deutschland ratifiziert worden.
[2] Vgl. hierzu *McGairl* in Littlejohns/McGairl, Aircraft Financing, 3rd edition 1998, S. 373 f.

Schiffsleasing

13/309 A. Grundlagen[1]

I. Einleitung

Das Leasen von Schiffen erlangt im Vergleich zum Immobilienleasing und zum Flugzeugleasing eine eher geringere Bedeutung. Das liegt zum Teil daran, dass eine langfristige Vermietung von Schiffen in der Vergangenheit nicht marktüblich gewesen ist, **Schiffe** vielmehr meist kurz- oder mittelfristig **verchartert** worden sind.[2] Hier hat es immer wieder aber auch Leasingmodelle gegeben.

13/310 II. Struktur

1. Leasinggeber

Ähnlich wie beim Flugzeugleasing muss beim Schiffsleasing unterschieden werden zwischen dem Verleasen eines großen Seeschiffes oder einer kleinen Segelyacht. Abhängig von der Objektgröße tritt als Leasinggeber eine separate Ein-Objekt-Gesellschaft auf, oder es wird eine Vielzahl von Schiffen über eine Leasinggesellschaft verleast. Aus haftungsrechtlichen Gründen ist aber die Form einer **Ein-Objekt-Gesellschaft** für den Leasinggeber unbedingt vorzuziehen. Paradebeispiel für eine Haftung ist der Fall einer Ölverschmutzung durch ein Schiff, bei der unabhängig davon, ob der Oil Pollution Act Anwendung findet, die große Gefahr besteht, dass der Schiffseigner bei einer Ölverschmutzung in Anspruch genommen wird.[3] Im Gegensatz zu einem Flugzeug ist die Wahrscheinlichkeit, dass sich für den Schiffseigner Haftungsrisiken realisieren, zudem ungleich höher. Das hat seine Ursache darin, dass bei Flugzeugen besonders strenge Wartungsvorschriften bestehen, weil schon kleinste Mängel zu einem Absturz eines Flugzeugs führen können und die Überlebenschancen für die Passagiere deutlich geringer sind als bei einem Schiffsunglück. Allerdings ist in den letzten Jahren die Sicherheit von Schiffen in den bedeutenden internationalen Häfen deutlich verschärft überwacht worden.

13/311 Ebenso wie beim Flugzeugleasing spielt allerdings der Schutz vor einer Insolvenz des Leasinggebers für die Wahl einer Ein-Objekt-Gesellschaft beim Finanzierungs-Leasing auf Grund der geänderten BGH Rechtsprechung aus Sicht der refinanzierenden Bank keine entscheidende Rolle, da die Vorausabtretung von Leasingforderungen aus diesen Verträgen – ebenso wie beim Flugzeugleasing – in der Insolvenz des Leasinggebers nach deutschem Recht wirksam ist. Lediglich bei einem Operating-Leasingvertrag bzw. bei einer einfachen Vercharterung wird die Einschiffsgesellschaft auch aus insolvenzrechtlichen Gründen empfehlenswert sein, da die Möglichkeit einer Zwangsverwaltung fehlt.[4] Insoweit kann auf die Ausführungen unter Rn 13/289 f. und 293 verwiesen werden.

---

[1] Literatur: *Athanassopoulou*, Schiffsunternehmen und Schiffsüberlassungsverträge, 2005; *Altfuldisch*, Haftung und Entschädigung nach Tankerunfällen, 2009; *Graham Barnes* in Stephenson Harwood (Hrsg.) Shipping Finance, 3. Aufl. 2006; The role of insurance in shipping and ship finance, S. 485 ff.; *Bruhns*, Schiffahrtsrecht (seerechtliche Gesetze und Verordnungen zu Übereinkommen), Loseblattsammlung, Stand: 32.; *Clausius* in HSBA Handbook on Ship Finance, 2014, Ship Leasing, S 245 ff.; *Puttfarken*, Seehandelsrecht, 1997; *Gerhard*, Schiffsversicherungen in Grundlagen der Schiffsfinanzierung (Hrsg.: Winter/Hennig/Gerhard), 4. Aufl. 2013, Bd. 1, S. 283 ff.; *Prüßmann/Raabe*, Seehandelsrecht, 4. Aufl. 2000; *Riede* in Grundlagen der Schiffsfinanzierung (Hrsg.: Winter/Hennig/Gerhard), 4. Aufl. 2013, Bd. 2, S. 1307 ff. Leasing und andere Sonderfinanzierungsformen; *Russel* in Stephenson Harwood (Hrsg.) Shipping Finance, 3. Aufl. 2006; *Dobberahn*, Rechte an Schiffen und Luftfahrzeugen, MittRhNotK 1998, 145; *Zimmermann/Hamann* in BuB Rn 4/1700 ff.

[2] Zu Charterverträgen s. *Prüßmann/Raabe*, Seehandelsrecht, 4. Aufl. 2000, § 510 Rn 9 sowie § 556 Rn 7 ff.; vgl. auch *Puttfarken*, Seehandelsrecht, 1997, Rn 372; vgl. auch zur Bedeutung des Schiffsleasing im internationalen Vergleich, *Athanassopoulou*, Schiffsunternehmen und Schiffsüberlassungsverträge, 2005, S. 116.

[3] Vgl. hierzu auch *Russel* in Stephenson Harwood (Hrsg.) Shipping Finance, S. 31.

[4] Vgl. hierzu *Schmid-Burgk/Ditz*, ZIP 1996, 1123 (1125).

2. Vertragssprache 13/312

Auch bei der Vertragssprache lassen sich die Parallelen zwischen dem Flugzeug- und dem Schiffsleasing ziehen (s. Rn 13/211). Bei einem großen Seeschiff sind die Verträge auf Grund des internationalen Kontextes meist in englischer Sprache gefasst, während sie beim kleinen Segelschiff allgemein in Form eines deutschsprachigen Formularvertrages abgeschlossen werden. Zudem hat es Leasingmodelle, bedingt auch durch steuerliche und insolvenzrechtliche Rahmenbedingungen, weniger in der deutschen, sondern in der Anglo-Amerikanischen Jurisdiktion gegeben.

3. Refinanzierung 13/313

Bei der Refinanzierung eines Schiffsleasingvertrages bestehen keine strukturellen Unterschiede zur Refinanzierung eines Flugzeugleasingvertrages, so dass auf die Ausführungen unter Rn 13/292 f. verwiesen werden kann. Gerade im Schiffahrtsbereich verlangen große Charterunternehmen quiet enjoyment letters. Während diese bei einem echten Finanzierungs-Leasingvertrag nicht besonders problematisch sind, können sie – je nach Ausgestaltung – große Probleme für die refinanzierende Bank bereiten, je nachdem ob es sich um einen Operating-Leasingvertrag oder um einen einfachen Chartervertrag handelt. Auch insoweit kann auf die Ausführungen unter Rn 13/293 verwiesen werden.

III. Leasingobjekt 13/314

Leasingobjekt ist das **Schiff** einschließlich seiner **Bestandteile** und des **Zubehörs**. Im Unterschied zum Flugzeugleasing stellt sich aber für die refinanzierende Bank nicht das Problem, dass das Antriebsaggregat, der Schiffsmotor, nur einfacher Bestandteil des Schiffes ist.[1] Ursache ist hierfür, dass ein **Schiffsmotor** – anders als ein Triebwerk – nicht so leicht ein- und ausgebaut werden kann und damit nach deutschem Recht als wesentlicher Bestandteil eingeordnet wird. Deswegen kann der Wert des Schiffsmotors bei einer hypothekarischen Absicherung am Schiff fest einkalkuliert werden. Dabei sind aber – wie bei einer herkömmlichen Schiffsfinanzierung – etwaige vorrangige Schiffsgläubigerrechte zu berücksichtigen (s. hierzu Rn 4/1747 ff.).

IV. Die Anwendbarkeit der Sonderregelungen für AGB 13/315

Auf die Ausführungen zum Flugzeugleasing unter Rn 13/287 kann verwiesen werden.

---

[1] *Palandt/Ellenberger*, BGB, 74. Aufl. 2015, § 94 Rn 5; *Dobberahn*, Rechte an Schiffen und Luftfahrzeugen, MittRhNotK 1998, 145 (156); *Zimmermann* in BuB Rn 4/1720.

13/316 B. Vertragsklauseln

Im Wesentlichen sind bei den vertraglichen Absprachen ähnliche Besonderheiten wie beim Flugzeugleasing zu berücksichtigen (s. Rn 13/299 ff.). Sie ergeben sich aus der Tatsache, dass es sich um bewegliche Wirtschaftsgüter handelt, die aber zivilprozessual und insolvenzrechtlich als unbewegliche Gegenstände behandelt werden (s. Rn 13/255). Besonders erwähnenswert sind Fragen des Versicherungsschutzes.

13/317 I. Versicherung

Ein entscheidender Unterschied zwischen dem Flugzeug- und dem Schiffsleasing besteht im Bereich des Versicherungsrechts. Anders als bei Flugzeugen gab es in der Vergangenheit bei Schiffen in der Bundesrepublik Deutschland keine gesetzliche Pflichtversicherung auf Grund einer gesetzlichen Gefährdungshaftung.[1] Durch die Änderung des Internationalen Abkommens von 1992 und durch das Inkrafttreten eines weiteren Internationalen Übereinkommens im Jahre 2006,[2] wurden in der Umsetzung diverse Vorschriften erlassen, die zu einer widerlegbaren Gefährdungshaftung und de facto zu einer Versicherungspflicht führen.[3] Darüber hinaus lassen sich Kreditinstitute bereits in der herkömmlichen Schiffsfinanzierung durch Zusatzversicherungen dagegen versichern, dass ihnen der Wert des Schiffes auch im Krisenfalle zur Verfügung steht (s. Rn 4/1723 ff.).[4]

13/318
Ferner gilt es zu bedenken, dass die **Schiffs-Kaskoversicherung** nur Schäden abdeckt, die bei Bewegung des Schiffes entstanden sind; ein vollständiger Versicherungsschutz kann hierüber nicht erzielt werden. Von daher sind für die Schiffseigner die **protection and indemnity clubs (P & I)** von Bedeutung, die weiter gehende Haftungsrisiken auf der Basis der Gegenseitigkeit abdecken.[5] Diese P & I-Clubs gewähren allerdings keinen eigenen unmittelbaren Zahlungsanspruch, sondern nur einen Erstattungsanspruch, wenn der Reeder die entsprechenden Schäden bereits bezahlt hat.[6] Im Schiffahrtsbereich ist in den letzten Jahren verstärkt das Problem der Piraterie aufgetreten. Da das Risiko des Verlustes bzw. der fehlenden Verfügbarkeit des Schiffes und der Zahlung von Lösegeld nicht durch herkömmliche Versicherungen abgedeckt sind, auch nicht durch eine etwaige Kriegsversicherung, sind hier neue Versicherungspolicen entstanden.[7]

13/319 II. Risiken aus der Eigentümerstellung

Der Eigner eines Schiffes kann nach der maßgeblichen Rechtsordnung unter Umständen auch für Schäden aus dem Betrieb des Schiffes verantwortlich gemacht werden. Von daher lässt sich der Leasinggeber vom Leasingnehmer von derartigen Ansprüchen freistellen.[8]

---

[1] *Wöhm*, Die P & I-Clubs und die Sicherheit auf See, HANSA 1996, 22 (26): Der Nachweis einer Versicherung oder einer sonstigen finanziellen Sicherheit wird aber bei Öltankern verlangt, vgl. Art. VII des Internationalen Übereinkommens von 1992 über die zivilrechtliche Haftung für Ölverschmutzungsschäden (Haftungsübereinkommen von 1992) vom 25. Juli 1994, BGBl. II, 1150, zuletzt geändert durch Artikel 2 Absatz 38 u. Artikel 4 Absatz 24 des Gesetzes vom 7. August 2013 (BGBl. I S. 3154) abgedruckt bei *Bruhns*, Schiffahrtsrecht [seerechtliche Gesetze und Verordnungen zu Übereinkommen], Loseblattsammlung, Stand: 39/2015, unter Nr. 2211; vgl. hierzu auch *Gerhard*, Schiffsversicherungen in Grundlagen der Schiffsfinanzierung (Hrsg.: Winter/Hennig/Gerhard), 4. Aufl. 2013, Bd. 1, S. 290.
[2] Gesetz zu dem Internationalen Übereinkommen von 2001 über die zivilrechtliche Haftung für Bunkerölverschmutzungsschäden, BGBl. II, 2006, S. 578 ff.
[3] Vgl. hierzu auch Bundesamt für Seefahrt und Hydrografie (http://www.bsh.de) – Stichwort Haftungsangelegenheiten.
[4] Vgl. hierzu auch *Gerhard*, Schiffsversicherungen in Grundlagen der Schiffsfinanzierung (Hrsg.: Winter/Hennig/Gerhard), 4. Aufl. 2013, Bd. 1, S. 283 ff.; *Graham Barnes* in Stephenson Harwood (Hrsg.) Shipping Finance, 3. Aufl. 2006; The role of insurance in shipping and ship finance, S. 485 ff.
[5] Vgl. hierzu *Puttfarken*, Seehandelsrecht, 1977, Rn 964 ff.; *Wöhm*, Die P & I-Clubs und die Sicherheit auf See, HANSA 1996, 22 (26).
[6] *Puttfarken*, Seehandelsrecht, 1997, Rn 964.
[7] Vgl. hierzu *Wesemann*, Seehandels- und seeversicherungsrechtliche Probleme der modernen Piraterie am Horn von Afrika, 2013, S. 119 ff.
[8] Vgl. hierzu *Clausius* in HSBA Handbook on Ship Finance, 2014, Ship Leasing, S 254 f.

III. Regelungen zur Rückgabe des Schiffes

13/320

Ebenso wie bei Flugzeugen (s. Rn 13/300 f.) sind Regelungen für die Rückgabe des Schiffs bei Vertragsbeendigung erforderlich. Regelungsbedürftig sind sowohl der Ort der Rückgabe als auch der Zustand des Schiffes im Zeitpunkt der Rückgabe.

Der **Rückgabeort** sollte unter Berücksichtigung der Größe des Schiffes und des geplanten Einsatzortes gewählt werden. Allgemeinverbindliche Regelungen sind schwer vorstellbar; denn der Rückgabeort einer kleinen Motoryacht ist selbstverständlich anders zu wählen als der Rückgabeort eines großen Containerschiffes. Auch eine Verständigung auf den Heimathafen des Schiffes scheidet aus; zumindest kann dies nur als Auffanglösung dienen, weil der Zeitfaktor anders als bei Flugzeugen eine große Rolle spielt. Während ein Flugzeug innerhalb eines Tages um die ganze Welt fliegen kann, benötigt ein Schiff hierfür bekanntlich mehrere Wochen. Fährt aber ein Schiff mehrere Wochen ohne Ladung umher, so entstehen allein durch den Personalaufwand entsprechende Verluste.

Zu regeln ist auch der **Zustand des Schiffes** während der Vertragslaufzeit und im Zeitpunkt der Rückgabe. Nicht ausreichend ist eine vertragliche Regelung, nach der das Schiff in ordnungsgemäßem Zustand zu erhalten und zurückzugeben ist; vielmehr sollte eine Spezifizierung erfolgen. In der Vergangenheit bestand insoweit die Schwierigkeit, dass internationale Sicherheitsstandards für Schiffe nicht oder nicht so spezifiziert waren, wie dies bei Flugzeugen der Fall ist. Nunmehr ist ein Verweis auf die Einhaltung des International Safety Management Code möglich.[1] Herkömmlicherweise wird vereinbart werden, dass die Bedingungen für die Aufnahme in einen anerkannten P & I-Club ständig erfüllt sein müssen. Auch der deutsche Gesetzgeber hat hier zwischenzeitlich durch den Erlass des Schiffssicherheitsgesetzes reagiert.[2] § 3 Schiffssicherheitsgesetz regelt grundsätzlich die Verpflichtung desjenigen, der ein Schiff zur Seefahrt einsetzt, dieses in einem betriebssicheren Zustand zu halten. Die Regelungen des Schiffssicherheitsgesetzes dienen teilweise auch zugleich der Umsetzung von EG-Richtlinien zur Durchsetzung internationaler Normen für die Schiffssicherheit. So sieht § 14 Schiffssicherheitsgesetz auch die Überprüfung von Schiffen unter ausländischer Flagge vor. Diese Regelungen sind Reaktionen der Staatengemeinschaft auf die katastrophalen Folgen von Schiffsunfällen, bei denen ganze Küstenregionen durch Öl verschmutzt worden sind.

13/321

Wird der Zustand des Schiffes vertraglich nicht spezifiziert geregelt, besteht die Gefahr, dass bei einem Unfall durch ein seeuntüchtiges Schiff öffentlich rechtliche Schadensersatzansprüche gegenüber dem Schiffseigner geltend gemacht werden können, bzw. als vorrangige Ansprüche am Schiff geltend gemacht werden und somit der Wert des Schiffes vernichtet wird. Dem Eigentümer eines Seeschiffes ist es zwar nach dem Internationalen Übereinkommen zur Haftungsbeschränkung grundsätzlich möglich, seine Haftung summenmäßig zu begrenzen.[3] Diese Haftungsbeschränkung setzt jedoch voraus, dass ihn kein Verschulden trifft. Zudem gilt es zu berücksichtigen, dass dieses Übereinkommen nicht von allen Staaten ratifiziert worden ist. So ist bspw. eine Haftungsbeschränkung in den USA nach dem Oil Pollution Act von 1990 nicht möglich für Ölschäden.[4]

---

[1] *Wöhm*, Die P & I-Clubs und die Sicherheit auf See, HANSA 1996, 22; s. hierzu auch *von Gerlach*, Die Seesicherheitsuntersuchung, 2005, S. 69 m. w. N.
[2] Schiffssicherheitsgesetz vom 9.9.1998, BGBl I 1998, 2860 ff., zuletzt geändert durch Artikel 1 der Verordnung vom 23. Januar 2014 (BGBl. I S. 78).
[3] Internationales Übereinkommen über die Beschränkung der Haftung der Eigentümer von Seeschiffen vom 10.10.1957, BGBl II 1972, 672 ff., vgl. dort Art. 1 und 3.
[4] Vgl. hierzu *Rambusch* in Business Workouts Manual, 2nd edition 2002, Chapter 16, § 16.52 f.

Sechster Abschnitt: Eisenbahnleasing

13/322 A. Grundlagen[1]

I. Einleitung

Der Begriff „**Eisenbahnleasing**" ist schlagwortartig besetzt. Darunter ist hier das Leasing von Eisenbahnrollmaterial zu verstehen. Das bedeutet wiederum, dass motorisiertes Material wie Lokomotiven als auch unmotorisiertes Material wie Waggons hiervon umfasst sind. Allerdings ist der Begriff „Eisenbahnen" im Gesetz in § 2 Abs. 1 AEG definiert.[2] Danach handelt es sich um öffentliche Einrichtungen oder privatrechtlich organisierte Unternehmen, die Eisenbahnverkehrsleistungen erbringen. Denkbar wäre es daher auch zu Unterscheidungszwecken vom Leasing von Schienenfahrzeugen zu sprechen. Unter dem Begriff Schienenfahrzeuge verbergen sich sowohl motorisierte Fahrzeuge wie Lokomotiven oder Triebwagen als auch unmotorisierte Fahrzeuge wie Güterwaggons oder Personenwaggons. Schienenfahrzeuge sind Mobilien im Rechts- als auch im Steuersinne. Letztlich ist es eine Geschmacksfrage, ob man hier vom Schienenfahrzeugleasing, vom Eisenbahnleasing oder vom Leasing von Eisenbahnrollmaterial spricht. Da aber bei der Übersetzung internationaler Verträge ins Deutsche meist nur von Eisenbahnen die Rede ist, soll hier der Begriff Eisenbahnleasing verwendet werden.[3]

13/323
Der Markt für Eisenbahnen/Schienenfahrzeuge stellt ein gewaltiges Investitionsvolumen dar. Dennoch erfreut sich bislang das Leasing von Eisenbahnen nach offiziellen Statistiken nicht sonderlich großer Beliebtheit, obwohl es sich hier um langlebige Wirtschaftsgüter handelt, bei der die Gefahr des Wertverlustes relativ gering ist. Nach Erhebungen des Bundesverbandes Deutscher Leasinggesellschaften, kommt der Bereich Schienen-, Luft- und Wasserfahrzeuge im Jahre 2013 gerade einmal auf 1 % des gesamten Leasingvolumens in Deutschland.[4] Auch wenn dies gegenüber dem Vorjahr ein erheblicher Rückgang ist, ist dies keine ausreichende Erklärung für die geringe Präsenz des Leasings in diesem Bereich des Transportsektors. Ein Grund mag hierfür in der besonderen Langlebigkeit der Schienenfahrzeuge liegen. Bei einer Abschreibungsdauer von 22,5 Jahren ist für eine Vollamortisation eine entsprechend langfristige Vertragsbindung im deutschen Recht notwendig. Entscheidend dürfte aber sein, dass durch die Erhebungen des Bundesverbandes Deutscher Leasinggesellschaften bzw. des IFO Instituts zwar die Geschäfte der Leasinggesellschaften erhoben werden, vielfach werden aber Leasingkonstruktionen von großen Investitionsgütern über Ein- Objekt- Gesellschaften gestaltet und diese Gesellschaften werden nicht zwingend als Leasinggesellschaften statistisch erfasst. So finden sich seit dem Jahre 2000 verstärkt Leasingkonstruktionen.[5] Und gerade im Bereich des Schienen Personen Nahverkehrs gibt es einen erheblichen Investitionsbedarf, der teilweise über Leasing realisiert wird.[6] Und in dieser Statistik sind die Zahlen ausländischer Leasinggesellschaften nicht erfasst.

---

[1] *Bollweg/Kreutzer*, Das Luxemburger Eisenbahnprotokoll, IPRax 2008, S. 176 ff.; *von Bodungen*, Mobiliarsicherungsrechte an Luftfahrzeugen und Eisenbahnrollmaterial im nationalen und internationalen Rechtsverkehr, 2008; *Kunz/Kramer*, Deutsches und Europäisches Eisenbahnrecht, Loseblattwerk, 41. Auflage 2015; *Fuchs*, Leasing von Schienenfahrzeugen, Güterbahnen 2006, 12 ff.
[2] AEG Allgemeines Eisenbahngesetz vom 27.12.1993 abrufbar im Internet auf der Seite des Eisenbahn-Bundesamt (http://www.eba.bund.de/DE/SubNavi/EBA/eba_node.html).
[3] Vgl. unten Fn. 8 und Fn. 12.
[4] Vgl. Jahresbericht des Bundesverbandes Deutscher Leasinggesellschaften 2014, abrufbar im Internet unter http://bdl.leasingverband.de/fileadmin/internet/downloads/2014-08-25_jahresbericht_2014_final.pdf.
[5] *Breinl*, Eisenbahnkurier 2011, 50 ff.
[6] Fahrzeugfinanzierung im SPNV, eine Studie der SCI im Auftrag der Deutschen Bahn, S. 26 abrufbar im Internet unter http://www.deutschebahn.com/file/de/2192370/puC_dBvjb0ioBvMyeLb0EdbhMWQ/3048378/data/sci_spnv_fahrzeugfinanzierung.pdf, wonach zwischen den Jahren 2014–2020 in Deutschland ein Investitionsvolumen von bis zu 17 Milliarden erwartet wird.

II. Struktur

13/324

Auch beim Eisenbahnleasing findet sich die ganze Bandbreite von Leasingmodellen. Teils werden einzelne Lokomotiven oder Waggons verleast, teils sind es ganze Flotten. Gerade beim Verleasen einer ganzen Flotte werden hierfür spezielle Gesellschaften gegründet. Werden die Schienenfahrzeuge im grenzüberschreitenden Verkehr eingesetzt oder sind Leasinggeber ausländische Gesellschaften, werden die Verträge in englischer Sprache abgefasst. Bei der Vermietung von Waggons gilt es zu beachten, dass die Überlassung von Waggons sich häufig an standardisierten Bedingungen (General Contract of Use for Waggons -GCU) orientiert,[1] die letztlich auf der COTIF (Convention relative aux transports internationaux ferroviaires) dem Internationalen Übereinkommen über den Eisenbahnverkehr beruhen.[2]

1. Laufzeit

13/325

Bedingt durch die Langlebigkeit der Leasingobjekte und der entsprechenden langen Abschreibungsdauer sind auch vielfach Operatingleasingverträge gebräuchlich. Um das finanzielle Risiko für den Leasinggeber einzugrenzen, bzw. abzusichern wird hier häufig mit Wiedereinsatzgarantien gearbeitet. Das bedeutet, dass der öffentlich-rechtliche Aufgabenträger, der die Eisenbahndienstleistung ausgeschrieben hat, sich bereits bei Abschluss der Verträge verpflichtet, für einen Wiedereinsatz der betreffenden Schienenfahrzeuge nach Ablauf der festen Mietperiode zu sorgen. Da die Vergabe von Verkehrsdienstleistungen ausgeschrieben werden muss, muss aber die Übernahme einer solchen Wiedereinsatzgarantie von Anfang an in der Ausschreibung mit aufgeführt sein. Entscheidend ist hier aber der genaue Wortlaut um beurteilen zu können, ob es sich hierbei um eine rechtsverbindliche Haftungserklärung oder lediglich um eine unverbindliche Absichtserklärung handelt.

2. Leasinggeber

13/326

Die Errichtung separater Gesellschaften erfolgt beim Verleasen von Rollmaterial ähnlich wie beim Verleasen von Schiffen und Flugzeugen auch aus haftungsrechtlichen Gründen. So gibt es gemäß § 1 des Haftpflichtgesetzes eine verschuldensunabhängige Haftung beim Betrieb einer Schienenbahn. Sprachlich ist dies etwas anders geregelt als im Luftverkehrsrecht, da dort bei der Frage der Haftung auf den Halter abgestellt wird. Beiden Haftungsregimen gemeinsam ist, dass es sich um eine Gefährdungshaftung handelt.[3]

3. Refinanzierung

13/327

Die Refinanzierung von Eisenbahnleasingverträgen folgt den Regeln bei der Refinanzierung sonstiger beweglicher Leasingobjekte, da Schienenfahrzeuge Mobilien im Rechtssinne sind. Insofern muss bei der Refinanzierung derartiger Leasingverträge darauf geachtet werden, dass die Regelungen des § 108 Abs. 1 Satz 2 InsO eingehalten sind.[4] Hier gilt es zu berücksichtigen, dass die Schienenfahrzeuge häufig auch grenzüberschreitend eingesetzt werden. Nach deutschem Internationalen Privatrecht ist gemäß Art. 45 Abs. 1 Nr. 3 EGBGB für die Frage, wer Rechte an einem Schienenfahrzeug hat, auf die Rechtsordnung abzustellen, in der das Schienenfahrzeug zugelassen ist. Doch eine Sicherungsübereignung ist im Ausland vielfach nicht bekannt, bzw. wird nicht anerkannt.[5] Von daher stellt sich die Frage, ob die nach § 108 Abs. 1 Satz 2 InsO erforderliche Voraussetzung einer (wirksamen) Sicherungsübereignung bei Schienenfahrzeugen im Auslandseinsatz überhaupt erfüllt sein kann. Insoweit sollte bei Leasingobjekten im grenzüberschreitenden Einsatz auch mit einer Verpfändung zu

---

[1] Die Bedingungen sind unter der Adresse des GCU Bureaus im Internet veröffentlicht unter http://www.gcubureau.org/welcome.
[2] Vgl. *Kunz/Kramer*, Deutsches und Europäisches Eisenbahnrecht, Loseblattwerk, 41. Auflage 2015.
[3] Vgl. hierzu MünchKommBGB/*Wagner*, 6. Aufl. 2013 Vorbemerkungen §§ 823 BGB Rn 16.
[4] Vgl. hierzu *Peters* in BuB 13/164 ff.
[5] *von Bodungen*, Mobiliarsicherungsrechte an Luftfahrzeugen und Eisenbahnrollmaterial im nationalen und internationalen Rechtsverkehr, 2008, S. 224 ff.

Gunsten der refinanzierenden Bank gearbeitet werden.[1] Ein deutlich größeres Maß an Rechtssicherheit wird aber erst mit dem Inkrafttreten der Kapstadt Übereinkunft und dem Luxemburger Zusatzprotokoll von 2007 geschaffen.[2] Danach wird die Möglichkeit eines internationalen Sicherungsrechts geschaffen, das in einem zentralen Register eingetragen werden soll. Deutschland hat die Kapstadt Übereinkunft als auch das Luxemburger Zusatzprotokoll zwar unterschrieben, aber bislang nicht ratifiziert.

Soweit es sich um Operating Leasingverträge handelt, ist darauf hinzuweisen, dass die insolvenzfeste Abtretung dieser Forderungen bislang vom BGH höchstrichterlich bislang noch nicht abgeklärt ist. Hier sind angesichts der Nähe zur Miete Vorbehalte anzubringen. Allerdings sind gerade im Operatingleasing von Schienenfahrzeugen Vertragsklauseln gebräuchlich, die die Grenzen zum Finanzierungsleasing verwischen, so dass die Unterscheidung zwischen Operating- und Finanzierungsleasing künstlich wirkt.

Schließlich muss sich ein Refinanzier eines Eisenbahnleasingvertrages bewusst sein, dass ein unbedingter Zugriff auf das Leasingobjekt auf Grund gesetzlicher Bestimmungen/internationaler Abkommen nicht in jeder Situation gewährleistet ist. So verbietet beispielsweise ein noch heute gültiges Gesetz aus dem Jahre 1886, dass Fahrbetriebsmittel solange nicht pfändbar sind, solange sie im öffentlichen Verkehr für die Personen oder Güterbeförderung eingesetzt werden.[3] Dieser Schutz gilt auch länderübergreifend auf Grund eines internationalen Übereinkommens.[4] Auch darf der Betrieb eines Bahnunternehmens nur mit Genehmigung der Aufsichtsbehörde eingeschränkt oder stillgelegt werden.[5] Schon sehr früh wurde demnach erkannt, dass für einen funktionierenden öffentlichen Verkehr ein störungsfreier Verlauf gewährleistet sein muss.

III. Leasingobjekt

Leasingobjekt ist das jeweilige Schienenfahrzeug, d. h. die Lokomotive oder der Waggon. Zur genauen Spezifikation ist die Angabe der Seriennummern zwingend zu empfehlen. Dies gilt insbesondere bei Güterwagons. Da die Schienenfahrzeuge ständig unterwegs sind, ist es für den Leasinggeber wichtig zu wissen, wo sich die Waggons befinden. Für die Unterzeichner der General Contract of Use for Waggons kann dies mit Hilfe einer online Datenbank erleichtert werden.[6]

---

[1] Vgl. hierzu *Schmid-Burgk/Ditz* ZIP 1996, 1123, 1125 sowie zustimmend *Eckert* in MünchKomm InsO, Bd. II, 3. Auflage, § 108 Rn 50. m. w. N.
[2] Übereinkommen über internationale Sicherungsrechte an beweglicher Ausrüstung (Kapstadt Konvention) vom 16.12.2001 abrufbar im Internet unter: www.unidroit.org; vgl. *Bollweg/Kreutzer*, Das Luxemburger Eisenbahnprotokoll, IPRax 2008, S. 176 ff.
[3] Gesetz betreffend die Unzulässigkeit der Pfändung von Eisenbahnfahrbetriebsmitteln vom 3. Mai 1886 abrufbar im Internet z. B. unter http://www.transportnormen.de/datenbank/eisenbahn/nationales-recht/bundesrecht/gesetz-betreffend-die-unzulaessigkeit-der-pfaendung-von-eisenbahnfahrbetriebsmitteln/.
[4] Vgl. Art. 12 § 5 des Übereinkommens über den internationalen Eisenbahnverkehr (COTIF) vom 9.5.1980 i. d. F. vom 3.6.1999 abrufbar im Internet z. B. unter http://www.transportnormen.de/datenbank/eisenbahn/internationales-recht/zwischenstaatliche-uebereinkommen/uebereinkommen-ueber-den-internationalen-eisenbahnverkehr-cotif/.
[5] Vgl. § 1 Gesetz über Maßnahmen zur Aufrechterhaltung des Betriebs von Bahnunternehmen des öffentlichen Verkehrs vom 7. März 1934, abrufbar im Internet z. B. unter http://www.gesetze-im-internet.de/bahng/BJNR200910934.html.
[6] Siehe hierzu die für Mitglieder zugängliche Datenbank unter http://www.gcubureau.org/welcome.

B. Vertragsklauseln

I. Versicherung

Aufgrund der oben erwähnten verschuldensunabhängigen Haftung beim Betrieb von Schienenfahrzeugen ist es für den Leasinggeber wichtig nicht als Betriebsunternehmer betrachtet zu werden. Im Leasingvertrag wird daher zunächst zu regeln sein, dass der Leasingnehmer selbstständiger Betreiber ist. Insoweit ist dies sprachlich etwas anders zu regeln als beim Flugzeugleasing, da dort für die Haftung auf den Halter abgestellt wird. Allerdings gilt es zu beachten, dass die Versicherungspflicht auch den Halter des Eisenbahnfahrzeuges trifft.[1] Von daher wird es in Leasingverträgen darüber hinaus eine Regelung geben, wer als Halter anzusehen ist. Ferner wird sich der Leasinggeber den Abschluss der entsprechenden Haftpflichtversicherung nachweisen lassen. Zusätzlich wird der Leasinggeber aber darauf achten, dass ein entsprechender Versicherungsschutz auf Grund der Eigentümerstellung besteht und auch das Kaskointeresse abgedeckt ist.

II. Gewährleistung

Beim Operatingleasing von Eisenbahnen sind teilweise auch Regelungen anzutreffen, bei denen die Gewährleistung voll und ganz auf den Leasingnehmer abgewälzt wird.[2] Im Gegenzug werden dem Leasingnehmer die Gewährleistungsrechte gegen den Hersteller bzw. gegen das Wartungsunternehmen abgetreten. Damit besteht der Unterschied zum Finanzierungsleasing bei einem Operatingleasing in der Form des dry lease nur darin, dass der Leasinggeber das volle Restwertrisiko trägt und der Leasinggegenstand bei Vertragsablauf gerade nicht voll amortisiert ist.

Individualvertraglich kann der Gewährleistungsausschluss vereinbart werden. Ob ein solcher Ausschluss auch formularmäßig beim Operatingleasing vereinbart werden kann, ist höchstrichterlich bislang noch nicht entschieden. Allerdings gilt es beim Verleasen von Schienenfahrzeugen zu berücksichtigen, dass es insbesondere bei Lokomotiven selbstverständlich und gesetzlich vorgeschrieben ist, dass diese umfangreich und verlässlich gewartet werden müssen. So sind die Anforderungen an die Sicherheit im Eisenbahnverkehr innerhalb der Europäischen Union sehr hoch, was seinen Ausdruck in verschiedenen EU Richtlinien und entsprechenden nationalen Ausführungsgesetzen findet.[3] Das bedeutet, dass es für das Verleasen von Lokomotiven zwingende Voraussetzung ist, dass diese umfangreich und regelmäßig gewartet werden. Die Wartung ist auch nur durch zertifizierte Betriebe zulässig. Ein Leasinggeber muss dann mit der Wartung einen zertifizierten Betrieb beauftragen, es sei denn er verfügt ausnahmsweise selbst über eine solche Zertifizierung, was bei Ein-Objekt-Gesellschaften von vornherein ausscheiden dürfte. Letztlich ist es dann aber eine Frage des Preises, ob der Leasinggeber den Wartungsvertrag mit dem zertifizierten Betrieb selbst abschließt oder den Leasingnehmer verpflichtet, einen solchen Wartungsvertrag abzuschließen. Ist der Leasinggeber auf Grund gesetzlicher Bestimmungen gar nicht in der Lage, Wartungsleistungen selbst zu erbringen und ist es dann nur eine Frage des Preises, ob der Leasinggeber die Wartungsverpflichtung über einen Dritten mit anbietet oder den Leasingnehmer zum Abschluss eines Wartungsvertrages verpflichtet, muss es zulässig sein, die Wartungsverpflichtung auf den Leasingnehmer abzuwälzen. Ist aber die Wartungsverpflichtung wirksam auf den Leasingnehmer abgewälzt, so sollte die Frage der Gewährleistung, sieht man einmal vom Fall der vollständigen Gebrauchsuntauglichkeit einmal ab, praktisch keine Rolle spielen. So lange aber der BGH über den wirksamen Gewährleistungsausschluss bei einem Operatingleasing nicht entschieden hat, empfiehlt es sich den Gewährleistungsausschluss und die Wartungsverpflichtung des Leasingnehmers in getrennten Klauseln zu vereinbaren. Bei einer wirksamen Übertragung

---

[1] Vgl. § 1 Abs.4 der Verordnung über die Haftpflichtversicherung der Eisenbahnen vom 21.12.1995 i. d. F. vom 1.4.2015, abrufbar im Internet unter http://www.gesetze-im-internet.de/ebhaftpflv/BJNR210100995.html.
[2] *Fuchs*, Güterbahnen 2006, 12, 13.
[3] EU Richtlinie 2004/49 vom 29.April 2004 über Eisenbahnsicherheit in der Gemeinschaft zuletzt geändert durch die Richtlinie 2001/14/EG, abrufbar nebst weitergehenden Vorschriften im Internet unter http://publications.europa.eu/resource/cellar/a7a8b29d-b125-476a-881b-26be18713332.0004.02/DOC_1 ; vgl. auch Allgemeines Eisenbahngesetz (AEG) dort insbesondere § 4 und § 4a, abrufbar im Internet unter http://www.gesetze-im-internet.de/aeg_1994/index.html#BJNR239600993BJNE000302301.

der Wartungsverpflichtung auf den Leasingnehmer hat dann der Gewährleistungsausschluss in der Praxis dann kaum eine Bedeutung.

Ergänzend anzumerken ist, dass die Anforderung an die Sicherheiten und Wartung nicht nur bei Lokomotiven zu beachten sind, sondern strenge Anforderungen auch bei Waggons gelten. So sprechen §§ 4 und 4a AEG ganz allgemein von der Sicherheit von Eisenbahnfahrzeugen. Für Güterwaggons sind die Sicherheitsanforderungen auf Grund einer EU Richtlinie aber vereinheitlicht.[1] Die vorstehenden Überlegungen zum Gewährleistungsausschluss bzw. der Übertragung von Wartungsverpflichtungen gelten daher in gleicher Weise nicht nur für Lokomotiven sondern auch für Waggons.

13/331   III. Sonstige Regelungen

Soweit es um die Problematik des Rechts der Allgemeinen Geschäftsbedingungen geht, kann auf die zum Gebäudeleasing gemachten Ausführungen verwiesen werden (s. Rn 13/270 f.).

Regelungen zur Rückgabe des Leasingobjektes sind empfehlenswert, insbesondere in welchem Zustand das Leasingobjekt sein muss. Dies wird meist in einem Rückgabeprotokoll dokumentiert. Hier wird ebenso – wie bei der Übergabe –, der (technische) Zustand des Leasingobjektes festgehalten. Das Protokoll ist von beiden Parteien zu unterzeichnen. Auch hier ist es hilfreich den Standard der durch den General Contract of Use for Waggons, insbesondere Appendix 9, mitheranzuziehen.[2]

---

[1] EU Verordnung Nr. 445/2011 vom 10.Mai 2011 über ein System zur Zertifizierung von für die Instandhaltung von Güterwagen zuständigen Stellen, abrufbar im Internet unter http://eur-lex.europa.eu/legal-content/DE/TXT/?uri=CELEX:32011R0445.

[2] Die Bedingungen sind unter der Adresse des GCU Bureaus im Internet veröffentlicht unter http://www.gcubureau.org/welcome.

Leasing-Erlasse/Schreiben des Bundesministers der Finanzen

Vollamortisations-Erlaß vom 19. April 1971
Mobilien-Leasing

Bundesminister der Finanzen IV B/2-S 2170-31/71

Betreff: Ertragsteuerliche Behandlung von Leasingverträgen über bewegliche Wirtschaftsgüter

Unter Bezugnahme auf das Ergebnis der Erörterungen mit den obersten Finanzbehörden der Länder wird zu der Frage der steuerlichen Behandlung von Leasingverträgen über bewegliche Wirtschaftsgüter wie folgt Stellung genommen:

I. Allgemeines

Der Bundesfinanzhof hat mit Urteil vom 26. Januar 1970 (BStBl. II 1970 S. 264) zur steuerlichen Behandlung von sogenannten Finanzierungsleasingverträgen über bewegliche Wirtschaftsgüter Stellung genommen.

Um eine einheitliche Rechtsanwendung durch die Finanzverwaltung zu gewährleisten, kann bei vor dem 24. April 1970 abgeschlossenen Leasingverträgen aus Vereinfachungsgründen von dem wirtschaftlichen Eigentum des Leasinggebers am Leasinggut und einer Vermietung oder Verpachtung an den Leasingnehmer ausgegangen werden, wenn die Vertragsparteien in der Vergangenheit übereinstimmend eine derartige Zurechnung zugrunde gelegt haben und auch in Zukunft daran festhalten. Das gilt auch, wenn die Vertragslaufzeit über den genannten Stichtag hinausreicht (vgl. Schreiben vom 21. Juli 1970 IV B/2 – S 2170 – 52/70 IV A/1 – S 7471 – 10/70 – BStBl. I 1970 S. 913).

Für die steuerliche Behandlung von nach dem 23. April 1970 abgeschlossenen Leasingverträgen über bewegliche Wirtschaftsgüter sind die folgenden Grundsätze zu beachten. Dabei ist als betriebsgewöhnliche Nutzungsdauer der in den amtlichen AfA-Tabellen angegebene Zeitraum zugrunde zu legen.

II. Begriff und Abgrenzung des Finanzierungsleasingvertrages bei beweglichen Wirtschaftsgütern

1. Finanzierungsleasing im Sinne dieses Schreibens ist nur dann anzunehmen, wenn
    a) der Vertrag über eine bestimmte Zeit abgeschlossen wird, während der der Vertrag bei vertragsgemäßer Erfüllung von beiden Vertragsparteien nicht gekündigt werden kann (Grundmietzeit), und
    b) der Leasingnehmer mit den in der Grundmietzeit zu entrichtenden Raten mindestens die Anschaffungs- oder Herstellungskosten sowie alle Nebenkosten einschließlich der Finanzierungskosten des Leasinggebers deckt.

2. Beim Finanzierungsleasing von beweglichen Wirtschaftsgütern sind im wesentlichen folgende Vertragstypen festzustellen:
   a) Leasingverträge ohne Kauf- oder Verlängerungsoption
      Bei diesem Vertragstyp sind zwei Fälle zu unterscheiden:
      Die Grundmietzeit
      aa) deckt sich mit der betriebsgewöhnlichen Nutzungsdauer des Leasinggegenstandes,
      bb) ist geringer als die betriebsgewöhnliche Nutzungsdauer des Leasinggegenstandes. Der Leasingnehmer hat nicht das Recht, nach Ablauf der Grundmietzeit den Leasinggegenstand zu erwerben oder den Leasingvertrag zu verlängern.
   b) Leasingverträge mit Kaufoption
      Der Leasingnehmer hat das Recht, nach Ablauf der Grundmietzeit, die regelmäßig kürzer ist als die betriebsgewöhnliche Nutzungsdauer des Leasinggegenstandes, den Leasinggegenstand zu erwerben.
   c) Leasingverträge mit Mietverlängerungsoption
      Der Leasingnehmer hat das Recht, nach Ablauf der Grundmietzeit, die regelmäßig kürzer ist als die betriebsgewöhnliche Nutzungsdauer des Leasinggegenstandes, das Vertragsverhältnis auf bestimmte oder unbestimmte Zeit zu verlängern.
      Leasingverträge ohne Mietverlängerungsoption, bei denen nach Ablauf der Grundmietzeit eine Vertragsverlängerung für den Fall vorgesehen ist, daß der Mietvertrag nicht von einer der Vertragsparteien gekündigt wird, sind steuerlich grundsätzlich ebenso wie Leasingverträge mit Mietverlängerungsoptionen zu behandeln. Etwas anderes gilt nur dann, wenn nachgewiesen wird, daß der Leasinggeber bei Verträgen über gleiche Wirtschaftsgüter innerhalb eines Zeitraums von neun Zehnteln der betriebsgewöhnlichen Nutzungsdauer in einer Vielzahl von Fällen das Vertragsverhältnis auf Grund seines Kündigungsrechts beendet.
   d) Verträge über Spezial-Leasing
      Es handelt sich hierbei um Verträge über Leasinggegenstände, die speziell auf die Verhältnisse des Leasingnehmers zugeschnitten und nach Ablauf der Grundmietzeit regelmäßig nur noch beim Leasingnehmer wirtschaftlich sinnvoll verwendbar sind. Die Verträge kommen mit oder ohne Optionsklausel vor.

III. Steuerliche Zurechnung des Leasinggegenstandes

Die Zurechnung des Leasinggegenstandes ist von der von den Parteien gewählten Vertragsgestaltung und deren tatsächlicher Durchführung abhängig. Unter Würdigung der gesamten Umstände ist im Einzelfall zu entscheiden, wem der Leasinggegenstand steuerlich zuzurechnen ist. Bei den unter II.2. genannten Grundvertragstypen gilt für die Zurechnung das Folgende:
1. Leasingverträge ohne Kauf- oder Verlängerungsoption
   Bei Leasingverträgen ohne Optionsrecht ist der Leasinggegenstand regelmäßig zuzurechnen
   a) dem Leasinggeber,
      wenn die Grundmietzeit mindestens 40 v.H. und höchstens 90 v.H. der betriebsgewöhnlichen Nutzungsdauer des Leasinggegenstandes beträgt,
   b) dem Leasingnehmer,
      wenn die Grundmietzeit weniger als 40 v.H. oder mehr als 90 v.H. der betriebsgewöhnlichen Nutzungsdauer beträgt.
2. Leasingverträge mit Kaufoption
   Bei Leasingverträgen mit Kaufoption ist der Leasinggegenstand regelmäßig zuzurechnen
   a) dem Leasinggeber,
      wenn die Grundmietzeit mindestens 40 v.H. und höchstens 90 v.H. der betriebsgewöhnlichen Nutzungsdauer des Leasinggegenstandes beträgt und der für den Fall der Ausübung des Optionsrechts vorgesehene Kaufpreis nicht niedriger ist als der unter Anwendung der linearen AfA nach der amtlichen AfA-Tabelle ermittelte Buchwert oder der niedrigere Wert im Zeitpunkt der Veräußerung,

b) dem Leasingnehmer,
- aa) wenn die Grundmietzeit weniger als 40 v.H. oder mehr als 90 v.H. der betriebsgewöhnlichen Nutzungsdauer beträgt oder
- bb) wenn bei einer Grundmietzeit von mindestens 40 v.H. und höchstens 90 v.H. der betriebsgewöhnlichen Nutzungsdauer der für den Fall der Ausübung des Optionsrechts vorgesehene Kaufpreis niedriger ist als der unter Anwendung der linearen AfA nach der amtlichen AfA-Tabelle ermittelte Buchwert oder der niedrigere gemeine Wert im Zeitpunkt der Veräußerung.

Wird die Höhe des Kaufpreises für den Fall der Ausübung des Optionsrechts während oder nach Ablauf der Grundmietzeit festgelegt oder verändert, so gilt Entsprechendes. Die Veranlagungen sind gegebenenfalls zu berichtigen.

3. Leasingverträge mit Mietverlängerungsoption

Bei Leasingverträgen mit Mietverlängerungsoption ist der Leasinggegenstand regelmäßig zuzurechnen

a) dem Leasinggeber,
wenn die Grundmietzeit mindestens 40 v.H. und höchstens 90 v.H. der betriebsgewöhnlichen Nutzungsdauer des Leasinggegenstandes beträgt und die Anschlußmiete so bemessen ist, daß sie den Wertverzehr für den Leasinggegenstand deckt, der sich auf der Basis des unter Berücksichtigung der linearen Absetzung für Abnutzung nach der amtlichen AfA-Tabelle ermittelten Buchwertes oder des niedrigeren gemeinen Wertes und der Restnutzungsdauer laut AfA-Tabelle ergibt,

b) dem Leasingnehmer,
- aa) wenn die Grundmietzeit weniger als 40 v.H. oder mehr als 90 v.H. der betriebsgewöhnlichen Nutzungsdauer des Leasinggegenstandes beträgt oder
- bb) wenn bei einer Grundmietzeit von mindestens 40 v.H. und höchstens 90 v.H. der betriebsgewöhnlichen Nutzungsdauer die Anschlußmiete so bemessen ist, daß sie den Wertverzehr für den Leasinggegenstand nicht deckt, der sich auf der Basis des unter Berücksichtigung der linearen AfA nach der amtlichen AfA-Tabelle ermittelten Buchwerts oder des niedrigeren gemeinen Werts und der Restnutzungsdauer laut AfA-Tabelle ergibt.

Wird die Höhe der Leasingraten für den Verlängerungszeitraum während oder nach Ablauf der Grundmietzeit festgelegt oder verlängert, so gilt Entsprechendes.
Abschnitt II. Nr. 2. Buchstabe c Sätze 2 und 3 sind zu beachten.

4. Verträge über Spezialleasing

Bei Spezialleasingverträgen ist der Leasinggegenstand regelmäßig dem Leasingnehmer ohne Rücksicht auf das Verhältnis von Grundmietzeit und Nutzungsdauer und auf Optionsklauseln zuzurechnen.

IV. Bilanzmäßige Darstellung von Leasingverträgen bei Zurechnung des Leasinggegenstandes beim Leasinggeber

1. Beim Leasinggeber
Der Leasinggeber hat den Leasinggegenstand mit seinen Anschaffungs- oder Herstellungskosten zu aktivieren. Die Absetzung für Abnutzung ist nach der betriebsgewöhnlichen Nutzungsdauer vorzunehmen.
Die Leasingraten sind Betriebseinnahmen.

2. Beim Leasingnehmer
Die Leasingraten sind Betriebsausgaben.

V. Bilanzmäßige Darstellung von Leasingverträgen bei Zurechnung des Leasinggegenstandes beim Leasingnehmer

1. Beim Leasingnehmer
Der Leasingnehmer hat den Leasinggegenstand mit seinen Anschaffungs- oder Herstellungskosten zu aktivieren. Als Anschaffungs- oder Herstellungskosten gelten die Anschaffungs- oder Herstellungskosten des Leasinggebers, die der Berechnung der Leasingraten zugrunde gelegt worden sind, zuzüglich etwaiger weiterer Anschaffungs- oder Herstellungskosten, die nicht in den Leasingraten enthalten sind (vgl. Schreiben vom 5. Mai 1970 – IV B/2-S 2170-4/70 –).
Dem Leasingnehmer steht die AfA nach der betriebsgewöhnlichen Nutzungsdauer des Leasinggegenstandes zu.
In Höhe der aktivierten Anschaffungs- oder Herstellungskosten mit Ausnahme der nicht in den Leasingraten berücksichtigten Anschaffungs- oder Herstellungskosten des Leasingnehmers ist eine Verbindlichkeit gegenüber dem Leasinggeber zu passivieren.
Die Leasingraten sind in einen Zins- und Kostenanteil sowie einen Tilgungsanteil aufzuteilen. Bei der Aufteilung ist zu berücksichtigen, daß sich infolge der laufenden Tilgung der Zinsanteil verringert und der Tilgungsanteil entsprechend erhöht.
Der Zins- und Kostenanteil stellt eine sofort abzugsfähige Betriebsausgabe dar, während der andere Teil der Leasingrate als Tilgung der Kaufpreisschuld erfolgsneutral zu behandeln ist.

2. Beim Leasinggeber
Der Leasinggeber aktiviert eine Kaufpreisforderung an den Leasingnehmer in Höhe der den Leasingraten zugrunde gelegten Anschaffungs- oder Herstellungskosten. Dieser Betrag ist grundsätzlich mit der vom Leasingnehmer ausgewiesenen Verbindlichkeit identisch.
Die Leasingraten sind in einen Zins- und Kostenanteil sowie in einen Anteil Tilgung der Kaufpreisforderung aufzuteilen. Wegen der Aufteilung der Leasingraten und deren steuerlicher Behandlung gelten die Ausführungen unter V.1. entsprechend.

VI. Die vorstehenden Grundsätze gelten entsprechend auch für Verträge mit Leasingnehmern, die ihren Gewinn nicht durch Bestandsvergleich ermitteln.

Teilamortisations-Erlaß vom 22. Dezember 1975
Mobilien-Leasing

Bundesminister der Finanzen IV B 2-S 2170-161/75

Betreff: Steuerrechtliche Zurechnung des Leasinggegenstandes beim Leasinggeber

Unter Bezugnahme auf das Ergebnis der Erörterung mit den obersten Finanzbehörden wird zu einem Schreiben des Deutschen Leasingverbandes vom 24. Juli 1975 wie folgt Stellung genommen:

1. Gemeinsames Merkmal der in Ihrem Schreiben dargestellten Vertragsmodelle ist, daß eine unkündbare Grundmietzeit vereinbart wird, die mehr als 40 v.H., jedoch nicht mehr als 90 v.H. der betriebsgewöhnlichen Nutzungsdauer des Leasinggegenstandes beträgt, und daß die Anschaffungs- oder Herstellungskosten des Leasinggebers sowie alle Nebenkosten einschließlich der Finanzierungskosten des Leasinggebers in der Grundmietzeit durch die Leasingraten nur zum Teil gedeckt werden. Da mithin Finanzierungsleasing im Sinne des BdF-Schreibens über die ertragssteuerrechtliche Behandlung von Leasingverträgen über bewegliche Wirtschaftsgüter vom 19. April 1971 (BStBl. I, 264) nicht vorliegt, ist die Frage, wem der Leasinggegenstand zuzurechnen ist, nach den allgemeinen Grundsätzen zu entscheiden.

2. Die Prüfung der Zurechnungsfrage hat folgendes ergeben:
   a) Vertragsmodell mit Andienungsrecht des Leasinggebers, jedoch ohne Optionsrecht des Leasingnehmers

   Bei diesem Vertragsmodell hat der Leasinggeber ein Andienungsrecht. Danach ist der Leasingnehmer, sofern ein Verlängerungsvertrag nicht zustande kommt, auf Verlangen des Leasinggebers verpflichtet, den Leasinggegenstand zu einem Preis zu kaufen, der bereits bei Abschluß des Leasingvertrages fest vereinbart wird. Der Leasingnehmer hat kein Recht, den Leasinggegenstand zu erwerben.

   Der Leasingnehmer trägt bei dieser Vertragsgestaltung das Risiko der Wertminderung, weil er auf Verlangen des Leasinggebers den Leasinggegenstand auch dann zum vereinbarten Preis kaufen muß, wenn der Wiederbeschaffungspreis für ein gleichwertiges Wirtschaftsgut geringer als der vereinbarte Preis ist. Der Leasinggeber hat jedoch die Chance der Wertsteigerung, weil er sein Andienungsrecht nicht ausüben muß, sondern das Wirtschaftsgut zu einem über dem Andienungspreis liegenden Preis verkaufen kann, wenn ein über dem Andienungspreis liegender Preis am Markt erzielt werden kann.

   Der Leasingnehmer kann unter diesen Umständen nicht als wirtschaftlicher Eigentümer des Leasinggegenstandes angesehen werden.

   b) Vertragsmodell mit Aufteilung des Mehrerlöses

   Nach Ablauf der Grundmietzeit wird der Leasinggegenstand durch den Leasinggeber veräußert. Ist der Veräußerungserlös niedriger als die Differenz zwischen den Gesamtkosten des Leasinggebers und den in der Grundmietzeit entrichteten Leasingraten (Restamortisation), so muß der Leasingnehmer eine Abschlußzahlung in Höhe der Differenz zwischen Restamortisation und Veräußerungserlös zahlen. Ist der Veräußerungserlös hingegen höher als die Restamortisation, so erhält der Leasinggeber 25 v.H., der Leasingnehmer 75 v.H. des die Restamortisation übersteigenden Teils des Veräußerungserlöses.

   Durch die Vereinbarung, daß der Leasinggeber 25 v.H. des die Restamortisation übersteigenden Teils des Veräußerungserlöses erhält, wird bewirkt, daß der Leasinggeber noch in einem wirtschaftlich ins Gewicht fallenden Umfang an etwaigen Wertsteigerungen des Leasinggegenstandes beteiligt ist. Der Leasinggegenstand ist daher dem Leasinggeber zuzurechnen.

   Eine ins Gewicht fallende Beteiligung des Leasinggebers an Wertsteigerungen des Leasinggegenstandes ist hingegen nicht mehr gegeben, wenn der Leasinggeber weniger als 25 v.H. des die Restamortisation übersteigenden Teils des Veräußerungserlöses erhält. Der Leasinggegenstand ist in solchen Fällen dem Leasingnehmer zuzurechnen.

   c) Kündbarer Mietvertrag mit Anrechnung des Veräußerungserlöses auf die vom Leasingnehmer zu leistende Schlußzahlung

   Der Leasingnehmer kann den Leasingvertrag frühestens nach Ablauf der Grundmietzeit, die 40 v.H. der betriebsgewöhnlichen Nutzungsdauer beträgt, kündigen. Bei Kündigung ist eine Abschlußzahlung in Höhe der durch die Leasingraten nicht gedeckten Gesamtkosten des Leasinggebers zu entrichten. Auf die Abschlußzahlung werden 90 v.H. des vom Leasinggeber erzielten Veräußerungserlöses angerechnet. Ist der anzurechnende Teil des Veräußerungserlöses zuzüglich der vom Leasingnehmer bis zur Veräußerung entrichteten Leasingraten niedriger als die Gesamtkosten des Leasinggebers, so muß der Leasingnehmer in Höhe der Differenz eine Abschlußzahlung leisten. Ist jedoch der Veräußerungserlös höher als die Differenz zwischen Gesamtkosten des Leasinggebers und den bis zur Veräußerung entrichteten Leasingraten, so behält der Leasinggeber diesen Differenzbetrag in vollem Umfang.

   Bei diesem Vertragsmodell kommt eine während der Mietzeit eingetretene Wertsteigerung in vollem Umfang dem Leasinggeber zugute. Der Leasinggeber ist daher nicht nur rechtlicher, sondern auch wirtschaftlicher Eigentümer des Leasinggegenstandes.

   Die vorstehenden Ausführungen gelten nur grundsätzlich, d. h. nur insoweit, wie besondere Regelungen in Einzelverträgen nicht zu einer anderen Beurteilung zwingen.

Vollamortisations-Erlaß vom 21. März 1972

Immobilienleasing

Bundesminister für Wirtschaft und Finanzen F/IV B 2-S 2170-11/72

Betreff: Ertragsteuerliche Behandlung von Finanzierungsleasingverträgen über unbewegliche Wirtschaftsgüter

Unter Bezugnahme auf das Ergebnis der Erörterungen mit den obersten Finanzbehörden der Länder wird zu der Frage der ertragsteuerlichen Behandlung von Finanzierungsleasingverträgen über unbewegliche Wirtschaftsgüter wie folgt Stellung genommen:

I. Finanzierungsleasingverträge

1. Allgemeines
   a) In meinem Schreiben vom 19. April 1971 – IV B/2-S 2170-31/71 – habe ich unter Berücksichtigung des BFH-Urteils vom 26. Januar 1970 (BStBl. II S. 264) zur steuerlichen Behandlung von Finanzierungsleasingverträgen über bewegliche Wirtschaftsgüter Stellung genommen. Die in Abschnitt II dieses Schreibens enthaltenen Ausführungen über den Begriff und die Abgrenzung des Finanzierungsleasingvertrages bei beweglichen Wirtschaftsgütern gelten entsprechend für Finanzierungsleasingverträge über unbewegliche Wirtschaftsgüter.
   b) Ebenso wie bei den Finanzierungsleasingverträgen über bewegliche Wirtschaftsgüter kann bei vor dem 24. April 1970 abgeschlossenen Finanzierungsleasingverträgen über unbewegliche Wirtschaftsgüter zur Gewährleistung einer einheitlichen Rechtsanwendung und aus Vereinfachungsgründen von dem wirtschaftlichen Eigentum des Leasinggebers am Leasinggegenstand, einer Vermietung oder Verpachtung an den Leasingnehmer und von der bisherigen steuerlichen Behandlung ausgegangen werden, wenn die Vertragsparteien in der Vergangenheit übereinstimmend eine derartige Zurechnung zugrunde gelegt haben und auch in Zukunft daran festhalten. Das gilt auch, wenn die Vertragslaufzeit über den genannten Stichtag hinausreicht.
   c) Für die steuerliche Zurechnung von unbeweglichen Wirtschaftsgütern bei Finanzierungsleasingverträgen, die nach dem 23. April 1970 abgeschlossen wurden, gelten unter Berücksichtigung der in Abschnitt III meines Schreibens vom 19. April 1971 aufgestellten Grundsätze und des BFH-Urteils vom 18. November 1970 (BStBl. II 1971 S. 133) über Mietkaufverträge bei unbeweglichen Wirtschaftsgütern die in Nummer 2 aufgeführten Kriterien.
   d) Die Grundsätze für die Behandlung von unbeweglichen Wirtschaftsgütern gelten nicht für Betriebsvorrichtungen, auch wenn sie wesentliche Bestandteile eines Grundstücks sind (§ 50 Abs. 1 Satz 2 BewG a. F.). Die Zurechnung von Betriebsvorrichtungen, die Gegenstand eines Finanzierungsleasingvertrages sind, ist vielmehr nach den Grundsätzen für die ertragsteuerliche Behandlung von beweglichen Wirtschaftsgütern zu beurteilen. Für die Abgrenzung der Betriebsvorrichtungen von den Gebäuden sind die Anweisungen in dem übereinstimmenden Ländererlaß über die Abgrenzung der Betriebsvorrichtungen vom Grundvermögen vom 28. März 1960 (BStBl. II 1960 S. 93) maßgebend.
2. Steuerliche Zurechnung unbeweglicher Leasinggegenstände
   a) Die Zurechnung des unbeweglichen Leasinggegenstandes ist von der von den Parteien gewählten Vertragsgestaltung und von deren tatsächlicher Durchführung abhängig. Unter Würdigung der gesamten Umstände ist im Einzelfall zu entscheiden, wem der Leasinggegenstand zuzurechnen ist. Die Zurechnungskriterien sind dabei für Gebäude und Grund und Boden getrennt zu prüfen.
   b) Bei Finanzierungsleasingverträgen ohne Kauf- oder Verlängerungsoption und Finanzierungsleasingverträgen mit Mietverlängerungsoption ist der Grund und Boden grundsätzlich dem Leasinggeber zuzurechnen, bei Finanzierungsleasingverträgen mit Kaufoption dagegen regelmäßig dem Leasingnehmer, wenn nach Buchstabe c) auch das Gebäude dem Lea-

singnehmer zugerechnet wird. Für die Zurechnung des Grund und Bodens in Fällen des Spezialleasing ist entsprechend zu verfahren.
  c) Für die Zurechnung der Gebäude gilt im einzelnen das folgende:
    aa) Ist die Grundmietzeit kürzer als 40 v.H. oder länger als 90 v.H. der betriebsgewöhnlichen Nutzungsdauer des Gebäudes, so ist das Gebäude regelmäßig dem Leasingnehmer zuzurechnen. Wird die Absetzung für Abnutzung des Gebäudes nach § 7 Abs. 4 Satz 1 oder Abs. 5 EStG bemessen, so gilt als betriebsgewöhnliche Nutzungsdauer ein Zeitraum von 50 Jahren. Hat der Leasingnehmer dem Leasinggeber an dem Grundstück, das Gegenstand des Finanzierungsleasingvertrages ist, ein Erbbaurecht eingeräumt und ist der Erbbaurechtszeitraum kürzer als die betriebsgewöhnliche Nutzungsdauer des Gebäudes, so tritt bei Anwendung des vorstehenden Satzes an die Stelle der betriebsgewöhnlichen Nutzungsdauer des Gebäudes der kürzere Erbbaurechtszeitraum.
    bb) Beträgt die Grundmietzeit mindestens 40 v.H. und höchstens 90 v.H. der betriebsgewöhnlichen Nutzungsdauer, so gilt unter Berücksichtigung der Sätze 2 und 3 des vorstehenden Doppelbuchstabens aa) folgendes:
    Bei Finanzierungsleasingverträgen ohne Kauf- oder Mietverlängerungsoption ist das Gebäude regelmäßig dem Leasinggeber zuzurechnen.
    Bei Finanzierungsleasingverträgen mit Kaufoption kann das Gebäude regelmäßig nur dann dem Leasinggeber zugerechnet werden, wenn der für den Fall der Ausübung des Optionsrechtes vorgesehene Gesamtkaufpreis nicht niedriger ist als der unter Anwendung der linearen AfA ermittelte Buchwert des Gebäudes zuzüglich des Buchwertes für den Grund und Boden oder der niedrigere gemeine Wert des Grundstücks im Zeitpunkt der Veräußerung. Wird die Höhe des Kaufpreises für den Fall der Ausübung des Optionsrechtes während oder nach Ablauf der Grundmietzeit festgelegt oder verändert, so gilt Entsprechendes. Die Veranlagungen sind ggf. zu berichten.
    Bei Finanzierungsleasingverträgen mit Mietverlängerungsoption kann das Gebäude regelmäßig nur dann dem Leasinggeber zugerechnet werden, wenn die Anschlußmiete mehr als 75 v.H. des Mietentgeltes beträgt, das für ein nach Art, Lage und Ausstattung vergleichbares Grundstück üblicherweise gezahlt wird. Wird die Höhe der Leasingraten für den Verlängerungszeitraum während oder nach Ablauf der Grundmietzeit festgelegt oder verändert, so gilt Entsprechendes. Die Veranlagungen sind ggf. zu berichtigen. Verträge ohne Mietverlängerungsoption, bei denen nach Ablauf der Grundmietzeit eine Vertragsverlängerung für den Fall vorgesehen ist, daß der Mietvertrag nicht von einer der Vertragsparteien gekündigt wird, sind steuerlich grundsätzlich ebenso wie Finanzierungsleasingverträge mit Mietverlängerungsoption zu behandeln.
  d) Bei Spezialleasingverträgen ist das Gebäude stets dem Leasingnehmer zuzurechnen.

II. Bilanzmäßige Darstellung

1. Zurechnung des Leasinggegenstandes beim Leasinggeber
   a) Darstellung beim Leasinggeber
   Der Leasinggeber hat den Leasinggegenstand mit seinen Anschaffungs- oder Herstellungskosten zu aktivieren.
   Die Leasingraten sind Betriebseinnahmen.
   b) Darstellung beim Leasingnehmer
   Die Leasingraten sind grundsätzlich Betriebsausgaben.
2. Zurechnung des Leasinggegenstandes beim Leasingnehmer
   a) Bilanzierung beim Leasingnehmer
   Der Leasingnehmer hat den Leasinggegenstand mit seinen Anschaffungs- oder Herstellungskosten zu aktivieren. Als Anschaffungs- oder Herstellungskosten gelten die Anschaffungs- oder Herstellungskosten des Leasinggebers, die der Berechnung der Leasingraten zugrunde gelegt worden sind, zuzüglich etwaiger weiterer Anschaffungs- oder Herstel-

lungskosten, die nicht in den Leasingraten enthalten sind (vgl. Schreiben vom 5. Mai 1970 – IV B/2-S 2170-4/70 –).

In Höhe der aktivierten Anschaffungs- oder Herstellungskosten mit Ausnahme der nicht in den Leasingraten berücksichtigten Anschaffungs- oder Herstellungskosten des Leasingnehmers ist eine Verbindlichkeit gegenüber dem Leasinggeber zu passivieren.

Die Leasingraten sind in einen Zins- und Kostenanteil sowie einen Tilgungsanteil aufzuteilen. Bei der Aufteilung ist zu berücksichtigen, daß sich infolge der laufenden Tilgung der Zinsanteil verringert und der Tilgungsanteil entsprechend erhöht.

Der Zins- und Kostenanteil stellt eine sofort abzugsfähige Betriebsausgabe dar, während der andere Teil der Leasingrate als Tilgung der Kaufpreisschuld erfolgsneutral zu behandeln ist.

b) Bilanzierung beim Leasinggeber

Der Leasinggeber aktiviert eine Kaufpreisforderung an den Leasingnehmer in Höhe der den Leasingraten zugrunde gelegten Anschaffungs- oder Herstellungskosten. Dieser Betrag ist grundsätzlich mit der vom Leasingnehmer ausgewiesenen Verbindlichkeit identisch.

Die Leasingraten sind in einen Zins- und Kostenanteil sowie in einen Anteil Tilgung der Kaufpreisforderung aufzuteilen. Wegen der Aufteilung der Leasingraten und deren steuerlicher Behandlung gelten die Ausführungen unter a) entsprechend.

III. Andere Verträge

Erfüllen Verträge über unbewegliche Wirtschaftsgüter nicht die Merkmale, die als Voraussetzung für den Begriff des Finanzierungsleasings in Abschnitt II meines Schreibens vom 19. April 1971 aufgeführt sind, so ist nach allgemeinen Grundsätzen, insbesondere auch nach den von der Rechtsprechung aufgestellten Grundsätzen über Mietkaufverträge, zu entscheiden, wem der Leasing- oder Mietgegenstand zuzurechnen ist (vgl. hierzu insbesondere BFH-Urteile vom 5. November 1957 – BStBl. III 1957 S. 445 –, 25. Oktober 1963 – BStBl. III 1964 S. 44 –, 2. August 1966 – BStBl. III 1967 S. 63 – und 18. November 1970 – BStBl. II 1971 S. 133).

Erweiterte Kürzung nach § 9 Nr. 1 Satz 2 GewStG, Schreiben vom 30. Dezember 1980
Immobilienleasing

Bundesminister der Finanzen IV B 7-G 1425-14/80

Unternehmen, die aufgrund von Leasingverträgen anderen Personen unbewegliche Wirtschaftsgüter zum Gebrauch überlassen, können die erweiterte Kürzung nach § 9 Nr. 1 Satz 2 GewStG in Anspruch nehmen, wenn ihre Betätigung für sich betrachtet ihrer Natur nach keinen Gewerbebetrieb darstellt, sondern als Vermögensverwaltung anzusehen ist. Bei der Beurteilung von sog. Aufspaltungsfällen, in denen sich eine Besitzgesellschaft lediglich mit der Gebrauchsüberlassung des Objekts befaßt (Objektgesellschaft), während die für das Immobilienleasing erforderlichen sonstigen Tätigkeiten von anderen, beteiligungsgemäß verbundenen Betriebsgesellschaften vorgenommen werden, bitten wir folgende Auffassung zu vertreten:

Die Aufspaltung bestimmter Tätigkeiten auf Dienstleistungsgesellschaften und Objektgesellschaften, bei der sich die Objektgesellschaft der Mithilfe anderer, rechtlich selbständiger Gesellschaften desselben Konzernkreises bedient, macht die an sich vermögensverwaltende Tätigkeit der Objektgesellschaft nicht zu einer gewerblichen Tätigkeit.

Bei der Beurteilung der Rechtsfrage wird davon ausgegangen, daß die Verträge zwischen der Leasinggesellschaft (Objektgesellschaft) und dem Leasingnehmer so ausgestaltet sind, daß die Objektgesellschaft wirtschaftliche Eigentümerin ist.

Danach handelt es sich bei dem Vertrag zwischen Objektgesellschaft und Leasingnehmer um einen Mietvertrag. Die dadurch begründete vermögensverwaltende Tätigkeit der Objektgesellschaft wird durch die Inanspruchnahme Dritter zu Grundstücksbeschaffung, Suche eines Mieters, Bauplanung, Finanzierung und Bauüberwachung nicht zu einer gewerblichen Tätigkeit. Dies muß auch dann gelten, wenn die Objektgesellschaft und die Unternehmen, deren Leistungen sie in Anspruch nimmt, konzerngemäß verbunden sind (BFH-Urt. vom 30. Juli 1969, BStBl. II 1969, 629).

Teilamortisations-Erlaß vom 23. Dezember 1991
Immobilienleasing
Bundesminister der Finanzen IV B 2-S 2170-115/91

Betreff: Ertragsteuerliche Behandlung von Teilamortisationsleasingverträgen über unbewegliche Wirtschaftsgüter

In meinem Schreiben vom 21. März 1972 (BStBl. I S. 188) habe ich zur ertragsteuerlichen Behandlung von Finanzierungsleasingverträgen über unbewegliche Wirtschaftsgüter Stellung genommen. Dabei ist unter Finanzierungsleasing das Vollamortisationsleasing verstanden worden. Zu der Frage der ertragsteuerlichen Behandlung von Teilamortisationsleasingverträgen über unbewegliche Wirtschaftsgüter wird unter Bezugnahme auf das Ergebnis der Erörterung mit den obersten Finanzbehörden der Länder wie folgt Stellung genommen:

I. Begriff und Abgrenzung des Teilamortisationsleasingvertrages bei unbeweglichen Wirtschaftsgütern

1. Teilamortisationsleasing im Sinne dieses Schreibens ist nur dann anzunehmen, wenn
    a) der Vertrag über eine bestimmte Zeit abgeschlossen wird, während der er bei vertragsgemäßer Erfüllung von beiden Vertragsparteien nur aus wichtigem Grund gekündigt werden kann (Grundmietzeit), und
    b) [EB2] der Leasingnehmer mit den in der Grundmietzeit zu entrichtenden Raten die Anschaffungs- oder Herstellungskosten sowie alle Nebenkosten einschließlich der Finanzierungskosten des Leasinggebers nur zum Teil deckt.
2. Wegen der möglichen Vertragstypen weise ich auf Abschnitt II Ziffer 2 meines Schreibens vom 19. April 1971 (BStBl. I S. 64) hin. Die dortigen Ausführungen gelten beim Teilamortisations-Leasing von unbeweglichen Wirtschaftsgütern entsprechend.

II. Steuerrechtliche Zurechnung des Leasinggegenstandes

1. Die Zurechnung des unbeweglichen Leasinggegenstandes hängt von der Vertragsgestaltung und deren tatsächlicher Durchführung ab. Unter Würdigung der gesamten Umstände ist im Einzelfall zu entscheiden, wem der Leasinggegenstand zuzurechnen ist. Dabei ist zwischen Gebäude sowie Grund und Boden zu unterscheiden.
2. Für die Zurechnung der **Gebäude** gilt im einzelnen folgendes:
    a) Der Leasinggegenstand ist – vorbehaltlich der nachfolgenden Ausführungen – grundsätzlich dem **Leasinggeber** zuzurechnen.
    b) Der Leasinggegenstand ist in den nachfolgenden Fällen ausnahmsweise dem **Leasingnehmer** zuzurechnen:
        aa) Verträge über Spezialleasing
            Bei Spezialleasingverträgen ist der Leasinggegenstand regelmäßig dem Leasingnehmer ohne Rücksicht auf das Verhältnis von Grundmietzeit und Nutzungsdauer und auf etwaige Optionsklauseln zuzurechnen.

bb) Verträge mit Kaufoption
Bei Leasingverträgen mit Kaufoption ist der Leasinggegenstand regelmäßig dem Leasingnehmer zuzurechnen,
wenn die Grundmietzeit mehr als 90 v.H. der betriebsgewöhnlichen Nutzungsdauer beträgt oder der vorgesehene Kaufpreis geringer ist als der Restbuchwert des Leasinggegenstandes unter Berücksichtigung der AfA gemäß § 7 Abs. 4 EStG nach Ablauf der Grundmietzeit.
Die betriebsgewöhnliche Nutzungsdauer berechnet sich nach der Zeitspanne, für die AfA nach § 7 Abs. 4 Satz 1 EStG vorzunehmen ist, in den Fällen des § 7 Abs. 4 Satz 2 EStG nach der tatsächlichen Nutzungsdauer.

cc) [EB2] Verträge mit Mietverlängerungsoption
Bei Leasingverträgen mit Mietverlängerungsoption ist der Leasinggegenstand regelmäßig dem Leasingnehmer zuzurechnen,
wenn die Grundmietzeit mehr als 90 v.H. der betriebsgewöhnlichen Nutzungsdauer des Leasinggegenstandes beträgt oder die Anschlußmiete nicht mindestens 75 v.H. des Mietentgeltes beträgt, das für ein nach Art, Lage und Ausstattung vergleichbares Grundstück üblicherweise gezahlt wird.
Wegen der Berechnung der betriebsgewöhnlichen Nutzungsdauer vergleiche oben Nummer II.2. b) bb).

dd) Verträge mit Kauf- oder Mietverlängerungsoption und besonderen Verpflichtungen
Der Leasinggegenstand ist bei Verträgen mit Kauf- oder Mietverlängerungsoption dem Leasingnehmer stets zuzurechnen, wenn ihm eine der nachfolgenden Verpflichtungen auferlegt wird:
– Der Leasingnehmer trägt die Gefahr des zufälligen ganzen oder teilweisen Untergangs des Leasinggegenstandes. Die Leistungspflicht aus dem Mietvertrag mindert sich in diesen Fällen nicht.
– Der Leasingnehmer ist bei ganzer oder teilweiser Zerstörung des Leasinggegenstandes, die nicht von ihm zu vertreten ist, dennoch auf Verlangen des Leasinggebers zur Wiederherstellung bzw. zum Wiederaufbau auf seine Kosten verpflichtet, oder die Leistungspflicht aus dem Mietvertrag mindert sich trotz der Zerstörung nicht.
– Für den Leasingnehmer mindert sich die Leistungspflicht aus dem Mietvertrag nicht, wenn die Nutzung des Leasinggegenstandes aufgrund eines nicht von ihm zu vertretenden Umstandes langfristig ausgeschlossen ist.
– Der Leasingnehmer hat dem Leasinggeber die bisher nicht gedeckten Kosten ggf. auch einschließlich einer Pauschalgebühr zur Abgeltung von Verwaltungskosten zu erstatten, wenn es zu einer vorzeitigen Vertragsbeendigung kommt, die der Leasingnehmer nicht zu vertreten hat.
– Der Leasingnehmer stellt den Leasinggeber von sämtlichen Ansprüchen Dritter frei, die diese hinsichtlich des Leasinggegenstandes gegenüber dem Leasinggeber geltend machen, es sei denn, daß der Anspruch des Dritten von dem Leasingnehmer verursacht worden ist.
– Der Leasingnehmer als Eigentümer des Grund und Bodens, auf dem der Leasinggeber als Erbbauberechtigter den Leasinggegenstand errichtet, ist aufgrund des Erbbaurechtsvertrages unter wirtschaftlichen Gesichtspunkten gezwungen, den Leasinggegenstand nach Ablauf der Grundmietzeit zu erwerben.

3. Der **Grund und Boden** ist grundsätzlich demjenigen zuzurechnen, dem nach den Ausführungen unter Nr. II.2. a) bis b) dd) das Gebäude zugerechnet wird.

III. Bilanzmäßige Darstellung

Die bilanzmäßige Darstellung erfolgt nach den Grundsätzen unter Abschnitt I meines Schreibens vom 21. März 1972 (BStBl. S. 88).

IV. Übergangsregelung

Soweit die vorstehend aufgeführten Grundsätze zu einer Änderung der bisherigen Verwaltungspraxis für die Zurechnung des Leasinggegenstandes bei Teilamortisationsleasingverträgen über unbewegliche Wirtschaftsgüter führen, sind sie nur auf Leasingverträge anzuwenden, die nach dem 31. Januar 1992 abgeschlossen werden.

Forfaitierung/Behandlung in der Bilanz und bei der Gewerbesteuer, Schreiben vom 9. Januar 1996

Bundesminister der Finanzen IV B 2-S 2170-135/95

Forfaitiert der Leasinggeber künftige Forderungen auf Leasingraten, die vom Leasingnehmer zu entrichten sind, oder forfaitiert er den künftigen Anspruch auf den Erlös aus der nach Ablauf der Grundmietzeit anstehenden Verwertung des Leasinggegenstandes an eine Bank, so hat dies nach dem Ergebnis einer Erörterung mit den obersten Finanzbehörden der Länder folgende Auswirkungen:

I. Allgemeine Rechtsfolgen der Forfaitierung einer Forderung

Der Abtretung der künftigen Forderungen aus Leasingverträgen liegt in schuldrechtlicher Hinsicht eine Forfaitierung zugrunde. Es handelt sich um einen Kaufvertrag zwischen einem Forderungsverkäufer (Forfaitist) und einer Bank oder einem Spezialinstitut als Forderungskäufer (Forfaiteur). Aufgrund der Forfaitierung gehen alle Rechte aus der Forderung, aber auch das Risiko der Zahlungsunfähigkeit des Schuldners auf den Forderungskäufer über. Der Forderungsverkäufer trägt bei einer Forfaitierung lediglich das Risiko des rechtlichen Bestands der Forderung.

II. Zurechnung des Leasinggegenstands

Die Forfaitierung der künftigen Forderung auf Leasingraten beeinflußt die Zurechnung des Leasinggegenstandes nicht. Entsprechendes gilt grundsätzlich auch dann, wenn der künftige Anspruch auf den Erlös aus der Verwertung des Leasinggegenstandes nach Ablauf der Grundmietzeit forfaitiert wird.

III. Bilanzierung des Erlöses

1. Übernimmt der Leasinggeber auch die Haftung für die Zahlungsfähigkeit des Leasingnehmers oder verpflichtet er sich zum Rückkauf der Forderung im Falle der Uneinbringlichkeit, so ist dieser Vorgang als Darlehensgewährung der Bank an den Leasinggeber zu beurteilen. Der Leasinggeber hat die erhaltenen Erlöse als Darlehensschuld zu passivieren. Dies gilt auch, wenn der Vorgang als Forfaitierung der künftigen Forderungen aus der Verwertung des Leasinggegenstandes bezeichnet wird.
2. Steht der Leasinggeber nur für den rechtlichen Bestand der Forderung und für die Freiheit von Einreden im Zeitpunkt des Verkaufs bzw. bis zum Ablauf der Grundmietzeit ein, so ist diese Forderung forfaitiert und daher wie folgt zu bilanzieren:
   a) Im Falle der Forfaitierung der künftigen Forderung auf Leasingraten erhält der Leasinggeber von dem Forderungskäufer den Betrag der Leasingraten als Forfaitierungserlös. Wegen seiner Verpflichtung zur Nutzungsüberlassung gegenüber dem Leasingnehmer hat der Leasinggeber den Forfaitierungserlös in einen passiven Rechnungsabgrenzungsposten einzustellen und diesen verteilt auf die restliche Grundmietzeit linear gewinnerhöhend aufzulösen;

b) Im Falle der Forfaitierung des künftigen Anspruchs auf den Erlös aus der Verwertung des Leasinggegenstandes (Restwertforfaitierung) hat der Leasinggeber den Forfaitierungserlös wie eine Anzahlung zu passivieren, und zwar wegen seiner künftigen Verpflichtung zur Verschaffung des Eigentums an dem Leasinggegenstand. Der Passivposten ist verteilt über die Zeitspanne bis zum Ablauf der Grundmietzeit linear auf den Wert aufzustocken, der Grundlage für die Festlegung des Forfaitierungserlöses war. Dies ist grundsätzlich der im Leasingvertrag vereinbarte Andienungspreis. Nach Ablauf der Grundmietzeit ist der Passivposten gewinnerhöhend aufzulösen.

IV. Gewerbesteuerrechtliche Behandlung

Der Passivposten aus der Forfaitierung des Anspruchs auf die Leasingraten (vgl. o. II.2. a)) ist nicht als Dauerschuld gemäß § 12 Abs. 2 Nr. 1 GewStG zu behandeln. Dagegen handelt es sich bei der unter III.1. beschriebenen Darlehensgewährung sowie bei dem Passivposten aus der Restwertforfaitierung für die Verpflichtung zur Verschaffung des Eigentums aus dem Leasinggegenstand (vgl. unter III.2 Buchstabe b)) um eine Dauerschuld. Das für die Darlehensgewährung vereinbarte Entgelt sowie der dem jährlichen Aufstockungsbetrag unter III.2. Buchstabe b) entsprechende Aufwand sind als Entgelt für eine Dauerschuld im Sinne des § 8 Nr. 1 GewStG anzusehen.

13/338 Zur Ermittlung des Kaufpreises, der vom Leasingnehmer bei Ausübung einer Kaufoption zu entrichten ist, Schreiben vom 16. April 1996

Bundesminister der Finanzen IV B 2-S 2170-49/96

Nach den Grundsätzen für die ertragssteuerliche Behandlung von Leasingverträgen (vgl. ESt-Handbuch 1994 Anhang 21) ist der Leasinggegenstand nur dann dem Leasinggeber zuzurechnen, wenn als Kaufpreis, der vom Leasingnehmer bei Ausübung einer Kaufoption zu entrichten ist (Kaufoptionspreis), ein Mindestbetrag zu zahlen ist. Der Kaufoptionspreis muß mindestens dem Buchwert, der sich unter Anwendung der linearen AfA nach der amtlichen AfA-Tabelle ergibt, oder dem niedrigeren gemeinen Wert im Zeitpunkt der Veräußerung entsprechen. Bei der Ermittlung des Buchwertes ist von den Anschaffungs- oder Herstellungskosten auszugehen.

Nach dem Ergebnis einer Erörterung mit den Obersten Finanzbehörden der Länder ist ein vom Leasinggeber vereinnahmter Investitionszuschuß – unabhängig von der bilanzsteuerlichen Behandlung – bei der Ermittlung des Kaufoptionspreises nicht anschaffungs- oder herstellungskostenmindernd zu berücksichtigen. Entsprechendes gilt, wenn sich die Anschaffungs- oder Herstellungskosten des Leasinggegenstandes wegen einer Gewinnübertragung (z. B. nach § 6 Abs. 1 oder Abs. 3 EStG oder nach R 35 Abs. 5 oder Abs. 7 EStR 1993) gemindert haben. Für die Ermittlung des Kaufoptionspreises ist in derartigen Fällen also von den „ungeminderten" Anschaffungs- oder Herstellungskosten auszugehen.

13/339 Zur Frage, welche Auswirkungen eine Änderung der amtlichen AfA-Tabelle auf die Zurechnung des Leasinggegenstandes hat, Schreiben vom 13. Mai 1998

Bundesminister der Finanzen IV B 2-S 2170-41/98

Zur Frage, welche Auswirkungen eine Änderung der amtlichen AfA-Tabelle auf die Zurechnung des Leasinggegenstands hat, wird unter Bezugnahme auf das Ergebnis einer Erörterung mit den Obersten Finanzbehörden der Länder wie folgt Stellung genommen:

Nach dem BMF-Schreiben vom 19. April 1971 (BStBl. I 1971 S. 264 und vom 22. Dezember 1975 [vgl. Anh. 21 EStH 1997 unter I. und III.]) ist die Zurechnung des Leasinggegenstands u. a. abhängig von der Dauer der Grundmietzeit im Verhältnis zur betriebsgewöhnlichen Nutzungsdauer des Leasinggegenstands. Bei Leasingverträgen mit Kaufoption ist daneben das Verhältnis des vorgesehenen Kaufpreises zum Buchwert des Leasinggegenstands bzw. bei Verträgen mit Mietverlängerungsoption das Verhältnis der Anschlußmiete zum Wertverzehr des Leasinggegenstands unter Berücksichtigung seines Buchwertes maßgebend. Bei der Ermittlung der betriebsgewöhnlichen Nutzungsdauer und der Ermittlung des Buchwerts auf der Basis der linearen AfA sind grundsätzlich die Festlegungen in der amtlichen AfA-Tabelle maßgebend, die im Zeitpunkt der Anschaffung oder Herstellung des Leasinggegenstands durch den Leasinggeber gilt.

Wird nach der Anschaffung oder Herstellung des Leasinggegenstandes durch den Leasinggeber und nach Abschluß des Leasingvertrags mit dem Leasingnehmer eine geänderte amtliche AfA-Tabelle im BStBl. I veröffentlicht und ist diese neue Tabelle rückwirkend auf den Zeitpunkt der Anschaffung oder Herstellung des Leasinggegenstands anzuwenden, so ist für die Frage, wem nach vorgenannten Grundsätzen der Leasinggegenstand zuzurechnen ist, die bisherige AfA-Tabelle maßgebend.

Umsatzsteuer; Haftung bei Abtretung, Verpfändung oder Pfändung von Forderungen (§ 13 c UStG) sowie Haftung bei Änderung der Bemessungsgrundlage (§ 13 d UStG)

13/340

Schreiben vom 24. 5. 2004

Bundesminister der Finanzen

IV B 7 – S 7279 a – 17/04 IV B 7 – S 7279 b – 2/04

Durch Art. 5 Nr. 14 des Zweiten Gesetzes zur Änderung steuerlicher Vorschriften (Steueränderungsgesetz 2003 – StÄndG 2003) vom 15. Dezember 2003 (BGBl. I S. 2645, BStBl I S. 710) sind § 13 c UStG – Haftung bei Abtretung, Verpfändung oder Pfändung von Forderungen – und § 13 d UStG – Haftung bei Änderung der Bemessungsgrundlage – in das Umsatzsteuergesetz aufgenommen worden. Ergänzend dazu gilt die durch Art. 5 Nr. 34 Buchst. d StÄndG 2003 geschaffene Übergangsregelung zur Anwendung der §§ 13 c und 13 d UStG (§ 27 Abs. 7 UStG). Diese Gesetzesänderungen sind am 1. Januar 2004 in Kraft getreten (Art. 25 Abs. 4 StÄndG 2003).

Unter Bezugnahme auf das Ergebnis der Erörterungen mit den obersten Finanzbehörden der Länder gilt Folgendes:

Inhaltsübersicht

Textzahlen (Tz.)

A. Haftung bei Abtretung, Verpfändung oder Pfändung von Forderungen (§ 13 c UStG) — 1–41

1. **Vorbemerkung** — 1

2. **Tatbestandsmerkmale** — 2–23
   - 2.1. Abtretung, Verpfändung oder Pfändung von Forderungen — 2–7
   - 2.2. Leistender Unternehmer — 8
   - 2.3. Abtretungsempfänger, Pfandgläubiger oder Vollstreckungsgläubiger — 9–10
   - 2.4. Nichtentrichtung der Steuer bei Fälligkeit — 11–17
   - 2.5. Vereinnahmung der abgetretenen, gepfändeten oder verpfändeten Forderung — 18–23

3. **Inanspruchnahme des Haftenden** — 24–37
   - 3.1. Zeitpunkt — 24
   - 3.2. Haftungsbescheid — 25–33
   - 3.3. Begrenzung der Haftung — 34–37

4. **Haftungsausschluss** — 38–39

5. **Übergangsregelung** — 40–41

B. Haftung bei Änderung der Bemessungsgrundlage (§ 13 d UStG) — 42–68

1. **Vorbemerkung** — 42

2. **Tatbestandsmerkmale** — 43–56
   - 2.1. Umsätze i. S. d. § 13 d UStG — 43–46
   - 2.2. Beteiligter Personenkreis — 47
   - 2.3. Berichtigung des Vorsteuerabzugs beim Leistungsempfänger — 48–49
   - 2.4. Nichtentrichtung der Steuer bei Fälligkeit — 50–56

3. **Inanspruchnahme des Haftenden** — 57–65
   - 3.1. Zeitpunkt — 57
   - 3.2. Haftungsbescheid — 58–64
   - 3.3. Begrenzung der Haftung — 65

4. **Haftungsausschluss** — 66–67

5. **Übergangsregelung** — 68

A. Haftung bei Abtretung, Verpfändung oder Pfändung von Forderungen (§ 13 c UStG)

1. Vorbemerkung

(1) § 13 c UStG regelt eine Haftung für die Fälle, in denen ein leistender Unternehmer (Steuerschuldner) seinen Anspruch auf die Gegenleistung für einen steuerpflichtigen Umsatz (Forderung) abtritt, der Abtretungsempfänger die Forderung einzieht oder an einen Dritten überträgt und der Steuerschuldner die in der Forderung enthaltene Umsatzsteuer bei Fälligkeit nicht oder nicht rechtzeitig entrichtet. § 13 c UStG umfasst auch die Fälle, in denen Forderungen des leistenden Unternehmers verpfändet oder gepfändet werden.

2. Tatbestandsmerkmale

2.1. Abtretung, Verpfändung oder Pfändung von Forderungen

(2) § 13 c UStG erfasst nur die Abtretung, Verpfändung oder Pfändung von Forderungen aus steuerbaren und steuerpflichtigen Umsätzen eines Unternehmers. Der steuerpflichtige Umsatz muss nicht an einen anderen Unternehmer erbracht worden sein, es kann sich auch um einen steuerpflichtigen Umsatz an einen Nichtunternehmer handeln.

(3) Der Haftungstatbestand umfasst grundsätzlich alle Formen der Abtretung, Verpfändung oder Pfändung von Forderungen aus diesen Umsätzen. Insbesondere fällt unter § 13 c UStG die Abtretung bestimmter künftiger Forderungen aus bestehenden Geschäftsverbindungen zugunsten eines Dritten im Zusammenhang mit Waren- oder Bankkrediten. Hauptfälle dieser Abtretungen künftiger Forderungen sind u. a. die Sicherungsabtretung zugunsten eines Kreditgebers, einschließlich der sog. Globalzession.

(4) Die Abtretung (§ 398 BGB) ist grundsätzlich nicht formbedürftig. Unmittelbare Folge der Abtretung ist der Wechsel der Gläubigerstellung.

(5) Die Rechtsfolgen des § 13 c für die Forderungsabtretung treten auch bei der Verpfändung oder Pfändung von Forderungen ein.

(6) Bei der Pfändung von Forderungen kommt eine Haftung des Vollstreckungsgläubigers in Betracht. Durch die Pfändung wird eine Geldforderung beschlagnahmt (z. B. § 829 ZPO). Die Pfändung ist mit der Zustellung des Beschlusses an den Drittschuldner als bewirkt anzusehen (§ 829 Abs. 3 ZPO).

(7) Die Abtretung, Verpfändung oder Pfändung von Forderungen kann auf einen Teilbetrag der Gesamtforderung beschränkt werden. Dabei ist die Umsatzsteuer zivilrechtlich unselbständiger Teil des abgetretenen, verpfändeten oder gepfändeten Forderungsbetrages. Die Abtretung kann nicht auf einen (fiktiven) Nettobetrag ohne Umsatzsteuer beschränkt werden, vielmehr erstreckt sich die Haftung auf die im abgetretenen, verpfändeten oder gepfändeten Betrag enthaltene Umsatzsteuer. Die Umsatzsteuer, für die gehaftet wird, ist somit aus dem abgetretenen, verpfändeten oder gepfändeten Forderungsbetrag herauszurechnen.

2.2. Leistender Unternehmer

(8) Voraussetzung für die Haftung ist, dass der Leistende Unternehmer i. S. d. § 2 UStG ist. Zur Anwendung des § 13 c UStG bei Kleinunternehmern i. S. d. § 19 UStG und land- und forstwirtschaftlichen Unternehmern, die die Durchschnittssatzbesteuerung nach § 24 UStG anwenden, vgl. Tz. 11.

2.3. Abtretungsempfänger, Pfandgläubiger oder Vollstreckungsgläubiger

(9) Der Abtretungsempfänger, Pfandgläubiger oder Vollstreckungsgläubiger muss nach § 13 c Abs. 1 Satz 1 i. V. m. Abs. 3 UStG Unternehmer i. S. d. § 2 UStG sein. Kleinunternehmer i. S. d. § 19 UStG oder land- und forstwirtschaftliche Unternehmer, die die Durchschnittssatzbesteuerung nach § 24 UStG anwenden, können auch Haftungsschuldner i. S. d. § 13 c UStG sein. Nicht Voraussetzung für die Haftung nach § 13 c UStG ist, dass die Abtretung, Verpfändung oder Pfändung der Forderung für den unternehmerischen Bereich des Abtretungsempfängers, Pfandgläubigers oder Vollstreckungsgläubigers erfolgt. Pfändet z. B. ein Unternehmer eine Forderung für seinen nichtunternehmerischen Bereich, kann er als Haftungsschuldner nach § 13 c UStG in Anspruch genommen werden.

(10) Bei Abtretungen und Verpfändungen an Nichtunternehmer oder Pfändungen durch Nichtunternehmer kommt die Haftung nach § 13 c UStG nicht in Betracht. Zu den Nichtunternehmern gehören auch juristische Personen des öffentlichen Rechts, soweit nicht ein Betrieb gewerblicher Art (vgl. § 2 Abs. 3 UStG) vorliegt.

2.4. Nichtentrichtung der Steuer bei Fälligkeit

(11) § 13 c UStG setzt voraus, dass der leistende Unternehmer die Steuer, bei deren Ermittlung der steuerpflichtige Umsatz ganz oder teilweise berücksichtigt wurde, für den der Anspruch auf Gegenleistung (Forderung) abgetreten, verpfändet oder gepfändet wird, zum Zeitpunkt der Fälligkeit nicht oder nicht vollständig entrichtet hat. § 13 c UStG kann deshalb nicht angewendet werden, wenn sich keine zu entrichtende Steuer ergibt (z. B. bei Vorsteuerüberschüssen; bei leistenden Unternehmern, die die sog. Kleinunternehmerregelung i. S. d. § 19 UStG anwenden). Bei der Abtretung, Verpfändung oder Pfändung von Forderungen eines land- und forstwirtschaftlichen Unternehmers, der die Durchschnittssatzbesteuerung nach § 24 UStG anwendet, kommt eine Haftung in Betracht, soweit bei diesem eine Zahllast entsteht.

(12) War die Umsatzsteuer, für die eine Haftung in Betracht kommen würde, in der Vorauszahlung für den maßgeblichen Voranmeldungszeitraum nicht enthalten, kommt eine Haftung nicht in Betracht. Ist die in der abgetretenen, verpfändeten oder gepfändeten Forderung enthaltene Umsatzsteuer erstmals in der zu entrichtenden Steuer für das Kalenderjahr enthalten, greift die Haftung ein, wenn der leistende Unternehmer den Unterschiedsbetrag i. S. d. § 18 Abs. 4 UStG bei Fälligkeit nicht oder nicht vollständig entrichtet hat.

(13) Hat der leistende Unternehmer die Vorauszahlung für den maßgeblichen Voranmeldungszeitraum vollständig entrichtet und war die in der abgetretenen, verpfändeten oder gepfändeten Forderung enthaltene Umsatzsteuer in der Vorauszahlung enthalten, haftet der Abtretungsempfänger, Pfandgläubiger oder Vollstreckungsgläubiger nicht. Dies gilt auch dann, wenn sich für das entsprechende Kalenderjahr eine zu entrichtende Steuer i. S. d. § 18 Abs. 3 UStG zugunsten des Finanzamts ergibt und der Unternehmer den Unterschiedsbetrag nach § 18 Abs. 4 UStG bei Fälligkeit nicht oder nicht vollständig entrichtet hat.

(14) Die Haftung greift dem Grunde nach, wenn die Steuer nicht bis zum Ablauf des Fälligkeitstages entrichtet wird. Die Fälligkeit richtet sich nach § 220 Abs. 1 AO i. V. m. § 18 Abs. 1 und 4 UStG. Die Anwendung von § 13 c UStG kommt nicht in Betracht, wenn die Steuer innerhalb der Zahlungs-Schonfrist nach § 240 Abs. 3 AO entrichtet wird. Ein bis zum Ablauf der Zahlungs-Schonfrist entrichteter Betrag ist bei der Berechnung des Haftungsbetrages zu berücksichtigen. Soweit die Steuer nach diesem Zeitpunkt entrichtet wird, fallen die Voraussetzungen für den Erlass eines Haftungsbescheides (vgl. Tz. 33) ab diesem Zeitpunkt weg.

(15) Ist die umsatzsteuerrechtliche Behandlung des der Forderung zugrunde liegenden steuerpflichtigen Umsatzes streitig und wurde in Bezug darauf bei der entsprechenden Steuerfestsetzung Aussetzung der Vollziehung gewährt, ist insoweit keine Fälligkeit gegeben (§ 13 c Abs. 1 Satz 2 UStG).

Haftung bei Abtretung, Verpfändung oder Pfändung von Forderungen (§ 13 c UStG)

(16) Für die Begründung der Haftung reicht es aus, wenn der der abgetretenen, verpfändeten oder gepfändeten Forderung zugrunde liegende Umsatz bei der Steuer berücksichtigt wurde. Eine weitere Zuordnung der in der abgetretenen, verpfändeten oder gepfändeten Forderung enthaltenen Umsatzsteuer ist nicht erforderlich. Deshalb kann die Haftung nicht dadurch ausgeschlossen werden, dass der leistende Unternehmer Zahlungen an das Finanzamt speziell der in den abgetretenen, verpfändeten oder gepfändeten Forderungen enthaltenen Umsatzsteuer zuordnet.

(17) Wird über das Vermögen des leistenden Unternehmers das Insolvenzverfahren eröffnet, können Steuerbeträge nicht mehr festgesetzt werden, das Steuerfestsetzungsverfahren wird unterbrochen. Ist die Umsatzsteuer, für die die Haftung in Betracht kommt, durch den Insolvenzverwalter bzw. den Insolvenzschuldner für Zeiträume vor Eröffnung des Insolvenzverfahrens angemeldet worden, gilt die Umsatzsteuer gem. § 41 Abs. 1 InsO insoweit als fällig i. S. d. § 13 c UStG. Entsprechendes gilt, wenn die Umsatzsteuer von Amts wegen zur Insolvenztabelle angemeldet worden ist. Hierbei ist es unerheblich, ob der Insolvenzverwalter der Anmeldung widerspricht. Nur in Fällen der Aussetzung der Vollziehung (vgl. Tz. 15) ist keine Fälligkeit i. S. d. § 13 c UStG gegeben. Von einer Nichtentrichtung der Steuer ist auch dann auszugehen, wenn eine Insolvenzquote zu erwarten ist. Wird tatsächlich eine Zahlung durch den Insolvenzverwalter auf die angemeldete Umsatzsteuer geleistet, ist ein rechtmäßiger Haftungsbescheid zugunsten des Haftungsschuldners insoweit zu widerrufen (vgl. Tz. 33).

2.5. Vereinnahmung der abgetretenen verpfändeten oder gepfändeten Forderung

(18) Die Haftung setzt voraus, dass der Abtretungsempfänger, Pfandgläubiger oder Vollstreckungsgläubiger die abgetretene, verpfändete oder gepfändete Forderung ganz oder teilweise vereinnahmt hat. Wurde die Forderung teilweise vereinnahmt, erstreckt sich die Haftung nur auf die Umsatzsteuer, die im tatsächlich vereinnahmten Betrag enthalten ist.

(19) In den Fällen der Sicherungsabtretung gilt die Forderung durch den Abtretungsempfänger auch dann als vereinnahmt, soweit der leistende Unternehmer die Forderung selbst einzieht und den Geldbetrag an den Abtretungsempfänger weiterleitet oder soweit der Abtretungsempfänger die Möglichkeit des Zugriffs auf den Geldbetrag hat.

(20) In den Fällen des Forderungsverkaufs gilt die Forderung nicht durch den Abtretungsempfänger als vereinnahmt, soweit der leistende Unternehmer für die Abtretung der Forderung eine Gegenleistung in Geld vereinnahmt (z. B. bei entsprechend gestalteten Asset Backed Securities (ABS) – Transaktionen). Voraussetzung ist, dass dieser Geldbetrag tatsächlich in den Verfügungsbereich des leistenden Unternehmers gelangt. Davon ist nicht auszugehen, soweit dieser Geldbetrag auf ein Konto gezahlt wird, auf das der Abtretungsempfänger die Möglichkeit des Zugriffs hat.

(21) § 13 c UStG ist anzuwenden, wenn im Rahmen von Insolvenzverfahren beim leistenden Unternehmer anstelle des Abtretungsempfängers der Insolvenzverwalter die abgetretene Forderung einzieht oder verwertet (§ 166 Abs. 2 InsO). Der Abtretungsempfänger vereinnahmt den vom Insolvenzverwalter eingezogenen Geldbetrag nach Abzug der Feststellungs- und Verwertungskosten (§ 170 InsO) auf Grund des durch die Abtretung begründeten Absonderungsrechts. Tz. 18, 23 und 34 ff. sind hinsichtlich des Umfangs der Haftung entsprechend anzuwenden.

(22) Vereinnahmt der Abtretungsempfänger, Pfandgläubiger oder Vollstreckungsgläubiger die Forderung und zahlt er den eingezogenen Geldbetrag ganz oder teilweise an den leistenden Unternehmer zurück, beschränkt sich die Haftung auf die im einbehaltenen Restbetrag enthaltene Umsatzsteuer. Die Haftung kann nicht dadurch ausgeschlossen werden, dass der Abtretungsempfänger, Pfandgläubiger oder Vollstreckungsgläubiger an den leistenden Unternehmer einen Betrag in Höhe der auf die Forderung entfallenden Umsatzsteuer entrichtet, vielmehr beschränkt sich auch in diesem Fall die Haftung auf die im einbehaltenen Restbetrag enthaltene Umsatzsteuer.

(23) Hat der Abtretungsempfänger die abgetretene Forderung ganz oder teilweise an einen Dritten abgetreten, gilt dieses Rechtsgeschäft insoweit als Vereinnahmung, d. h. der Abtretungsemp-

fänger kann für die im Gesamtbetrag der weiter übertragenen Forderung enthaltene Umsatzsteuer in Haftung genommen werden. Dies gilt unabhängig davon, welche Gegenleistung er für die Übertragung der Forderung erhalten hat. Entsprechendes gilt für die Pfandgläubiger und Vollstreckungsgläubiger in den Fällen der Verpfändung und Pfändung von Forderungen.

3. Inanspruchnahme des Haftenden
3.1. Zeitpunkt
(24) Die Haftungsinanspruchnahme ist frühestens in dem Zeitpunkt zulässig, in dem die Steuer fällig war und nicht oder nicht vollständig entrichtet wurde (unter Beachtung von § 240 Abs. 3 AO). Hat der Abtretungsempfänger, Pfandgläubiger oder Vollstreckungsgläubiger die Forderung zu diesem Zeitpunkt noch nicht vereinnahmt, ist der Zeitpunkt der nachfolgenden Vereinnahmung maßgebend.

3.2. Haftungsbescheid
(25) Der Abtretungsempfänger, Pfandgläubiger oder Vollstreckungsgläubiger ist bei Vorliegen der gesetzlichen Voraussetzungen durch Haftungsbescheid in Anspruch zu nehmen. Die Haftungsinanspruchnahme nach anderen Haftungstatbeständen (z. B. auf Grund §§ 69 AO, 128 HGB) bleibt unberührt.

(26) Für den Erlass des Haftungsbescheides gelten die allgemeinen Regeln des § 191 AO, ohne dass dabei ein Ermessen besteht. Auf ein Verschulden des leistenden Unternehmers oder des Abtretungsempfängers kommt es nicht an. Bei der Inanspruchnahme des Haftungsschuldners durch Zahlungsaufforderung (Leistungsgebot) ist § 219 AO zu beachten.

(27) Der Haftungsbescheid ist durch das Finanzamt zu erlassen, das für die Umsatzsteuer des leistenden Unternehmers örtlich zuständig ist (vgl. §§ 21, 24 AO).

(28) Stellt das Finanzamt fest, dass der Anspruch des leistenden Unternehmers auf Gegenleistung für einen steuerpflichtigen Umsatz i. S. d. § 1 Abs. 1 Nr. 1 UStG an einen anderen Unternehmer abgetreten, verpfändet oder gepfändet wurde, ist zu prüfen, ob die Steuer, bei deren Berechnung der Umsatz berücksichtigt worden ist, bei Fälligkeit nicht oder nicht vollständig entrichtet wurde. Es ist insbesondere im Vollstreckungsverfahren und im Rahmen von Außenprüfungen auf entsprechende Haftungstatbestände zu achten und ggf. zeitnah der Erlass eines Haftungsbescheides anzuregen.

(29) Das für den leistenden Unternehmer zuständige Finanzamt ist berechtigt, den Abtretungsempfänger, Pfandgläubiger oder Vollstreckungsgläubiger über den Zeitpunkt und die Höhe der vereinnahmten abgetretenen, verpfändeten oder gepfändeten Forderung zu befragen und Belege anzufordern, weil es für den Erlass des Haftungsbescheides zuständig ist. Diese Befragung soll in der Regel in schriftlicher Form durchgeführt werden. Es gelten die Mitwirkungspflichten i. S. d. §§ 90 ff AO.

(30) Der leistende Unternehmer hat gemäß § 93 AO Auskunft über den der Abtretung, Verpfändung oder Pfändung zu Grunde liegenden Umsatz (Höhe des Umsatzes und den darauf entfallenen Steuerbetrag) sowie über den Abtretungsempfänger, Pfandgläubiger oder Vollstreckungsgläubiger zu geben. Es gelten die Mitwirkungspflichten i. S. d. §§ 90 ff AO. Der Abtretungsempfänger, Pfandgläubiger oder Vollstreckungsgläubiger muss vom leistenden Unternehmer so eindeutig bezeichnet werden, dass er durch das anfragende Finanzamt eindeutig und leicht identifiziert werden kann. Wird keine oder keine hinreichende Antwort erteilt, kann diese mit Zwangsmitteln (§§ 328 ff AO) durchgesetzt oder eine Außenprüfung, bzw. eine Umsatzsteuer-Nachschau (§ 27 b UStG) durchgeführt werden.

Haftung bei Abtretung, Verpfändung oder Pfändung von Forderungen (§ 13 c UStG)

(31) Dem Abtretungsempfänger, Pfandgläubiger oder Vollstreckungsgläubiger soll vor Erlass eines Haftungsbescheides rechtliches Gehör gewährt werden (vgl. § 91 AO). Er hat gemäß § 93 AO Auskunft zu geben. Wird keine oder keine hinreichende Antwort erteilt, kann das für den leistenden Unternehmer zuständige Finanzamt z. B. ein Ersuchen auf Amtshilfe bei dem für den Abtretungsempfänger, Pfandgläubiger oder Vollstreckungsgläubiger örtlich zuständigen Finanzamt stellen. Die Ermittlungen können auch im Rahmen einer Außenprüfung oder einer Umsatzsteuer-Nachschau nach § 27 b UStG getroffen werden.

(32) Mit der Festsetzung der Haftungsschuld wird ein Gesamtschuldverhältnis i. S. d. § 44 AO begründet.

(33) Die Rechtmäßigkeit des Haftungsbescheides richtet sich nach den Verhältnissen im Zeitpunkt seines Erlasses bzw. der entsprechenden Einspruchsentscheidung. Minderungen der dem Haftungsbescheid zugrunde liegenden Steuerschuld durch Zahlungen des Steuerschuldners nach Ergehen einer Einspruchsentscheidung berühren die Rechtmäßigkeit des Haftungsbescheides nicht. Ein rechtmäßiger Haftungsbescheid ist aber zugunsten des Haftungsschuldners zu widerrufen, soweit die ihm zugrunde liegende Steuerschuld später gemindert worden ist.

3.3. Begrenzung der Haftung

(34) Die Haftung ist der Höhe nach auf den Betrag der im Fälligkeitszeitpunkt nicht entrichteten Steuer und auf die im vereinnahmten Betrag der abgetretenen, verpfändeten oder gepfändeten Forderung enthaltene Umsatzsteuer begrenzt (zweifache Begrenzung).

(35) Beispiel 1

Der Unternehmer U hat auf Grund der Angaben in seiner Umsatzsteuer-Voranmeldung eine Vorauszahlung in Höhe von 20.000 € an das Finanzamt zu entrichten. In der Bemessungsgrundlage für die Umsatzsteuer ist auch ein Betrag in Höhe von 100.000 € enthalten, der zivilrechtlich zuzüglich 16.000 € Umsatzsteuer an den Abtretungsempfänger A, der Unternehmer i. S. d. § 2 UStG ist, abgetreten worden ist. A hat 116.000 € vereinnahmt. U entrichtet bei Fälligkeit der Vorauszahlung nur einen Betrag in Höhe von 15.000 € an das Finanzamt.

Eine Haftungsinanspruchnahme des A ist in Höhe von 5.000 € zulässig. Die Differenz zwischen der Vorauszahlung (20.000 €) und dem von U entrichteten Betrag (15.000 €) ist geringer als der in der abgetretenen Forderung enthaltene Umsatzsteuerbetrag (16.000 €).

(36) Beispiel 2

Wie Beispiel 1. U entrichtet die Vorauszahlung bei Fälligkeit nicht. Das Finanzamt stellt fest, dass A die abgetretene Forderung an einen Dritten für 80.000 € zuzüglich 12.800 € Umsatzsteuer übertragen hat.

Die Haftungsinanspruchnahme des A ist in Höhe von 16.000 € zulässig. Die abgetretene Forderung gilt infolge der Übertragung an den Dritten als in voller Höhe vereinnahmt.

(37) Beispiel 3

Der Unternehmer U hat auf Grund der Angaben in seiner Umsatzsteuer-Voranmeldung für den Monat Juli 2004 eine Vorauszahlung in Höhe von 20.000 € an das Finanzamt zu entrichten. In der Bemessungsgrundlage für die Umsatzsteuer ist auch ein Betrag in Höhe von 100.000 € enthalten, der zivilrechtlich zuzüglich 16.000 € Umsatzsteuer an den Abtretungsempfänger A, der Unternehmer i. S. d. § 2 UStG ist, abgetreten worden ist. U entrichtet bei Fälligkeit nur einen Betrag in Höhe von 5.000 € an das Finanzamt. Das Finanzamt stellt fest, dass A am 20. August 2004 aus der abgetretenen Forderung einen Teilbetrag in Höhe von 58.000 € erhalten hat.

Der Haftungstatbestand ist frühestens zum 20. August 2004 erfüllt. Der Haftungsbetrag ist der Höhe nach auf 15.000 € (20.000 € – 5.000 €) begrenzt. Wegen der nur teilweisen Vereinnahmung der Forderung ist A nur in Höhe von 8.000 € (in dem vereinnahmten Betrag enthaltene Steuer) in Anspruch zu nehmen.

4. Haftungsausschluss

(38) Der Abtretungsempfänger, Pfandgläubiger oder Vollstreckungsgläubiger kann sich der Haftungsinanspruchnahme entziehen, soweit er als Dritter Zahlungen i. S. d. § 48 AO zugunsten des leistenden Unternehmers bewirkt.

(39) Derartige Zahlungen soll der Abtretungsempfänger, Pfandgläubiger oder Vollstreckungsgläubiger an das für den leistenden Unternehmer örtlich zuständige Finanzamt unter Angabe der Steuernummer des Steuerschuldners leisten. Insbesondere soll der Anlass der Zahlung angegeben werden sowie der Name desjenigen, für den die Zahlung geleistet wird. Zusätzlich soll der Abtretungsempfänger, Pfandgläubiger oder Vollstreckungsgläubiger die Zahlung zeitraumbezogen der Vorauszahlung oder dem Unterschiedsbetrag zuordnen, in der/dem die Umsatzsteuer aus dem der abgetretenen, verpfändeten oder gepfändeten Forderung zugrunde liegenden Umsatz enthalten ist. Die Steuerschuld des leistenden Unternehmers verringert sich um die vom Abtretungsempfänger, Pfandgläubiger oder Vollstreckungsschuldner geleisteten Zahlungen. Wird die Steuer vom leistenden Unternehmer im Fälligkeitszeitpunkt entrichtet, kann der vom Abtretungsempfänger, Pfandgläubiger oder Vollstreckungsgläubiger geleistete Betrag an den leistenden Unternehmer erstattet oder mit anderen Steuerrückständen des leistenden Unternehmers verrechnet werden.

5. Übergangsregelung

(40) § 27 Abs. 7 UStG regelt, dass § 13 c UStG auf Forderungen anzuwenden ist, die nach dem 7. November 2003 (Tag des Gesetzesbeschlusses des Deutschen Bundestages zum StÄndG) abgetreten, verpfändet oder gepfändet worden sind.

(41) Auch im Falle einer vor dem 8. November 2003 abgeschlossenen Globalzession gilt die Haftung nur für Forderungen, die nach dem 31. Dezember 2003 entstanden sind.

B. Haftung bei Änderung der Bemessungsgrundlage (§ 13 d UStG)

1. Vorbemerkung

(42) § 13 d UStG begründet eine Haftung in den Fällen, in denen sich bei einer steuerpflichtigen Lieferung von beweglichen Gegenständen auf Grund eines Mietvertrages oder mietähnlichen Vertrages die Bemessungsgrundlage geändert hat oder das vereinbarte Entgelt uneinbringlich geworden oder die steuerpflichtige Lieferung rückgängig gemacht worden ist. Dabei entsteht gegen den Leistungsempfänger ein Vorsteuerrückforderungsanspruch aus der Berichtigung des ursprünglichen Vorsteuerabzugs (vgl. § 17 UStG). Der leistende Unternehmer kann hierfür in Haftung genommen werden. Führt der Leistungsempfänger den Rückforderungsbetrag aus der Berichtigung des ursprünglichen Vorsteuerabzugs nicht an das Finanzamt ab oder kann die Rückforderung nicht mit Vorsteueransprüchen des Leistungsempfängers verrechnet werden, wird der leistende Unternehmer für die beim Leistungsempfänger entstandene Steuer (Berichtigungsbetrag) in Haftung genommen.

2. Tatbestandsmerkmale

2.1. Umsätze i. S. d. § 13 d UStG

(43) Umsätze, die eine Haftung i. S. d. § 13 d UStG auslösen können, sind steuerpflichtige Lieferungen beweglicher Gegenstände an andere Unternehmer auf Grund von Mietverträgen oder auf Grund mietähnlicher Verträge. Hierbei handelt es sich insbesondere um Lieferungen von beweglichen Gegenständen des Anlagevermögens (z. B. Baukräne, ortsfest oder auf Schienen, Gerüste, Lastkraftwagen, Kipper, Sattelschlepper, Personenkraftfahrzeuge). Grundsätzlich kommen als Gegenstand der Lieferung alle beweglichen Gegenstände in Betracht. Die Gegenstände müssen nicht notwendigerweise nur branchentypisch verwendet werden können. Voraussetzung ist jedoch, dass die steuerpflichtigen Umsätze als Lieferungen anzusehen sind, obwohl ihnen kein Kaufvertrag zugrunde gelegen hat.

(44) Bei Mietverträgen i. S. d. § 535 BGB mit Recht zum Kauf liegen Lieferungen vor, wenn die getroffenen Vereinbarungen wesentlich von denen abweichen, die bei einer bloßen Gebrauchsüberlassung üblich sind. Der Vorgang entspricht in seinen Auswirkungen dem Kauf auf Abzahlung (Abschn. 25 Abs. 4 Satz 1 UStR).

(45) Werden Gegenstände im Leasing-Verfahren überlassen, ist die Übergabe des Leasing-Gegenstandes durch den Leasing-Geber an den Leasing-Nehmer eine Lieferung, wenn der Leasing-Gegenstand einkommensteuerrechtlich dem Leasing-Nehmer zuzurechnen ist (Abschn. 25 Abs. 4 Satz 1 UStR). Auch diese Lieferungen fallen unter § 13 d UStG.

(46) Schuldet der Leistungsempfänger die Steuer nach § 13 b Abs. 2 UStG, ist § 13 d UStG nicht anwendbar.

2.2. Beteiligter Personenkreis

(47) Die eine Haftung begründenden Lieferungen müssen von einem Unternehmer (§ 2 UStG) an einen anderen Unternehmer erbracht worden sein. Die Haftung setzt voraus, dass der leistende Unternehmer für die steuerpflichtige Lieferung eine Rechnung mit gesondertem Umsatzsteuerausweis erteilt, die den Leistungsempfänger zum Vorsteuerabzug berechtigt.

2.3. Berichtigung des Vorsteuerabzugs beim Leistungsempfänger

(48) Die Änderung der Bemessungsgrundlage im Rahmen des § 13 d UStG kann insbesondere auftreten, wenn das vereinbarte Entgelt uneinbringlich geworden ist (vgl. § 17 Abs. 2 Nr. 1 UStG) oder die steuerpflichtige Lieferung rückgängig gemacht worden ist (vgl. § 17 Abs. 2 Nr. 3 UStG).

Die Haftung setzt voraus, dass der Unternehmer, der den Umsatz ausgeführt hat, den dafür geschuldeten Steuerbetrag und der Unternehmer, an den der Umsatz ausgeführt worden ist, den dafür in Anspruch genommenen Vorsteuerbetrag nach § 17 UStG zu berichtigen hat.

(49) Der leistende Unternehmer haftet für die Steuer aus der Berichtigung des Vorsteuerabzugs des Leistungsempfängers.

2.4. Nichtentrichtung der Steuer bei Fälligkeit

(50) § 13 d UStG setzt voraus, dass der Leistungsempfänger die Steuer im Zeitpunkt der Fälligkeit nicht oder nicht vollständig entrichtet hat. In dieser Umsatzsteuer muss die Vorsteuerrückforderung aus der Änderung der Bemessungsgrundlage des Umsatzes i. S. d. § 13 d UStG ganz oder teilweise berücksichtigt sein (zweifache Begrenzung).

(51) War die zu berichtigende Vorsteuer in der Steuer für den maßgeblichen Voranmeldungszeitraum nicht enthalten, kommt eine Haftung nicht in Betracht. Ist die zu berichtigende Vorsteuer erstmals in der zu entrichtenden Steuer für das entsprechende Kalenderjahr enthalten, greift die Haftung ein, wenn der Leistungsempfänger den Unterschiedsbetrag i. S. d. § 18 Abs. 4 UStG bei Fälligkeit nicht oder nicht vollständig entrichtet hat.

(52) Hat der Leistungsempfänger die Vorauszahlung für den maßgeblichen Voranmeldungszeitraum, in der die Berichtigung des Vorsteuerabzugs enthalten ist, vollständig entrichtet, haftet der leistende Unternehmer nicht. Dies gilt auch dann, wenn sich für das entsprechende Kalenderjahr eine zu entrichtende Steuer i. S. d. § 18 Abs. 3 UStG zugunsten des Finanzamts ergibt und der Leistungsempfänger den Unterschiedsbetrag nach § 18 Abs. 4 UStG bei Fälligkeit nicht oder nicht vollständig entrichtet hat.

(53) Die Haftung greift dem Grunde nach, wenn die Steuer nicht bis zum Ablauf des Fälligkeitstages entrichtet wird. Die Fälligkeit richtet sich nach § 220 Abs. 1 AO i. V. m. § 18 Abs. 1 und 4 UStG. Die Anwendung von § 13 d UStG kommt nicht in Betracht, wenn die Steuer innerhalb der Zahlungs-Schonfrist nach § 240 Abs. 3 AO entrichtet wird. Ein bis zum Ablauf der Zahlungs-Schonfrist entrichteter Betrag ist bei der Berechnung des Haftungsbetrages zu berücksichtigen. Soweit die Steuer nach diesem Zeitpunkt entrichtet wird, fallen die Voraussetzungen für den Erlass eines Haftungsbescheides (vgl. Tz. 64) ab diesem Zeitpunkt weg.

(54) Ist die Berichtigung der Vorsteuer beim Leistungsempfänger streitig und wurde in Bezug darauf bei der Steuerfestsetzung Aussetzung der Vollziehung gewährt, ist insoweit keine Fälligkeit gegeben (§ 13 d Abs. 1 Satz 2 UStG).

(55) Für die Begründung der Haftung reicht es aus, dass die zu berichtigende Vorsteuer bei der Steuer berücksichtigt wurde. Eine weitere Zuordnung des Berichtigungsbetrages ist nicht erforderlich. Deshalb kann die Haftung nicht dadurch ausgeschlossen werden, dass der Leistungsempfänger Zahlungen an das Finanzamt speziell der zu berichtigenden Vorsteuer zuordnet.

(56) Wird über das Vermögen des Leistungsempfängers das Insolvenzverfahren eröffnet, können Steuerbeträge nicht mehr festgesetzt werden, das Steuerfestsetzungsverfahren wird unterbrochen. Ist der Betrag der Vorsteuerrückforderung, für die die Haftung in Betracht kommt, durch den Insolvenzverwalter bzw. den Insolvenzschuldner für Zeiträume vor Eröffnung des Insolvenzverfahrens angemeldet worden, gilt die Umsatzsteuer gem. § 41 Abs. 1 InsO insoweit als fällig i. S. d. § 13 d UStG. Entsprechendes gilt, wenn der Betrag der Vorsteuerrückforderung von Amts wegen zur Insolvenztabelle angemeldet worden ist. Hierbei ist es unerheblich, ob der Insolvenzverwalter der Anmeldung widerspricht. Nur in Fällen der Aussetzung der Vollziehung (vgl. Tz. 54) ist keine Fälligkeit i. S. d. § 13 d UStG gegeben. Von einer Nichtentrichtung der Steuer ist auch dann auszugehen, wenn eine Insolvenzquote zu erwarten ist. Wird tatsächlich eine Zahlung durch den Insolvenzverwalter auf den angemeldeten Betrag der Vorsteuerrückforderung geleistet, ist ein rechtmäßiger Haftungsbescheid zugunsten des Haftungsschuldners insoweit zu widerrufen (vgl. Tz. 64).

3. Inanspruchnahme des Haftenden
3.1. Zeitpunkt
(57) Der leistende Unternehmer kann als Haftungsschuldner nach § 13 d UStG erst ab dem Zeitpunkt der Fälligkeit der nicht oder nicht vollständig entrichteten Steuer durch den Leistungsempfänger in Anspruch genommen werden (unter Beachtung § 240 Abs. 3 AO).

3.2. Haftungsbescheid
(58) Der leistende Unternehmer ist bei Vorliegen der gesetzlichen Voraussetzungen durch Haftungsbescheid in Anspruch zu nehmen. Die Haftungsinanspruchnahme nach anderen Haftungstatbeständen (z. B. auf Grund §§ 69 AO, 128 HGB) bleibt unberührt.

(59) Für den Erlass des Haftungsbescheides gelten die allgemeinen Regeln des § 191 AO, ohne dass dabei ein Ermessen besteht. Auf ein Verschulden des leistenden Unternehmers oder des Leistungsempfängers kommt es nicht an. Bei der Inanspruchnahme des Haftungsschuldners durch Zahlungsaufforderung (Leistungsgebot) ist § 219 AO zu beachten.

(60) Der Haftungsbescheid ist durch das Finanzamt zu erlassen, das für die Festsetzung und Erhebung der Umsatzsteuer des Leistungsempfängers örtlich zuständig ist (vgl. §§ 21, 24 AO).

(61) Stellt das Finanzamt fest, dass in einer Steuer ein Vorsteuerberichtigungsbetrag i. S. d. § 17 UStG aus der Lieferung beweglicher Gegenstände auf Grund eines Mietvertrages bzw. mietähnlichen Vertrages enthalten ist, ist zu prüfen, ob diese Steuer bei Fälligkeit nicht oder nicht vollständig entrichtet wurde. Es ist insbesondere im Vollstreckungsverfahren und im Rahmen von Außenprüfungen auf entsprechende Haftungstatbestände zu achten und ggf. zeitnah der Erlass eines Haftungsbescheides anzuregen.

(62) Das für den Leistungsempfänger zuständige Finanzamt hat den leistenden Unternehmer auf eine mögliche Haftungsinanspruchnahme nach § 13 d UStG hinzuweisen. Dies soll in der Regel in schriftlicher Form durchgeführt werden.

(63) Mit der Festsetzung der Haftungsschuld wird ein Gesamtschuldverhältnis i. S. d. § 44 AO begründet.

(64) Die Rechtmäßigkeit des Haftungsbescheides richtet sich nach den Verhältnissen im Zeitpunkt seines Erlasses bzw. der entsprechenden Einspruchsentscheidung. Minderungen der dem Haftungsbescheid zugrunde liegenden Steuerschuld durch Zahlungen des Steuerschuldners nach Ergehen einer Einspruchsentscheidung berühren die Rechtmäßigkeit des Haftungsbescheides nicht. Ein rechtmäßiger Haftungsbescheid ist aber zugunsten des Haftungsschuldners zu widerrufen, soweit die ihm zugrunde liegende Steuerschuld später gemindert worden ist.

3.3. Begrenzung der Haftung
(65) Die Haftung des leistenden Unternehmers ist der Höhe nach auf den Betrag der im Fälligkeitszeitpunkt nicht entrichteten Steuer und höchstens auf den Vorsteuerberichtigungsbetrag begrenzt (zweifache Begrenzung).

4. Haftungsausschluss
(66) Der leistende Unternehmer kann sich der Haftungsinanspruchnahme entziehen, soweit er als Dritter Zahlungen i. S. d. § 48 AO zugunsten des Leistungsempfängers bewirkt.

(67) Derartige Zahlungen soll der leistende Unternehmer an das für den Leistungsempfänger örtlich zuständige Finanzamt unter Angabe der Steuernummer des Steuerschuldners leisten. Insbesondere soll der Anlass der Zahlung angegeben werden sowie der Name desjenigen, für den die

Zahlung geleistet wird. Zusätzlich soll der leistende Unternehmer die Zahlung zeitraumbezogen der Vorauszahlung oder dem Unterschiedsbetrag zuordnen, in der/dem die Vorsteuerberichtigung auf Grund der Änderung der Bemessungsgrundlage enthalten ist. Die Vorauszahlung oder der Unterschiedsbetrag des Leistungsempfängers verringert sich um die vom leistenden Unternehmer geleisteten Zahlungen. Wird die Steuer vom Leistungsempfänger im Fälligkeitszeitpunkt entrichtet, kann der vom leistenden Unternehmer geleistete Betrag an den Leistungsempfänger erstattet oder mit anderen Steuerrückständen des Leistungsempfängers verrechnet werden.

5. Übergangsregelung

(68) § 27 Abs. 7 UStG regelt, dass § 13 d UStG auf Mietverträge oder mietähnliche Verträge anzuwenden ist, die nach dem 7. November 2003 (Tag des Gesetzesbeschlusses des Deutschen Bundestages zum StÄndG) abgeschlossen worden sind, wenn die daraus zu erbringenden Umsätze nach dem 31. Dezember 2003 ausgeführt wurden.

Haftung bei Abtretung, Verpfändung oder Pfändung von Forderungen (§ 13 c UStG); Vereinnahmung abgetretener Forderungen durch den Abtretungsempfänger

Schreiben vom 30. 1. 2006

Bundesminister der Finanzen

IV A 5 – S 7279 a – 2/06

Hinsichtlich der Anwendung von § 13 c UStG gilt für Fälle der (Sicherungs-)Abtretung, insbesondere der Globalzession, soweit nicht der leistende Unternehmer, sondern der Abtretungsempfänger die Einziehungs- oder die Verfügungsbefugnis an einer Forderung hat, bezüglich der Vereinnahmung des Forderungsbetrags durch den Abtretungsempfänger nach Erörterung mit den obersten Finanzbehörden der Länder Folgendes:

I. Der Abtretungsempfänger macht von seiner Einziehungsbefugnis Gebrauch:

1. Maßgebender Rechtsgrund für die Einziehung der Forderung ist die mit der Abtretung verbundene Sicherungsabrede. Eine Vereinnahmung durch das kontoführende Unternehmen (i. d. R. ein Kreditinstitut) als Abtretungsempfänger liegt in den Fällen der Sicherungsabtretung vor, wenn dieses die Forderung unter Offenlegung der Sicherungsabrede selbst beim Schuldner der Forderung einzieht. In diesem Fall entzieht es dem leistenden Unternehmer dessen Einziehungsbefugnis aufgrund der im Rahmen der Globalzession getroffenen Vereinbarungen.
2. Eine Vereinnahmung durch den Abtretungsempfänger bzw. Gläubiger liegt darüber hinaus auch dann vor, wenn die Einziehung der Forderung durch den Abtretungsempfänger auf der Grundlage anderer Ansprüche, wie z. B. einer Einzelabrede, eines Pfandrechts oder ohne Rechtsgrundlage erfolgt.

II. Der Abtretungsempfänger macht von seiner Verfügungsbefugnis Gebrauch:

1. Insoweit ist die Abtretung für die Inhaberschaft an der Forderung maßgebend. Diese begründet auch bei mittelbarer Vereinnahmung (z. B. mittels Bareinzahlung oder Überweisung von einem anderen Konto des Gläubigers nach Vereinnahmung durch den Gläubiger) das Recht auf Entzug der Verfügungsbefugnis.

Vereinnahmung des Forderungsbetrags

Nach dem Sinn und Zweck des § 13 c UStG soll der Abtretungsempfänger haften, soweit nicht mehr der leistende Unternehmer, sondern der Abtretungsempfänger über den eingegangenen Geldbetrag verfügen kann und daher die Verfügungsmacht über die in der abgetretenen Forderung enthaltene Umsatzsteuer hat. Nach Abschn. 182 b Abs. 19 UStR gilt demnach in den Fällen der Sicherungsabtretung die Forderung auch dann durch den Abtretungsempfänger als vereinnahmt, wenn und soweit der leistende Unternehmer die Forderung zwar selbst einzieht, den Geldbetrag jedoch an den Abtretungsempfänger weiterleitet oder dieser die Möglichkeit des Zugriffs auf diesen Betrag hat. Dies betrifft insbesondere die Fälle, in denen Forderungsbeträge auf einem beim Abtretungsempfänger geführten Konto des leistenden Unternehmers eingehen. Die Vereinnahmung des Forderungsbetrages durch den Abtretungsempfänger wird jedoch nicht bereits bei jedem Geldeingang auf einem bei dem Abtretungsempfänger geführten Konto des leistenden Unternehmers fingiert, dies grds. auch dann nicht, wenn sich das Konto des leistenden Unternehmers im Debet befindet, sondern nur soweit der Abtretungsempfänger die Verfügungsbefugnis erhält.

2. Die Verfügungsbefugnis am Forderungsbetrag liegt in folgenden Fällen beim Abtretungsempfänger, so dass insoweit eine Vereinnahmung durch diesen fingiert wird:
   2.1. Das beim Abtretungsempfänger geführte Konto des leistenden Unternehmers befindet sich auch nach der Gutschrift des Forderungseingangs im Debet und es besteht keine Kreditvereinbarung („Kreditlinie", „Kreditrahmen").

   > *Ausgangsfall:* Unternehmer A unterhält ein Kontokorrentkonto bei dem kontoführenden Unternehmen B. B hat sich die Forderungen aus der Geschäftstätigkeit des A im Wege der Globalzession abtreten lassen.
   > Es besteht keine Kreditvereinbarung für das Konto des A bei B. Ein Kunde des A begleicht eine Forderung i. H. v. 34.800 € durch Barzahlung; A zahlt den Betrag auf sein Konto bei B ein, welches nach der Gutschrift noch einen Saldo von 5.000 € im Debet aufweist.
   > B hat das Recht, den Betrag ausschließlich zum Ausgleich der eigenen Forderung zu verwenden und dem A insoweit eine anderweitige Verfügung zu versagen. Die Forderung <u>gilt</u> in voller Höhe als durch B vereinnahmt.

   2.2. Das beim Abtretungsempfänger geführte Konto des leistenden Unternehmers befindet sich auch nach der Gutschrift des Forderungseingangs im Debet und eine bestehende Kreditvereinbarung („vereinbarte Überziehung") ist ausgeschöpft.

   > *Abwandlung 1:* Für das Konto des A bei B besteht ein Kreditrahmen von 100.000 € (sog. „vereinbarte Überziehung"). Ein Kunde des A begleicht eine Forderung i. H. v. 34.800 € durch Überweisung auf das Konto des A bei B, welches nach der Gutschrift noch einen Saldo von 120.000 € im Debet aufweist.
   > B hat das Recht, den Betrag ausschließlich zum Ausgleich der eigenen Forderung zu verwenden und dem A insoweit eine anderweitige Verfügung zu versagen. Die Forderung <u>gilt</u> in voller Höhe als durch B vereinnahmt.

   2.3. Das beim Abtretungsempfänger geführte Konto des leistenden Unternehmers befindet sich auch nach der Gutschrift des Forderungseingangs im Debet und ein bestehender Kreditrahmen ist zwar noch nicht ausgeschöpft, wird jedoch im unmittelbaren Zusammenhang mit dem Geldeingang eingeschränkt. Das Konto des leistenden Unternehmers ist nach dieser Einschränkung (z. B. durch Kündigung oder Reduzierung des Kreditrahmens) über das vereinbarte Maß in Anspruch genommen.

   > *Abwandlung 2:* Für das Konto des A bei B besteht ein Kreditrahmen von 100.000 € (sog. „vereinbarte Überziehung"). Ein Kunde des A begleicht eine Forderung i. H. v. 34.800 € durch Überweisung auf das Konto des A bei B, welches nach der Gutschrift noch einen Saldo von 70.000 € im Debet aufweist. B reduziert den vereinbarten Kreditrahmen unmittelbar nach Gutschrift des Forderungseingangs auf 50.000 €.

> *A kann über den gutgeschriebenen Forderungsbetrag nicht mehr verfügen, da er von B zum Ausgleich der eigenen (durch die Reduzierung des Kontokorrentkredits entstandenen) Forderung verwendet worden ist und dem A kein weiterer Verfügungsrahmen auf seinem Konto verblieben ist. Die Forderung <u>gilt</u> in voller Höhe als durch B vereinnahmt.*

2.4. Der Abtretungsempfänger separiert den Geldbetrag nach Eingang auf dem Konto des leistenden Unternehmers auf ein anderes Konto, z. B. ein Sicherheitenerlöskonto.

> <u>*Abwandlung 3:*</u> *Für das Konto des A bei B besteht ein Kreditrahmen von 100.000 € (sog. „vereinbarte Überziehung".). Ein Kunde des A begleicht eine Forderung i. H. v. 34.800 € durch Überweisung auf das Konto des A bei B, welches nach der Gutschrift zunächst noch einen Saldo von 80.000 € im Debet aufweist. B bucht den zunächst gutgeschriebenen Betrag auf ein Darlehnskonto des A um, welches von diesem nicht bedient worden war.*
> *A kann über den gutgeschriebenen Forderungsbetrag nach Separierung durch B nicht mehr verfügen, da er von B zum Ausgleich der eigenen (neben dem Kontokorrent bestehenden Darlehns-)Forderung verwendet worden ist. Dies gilt unabhängig davon, ob dem A ein Verfügungsrahmen auf seinem Konto verblieben ist. Die Forderung gilt in voller Höhe als durch B vereinnahmt.*
> *Gleiches gilt bei Umbuchung auf ein gesondertes Sicherheitenerlöskonto.*

3. Bei einem Kontokorrentkonto widerspricht das kontoführende Unternehmen Verfügungen des leistenden Unternehmers regelmäßig nicht bereits bei jedem Überschreiten des vereinbarten Kreditrahmens. In der Regel erfolgt ein Widerspruch erst dann, wenn die vorgenommene Anweisung den vereinbarten Kreditrahmen um mehr als 15 % überschreitet. In diesem Rahmen kann der leistende Unternehmer die Erfüllung seiner Kontoanweisungen vom kontoführenden Unternehmen regelmäßig noch erwarten. Es ist daher nur insoweit von einem Entzug der Verfügungsbefugnis über eingehende Beträge durch das kontoführende Unternehmen auszugehen, als das Konto des leistenden Unternehmers den vereinbarten Kreditrahmen auch nach der Gutschrift des Forderungseingangs um 15 % überschreitet; nur insoweit muss der leistende Unternehmer davon ausgehen, dass er über den gutgeschriebenen Betrag nicht mehr verfügen können wird.

> <u>*Abwandlung 4:*</u> *Für das Konto des A bei B besteht ein Kreditrahmen von 100.000 € (sog. „vereinbarte Überziehung".). Ein Kunde des A begleicht eine Forderung i. H. v. 34.800 € durch Überweisung auf das Konto des A bei B, welches nach der Gutschrift noch einen Saldo von 110.000 € im Debet aufweist.*
> *Obwohl der Kreditrahmen des A keine weiteren Verfügungen zulässt und die Forderung damit in voller Höhe als durch B vereinnahmt gelten könnte, ist davon auszugehen, dass A über einen Teilbetrag der gutgeschriebenen Forderung in Höhe von 5.000 € noch verfügen kann, da die kontoführenden Unternehmen im Allgemeinen nur den die Kreditlinie um 15 % übersteigenden Forderungseingang zum Ausgleich der eigenen (durch ausnahmsweise geduldete Überziehung des Kontokorrentkredits entstandenen) Forderung verwenden wird und den A insoweit von einer Verfügung ausschließen. Die Forderung <u>gilt</u> daher in Höhe von 29.800 € als durch B vereinnahmt.*

4. Kündigt oder reduziert das kontoführende Unternehmen die Kreditlinie zwar ganz oder teilweise, ggf. auf einen geringeren Betrag, räumt es dem leistenden Unternehmer jedoch einen gewissen Zeitraum ein, um dieses Kreditziel (vereinbarte Überziehung) zu erreichen, wird es während dieses Zeitraums auch weiterhin Verfügungen des Unternehmers zu Lasten seines Kontokorrents innerhalb des bisherigen Kreditrahmens zulassen (geduldete Überziehung). In diesem Fall ist von einer Vereinnahmung durch das kontoführende Unternehmen für eigene Zwecke der Rückführung eingeräumter Kredite nur insoweit auszugehen, als die geduldete Überziehung insgesamt zu einer Verringerung des in Anspruch genommenen Kredits geführt hat.

Bei dieser Betrachtung ist auf den Unterschiedsbetrag abzustellen, der sich nach Gutschrift des Geldeingangs zum Kreditbetrag im Kündigungszeitpunkt ergibt.

> *Abwandlung 5: Für das Konto des A bei B besteht ein Kreditrahmen von 100.000 € (sog. „vereinbarte Überziehung"), der auch vollständig ausgeschöpft ist. B kündigt diesen Kreditrahmen auf 40.000 € herab, räumt dem A jedoch eine Zeitspanne von 3 Monaten ein, um dieses Kreditziel zu erreichen und sagt dem A zu, Verfügungen zu Lasten dieses Kontos innerhalb des bisherigen Kreditrahmens zunächst nicht zu widersprechen. Innerhalb dieses Zeitraums verzeichnet B insgesamt 348.000 € Zahlungseingänge und führt Verfügungen von insgesamt 298.000 € zu Lasten des A aus.*
>
> *A hat bei einem Debet von 50.000 € nach Ablauf der drei Monate nicht mehr die Möglichkeit, über die seinem Konto gutgeschriebenen Forderungseingänge zu verfügen, da sowohl der (nun in Höhe von 40.000 €) vereinbarte, als auch der üblicherweise zusätzlich geduldete Kreditrahmen (in Höhe von weiteren 15 %, hier 6.000 €) ausgeschöpft ist und B diese Beträge zum Ausgleich der eigenen (durch die teilweise Kündigung des Kontokorrentkredits entstandenen) Forderung verwendet hat. Wegen der Zusage von B, zunächst die Verfügungsmöglichkeit des A im bisherigen Umfang zu belassen, gelten die Forderungen nicht in Höhe von 348.000 € als durch B vereinnahmt, sondern nur im Umfang der tatsächlichen Verwendung zur Darlehnsrückführung von 50.000 €. Eine Haftung des B besteht dementsprechend für die in den durch B als vereinnahmt geltenden Forderungen enthaltene Umsatzsteuer von 6.896 €.*

III. Anwendung in Fällen des Forderungskaufs

Die Ausführungen unter I. und II. gelten hinsichtlich der Vereinnahmung eines Kaufpreises für eine abgetretene Forderung durch den Forderungskäufer bzw. Abtretungsempfänger (Abschn. 182 b Abs. 20 UStR) entsprechend, soweit der Kaufpreis auf einem beim Forderungskäufer bzw. Abtretungsempfänger geführten Konto des leistenden Unternehmers eingeht.

Die Grundsätze dieses Schreibens sind auf Forderungen anzuwenden, die nach dem 7. November 2003 abgetreten, verpfändet oder gepfändet wurden. Da die Abtretung erst mit der Entstehung der Forderung vollendet ist, gilt dies grundsätzlich auch bei vor dem 8. November 2003 abgeschlossenen Globalzessionen, wenn die abgetretene Forderung nach dem 7. November 2003 entstanden ist (§ 27 Abs. 7 UStG). Insoweit ist allerdings die Übergangsregelung des Abschn. 182 b Abs. 38 UStR zu beachten, der die Anwendung von § 13 c UStG bei vor dem 8. November 2003 abgeschlossenen Globalzessionen auf nach dem 31. Dezember 2003 entstandene Forderungen einschränkt.

Die Anwendung ist nicht auf Kreditinstitute als kontoführende Unternehmen beschränkt.

Dieses Schreiben wird im Bundessteuerblatt Teil I veröffentlicht. Es steht ab sofort für eine Übergangszeit auf den Internet-Seiten des Bundesministeriums der Finanzen unter der Rubrik Steuern – Veröffentlichungen zu Steuerarten – Umsatzsteuer – BMF-Schreiben (www.bundesfinanzministerium.de) zum Download bereit.

Umsatzsteuer; Umsatzsteuerliche Behandlung von Ausgleichsansprüchen nach Beendigung eines Leasingvertrages

Schreiben vom 22.5.2008

Bundesminister der Finanzen

IV B 8 – S 7100/07/10007
2008/0260780

Nach dem Ergebnis der Erörterungen mit den obersten Finanzbehörden der Länder gilt zur umsatzsteuerlichen Behandlung von Ausgleichszahlungen im Zusammenhang mit der Beendigung von Leasingverträgen Folgendes:

Für die umsatzsteuerliehe Beurteilung kommt es auf die zivilrechtliche Einordnung als Primär- oder Sekundäranspruch nicht entscheidend an. Ihr kann allenfalls indizielle Wirkung bei der Frage nach dem Vorliegen eines umsatzsteuerlichen Leistungsaustauschverhältnisses oder eines echten Schadensersatzes beigemessen werden.

Entscheidend ist, ob der Zahlung für den jeweiligen „Schadensfall" eine mit ihr eng verknüpfte Leistung gegenübersteht. Für die Annahme eines Leistungsaustauschs müssen Leistung und Gegenleistung in einem wechselseitigen Zusammenhang stehen.

Es kann aufgrund vertraglich vereinbarter Kündigungsrechte (z. B. im Falle eines Totalschadens, des Zahlungsverzuges oder der Insolvenz des Leasingnehmers) zu einer **vorzeitigen Beendigung** des Leasingvertrages kommen. In diesen Fällen sehen die Leasingverträge einen Ersatz für künftige Leasingraten und einen möglichen Minderwertausgleich für Beschädigungen oder für einen über den vertraglich vereinbarten Gebrauch des Leasinggegenstandes hinausgehenden Gebrauch vor.

1. Ausgleich für künftige Leasingraten

Soweit Zahlungen für künftige Leasingraten geleistet werden, handelt es sich um einen echten Schadensersatz. Durch die Kündigung ist die vertragliche Hauptleistungspflicht des Leasinggebers – Nutzungsüberlassung des Leasinggegenstands – beendet und deren Erbringung tatsächlich nicht mehr möglich. Eine Zahlung, die der Leasingnehmer für den Ausfall künftiger Leasingraten zu erbringen hat, steht daher nicht mehr im Austauschverhältnis mit einer Leistung des Leasinggebers.

2. Minderwertausgleich

Soweit Zahlungen zum Ausgleich eines Minderwerts geleistet werden, handelt es sich hingegen um Entgelt für eine bereits erfolgte Leistung in Form der Gebrauchsüberlassung und Duldung der Nutzung über den vertragsgemäßen Gebrauch hinaus. Im Rahmen der für einen auf volle Amortisation abzielenden Leasingvertrag typischen Mischkalkulation stellt der Minderwertausgleich eine leasingtypische vertragliche Gegenleistung für die Überlassung des Leasinggegenstands durch den Leasinggeber dar. Dementsprechend hat der Leasingnehmer – anders als der Mieter – auch für diejenigen Veränderungen und Verschlechterungen einzutreten, die auf Zufall und höherer Gewalt beruhen. Der für den Leasingnehmer verbrauchbare Vorteil liegt in der „übervertraglichen" substanzbeeinträchtigenden Nutzung. Der erforderliche Leistungswille des Leasinggebers ergibt sich insofern aus der vertraglichen Wertminderungsklausel. In dieser ist die konkludente Zustimmung zu dem entsprechenden „übervertraglichen Gebrauch" zu sehen.

Auch im Falle des **planmäßigen Verlaufs eines Leasingvertrags** gilt, dass der Minderwertausgleich eine leasingtypische vertragliche Gegenleistung für die Überlassung des Leasinggegenstands durch den Leasinggeber darstellt, der durch die vereinbarte Wertminderungsklausel seine dahingehende Leistungs- bzw. Duldungsbereitschaft manifestiert hat. Gleiches gilt für Zahlungen zum Ausgleich für die Überschreitung von Kilometervereinbarungen. Es handelt sich jeweils um Entgelte für bereits geleistete Vertragsverpflichtungen seitens des Leasinggebers.

Denn es kann nach den oben genannten Grundsätzen bei der umsatzsteuerlichen Beurteilung von Minderwertausgleichszahlungen keinen Unterschied machen, ob der Leasinggeber den Vertragsgegenstand vorzeitig in nicht vertragsgemäßem Zustand zurückgibt oder erst am Ende einer regulär beendeten Vertragsbeziehung. Grundsätzlich gilt, dass die Zahlung eines Minderwertausgleichs nicht als echter Schadensersatz im Sinne des Abschnitts 3 Absatz I Sätze 1–3 UStR 2008 zu beurteilen ist, wenn der wertgeminderte Gegenstand zum Gebrauch im Rahmen eines Leasingvertrags überlassen wurde. Auf die Art des Leasingvertrags und des überlassenen Leasinggegenstands sowie die Ursache für die Wertminderung kommt es dabei nicht an.

Die hier aufgestellten Grundsätze finden keine Anwendung auf Fälle des Finanzierungsleasings, bei denen gem. Abschnitt 25 Abs. 4 Sätze 1 und 2 UStR 2008 eine Lieferung an den Leasingnehmer vorliegt.

Dieses Schreiben tritt an die Stelle des BMF-Schreibens vom 20. Februar 2006 – IV A 5 – S 7100 – 23/06 –. Dieses Schreiben wird im Bundessteuerblatt Teil I veröffentlicht.

Inkrafttreten der Änderung im KWG betreffend die Einbeziehung von Leasing- und Factoringunternehmen in die Bankaufsicht

13/343

Schreiben vom 30.01.2009

Bundesminister der Finanzen

VII B 3 – WK 5212/08/10001
2009/0047900

Mit Inkrafttreten des Jahressteuergesetzes 2009 am 25. Dezember 2008 werden das Finanzierungsleasing und das Factoring als Finanzdienstleistung unter den Anwendungsbereich des KWG und die Aufsicht der BaFin gestellt (§ 1 Abs. 1a Satz 2 Nr. 9 und 10 KWG).

Damit werden die Leasing- und Factoringunternehmen erstmals verpflichtet, einen Jahresabschluss zu erstellen, der den handelsrechtlichen Anforderungen für Institute aus den §§ 340 ff. HGB unter Berücksichtigung der Verordnung über die Rechnungslegung der Kreditinstitute und Finanzdienstleistungsinstitute (Kreditinstituts-Rechnungslegungsverordnung – RechKredV) entspricht.

Der Gesetzgeber hat mit dem neuen § 64j KWG eine Erlaubnisfiktion geschaffen: Für die bereits am Markt tätigen Leasing- und Factoringunternehmen gilt die Geschäftserlaubnis mit Zugang der Anzeige bei der BaFin rückwirkend ab dem Zeitpunkt des Inkrafttretens des Jahressteuergesetzes 2009 als erteilt, ohne dass eine materielle Prüfung erfolgt.

Ziel des Gesetzgebers ist es, eine möglichst einfache und schnelle Zulassung zu ermöglichen, um die Belastungen aus der kurzfristigen Unterstellung unter die Aufsicht sowohl für die betroffenen Unternehmen als auch für die Aufsichtsbehörden gering zu halten. Mit der Anzeige sollen letztlich die Unternehmen den Nachweis ihrer Geschäftstätigkeit erbringen und der BaFin soll die Registrierung der Unternehmen ermöglicht werden.

Dieses Ziel des Gesetzgebers steht in Wechselwirkung mit einer Pflicht zur Anwendung der sich aus den §§ 26 ff. KWG ergebenden Bestimmungen bereits auf den Jahresabschluss für das abgelaufene Geschäftsjahr 2008.

Der Rechtsgedanke des § 64j KWG, der dem Prinzip der möglichst schonenden Einführung der Aufsicht folgt, rechtfertigt es, im Sinne einer „Aufsicht mit Augenmaß" die Nichterstellung eines KWG-konformen Jahresabschlusses erstmals für das Jahr 2009 zu rügen.

Den Unternehmen bleibt es jedoch freigestellt, bereits für das Jahr 2008 einen solchen Abschluss aufzustellen.

13/344 Umsatzsteuerrechtliche Behandlung von Zahlungen der Hersteller/Händler an Autobanken und sonstige Finanzierungsinstitute im Rahmen von Finanzierungs- bzw. Leasinggeschäften sowie üblichen Konsumentenkreditgeschäften;

Schreiben vom 24.09.2013

Bundesminister der Finanzen

IV D 2 – S 7100/09/10003 :002
2013/0840707

Zur Frage der umsatzsteuerrechtlichen Behandlung von Zahlungen der Hersteller/Händler an Autobanken und sonstige Finanzierungsinstitute im Rahmen von Finanzierungs- bzw. Leasinggeschäften sowie üblichen Konsumentenkrediten gilt unter Bezugnahme auf das Ergebnis der Erörterungen mit den obersten Finanzbehörden der Länder Folgendes:

I. Sachverhalt

Zur Finanzierung des Erwerbs von Kraftfahrzeugen, sonstigen höherpreisigen Waren oder Konsumwaren (z. B. Elektrogeräte, Möbel) schließt der Kunde mit einer Autobank oder einem sonstigen Finanzierungsinstitut einen Finanzierungs- bzw. Leasingvertrag ab. Der vereinbarte Zins bzw. die vereinbarte Leasingrate liegt hierbei weit unter dem üblichen Marktniveau. Zum Ausgleich hat der Hersteller/Händler eine Zuzahlung an die Autobank oder das Finanzierungsinstitut zu leisten. In dem zwischen Finanzierungsinstitut und Kunde abgeschlossenen Darlehens- bzw. Leasingvertrag wird lediglich der bereits ermäßigte Zinssatz bzw. die bereits ermäßigte Leasingrate ausgewiesen. Der Kunde kann insoweit keine Rückschlüsse auf Art und Höhe des Zuzahlungsbetrages des Herstellers/Händlers ziehen.

Derartige Zuzahlungen können Entgelt für eine Leistung eigener Art, eine Entgeltminderung oder Entgelt von dritter Seite darstellen. Bei der umsatzsteuerrechtlichen Würdigung der Zahlung ist auf den jeweiligen Leistungswillen der Beteiligten abzustellen. Es sind folgende Unterscheidungen zu beachten:

II. Finanzierung durch Autobanken

Die dem Händlernetz der Vertriebsgesellschaft eines Fahrzeugherstellers angehörenden Autohäuser bieten ihren Kunden beim Fahrzeugkauf die zinsgünstige Finanzierung durch ein hersteller- bzw. händlerverbundenes Unternehmen (sog. Autobank) an. Die Finanzierung kann durch typische Kreditvergabe oder mittels Leasing erfolgen.

Bei einer Autobank handelt es sich in der Regel um eine Tochtergesellschaft des Herstellers, welche überwiegend Autofinanzierungen tätigt. Das Geschäftsmodell einer Autobank zielt nicht auf die Maximierung der Kreditvergabe ab, sondern darauf, dem Fahrzeugkunden die Finanzierung des auf seine individuellen Bedürfnisse zugeschnittenen Fahrzeuges zu ermöglichen. Die Autobank verfolgt demnach primär das Ziel der Absatzförderung ihrer Herstellermarke und bedient sich hierfür der (vergünstigten) Kreditvergabe bzw. Leasingvereinbarung.

Unter Berücksichtigung des Leistungswillens der Autobank und der damit verbundenen zielgerichteten Einräumung eines wirtschaftlichen Vorteils an den Hersteller/Händler erbringt die Autobank eine sonstige Leistung in Gestalt der Förderung des Absatzgeschäftes durch das Angebot von unter dem Marktniveau liegenden Finanzierungen. Zuzahlungen des Herstellers/Händlers stellen somit Entgeltzahlungen für eine sonstige Leistung der Autobank an den Zahlenden dar. Dies gilt sinngemäß auch in den Fällen, in denen ein Verkaufsagent die Zuzahlung zu leisten hat. Insoweit wird auf die Grundsätze des BMF-Schreibens vom 28. September 2011, BStBl I S. 935, verwiesen.

III. Finanzierung durch sonstige Institute

Neben der Finanzierung durch Autobanken treten auch sonstige Institute (hersteller- bzw. händlerunabhängige Unternehmen) als Finanzierungspartner auf. Die Finanzierung erfolgt hier ebenfalls durch die Kreditvergabe oder durch Überlassung des Gegenstandes mittels Leasingvereinbarung.

1. Finanzierung durch Kreditvergabe eines Kreditinstituts (i. d. R. Konsumentenkredite)

Diese Finanzierungsform ist vorrangig im Bereich des Einzelhandels (z. B. Möbel, Elektroartikel) anzutreffen und dient im Regelfall der Finanzierung eines Konsumgutes (Konsumentenkredit). Die nachfolgend dargestellten Grundsätze finden jedoch auch in anderen Wirtschaftszweigen bei gleichgelagerten Sachverhalten Anwendung.

Der Leistungswille des Kreditinstitutes besteht ausschließlich in dem Abschluss eines Kreditgeschäftes. Das Handeln der Institute ist auf die Einräumung eines Kredites an den Kunden ausgerichtet. Dies entspricht dem typischen Geschäftsmodell eines Kreditinstitutes. Eine sonstige Leistung des Kreditinstituts an den Händler liegt nicht vor. Die Zahlung des Händlers zur Ermöglichung eines günstigen Zinssatzes ergänzt vielmehr die Entgeltzahlung des Kunden für die Kreditgewährung und hat somit preisauffüllenden Charakter. Diese Zahlung hat den erklärten Zweck, das Entgelt für die Leistung des Kreditinstituts an den Kunden auf die nach Kalkulationsgrundsätzen erforderliche Höhe zu bringen und dadurch das Zustandekommen der Kreditvergabe an den Kunden zu sichern oder wenigstens zu erleichtern (vgl. Abschnitt 10.2 Abs. 5 UStAE).

Derartige Zahlungen des Händlers an sonstige Institute bei Kreditgeschäften sind somit als Entgelt von dritter Seite für die sonstige Leistung des Instituts an den Kunden zu qualifizieren. Eine Minderung der Bemessungsgrundlage für die Lieferung des Gegenstandes vom Händler an den Kunden scheidet aus.

2. Finanzierung durch Leasing

Beim Leasing (Finanzierungsleasing) wird der Leasinggegenstand vom Leasinggeber beschafft, finanziert und dem Leasingnehmer (Kunden) gegen Zahlung des vereinbarten Leasingentgelts zur Nutzung überlassen. Je nach vertraglicher Gestaltung kann es sich hierbei um eine Lieferung nach § 3 Abs. 1 UStG des Leasinggebers an den Leasingnehmer oder um eine sonstige Leistung nach § 3 Abs. 9 UStG in Gestalt der Nutzungsüberlassung durch den Leasinggeber handeln (vgl. Abschnitt 3.5 Abs. 5 UStAE).

Der Unterschied zu der Finanzierung durch Kreditvergabe besteht darin, dass zwischen Hersteller/Händler und Kunde (Leasingnehmer) kein Kaufvertrag über den Leasinggegenstand geschlossen wird. Vielmehr erwirbt der Leasinggeber den Leasinggegenstand vom Hersteller/Händler, um diesen nachfolgend an den Kunden zur Nutzung zu überlassen. Damit die (bereits im Interesse des Leasingnehmers ermäßigten) Leasingraten vom Leasinggeber akzeptiert werden, hat der Hersteller/Händler dem Leasinggeber einen finanziellen Ausgleich zu leisten.

Aus den unter III. 1. dargestellten Gründen erbringt der Leasinggeber keine Leistung eigener Art an den Hersteller/Händler. Vielmehr handelt es sich bei den Zahlungen zur Subventionierung des Leasinggeschäftes regelmäßig um Rabattgewährungen des Herstellers/Händlers für die Lieferungen des Leasinggegenstandes an den Leasinggeber. Der Hersteller/Händler kann insoweit eine Entgeltminderung geltend machen. Dem Leasinggeber steht analog hierzu nur der geminderte Vorsteuerabzug aus der Anschaffung des Leasinggegenstandes zu.

Die Aussagen unter II. gelten für die Finanzierung sonstiger Waren mittels Leasingvereinbarungen entsprechend, wenn es sich bei der Leasinggesellschaft um ein hersteller- bzw. händlerverbundenes Unternehmen innerhalb des Unternehmerverbundes handelt.

IV. Änderung des Umsatzsteuer-Anwendungserlasses

Unter Bezugnahme auf das Ergebnis der Erörterungen mit den obersten Finanzbehörden der Länder wird Abschnitt 3.10 Abs. 6 Nr. 14 des Umsatzsteuer-Anwendungserlasses (UStAE) vom 1. Oktober 2010, BStBl I Seite 846, der zuletzt durch das BMF-Schreiben vom 19. September 2013 – IV D 3 – S 7279/12/10002 (2013/0874512), BStBl I S. XXX, geändert worden ist, wie folgt gefasst:

„14. Zahlungen der Hersteller/Händler an Finanzierungsinstitute zum Ausgleich von vergünstigten Kredit- bzw. Leasinggeschäften können Entgeltzahlungen für eine Leistung eigener Art des Finanzierungsinstituts an den Hersteller/Händler, Entgeltminderungen für die Lieferung des Herstellers/Händlers oder Entgelt von dritter Seite für die Finanzierungsleistung des Instituts an den Abnehmer darstellen, vgl. BMF-Schreiben vom 28. 9.2011, BStBl I S. 935, und vom XX. XX. 201X, BStBl I S. XXX."

V. Anwendung

Die Grundsätze dieses Schreibens sind in allen offenen Fällen anzuwenden. Es wird jedoch nicht beanstandet, wenn für vor dem 1. Januar 2014 ausgeführte Umsätze in den unter III. dargestellten Sachverhalten die Beteiligten unter Berufung auf das BMF-Schreiben vom 28. September 2011, BStBl I S. 935, hinsichtlich der Zahlung des Herstellers/Händlers von einem Entgelt für eine sonstige Leistung des finanzierenden Instituts an den Zahlenden in Gestalt der Förderung des Absatzgeschäftes ausgehen und die Beteiligten bereits vor Veröffentlichung des heutigen Schreibens im BStBl entsprechend verfahren sind.

Dieses Schreiben wird im Bundessteuerblatt Teil I veröffentlicht. Es steht ab sofort für eine Übergangszeit auf den Internetseiten des Bundesministeriums der Finanzen (http://www.bundesfinanzministerium.de) unter der Rubrik Themen – Steuern – Steuerarten – Umsatzsteuer – Umsatzsteuer-Anwendungserlass zum Herunterladen bereit.

13/345 Umsatzsteuerrechtliche Behandlung von Ausgleichzahlungen bei Beendigung des Leasingverhältnisses

Schreiben vom 06.02.2014

Bundesminister der Finanzen

IV D 2 – S 7100/07/10007 2014/0107895

Mit Urteil vom 20. März 2013[1], XI R 6/11, hat der BFH entschieden, dass Zahlungen eines Minderwertausgleichs wegen Schäden am Leasingfahrzeug nicht umsatzsteuerbar sind.

I. Grundsätze des BFH-Urteils vom 20. März 2013, XI R 6/11

Für das Vorliegen einer entgeltlichen Leistung muss ein unmittelbarer Zusammenhang zwischen der Leistung und dem erhaltenen Gegenwert bestehen, wobei die gezahlten Beträge die tatsächliche Gegenleistung für eine bestimmbare Leistung darstellen, die im Rahmen eines zwischen

---

[1] Das Urteil wird zeitgleich im Bundessteuerblatt Teil II veröffentlicht.

dem Leistenden und dem Leistungsempfänger bestehenden Rechtsverhältnisses, in dem gegenseitige Leistungen ausgetauscht werden, erbracht wurde. Echte Entschädigungs- oder Schadensersatzleistungen sind demgegenüber kein umsatzsteuerbares Entgelt, da diesen keine Leistung gegenübersteht.

Die Zahlung eines Minderwertausgleichs wegen Schäden am Leasingfahrzeug erfolgt nicht für die Nutzungsüberlassung, sondern weil der Zahlende nach den vertraglichen Vereinbarungen für den Schaden und seine Folgen einzustehen hat. Insbesondere liegt keine eigenständige Leistung des Leasinggebers darin, dass dieser die Nutzung des Leasingfahrzeuges über den vertragsgemäßen Gebrauch hinaus geduldet hat. An der unter Tz. 2 des BMF-Schreibens vom 22. Mai 2008 (BStBl I S. 632) sowie unter Abschnitt 1.3 Abs. 17 des UStAE vertretenen Rechtsauffassung wird nicht mehr festgehalten.

Verpflichtet sich demnach der Leasingnehmer im Leasingvertrag, für am Leasingfahrzeug durch eine nicht vertragsgemäße Nutzung eingetretene Schäden nachträglich einen Minderwertausgleich zu zahlen, ist diese Zahlung beim Leasinggeber nicht der Umsatzsteuer zu unterwerfen.

Davon unberührt bleibt die umsatzsteuerrechtliche Behandlung der Vergütungen für die sog. Mehr- und Minderkilometer, wie sie regelmäßig in Leasingverträgen mit Kilometerausgleich vereinbart werden. Hier sind die Mehr- und Minderkilometerabrechnungen darauf gerichtet, die Ansprüche aus dem Leasingverhältnis an die tatsächliche Nutzung des Fahrzeugs durch den Leasingnehmer anzupassen. Sie stellen deshalb je nach Zahlungsrichtung zusätzliches Entgelt oder aber eine Entgeltminderung für die Nutzungsüberlassung dar. Dies gilt entsprechend für Vergütungen zum Ausgleich von Restwertdifferenzen in Leasingverträgen mit Restwertausgleich. Nutzungsentschädigungen wegen verspäteter Rückgabe des Leasingfahrzeugs stellen ebenfalls keinen Schadensersatz dar, sondern sind Entgelt für die Nutzungsüberlassung des Fahrzeugs zwischen vereinbarter und tatsächlicher Rückgabe des Fahrzeugs.

Die dargestellten Grundsätze gelten sinngemäß bei der Überlassung von sonstigen Gegenständen im Leasing-Verfahren, sofern die Überlassung als steuerbare Nutzungsüberlassung zu qualifizieren ist (vgl. Abschn. 3.5 Abs. 5 UStAE).

II. Änderung des Umsatzsteuer-Anwendungserlasses

Unter Bezugnahme auf das Ergebnis der Erörterungen mit den obersten Finanzbehörden der Länder wird der Abschnitt 1.3 Absatz 17 des Umsatzsteuer-Anwendungserlasses (UStAE) vom 1. Oktober 2010, BStBl I Seite 846, der zuletzt durch das BMF-Schreiben vom 5. Februar 2014 – IV D 3 – S 7279/11/10002 (2014/0120973), BStBl I S. XXX, geändert worden ist, wie folgt gefasst:

„(17) [1]Für die Beurteilung von Ausgleichszahlungen im Zusammenhang mit der Beendigung von Leasingverträgen ist entscheidend, ob der Zahlung für den jeweiligen „Schadensfall" eine mit ihr eng verknüpfte Leistung gegenübersteht. [2]**Verpflichtet sich der Leasingnehmer im Leasingvertrag, für am Leasinggegenstand durch eine nicht vertragsgemäße Nutzung eingetretene Schäden nachträglich einen Minderwertausgleich zu zahlen, ist diese Zahlung beim Leasinggeber als Schadensersatz nicht der Umsatzsteuer zu unterwerfen (vgl. BFH-Urteil vom 20. 3. 2013, XI R 6/11, BStBl 2014 II S. XXX).** [3]**Ausgleichszahlungen, die darauf gerichtet sind, Ansprüche aus dem Leasingverhältnis an die tatsächliche Nutzung des Leasinggegenstandes durch den Leasingnehmer anzupassen (z. B. Mehr- und Minderkilometervereinbarungen bei Fahrzeugleasingverhältnissen) stellen hingegen je nach Zahlungsrichtung zusätzliches Entgelt oder aber eine Entgeltminderung für die Nutzungsüberlassung dar.** [4]**Dies gilt entsprechend für Vergütungen zum Ausgleich von Restwertdifferenzen in Leasingverträgen mit Restwertausgleich.** [5]**Nutzungsentschädigungen wegen verspäteter Rückgabe des Leasinggegenstandes stellen ebenfalls keinen Schadensersatz dar, sondern sind Entgelt für die Nutzungsüberlassung zwischen vereinbarter und tatsächlicher Rückgabe des Leasinggegenstandes.** [6]Soweit bei Kündigung des Leasingverhältnisses Ausgleichszahlungen für künftige Leasingraten geleistet werden, handelt es sich um echten Schadensersatz, da durch die Kündigung die vertragliche Hauptleistungspflicht des Leasinggebers beendet und deren Erbringung tatsächlich nicht mehr möglich ist. ⁷Dies gilt nicht für die Fälle des Finanzierungsleasings, bei denen eine Lieferung an den Leasingnehmer vorliegt, vgl. Abschnitt 3.5 Abs. 5."

III. Anwendung

Die Grundsätze dieses Schreibens sind in allen offenen Fällen anzuwenden. Soweit die Ausführungen unter Tz. 2 des BMF-Schreibens vom 22. Mai 2008 (BStBl I S. 632) diesem Schreiben entgegenstehen, wird hieran nicht mehr festgehalten. Es wird jedoch nicht beanstandet, wenn die Vertragsparteien bei Zahlung eines Minderwertausgleichs entgegen den oben dargestellten Grundsätzen über eine steuerbare Leistung abgerechnet haben und der maßgebliche Leasingvertrag vor dem 1. Juli 2014 endet.

Dieses Schreiben wird im Bundessteuerblatt Teil I veröffentlicht und steht ab sofort für eine Übergangszeit auf den Internet-Seiten des Bundesministeriums der Finanzen (http://www.bundesfinanzministerium.de) unter der Rubrik Themen – Steuern – Steuerarten -Umsatzsteuer – Umsatzsteuer-Anwendungserlass zum Herunterladen bereit.

13/346 Umsatzsteuer; Behandlung des Bestelleintritts in Leasingfällen; Änderung des Abschnitts 3.5 Umsatzsteuer-Anwendungserlass

Schreiben vom 31.08.2015

Bundesminister der Finanzen

IIIC 2 – S 7100/07/10031 :005
2015/0747620

Unter Bezugnahme auf das Ergebnis der Erörterungen mit den obersten Finanzbehörden der Länder wird im Umsatzsteuer-Anwendungserlass vom 1. Oktober 2010, BStBl. I S. 846, der zuletzt durch BMF-Schreiben vom 27. August 2015 – III C 2 – S 7410/07/10005 (2015/0735706), geändert worden ist, in Abschnitt 3.5 vor der Zwischenüberschrift „Übertragung von Gesellschaftsanteilen" folgender neuer Absatz 7a eingefügt:

„(7a) ¹Bei der Beschaffung von Investitionsgütern kommt es häufig zu einem Dreiecksverhältnis, bei dem der Kunde (künftiger Leasingnehmer) zunächst einen Kaufvertrag über den Liefergegenstand mit dem Lieferanten und anschließend einen Leasingvertrag mit dem Leasing-Unternehmen abschließt. ²Durch Eintritt in den Kaufvertrag (sog. Bestelleintritt) verpflichtet sich das Leasing-Unternehmen zur Zahlung des Kaufpreises und erlangt den Anspruch auf Übertragung des zivilrechtlichen Eigentums an dem Gegenstand. ³Für die Frage, von wem in diesen Fällen der Leasing-Gegenstand geliefert und von wem er empfangen wird, ist darauf abzustellen, wer aus dem schuldrechtlichen Vertragsverhältnis, das dem Leistungsaustausch zugrunde liegt, berechtigt und verpflichtet ist (vgl. Abschnitt 2.1 Abs. 3 und Abschnitt 15.2b Abs. 1). ⁴Maßgebend dafür sind die Vertragsverhältnisse im Zeitpunkt der Leistungsausführung. ⁵Bis zur Ausführung der Leistung können die Vertragspartner mit umsatzsteuerlicher Wirkung ausgetauscht werden, z. B. durch einen Bestelleintritt oder jede andere Form der Vertragsübernahme. ⁶Vertragsänderungen nach Ausführung der Leistung sind dagegen umsatzsteuerlich unbeachtlich. ⁷Das bedeutet:

1. ¹Tritt das Leasing-Unternehmen vor der Lieferung des Leasing-Gegenstandes an den Kunden in den Kaufvertrag ein, liefert der Lieferant den Leasing-Gegenstand an das Leasing-Unternehmen, weil dieses im Zeitpunkt der Lieferung aus dem Kaufvertrag berechtigt und verpflichtet ist. ²Die körperliche Übergabe des Leasing-Gegenstandes an den Kunden steht dabei einer Lieferung an das Leasing-Unternehmen nicht entgegen (§ 3

Abs. 1 UStG). ³Das sich anschließende Leasing-Verhältnis zum Kunden führt je nach ertragsteuerlicher Zurechnung des Leasing-Gegenstandes zu einer Vermietungsleistung oder einer weiteren Lieferung (Absatz 5).

2. ¹Tritt dagegen das Leasing-Unternehmen in den Kaufvertrag ein, nachdem der Kunde bereits die Verfügungsmacht über den Leasing-Gegenstand erhalten hat (sog. nachträglicher Bestelleintritt), liegt eine Lieferung des Lieferanten an den Kunden vor. ²Diese wird durch den Bestelleintritt des Leasing-Unternehmens nicht nach § 17 Abs. 2 Nr. 3 UStG rückgängig gemacht. ³Der Kunde hat die Verfügungsmacht an dem Leasing-Gegenstand bereits durch die Auslieferung an ihn erlangt und verliert diese anschließend nicht mehr, da ihm der Leasing-Gegenstand auch nach der Vertragsübernahme durch das Leasing-Unternehmen zur Nutzung zur Verfügung steht. ⁴Die Leistung des Leasing-Unternehmens an den Kunden besteht in diesen Fällen in einer Kreditgewährung; zwischen dem Lieferanten und dem Leasing-Unternehmen liegt dagegen keine umsatzsteuerrechtlich relevante Leistung vor. ⁵Eine nur im Innenverhältnis zwischen dem Lieferanten und dem Leasing-Unternehmen bestehende Rahmenvereinbarung zur Absatzfinanzierung hat im Regelfall keine Auswirkungen auf die umsatzsteuerlichen Lieferbeziehungen."

Die Grundsätze dieses Schreibens sind in allen offenen Fällen anzuwenden.

Dieses Schreiben wird im Bundessteuerblatt Teil I veröffentlicht.

Umsatzsteuer; Behandlung des Bestelleintritts in Leasingfällen; Änderung des Abschnitts 3.5 Umsatzsteuer-Anwendungserlass

13/347

Schreiben vom ~~31.08.2015~~ 2.03.2016

Bundesminister der Finanzen

III C 2 – S 7100/07/10031 :005
2016/0142056

Unter Bezugnahme auf das Ergebnis der Erörterungen mit den obersten Finanzbehörden der Länder wird im Umsatzsteuer-Anwendungserlass vom 1. Oktober 2010, BStBl. I S. 846, der zuletzt durch BMF-Schreiben vom 23. Februar 2016 – III C 2 – S 7208/11/10001 (2016/0119987), BStBl. 1 S. XXX, geändert worden ist, Abschnitt 3.5 Abs. 7a Satz 7 Nr. 2 wie folgt gefasst:

„2. ¹Tritt dagegen das Leasing-Unternehmen in den Kaufvertrag ein, nachdem der Kunde bereits die Verfügungsmacht über den Leasing-Gegenstand erhalten hat (sog. nachträglicher Bestelleintritt), liegt eine Lieferung des Lieferanten an den Kunden vor. ²Diese wird durch den Bestelleintritt des Leasing-Unternehmens nicht nach § 17 Abs. 2 Nr. 3 UStG rückgängig gemacht. ³**Bei dem anschließenden Leasing-Verhältnis zwischen dem Kunden und dem Leasing-Unternehmen handelt es sich um ein sale-and-lease-back-Geschäft, das nach dem Gesamtbild der Verhältnisse des Einzelfalls entweder als Lieferung des Kunden an das Leasing-Unternehmen („sale") mit anschließender sonstiger Leistung des Leasing-Unternehmens an den Kunden („lease-back") oder insgesamt als Kreditgewährung des Leasing-Unternehmens an den Kunden zu beurteilen ist (vgl. Absatz 7).** ⁴Zwischen dem Lieferanten und dem Leasing-Unternehmen liegt dagegen keine umsatzsteuerrechtlich relevante Leistung vor. Eine nur im Innenverhältnis zwischen dem Lieferanten und dem Leasing-Unternehmen bestehende Rahmenvereinbarung zur Absatzfinanzierung hat im Regelfall keine Auswirkungen auf die umsatzsteuerlichen Lieferbeziehungen."

Die Grundsätze dieses Schreibens sind in allen offenen Fällen anzuwenden.

Dieses Schreiben wird im Bundessteuerblatt Teil I veröffentlicht.

unbedruckt

BuB Alles, was Bankrecht ist.

BuB – für alle Fälle

Bankrecht und Bankpraxis gilt seit über 30 Jahren als führendes Standardwerk im Bankwesen. In Print und online findet der Nutzer die maßgeblichen Rechtsgrundlagen für das Bankgeschäft in kommentierter Form, eine einzigartige Zusammenstellung von Vertragsformularen im Geschäftsverkehr zwischen Bank und Kunde, Hinweise auf die Rechtsprechung und wertvolle Literaturangaben.

www.bankrecht-und-bankpraxis.de

Bank-Verlag GmbH
Postfach 45 02 09 | 50877 Köln

WIR HABEN DAS PASSENDE ABO FÜR SIE.

⌐ **Das Abo für Entscheider in der Bankenbranche**

Sichern Sie sich ein Jahr lang die Fachzeitschrift **die bank** für 130 €.

Jetzt bestellen.

⌐ **Das Abo für Risiko-Experten**

Sichern Sie sich ein Jahr lang die Fachzeitschrift **RISKO MANANGER** für 411,95 €, inklusive Premium-Login.

Jetzt bestellen.

www.bank-verlag-shop.de | medien@bank-verlag.de

bank-verlag

1/2/1/4